PROCEDURA PENALE "SPECIALE"

MANUALI

*Collana diretta da* Marta Bargis

2

*La Collana* «Procedura penale "speciale". Manuali» *si propone di rispondere alle esigenze didattiche dei corsi universitari di Procedura penale "progredita", presenti in vari Atenei italiani. Proprio perché rivolti a studenti già in possesso delle conoscenze di base della Procedura penale, i Manuali sono stati progettati con caratteristiche di snellezza e di fluidità, sempre attenti peraltro sia al "diritto vivente", con particolare riguardo alle pronunce della Corte costituzionale e delle Sezioni Unite della Corte di cassazione, sia alle fonti sovranazionali e alle coordinate europee, che si vanno delineando non solo attraverso gli atti normativi dell'Unione, ma anche grazie alle sentenze delle due Corti, quella di Strasburgo e quella di Lussemburgo.*

*Ha aperto la Collana il volume dedicato alla* Procedura penale delle società, *uscito nel mese di dicembre 2015 e giunto alla terza edizione. È seguito, nel mese di marzo 2016, il volume* Procedura penale minorile, *di cui si presenta ora la quarta edizione. Nel mese di ottobre 2020 la Collana si è arricchita del Manuale* Procedura penale esecutiva.

*L'auspicio è che questi Manuali, come quelli successivi, possano realizzare lo scopo per il quale sono stati pensati e magari contribuire all'incremento dei corsi di Procedura penale "progredita".*

MARTA BARGIS

Marta Bargis - Silvia Buzzelli - Claudia Cesari
Franco Della Casa - Adonella Presutti

# PROCEDURA PENALE MINORILE

*Quarta edizione*

*a cura di* Marta Bargis

G. Giappichelli Editore – Torino

VIA PO 21 - TEL.: 011-81.53.111 - FAX 011-81.25.100
http://www.giappichelli.it

ISBN/EAN 978-88-921-3928-2

*Composizione:* La Fotocomposizione - Torino

*Stampa*: Stampatre s.r.l. - Torino

# INDICE SOMMARIO

## Capitolo VI
## LE ALTERNATIVE

### Parte I
### I RITI SPECIALI
di *Franco Della Casa*



### Parte II
### LE STRATEGIE DI *DIVERSION*
di *Claudia Cesari*

*pag.*

## Capitolo VII
## MISURE DI SICUREZZA E SISTEMA PENITENZIARIO

### Parte I
### LE MISURE DI SICUREZZA
di *Silvia Buzzelli*



### Parte II
### ESECUZIONE E PECULIARITÀ DELLA DISCIPLINA PENITENZIARIA
di *Franco Della Casa*

# GLI AUTORI

MARTA BARGIS, professore emerito di diritto processuale penale – Università del Piemonte Orientale

SILVIA BUZZELLI, professore associato confermato di procedura penale europea – Università di Milano-Bicocca

CLAUDIA CESARI, professore ordinario di diritto processuale penale – Università di Macerata

FRANCO DELLA CASA, professore emerito di diritto processuale penale – Università di Genova

ADONELLA PRESUTTI, già professore ordinario di diritto processuale penale – Università di Verona

# PRESENTAZIONE

*La Collana* «Procedura penale "speciale". Manuali», *inaugurata dal volume di Massimo Ceresa-Gastaldo,* Procedura penale delle società, *pubblicato nel mese di dicembre 2015, si arricchisce ora di questo nuovo volume, scritto a più mani, dedicato alla* Procedura penale minorile.

*Il processo penale a carico di imputati minorenni, regolato dalle disposizioni del d.p.R. 22 settembre 1988, n. 448, e, per quanto da esse non previsto, da quelle del codice di rito penale, ha avuto in sorte una vita meno travagliata rispetto al suo omologo a carico di imputati adulti, sebbene sia stato anch'esso oggetto di stratificazioni legislative e di declaratorie di illegittimità costituzionale. Connotato come "laboratorio" per le strategie di* diversion*, di recente importate nel tessuto codicistico (sospensione del procedimento con messa alla prova per gli adulti, introdotta dalla l. 28 aprile 2014, n. 67; esclusione della punibilità per particolare tenuità del fatto* ex *art. 131*-bis *c.p., dovuta al d.lgs. 16 marzo 2015, n. 28), il* corpus *minorile affonda le proprie radici nella disciplina sovranazionale, la cui disamina, non a caso, costituisce l'*incipit *del Manuale.*

*Nell'analisi della trama normativa del d.p.R. n. 448 del 1988 si è tenuto conto altresì dell'impatto e delle possibili ricadute, con i connessi profili di coordinamento, delle ultime innovazioni che hanno interessato il codice di procedura penale: così, ad esempio, è avvenuto con riguardo alla soppressione della contumacia e alla nuova disciplina del processo in assenza dell'imputato (l. n. 67 del 2014), al riordino della disciplina della difesa di ufficio (d.lgs. 30 gennaio 2015, n. 6), alla riforma in materia di misure cautelari personali (l. 16 aprile 2015, n. 47) e all'attuazione della direttiva 2012/29/UE, del 25 ottobre 2012, che istituisce norme minime in materia di diritti, assistenza e protezione delle vittime di reato (d.lgs. 15 dicembre 2015, n. 212).*

*Va infine sottolineato che alcune novità si profilano all'orizzonte: a livello europeo è in dirittura di arrivo la direttiva sulle garanzie procedurali per i minori indagati o imputati in procedimenti penali (che origina dalla proposta COM[2013] 822 def.), mentre, sul piano interno, dovrebbe finalmente porsi mano all'elaborazione dell'ordinamento penitenziario minorile, attraverso un'apposita delega al Governo, contenuta nell'art. 31 lett.* o *del d.d.l. governativo C N. 2798, approvato dalla Camera dei deputati il 23 settembre 2015 (e assegnato alla Commissione giustizia del Senato il successivo 29 settembre [S N. 2067]).*

*Torino, 1° febbraio 2016*

MARTA BARGIS

***AVVERTENZA PER IL LETTORE*** *– Nel volume il numero di un articolo non seguito da altra indicazione si riferisce al d.p.R. 22 settembre 1988, n. 448* (Approvazione delle disposizioni sul processo penale a carico di imputati minorenni).

# PRESENTAZIONE DELLA SECONDA EDIZIONE

*L'accoglienza assai favorevole ricevuta dal Manuale* Procedura penale minorile *ha suggerito, su sollecitazione dell'Editore, di approntare, in anticipo rispetto ai tempi programmati, una seconda edizione. D'altro canto, molteplici novità normative sono intervenute nel frattempo e l'attuale volume ne tiene conto, ferma restando la pregressa impostazione.*

*Sul piano interno, vanno segnalate la l. 7 aprile 2017, n. 47* (Disposizioni in materia di misure di protezione dei minori stranieri non accompagnati), *la l. 29 maggio 2017, n. 71* (Disposizioni a tutela dei minori per la prevenzione ed il contrasto del fenomeno del cyberbullismo) *e la l. 23 giugno 2017, n. 103* (Modifiche al codice penale, al codice di procedura penale e all'ordinamento penitenziario). *La l. n. 47 del 2017 modifica, tra l'altro, il t.u. concernente la disciplina dell'immigrazione, ampliando la competenza funzionale del tribunale per i minorenni (artt. 3 comma 1 lett.* b *e 8 comma 2 lett.* a*), e il t.u. in materia di spese di giustizia, prevedendo a beneficio del minore straniero non accompagnato, coinvolto a qualsiasi titolo in un procedimento giurisdizionale, il diritto all'assistenza legale e, in particolare, ad avvalersi del patrocinio a spese dello Stato in ogni stato e grado del procedimento stesso (art. 16 comma 1). La l. n. 71 del 2017, pur riferendosi a un contesto in larga misura non processuale, tutela la dignità del minore ultraquattordicenne vittima di atti di cyberbullismo, delineando le modalità attraverso le quali può ottenere l'oscuramento, la rimozione o il blocco dei dati personali diffusi nella rete internet (art. 2) e, anteriormente alla presentazione della querela o della denuncia, stabilisce una procedura di ammonimento, da parte del questore, per il minore ultraquattordicenne che abbia commesso, mediante la rete internet, i reati di cui agli artt. 595 e 612 c.p. e all'art. 167 codice privacy nei confronti di altro minorenne (art. 7, dove viene menzionato pure il reato di cui all'art. 594 c.p., in realtà ormai abrogato e trasformato in illecito amministrativo sottoposto a sanzione pecuniaria civile: artt. 1 comma 1 lett.* c*, 3 e 4 commi 1* *lett.* a, *2, 3, 4 lett.* f *e 8 d.lgs. 15 gennaio 2016, n. 7). La l. n. 103 del 2017, oltre a produrre le usuali ricadute sul sistema minorile discendenti dall'operare del principio di sussidiarietà (art. 1 comma 1 primo periodo d.p.R. 22 settembre 1988, n. 448), contiene anche disposizioni specificamente dedicate ai minorenni. La più pregnante – da accogliere con incondizionato favore – si occupa della elaborazione dell'ordinamento penitenziario minorile, da realizzare attraverso un'apposita delega al Governo (art. 1 comma 85 lett.* p*), finalizzata ad adeguarlo alle esigenze educative dei detenuti minori di età (da esercitare entro un anno dall'entrata in vigore della legge). Ma va altresì ricordata, sul versante della tutela riconosciuta alla vittima minorenne, la disciplina della decorrenza dei termini di prescrizione, arricchita mediante l'inserimento nell'art. 158 c.p. di un ultimo comma, riguardante i reati previsti dall'art. 392 comma 1-*bis *c.p.p., se commessi nei confronti di minore (art. 1 comma 10): il termine di prescrizione decorre dal compimento del diciottesimo anno di età della persona offesa, salvo che l'azione penale sia stata esercitata precedentemente, nel qual caso il termine medesimo decorre dall'acquisizione della notizia di reato.*

*A livello europeo, è stata varata la direttiva (UE) 2016/800, dell'11 maggio 2016,* sulle garanzie procedurali per i minori indagati o imputati nei procedimenti penali, *da implementare entro l'11 giugno 2019: già nella prima edizione del Manuale si era analizzato il testo su cui all'epoca era stato raggiunto un accordo tra Parlamento e Consiglio, corrispondente alla versione finale della direttiva; nella presente edizione i raccordi in proposito sono ulteriormente incrementati. Va inoltre rammentata la direttiva (UE) 2016/1919, del 26 ottobre 2016,* sull'ammissione al patrocinio a spese dello Stato per indagati e imputati nell'ambito di procedimenti penali e per le persone ricercate nell'ambito di procedimenti di esecuzione del mandato d'arresto europeo, *da attuare entro il 5 maggio 2019: essa mira a garantire l'effettività del diritto di avvalersi di un difensore previsto dalla direttiva 2013/48/UE e i minori indagati o imputati nei procedimenti penali hanno il diritto di avvalersi di un difensore appunto ai sensi della direttiva 2013/48/UE, come precisa l'art. 6 § 1 direttiva (UE) 2016/800. Tant'è vero che l'art. 1 § 2 direttiva (UE) 2016/1919 esplicita l'intendimento di integrare sia la direttiva 2013/48/UE sia la direttiva (UE) 2016/800.*

*Il futuro ordinamento penitenziario minorile e la trasposizione delle due direttive del 2016 offriranno un'occasione propizia e probabilmente irripetibile: porre mano a una globale riconsiderazione della normativa minorile, liberando il processo a carico di minorenni da quelle "incrostazioni" riedu-*

*cative (talora visibili in filigrana nella stessa direttiva [UE] 2016/800) che ne snaturano la funzione di accertamento della responsabilità e contrastano con la presunzione costituzionale di non colpevolezza (art. 27 comma 2 Cost.). Vedremo se e in quale misura il nostro legislatore saprà cogliere questa opportunità.*

*Torino, 4 luglio 2017*

MARTA BARGIS

***AVVERTENZA PER IL LETTORE*** – *Nel volume il numero di un articolo non seguito da altra indicazione si riferisce al d.p.R. 22 settembre 1988, n. 448* (Approvazione delle disposizioni sul processo penale a carico di imputati minorenni).

# PRESENTAZIONE DELLA TERZA EDIZIONE

*Nel periodo di tempo intercorso dall'uscita della seconda edizione, la novità più significativa intervenuta sul piano interno è senz'altro rappresentata dal d.lgs. 2 ottobre 2018, n. 121* (Disciplina dell'esecuzione delle pene nei confronti dei condannati minorenni, in attuazione della delega di cui all'art. 1 commi 82, 83 e 85 lett. *p* l. 23 giugno 2017, n. 103). *Come si sa, da oltre quarant'anni si attendeva l'ordinamento penitenziario minorile: peraltro, la nuova disciplina è caratterizzata da innegabili limiti, sia derivanti dalla stessa legge-delega (dove, tra l'altro, è stato mantenuto in genere, e quindi anche per i minorenni, il regime del c.d. carcere duro* ex *art. 41*-bis *ord. penit.: cfr. l'inciso iniziale dell'art. 1 comma 85 l. n. 103 del 2017) a causa di talune inadeguatezze dei criteri dettati per i minori (art. 1 comma 85 lett.* p *n. 1-8 l. n. 103 del 2017), sia collegati alle scelte sul modo di attuarla effettuate, nella XVIII legislatura, da un Governo espressione di una maggioranza politica diversa rispetto a quello che vi aveva all'inizio posto mano nella legislatura precedente. Nonostante questi rilievi di segno negativo, il provvedimento va comunque considerato almeno come un punto di partenza, da migliorare in futuro.*

*Senza entrare qui nel dettaglio della normativa di nuovo conio, ci si limita a sottolineare, da un lato, l'introduzione delle misure penali di comunità (artt. 2-8 d.lgs. n. 121 del 2018) e, dall'altro, l'esplicitato intento "programmatico" secondo cui l'esecuzione della pena e delle misure penali di comunità «deve favorire percorsi di giustizia riparativa e di mediazione con le vittime di reato» (art. 1 comma 2 primo periodo d.lgs. n. 121 del 2018). Se è vero che il decreto si ferma a tale enunciato, non contemplando al suo interno alcuna apposita disciplina, l'intenzione potrebbe tuttavia saldarsi – in ordine ai periodi anteriori alla fase esecutiva – con le sollecitazioni espresse di recente (14 dicembre 2018) dall'Autorità garante per l'infanzia e l'adolescenza nel documento di studio e di proposta intitolato appunto* «La mediazione penale e altri percorsi di giustizia riparativa nel procedimento penale minorile»), *reperibile sul sito dell'Autorità garante (www.garanteinfanzia.org) nella sezione «Stampa e comunicazione - Pubblicazioni», alla luce della Raccomandazione del Comitato dei ministri del Consiglio di Europa sulla giustizia riparativa in materia penale* (Raccomandazione CM/rec [2018] 8), *adottata il 3 ottobre 2018. Per ora, infatti, la mediazione rinviene un aggancio normativo unicamente nella sospensione del processo con messa alla prova (sui suoi caratteri peculiari si è soffermata la Corte costituzionale nella sentenza 29 marzo 2019, n. 68, ritenendo che non può esserle «ascritta alcuna funzione sanzionatoria»), grazie all'art. 28 comma 2 d.p.R. 22 settembre 1988, n. 448, ai sensi del quale, con l'ordinanza sospensiva, il giudice «può impartire prescrizioni dirette a riparare le conseguenze del reato e a promuovere la conciliazione del minorenne con la persona offesa»; per il resto, si ricade nell'ambito delle prassi operative, con le inevitabili conseguenti disomogeneità, che stanno a dimostrare come occorrerebbe un intervento legislativo* ad hoc.

*Sempre sul piano interno, vanno ricordati il d.lgs. 6 febbraio 2018, n. 11* (Disposizioni di modifica della disciplina in materia di giudizi di impugnazione in attuazione della delega di cui all'art. 1 commi 82, 83 e 84 lett. *f*, *g*, *h*, *i*, *l* e *m* l. 23 giugno 2017, n. 103), *che ha prodotto le usuali ricadute sul sistema minorile discendenti dall'operare del principio di sussidiarietà (art. 1 comma 1 primo periodo d.p.R. n. 448 del 1988), da ricalibrare talora in virtù delle specificità del medesimo sistema; e il d.lgs. 2 ottobre 2018, n. 122* (Disposizioni per la revisione della disciplina del casellario giudiziale, in attuazione della delega di cui all'art. 1 commi 18 e 19 l. 23 giugno 2017, n. 103), *ma solo per ribadire la persistente sottovalutazione delle esigenze dei minori in questo campo, con un risultato discriminatorio rispetto alla tutela riservata agli adulti.*

*Sul piano europeo, non è stata ancora attuata nel nostro Paese la direttiva (UE) 2016/800, dell'11 maggio 2016, sulle garanzie procedurali per i minori indagati o imputati nei procedimenti penali, che avrebbe dovuto essere implementata entro l'11 giugno 2019. È stata invece recepita nei termini dal d.lgs. 7 marzo 2019, n. 24* (Attuazione della direttiva [UE] 2016/1919 del Parlamento europeo e del Consiglio, del 26 ottobre 2016, sull'ammissione al patrocinio a spese dello Stato per indagati e imputati nell'ambito di procedimenti penali e per le persone ricercate nell'ambito di procedimenti di esecuzione del mandato d'arresto europeo) *la direttiva (UE) 2016/1919. Essa si propone di garantire l'effettività del diritto di avvalersi di un difensore previsto dalla direttiva 2013/48/UE e i minori indagati o imputati nei procedimenti penali hanno il diritto di avvalersi di un difensore proprio ai sensi di quest'ultima direttiva, come precisa l'art. 6 § 1 direttiva (UE) 2016/800: tant'è vero* *che l'art. 1 § 2 direttiva (UE) 2016/1919 esprime l'intendimento di integrare sia la direttiva 2013/48/UE sia la direttiva (UE) 2016/800. Va, però, notato che la ricaduta del d.lgs. n. 24 del 2019 appare circoscritta all'applicazione della disciplina del patrocinio alle procedure di consegna (art. 1 d.lgs. n. 24 del 2019, che ha aggiunto il comma 2-*bis *all'art. 75 d.p.R. 30 maggio 2002, n. 115), preordinata a rendere effettiva la c.d. doppia difesa, nello Stato membro di esecuzione e in quello di emissione del mandato di arresto europeo: in tali procedure, infatti, può trovarsi coinvolto un minore.*

*Per concludere, ancora un accenno all'attivismo che connota l'operato delle Corti europee: se la constatazione vale in maggior misura per la Corte di Strasburgo, le cui pronunce hanno investito vari profili della condizione dei minori (ad esempio, il trattenimento dei minori stranieri non accompagnati e le speciali misure di protezione per il minorenne detenuto), è comparsa sulla scena anche la Corte di Lussemburgo* (Corte giust., Grande Sezione, 23 gennaio 2018, Piotrowski, C-367/16)*, che ha affrontato per la prima volta alcune questioni pregiudiziali concernenti il motivo di non esecuzione obbligatoria previsto dall'art. 3 n. 3 decisione quadro 2002/584/GAI, relativa al mandato d'arresto europeo e alle procedure di consegna tra Stati membri, a norma del quale l'autorità giudiziaria dell'esecuzione rifiuta di eseguire il mandato se la persona «non può ancora essere considerata, a causa dell'età, penalmente responsabile dei fatti all'origine del mandato d'arresto europeo in base alla legge dello Stato membro di esecuzione».*

*Torino, 9 agosto 2019*

MARTA BARGIS

***AVVERTENZA PER IL LETTORE*** *– Nel volume il numero di un articolo non seguito da altra indicazione si riferisce al d.p.R. 22 settembre 1988, n. 448* (Approvazione delle disposizioni sul processo penale a carico di imputati minorenni).

# PRESENTAZIONE DELLA QUARTA EDIZIONE

*Nell'intervallo di tempo trascorso dall'uscita della terza edizione, un certo numero di novità legislative ha coinvolto il contesto minorile. Sono altresì intervenute alcune pronunce della Corte costituzionale che, anche quando non sfociate in una declaratoria di illegittimità (come invece è accaduto – lo si vedrà nel prosieguo – per l'art. 2 comma 3 dell'ordinamento penitenziario dedicato ai minorenni), offrono comunque spunti di riflessione. Si farà cenno, in chiusura, alla normativa anti-COVID 19, che, dettata in linea di massima per il processo nei confronti degli adulti, si applica, in virtù dell'esigenza che la sorregge, pure a quello riguardante i minori: appunto per questa ragione, si è scelto di non trattarne all'interno del volume.*

*Cominciando dalle novità legislative, sul piano interno va innanzitutto ricordato l'art. 1 comma 1015 l. 30 dicembre 2020, n. 178* (Bilancio di previsione dello Stato per l'anno finanziario 2021 e bilancio pluriennale per il triennio 2021-2023), *dove si stabilisce che nel «processo penale, all'imputato assolto, con sentenza divenuta irrevocabile, perché il fatto non sussiste, perché non ha commesso il fatto o perché il fatto non costituisce reato o non è previsto dalla legge come reato, è riconosciuto il rimborso delle spese legali nel limite massimo di euro 10.500» (per ulteriori dettagli v. i successivi commi 1016-1021): la generica locuzione «processo penale» appare senz'altro comprensiva del processo penale minorile. Le disposizioni si applicano alle sentenze di assoluzione divenute irrevocabili dopo l'entrata in vigore della legge (art. 1 comma 1022 l. n. 178 del 2020).*

*La legge di bilancio 2021 contiene inoltre disposizioni finanziarie che interessano il comparto minorile, sia per rimediare «alle rilevanti scoperture di organico» del Dipartimento per la giustizia minorile e di comunità sia per garantire «maggiore efficienza e funzionalità» agli istituti penitenziari (per adulti e minori) e ai servizi di giustizia minorile e di esecuzione penale esterna (v., rispettivamente, art. 1 commi 867 e 868 l. n. 178 del 2020).*

*Con il d.m. 14 settembre 2020* (Determinazione della pianta organica del personale di magistratura di merito ai sensi dell'art. 1 comma 379 l. 30 dicembre 2018, n. 145, uffici giudiziari di primo e secondo grado, sorveglianza e minori) *il Ministro della giustizia ha rideterminato le piante organiche degli uffici giudiziari di merito, con un aumento complessivo di 422 magistrati, dei quali 25 assegnati ai tribunali per i minorenni e alle relative procure, 129 alle corti di appello e alle rispettive procure generali e 21 alla magistratura di sorveglianza.*

*Una menzione merita poi il d.m. 1° ottobre 2020, n. 163* (Regolamento concernente modifiche al decreto del Ministro della giustizia 12 agosto 2015, n. 144, recante disposizioni per il conseguimento e il mantenimento del titolo di avvocato specialista, ai sensi dell'art. 9 l. 31 dicembre 2012, n. 247)*: l'art. 3 d.m. n. 144 del 2015 (nel testo sostituito dall'art. 1 comma 1 lett.* b *d.m. n. 163 del 2020) enumera tra i «settori di specializzazione», al comma 1 lett.* m, *il «diritto della persona, delle relazioni familiari e dei minorenni». La locuzione è solo lievemente variata rispetto alla precedente, posto che l'art. 3 comma 1 lett.* a *d.m. n. 144 del 2015, nel suo testo originario, contemplava il «diritto delle relazioni familiari, delle persone e dei minori». Peraltro, l'attuale versione dell'art. 3 d.m. n. 144 del 2015 statuisce, al comma 4 lett.* a, *che al settore di specializzazione del diritto penale afferisce l'indirizzo «diritto penale della persona»: la generica dizione rapportata alla «persona» induce a domandarsi se vi si possa comprendere anche il minorenne. Una risposta negativa implica che per il diritto dei minorenni il titolo di avvocato specialista possa venire conseguito solo nel pertinente settore di specializzazione.*

*Sul piano europeo, ricadute specifiche sulla figura del minore scaturiscono dal d.lgs. 2 febbraio 2021, n. 10* (Disposizioni per il compiuto adeguamento della normativa nazionale alle disposizioni della decisione quadro 2002/584/GAI, relativa al mandato d'arresto europeo e alle procedure di consegna tra Stati membri, in attuazione della delega di cui all'art. 6 l. 4 ottobre 2019, n. 117)*, provvedimento che ha rivisitato profondamente la l. 22 aprile 2005, n. 69, con cui era stata recepita la decisione quadro relativa al m.a.e. (v. l'art. 28 per l'apposita norma transitoria). In particolare, l'art. 6 comma 1 lett.* b *d.lgs. n. 10 del 2021 ha modificato il comma 5 dell'art. 9 l. n. 69 del 2005, stabilendo, fra l'altro, che, in materia di misure cautelari, si osservano le disposizioni dell'art. 19 commi 1, 2 e 3 d.p.R. 22 settembre 1988, n. 448, disciplinante le misure cautelari per i minorenni. L'art. 14 d.lgs. n. 10 del 2021 ha sostituito l'art. 18 l. n. 69 del 2005, concernente i motivi di rifiuto obbligatorio della consegna: il comma 1 lett.* c *dell'art. 18 prevede il rifiuto della consegna «se la persona oggetto del mandato d'arresto europeo era minore di anni 14 al momento della commissione del reato», adeguandosi in tal modo all'art. 3 n. 3 decisione quadro, che individua un motivo di non ese-*

*cuzione obbligatoria del m.a.e. se la persona oggetto di quest'ultimo «non può ancora essere considerata, a causa dell'età, penalmente responsabile dei fatti all'origine del mandato d'arresto europeo in base alla legge dello Stato membro di esecuzione». L'art. 19 d.lgs. n. 10 del 2021 ha inserito nella l. n. 69 del 2005 l'art. 22*-bis (Comunicazioni allo Stato membro emittente. Termini per la decisione e provvedimenti in ordine alle misure cautelari), *ove si precisa, al comma 4, che quando il ritardo nell'adottare la decisione definitiva sulla richiesta di consegna «si protrae ingiustificatamente oltre la scadenza dei termini previsti dal comma 2 e, comunque, quando sono decorsi novanta giorni dalla scadenza di detti termini senza che sia intervenuta» la decisione in discorso, «la corte di appello revoca la misura della custodia cautelare e, se persiste l'esigenza di garantire che la persona non si sottragga alla consegna», applica, nei confronti della persona minorenne, la misura delle prescrizioni* ex *art. 20 d.p.R. n. 448 del 1988, cioè quella meno afflittiva, che si concreta nella imposizione di regole di condotta al minore, il quale è affidato ai servizi minorili dell'amministrazione della giustizia.*

*Persiste, viceversa, la mancata attuazione della direttiva (UE) 2016/800, dell'11 maggio 2016, sulle garanzie procedurali per i minori indagati o imputati nei procedimenti penali, che avrebbe dovuto essere implementata entro l'11 giugno 2019.*

*Passando alle già rammentate pronunce costituzionali, precipuo risalto va attribuito alla sentenza 6 dicembre 2019, n. 263, che ha dichiarato l'illegittimità, per contrasto con gli artt. 76, 27 comma 3 e 31 comma 2 Cost., dell'art. 2 comma 3 d.lgs. 2 ottobre 2018, n. 121, dove si stabiliva che, ai fini della concessione delle misure penali di comunità e dei permessi premio e per l'assegnazione al lavoro esterno, si dovesse applicare l'art. 4*-bis *commi 1 e 1*-bis *ord. penit., sulla cui base la concessione dei benefici penitenziari ai condannati per taluni delitti, espressamente indicati, è consentita solo qualora essi collaborino con la giustizia. La Corte ha* in primis *constatato il contrasto con i principi e criteri direttivi fissati in sede di delega (art. 1 comma 85 lett.* p *n. 5 e 6 l. 23 giugno 2017, n. 103), ispirati, al contrario, all'esigenza di ampliare l'accesso alle misure alternative e di eliminare qualsiasi automatismo e preclusione nell'applicazione dei benefici penitenziari, rimarcando che, in coerenza con la volontà del delegante, si sarebbe dovuto adottare «un modello decisorio basato su una prognosi individualizzata, ragionevolmente calibrato sulla personalità* in fieri *del minore». In secondo luogo, i giudici delle leggi hanno ravvisato il contrasto con gli artt. 27 comma 3 e 31 comma 2 Cost., in quanto con la norma censurata «le finalità di prevenzione generale e di difesa sociale» finivano «per prevalere su quelle di educazione e risocializzazione, restaurando un assetto in contrasto con i principi di pro-*

*porzionalità e individualizzazione della pena, sottesi all'intera disciplina del nuovo ordinamento penitenziario minorile». In seguito alla pronuncia* de qua, *superato ogni meccanismo preclusivo, al tribunale di sorveglianza compete – come ha puntualizzato la Corte – «la valutazione caso per caso dell'idoneità e della meritevolezza delle misure extramurarie, secondo il progetto educativo costruito sulle esigenze del singolo».*

*Un rilevante interesse per l'istituto della «messa alla prova» nel processo minorile presenta la sentenza 6 luglio 2020, n.139, che ha dichiarato non fondate le questioni di legittimità dell'art. 28 d.p.R. n. 448 del 1988, sollevate, in riferimento agli artt. 3, 27 comma 3 e 31 comma 2 Cost., «nella parte in cui non prevede che il giudice, sentite le parti, possa disporre la sospensione del procedimento con contestuale messa alla prova nella fase delle indagini preliminari», come è consentito dall'art. 464-*ter *c.p.p. per la messa alla prova degli adulti. La Corte ha anzitutto ribadito la «profonda differenza funzionale» tra la messa alla prova del minore e quella dell'adulto, avendo la prima «finalità essenzialmente rieducativa» ed essendo la seconda «connotata da innegabili tratti sanzionatori»: ne deriva la infondatezza della questione sollevata per supposto contrasto con l'art. 3 Cost., poiché il* tertium comparationis *identificato dal giudice rimettente nell'art. 464-*ter *c.p.p. «è eterogeneo rispetto alla norma censurata». I giudici delle leggi hanno poi osservato che proprio la precipua finalità della messa alla prova minorile «si oppone a un'eccessiva anticipazione procedimentale delle relative valutazioni». Perciò, la scelta legislativa di fissare nell'udienza preliminare il primo momento utile per la messa alla prova del minore «corrisponde ragionevolmente all'esigenza di assicurare» che le predette valutazioni vengano effettuate «su un materiale istruttorio sufficientemente definito», oltre che «da un giudice strutturalmente idoneo ad apprezzarne tutti i riflessi personalistici». A parere della Corte, infatti, l'assegnazione della messa alla prova del minore al giudice dell'udienza preliminare e non al giudice per le indagini preliminari realizza il finalismo rieducativo statuito dall'art. 27 comma 3 Cost. e la protezione della gioventù voluta dall'art. 31 comma 2 Cost., «perché assicura che le delicate valutazioni personalistiche implicate dall'istituto siano svolte da un organo collegiale, interdisciplinare e diversificato nel genere, pertanto idoneo ad espletarle nella piena consapevolezza di ogni aspetto rilevante».*

*Produce riflessi sul processo minorile, in ordine alla sospensione dalla responsabilità genitoriale (art. 34 comma 2 c.p.), la sentenza 29 maggio 2020, n. 102, che ha dichiarato l'illegittimità, per contrasto con gli artt. 2, 3, 30 e 31 Cost., dell'art. 574-*bis *comma 3 c.p. «nella parte in cui prevede che la condanna pronunciata contro il genitore per il delitto di sottrazione e mantenimento di minore all'estero ai danni del figlio minore comporta la so-*

*spensione dall'esercizio della responsabilità genitoriale, anziché la possibilità per il giudice di disporre la sospensione» da tale esercizio. La Corte ha eliminato il pregresso automatismo al fine di consentire al giudice di tenere conto del superiore interesse del minorenne nel caso concreto.*

*Ancora alla tematica della responsabilità genitoriale si ricollega, nel quadro delle unioni civili tra persone dello stesso sesso, l'esclusione della possibilità di adottare il figlio del* partner *(c.d.* stepchild adoption*), stabilita dall'art. 1 comma 20 l. 20 maggio 2016, n. 76* (Regolamentazione delle unioni civili tra persone dello stesso sesso e disciplina delle convivenze). *Sebbene la giurisprudenza civile (di merito e di legittimità) ammetta l'adozione c.d. non legittimante a favore del* partner *dello stesso sesso del genitore biologico, mediante un'interpretazione flessibile dell'art. 44 comma 1 lett.* d *l. 4 maggio 1983, n. 184* (Diritto del minore ad una famiglia)*, sarebbe necessario che il legislatore intervenisse.*

*Con la sentenza 4 novembre 2020, n. 230 la Corte costituzionale ha dichiarato inammissibile la questione di legittimità (sollevata in riferimento agli artt. 2, 3 commi 1 e 2, 30 e 117 comma 1 Cost., quest'ultimo in relazione all'art. 24 § 3 c.d.f.u.e., agli artt. 8 e 14 c.e.d.u. e alla Convenzione sui diritti del fanciullo, fatta a New York il 20 novembre 1989, ratificata e resa esecutiva con l. 27 maggio 1991, n. 176) dell'art. 1 comma 20 l. n. 76 del 2016 e dell'art. 29 comma 2 d.p.R. 3 novembre 2000, n. 396, dal cui combinato disposto deriva la preclusione, per due donne unite civilmente, a essere indicate entrambe quali genitori nell'atto di nascita di un bambino nato in Italia dopo la fecondazione eterologa effettuata all'estero (sia pure in violazione dell'art. 5 l. 19 febbraio 2004, n. 40) da una di esse con il consenso dell'altra: la Corte – per quel che qui importa – ha posto in luce che, a fronte dell'appena descritto orientamento giurisprudenziale, sia ben possibile una «diversa tutela del miglior interesse del minore, in direzione di più penetranti ed estesi contenuti giuridici del suo rapporto con la "madre intenzionale", che ne attenui il divario tra realtà fattuale e realtà legale», concludendo però che le forme per realizzare una simile tutela attengono «al piano delle opzioni rimesse alla discrezionalità del legislatore».*

*Quest'ultima considerazione è stata ripresa dai giudici delle leggi nella sentenza 9 marzo 2021, n. 32, con riguardo a un caso concreto nel quale il predetto art. 44 comma 1 lett.* d *l. n. 184 del 1983 non è risultato applicabile perché – dopo la procreazione medicalmente assistita (PMA) praticata all'estero, sulla base di un progetto condiviso da due donne, e la nascita in Italia di due gemelle – la madre biologica/legale, cessata dopo anni la relazione di convivenza e di cura congiunta delle bambine, ha negato il consenso (richiesto dall'art. 46 l. n. 184 del 1983) all'adozione da parte della "ma-*

*dre intenzionale": ne deriva, secondo la Corte, «l'insufficienza del ricorso all'adozione in casi particolari, per come attualmente regolato», conseguendone che «i nati a seguito di PMA eterologa praticata da due donne versano in una condizione deteriore rispetto a quella di tutti gli altri nati, solo in ragione dell'orientamento sessuale delle persone che hanno posto in essere il progetto procreativo». Nel dichiarare inammissibili le questioni di legittimità degli artt. 8 e 9 l. n. 40 del 2004 e 250 c.c., la Corte ha affermato che il legislatore «dovrà al più presto colmare il denunciato vuoto di tutela, a fronte di incomprimibili diritti dei minori», auspicando una disciplina che, «in maniera organica, individui le modalità più congrue di riconoscimento dei legami affettivi stabili del minore, nato da PMA praticata da coppie dello stesso sesso, nei confronti anche della madre intenzionale».*

*Problematiche non dissimili sono state affrontate dalla Corte costituzionale nella coeva sentenza 9 marzo 2021, n. 33 (che ha dichiarato inammissibili le questioni di legittimità degli artt. 12 comma 6 l. n. 40 del 2004, 64 comma 1 lett.* g *l. 31 maggio 1995, n. 118 e 18 d.p.R. n. 396 del 2000): il caso specifico concerneva un bambino procreato attraverso la c.d. maternità surrogata (vietata in Italia dall'art. 12 comma 6 l. n. 40 del 2004), e nato all'estero, in relazione a una coppia formata da due uomini italiani (sposati all'estero con atto trascritto nel registro delle unioni civili nel nostro Paese), dei quali uno genitore biologico (avendo fornito i gameti), l'altro genitore intenzionale, vista la condivisione del progetto di genitorialità. A parere della Corte, deve essere assicurata «tutela all'interesse del minore al riconoscimento giuridico del suo rapporto con entrambi i componenti della coppia che non solo ne abbiano voluto la nascita in un Paese estero in conformità alla* lex loci, *ma che lo abbiano poi accudito esercitando di fatto la responsabilità genitoriale». Poiché il suddetto art. 44 comma 1 lett.* d *l. n. 184 del 1983 costituisce una forma di tutela «ancora non del tutto adeguata» ai principi costituzionali e sovranazionali che vengono in gioco, spetta al legislatore la «ormai indifferibile individuazione delle soluzioni in grado di porre rimedio all'attuale situazione di insufficiente tutela del minore».*

*Infine – lo si è anticipato in esordio – non si può non accennare alla normativa, temporanea ed eccezionale, varata per fronteggiare l'emergenza pandemica. Qui ci si limita a ricordarne l'ultima versione, contenuta nel c.d. decreto ristori (d.l. 28 ottobre 2020, n. 137, convertito dalla l. 18 dicembre 2020, n. 176): il richiamo è agli artt. 23 commi 1-5, 8 e 9, 23-*bis*, 23-*ter *commi 1-3 e 24, che si applicano, data l'emergenza epidemiologica da COVID-19, fino al 31 luglio 2021 (v. art. 6 comma 1 lett.* a *n. 1, lett.* b *n. 1, lett.* c *e lett.* d *n.1 e 3 d.l. 4 aprile 2021, n. 44, convertito dalla l. 28 maggio 2021, n. 76). Essi dettano, rispettivamente, disposizioni per l'esercizio dell'attività giurisdizionale,* *per la decisione dei giudizi penali d'appello, sulla sospensione del corso della prescrizione e dei termini di custodia cautelare nei procedimenti penali e per la semplificazione delle attività di deposito di atti, documenti e istanze (con d.m. 13 gennaio 2021 il Ministro della giustizia, in attuazione dell'art. 24 comma 2, ha indicato gli ulteriori atti per i quali sarà possibile il deposito telematico nelle modalità fissate dallo stesso art. 24 comma 1; a tale decreto è seguito il provvedimento del Direttore Generale dei Sistemi Informativi Automatizzati [DGSIA] del 24 febbraio 2021). L'art. 6 comma 1 lett.* b *n. 2 e lett.* d *n. 1 e 2 d.l. n. 44 del 2021, convertito dalla l. n. 76 del 2021, ha inoltre modificato gli artt. 23-*bis *e 24 del c.d. decreto ristori.*

*A loro volta, gli artt. 28, 29 e 30 del medesimo decreto ristori regolano (fino al 31 luglio 2021: v. art. 11 comma 1 lett.* a, *lett.* b *e lett.* c *d.l. 30 aprile 2021, n. 56) le licenze premio straordinarie per i detenuti in regime di semilibertà, la durata straordinaria dei permessi premio e la detenzione domiciliare. I commi 3 e 5 dell'art. 30 contemplano disposizioni riservate ai condannati minorenni: da un canto, non si applica loro la procedura di controllo mediante mezzi elettronici o altri strumenti tecnici resi disponibili per i singoli istituti penitenziari; dall'altro, quando viene disposta l'esecuzione della pena detentiva con le modalità previste dal comma 1 dell'art. 30, l'ufficio servizio sociale minorenni territorialmente competente in relazione al luogo di domicilio, in raccordo con l'*equipe *educativa dell'istituto penitenziario, provvederà, entro trenta giorni dall'avvenuta esecuzione della misura in esame, alla redazione di un programma educativo, da sottoporre al magistrato di sorveglianza per l'approvazione.*

*Per completezza, va sottolineato che l'art. 1-*bis *d.l. 13 marzo 2021, n. 30, convertito dalla l. 6 maggio 2021, n. 61, introdotto in sede di conversione, stabilisce – ai nostri fini – che gli «spostamenti per lo svolgimento dei colloqui con i congiunti o con altre persone cui hanno diritto i detenuti», a norma dell'art. 19 d.lgs. n. 121 del 2018, «sono consentiti anche in deroga alla normativa adottata al fine del contenimento dell'emergenza epidemiologica da COVID-19» quando tali colloqui «sono necessari per salvaguardare la salute fisica o psichica» delle persone detenute.*

*Torino, 2 giugno 2021*

MARTA BARGIS

***AVVERTENZA PER IL LETTORE** – Nel volume il numero di un articolo non seguito da altra indicazione si riferisce al d.p.R. 22 settembre 1988, n. 448* (Approvazione delle disposizioni sul processo penale a carico di imputati minorenni).

# Capitolo I
# GLI SFONDI NORMATIVI

## Parte I
## LA DISCIPLINA SOVRANAZIONALE

di *Silvia Buzzelli*



### 1. La delinquenza minorile in Europa studiata attraverso un metodo non riduzionista.

Nel disegnare lo scenario internazionale al cui interno andranno inseriti i vari argomenti riconducibili ai fenomeni criminali minorili, è consigliabile dare la precedenza ad alcune questioni.

Dapprima necessita un approccio unitario che ricomponga cioè tanti tasselli per riuscire a cogliere un tema sfaccettato, con molti risvolti, troppi dei quali esulano perfino dal raggio d'azione della giustizia penale in senso stretto.

Per questo motivo va tenuto presente che il processo penale – stando alla nota espressione di Franco Cordero – è un fatto culturale (forse lo è ancora di più quello che ha come protagonista un accusato minorenne) e risulta comprensibile solo aggiungendo ulteriori coordinate di natura criminologica, di tipo sociologico e a sfondo psicologico. Non per niente le *Linee guida per una giustizia a misura di minore* dedicano attenzione all'«approccio multidisciplinare» (IV, punti 16-18). Le *Linee guida*, nell'intento del Comitato dei Ministri del Consiglio d'Europa che le ha adottate il 17 novembre 2010, «forniscono consigli ai governi europei per facilitare l'accesso dei bambini alla giustizia e la corretta applicazione della giustizia nei loro confronti in qualsiasi sede, civile, amministrativa e penale»; ma i sistemi giudiziari continuano a essere pensati per gli adulti: questa l'amara constatazione del Consiglio d'Europa, che il 5 aprile 2017 ha inaugurato la *Terza strategia sui diritti dell'infanzia* (2016-2021), e della Commissione europea (Comunicazione COM[2021] 142 def., *Strategia dell'UE sui diritti dei minori*, punto 4).

Secondariamente, è meglio focalizzare lo sguardo sulla serie di dispositivi giuridici, pratici e giurisprudenziali, posti in essere nel nostro Continente; si impone, insomma, uno speciale occhio di riguardo per la "regione Europa" sia piccola (Unione europea), sia grande (Consiglio d'Europa).

Si tratta, allora, di concentrare l'interesse sullo spazio giudiziario europeo, non per puro spirito eurocentrico, ma perché il sistema di tutela costruito dal Consiglio d'Europa rimane per certi versi ineguagliato nelle altre aree del mondo, nonostante la precaria e preoccupante situazione politica attuale, la sfiducia nelle istituzioni europee e il riemergere, con forza, delle spinte nazionalistiche.

Inoltre, è opportuno astenersi dai consueti elenchi basati sulle fonti internazionali che, oltre a essere piuttosto fastidiosi, si dimostrano pure abbastanza inutili, dal momento che non permettono di accostarsi al "diritto vivente" (S.U., 21 gennaio 2010, p.m. in c. Beschi); creano un quadro indistinto, una mera rassegna di testi che paiono, specie se letti velocemente, per lo più ripetitivi delle medesime garanzie, tanto che è difficile distinguerne la provenienza e soprattutto la forza vincolante posseduta all'interno del singolo ordinamento statale.

Per evitare inconvenienti del genere non resta, quindi, che stabilire una relazione concorrente tra «l'arsenale normativo» (v. Assemblea Parlamentare del Consiglio d'Europa [d'ora in avanti APCE], Risoluzione 2010[2014], *Una giustizia penale minorile adatta ai bambini: dalla retorica alla realtà*, 27 giugno 2014) e il diritto di derivazione giurisprudenziale: le differenti fonti meritano di essere mischiate tra loro con il proposito di ottenere una visione d'insieme, capace pertanto di registrare la realtà quotidiana.

Per giungere a un simile risultato si deve assegnare con precisione il posto a ogni atto e provvedimento, rispettando i passaggi essenziali che si riassumono nei verbi "dichiarare", "tutelare" e "prevenire". Mentre il diritto di produzione legislativa (anche quello che, di solito, va sotto il nome di *soft law*) andrà incasellato nel "dichiarare", sentenze e decisioni della Corte europea dei diritti dell'uomo troveranno la loro esatta collocazione naturalmente nella fase della tutela giurisdizionale (in sintesi "tutelare"). I rapporti del CPT (il c.d. Comitato antitortura del Consiglio d'Europa) o del Comitato dei diritti del fanciullo (artt. 43-45 Convenzione di New York sui diritti dell'infanzia, aperta alla firma nel 1989, ratificata dall'Italia con l. 27 maggio 1991, n. 176, d'ora in poi CRC; artt. 1 ss. Protocollo opzionale alla CRC relativo a una procedura di comunicazione) confluiranno invece all'interno delle attività preventive ("prevenire").

Ne uscirà, alla fine del percorso, la predisposizione di un metodo di certo impegnativo che dovrebbe però dare buoni frutti, suggerendo di spaziare oltre i confini del rito penale, di dirigere l'analisi nell'area europea, di rimescolare le svariate prescrizioni internazionalistiche sui diritti dei minori accusati.

Questi molteplici approcci all'apparenza inconciliabili, quasi contraddittori, sviluppano invece la "capacità negativa" – ovvero l'abilità di stare nell'incertezza (essenziale nei contesti dove si verificano deviazioni di *routine*) – e la "capacità di contestualizzare" (equivalente all'ordinare in maniera corretta le decisioni degli organi giurisdizionali e i singoli diritti). Sono due tecniche indispensabili per tutti gli operatori del settore penale, compresi gli studenti che si apprestano a conoscere il giusto processo minorile e le sue regole.

## 2. L'equità processuale specificamente ritagliata sulla figura del minorenne accusato.

Bisogna adesso provare a mettere in pratica il metodo appena descritto, seppure in maniera molto sommaria.

Ciò significa avviare una lettura congiunta – non frazionata e nemmeno asettica – delle principali dichiarazioni che concedono una «protezione speciale» al minore (Preambolo CRC; art. 2 *Regole minime sull'amministrazione della giustizia minorile*, varate dall'Assemblea generale delle Nazioni Unite con la Risoluzione 40/33 del 29 novembre 1985, d'ora in avanti Regole di Pechino), considerando le citate *Linee guida* del Consiglio d'Europa, senza dimenticare, poi, il contenuto degli artt. 3, 5, 6 e 8 c.e.d.u., come interpretati dalla giurisprudenza della Corte di Strasburgo. Un discorso a parte va elaborato per la legislazione dell'Unione europea: il 15 dicembre 2015, la Presidenza del Consiglio e i rappresentanti del Parlamento europeo hanno raggiunto un compromesso (con la riserva di pochi Stati membri), accordandosi su di un testo alquanto diverso dalla proposta di direttiva sulle garanzie procedurali per i minori indagati o imputati in procedimenti penali (COM[2013] 822 def.), risalente al 27 novembre 2013. Ne è scaturita la direttiva (UE) 2016/800, dell'11 maggio 2016 (che i Paesi membri avrebbero dovuto recepire entro l'11 giugno 2019). L'impressione è che il testo sia appesantito dall'aggiunta di numerosi *consideranda*; la formulazione dei singoli diritti sembra smarrire la linearità che la caratterizzava nella proposta appena menzionata. Nonostante tutto è doveroso richiamare le due versioni succedutesi nel corso di un triennio che costituiscono il filo conduttore – seppure debole – dell'intero ragionamento.

Chiusa questa parentesi sui progressi a livello europeo, si deve procedere nel modo indicato all'inizio del paragrafo: emerge subito una nozione di "equità processuale" predisposta appositamente per il minore «sospettato, accusato o riconosciuto colpevole di reato» (art. 40 § 1 CRC).

Delimitano bene il concetto di *fairness* le parole che la Grande Camera della Corte europea ha scritto nella sentenza 16 dicembre 1999, T. c. Regno Unito (v. anche, in pari data e in relazione ai medesimi accadimenti, V. c. Regno Unito).

A distanza di anni il provvedimento continua a offrire spunti di riflessione e non solo per la drammaticità della vicenda che ha dato origine al caso: due minori di dieci anni all'epoca dei fatti (per la soglia minima di punibilità, v. *infra*, § 5) furono ritenuti colpevoli dell'uccisione, con modalità efferate, di un bimbo di appena due anni; di qui, la detenzione «per la durata che vorrà sua Maestà» (pena paragonabile al nostro ergastolo).

A parere della Corte, lo Stato convenuto avrebbe privato il giovane ricorrente di un processo giusto, violando il § 1 dell'art. 6 c.e.d.u. (Diritto ad un processo equo). Ai giudici europei è mancato però il coraggio di deplorare nel suo insieme il comportamento tenuto dalle autorità inglesi: si sarebbero potuti spingere fino a ravvisare una lesione dell'art. 3 c.e.d.u. (Divieto della tortura), non l'hanno fatto. E dire che il processo si svolse a porte aperte (v. *infra*, § 3), nel rispetto delle formalità stabilite per gli adulti (salvo qualche minima deviazione: una pedana "per alzare" gli accusati), con una copertura mediatica eccezionale e un accanimento della folla in attesa, davanti alla Corte, dei "piccoli accusati". A seguito del verdetto di colpevolezza venne autorizzata la divulgazione dei loro nomi che tutti i giornali pubblicarono zelantemente.

Censurare l'intera vicenda (processuale e detentiva) sotto il profilo dell'art. 3 c.e.d.u. – che, non smettono mai di ricordare i giudici di Strasburgo, rappresenta il cuore della Convenzione europea e consacra uno dei valori fondamentali di una società democratica (v., per esempio, Corte eur., 18 dicembre 1996, Aksoy c. Turchia, § 52; Corte eur., 6 aprile 2000, Labita c. Italia, § 119) – avrebbe assunto un peso maggiore, come del resto ebbe a sottolineare uno dei giudici della Grande Camera nella sua opinione parzialmente dissenziente.

Eccettuati questi rilievi critici, il § 84 della sentenza contiene un'affermazione d'ampio respiro che conserva intatta la sua validità e torna utile per il discorso che si sta conducendo.

Dopo aver delineato il perimetro internazionale – con le Regole di Pechino, la CRC, il Patto internazionale sui diritti civili e politici, la R(87) 20 sulle *Risposte sociali alla delinquenza minorile* – la Corte europea da un lato reputa essenziale che il minorenne sia trattato in maniera conforme alla sua condizione (età, maturità, capacità intellettuali ed emozionali), dall'altro auspica il ricorso a una serie di misure volte alla comprensione effettiva del procedimento. Si coglie l'eco del § 14.2 Regole di Pechino che recita testualmente: la «procedura seguita deve tendere a proteggere al meglio gli interessi del giovane che delinque e deve svolgersi in un clima di comprensione, permettendogli di parteciparvi e di esprimersi liberamente».

Pertanto, gli strumenti sovranazionali e gli orientamenti della giurisprudenza paiono convergere su un obbiettivo oramai consolidato e di recente ribadito nel considerando 7 della proposta di direttiva dell'Unione europea (COM [2013] 822 def. e considerando 9 direttiva [UE] 2016/800) in cui si parla di «preservare le potenzialità di sviluppo del minore». Attraverso un complesso di accorgimenti andrebbe resa meno negativa l'esperienza processuale che, per sua natura, si presta a lasciare delle impronte indelebili sulla vita del minorenne.

In concreto, un simile scopo si ottiene, anche e soprattutto, esaminando la causa «senza indugio» (art. 40 § 2 lett. *b* CRC), in ossequio al principio di «urgenza» (art. 13 COM[2013] 822 def. e art. 13 direttiva [UE] 2016/800; *Linee guida* del Consiglio d'Europa, IV, punto 50): occorre la «massima speditezza» (stando, ad esempio, all'art. 5 Patto di San José del 22 novembre 1969) poiché, volendo usare il linguaggio disincantato della Corte di Strasburgo, la "posta in gioco" è troppo alta e i ritmi considerati di solito ragionevoli si rivelano insoddisfacenti.

Non basta rispettare una ragionevole durata fuori dall'ordinario, evitando «inutili ritardi» (§ 20 Regole di Pechino): ci vuole un personale in possesso di competenze pedagogiche e a sfondo psicologico che, costantemente aggiornato e qualificato (§ 22 Regole di Pechino; *Linee guida* del Consiglio d'Europa, IV, punti 14 e 15), sia in grado di comunicare con i minori versanti in situazioni di particolare vulnerabilità (art. 19 COM[2013] 822 def. e art. 20 direttiva [UE] 2016/800; cfr. art. 40 § 2 e 3 CRC).

Il termine "personale", da intendersi nel senso più ampio (*Linee guida* del Consiglio d'Europa, IV, punto 63), include le autorità giudiziarie («corti specializzate» per l'art. 5 comma 5 Patto di San José; cfr. § 6 Regole di Pechino), le autorità di contrasto, i «funzionari di polizia» (§ 12 Regole di Pechino), il personale penitenziario – tenuto a mostrarsi «sensibile ai bisogni specifici» dei minorenni (R[2012] 15 *Codice europeo di etica per il personale penitenziario*) – e anche i difensori.

## 3. Le regole del giusto processo minorile: un diritto irrinunciabile e diverse garanzie rafforzate.

Dopo aver individuato l'equità, che caratterizza l'intero arco procedimentale, il ragionamento riparte dal diritto di beneficiare di un difensore specializzato (art. 19 § 2 COM[2013] 822 def. e art. 20 direttiva [UE] 2016/800).

Alla stessa assistenza difensiva, comunque, andrebbe sempre anteposta la comunicazione circa il tipo e il numero dei diritti (art. 4 COM[2013] 822 def. e art. 4 direttiva [UE] 2016/800); il diritto all'informazione è di estremo rilievo, specie se il minorenne è privato della libertà (Raccomandazione R[2011] 8 sulle *Regole europee per gli autori di reato minorenni sottoposti a sanzioni o misure penali*, punti 62.1 ss.; Corte eur., 16 luglio 2020, Nur e altri c. Ucraina, § 131-140).

L'avvertimento deve essere fornito in un linguaggio doppiamente accessibile: si richiedono concetti chiari – che tengano conto delle differenze culturali e di genere (*Linee guida* del Consiglio d'Europa, IV, punto 2) – espressi per di più in una lingua che il minore possa intendere, grazie eventualmente all'intermediazione gratuita di un interprete (art. 40 § 2 lett. *b* CRC; direttiva 2010/64/UE *sul diritto all'interpretazione e alla traduzione nei procedimenti penali*, attuata con d.lgs. 4 marzo 2014, n. 32; direttiva 2012/13/UE *sul diritto all'informazione nei procedimenti penali*, attuata con d.lgs. 1° luglio 2014, n. 101).

Le medesime informazioni vanno estese al titolare della responsabilità genitoriale o ad «altro adulto idoneo», cioè «un parente o una persona (diversa dal titolare della responsabilità genitoriale)» che abbia «un legame sociale con il minore e che possa interagire con le autorità e consentire al minore di esercitare i suoi diritti procedurali» (punto 25 Relazione alla proposta di direttiva COM[2013] 822 def. e art. 5 direttiva [UE] 2016/800).

La proposta di direttiva dell'Unione europea – nel formulare le norme minime comuni (v. art. 82 § 2 t.f.u.e.) al di sotto delle quali gli Stati membri non debbono andare – pone al primo posto, per importanza e inderogabilità, il diritto di avvalersi del difensore «durante tutto il procedimento penale» (art. 6 COM[2013] 822 def.) conformemente alla direttiva 2013/48/UE (*relativa al diritto di avvalersi di un difensore nel procedimento penale e nel procedimento di esecuzione del mandato d'arresto europeo, al diritto di informare un ter-*

*zo al momento della privazione della libertà personale e al diritto delle persone private della libertà personale di comunicare con terzi e con le autorità consolari*). Solo per i reati meno gravi (ad esempio, per le infrazioni del codice della strada) l'obbligo del difensore sarebbe sproporzionato.

La questione del patrocinio a spese dello Stato è oggetto di un'autonoma Raccomandazione della Commissione del 27 novembre 2013 e della direttiva (UE) 2016/1919, attuata con d.lgs. 7 marzo 2019, n. 24 (cfr. considerando 9 e art. 1 § 2 in cui si esplicita l'intento di integrare la direttiva dedicata ai minori; v. cap. III, parte II, § 3): ciò nonostante la proposta impone di provvedere affinché i regimi nazionali garantiscano «l'effettivo esercizio del diritto di avvalersi di un difensore» (art. 18 COM[2013] 822 def. e art. 18 direttiva [UE] 2016/800; cfr. *Linee guida* del Consiglio d'Europa, IV, punto 38). L'assistenza legale è estremamente rilevante specie per il «minore straniero non accompagnato coinvolto a qualsiasi titolo in un procedimento giurisdizionale» (art. 16 l. 7 aprile 2017, n. 47: v. cap. III, parte II, § 3; cfr. Corte eur., 28 febbraio 2019, H.A. e altri c. Grecia, sul trattenimento di nove minorenni non accompagnati presso una stazione di polizia; Corte eur., 13 giugno 2019, Sh.D. e altri c. Grecia, Austria, Croazia, Ungheria, Macedonia, Serbia e Slovenia, in cui i minori, dopo l'illegittima detenzione nei locali della polizia, sono stati trasferiti nel campo profughi di Idomeni).

La netta priorità accordata alla difesa merita di essere sottolineata in quanto produce un passo in avanti rispetto alle stesse *Linee guida* del Consiglio d'Europa; dal canto loro, le Carte internazionali sembrano prediligere altre soluzioni.

Infatti, le Regole di Pechino elencano dapprima, al § 7 (Diritti dei giovani), le «garanzie procedurali di base» da assicurarsi «sempre» («quali la presunzione di innocenza, il diritto alla presenza del genitore e del tutore, il diritto alla notifica delle accuse, il diritto al confronto e all'esame incrociato dei testi, il diritto a non rispondere e il diritto di appello»), e di seguito, al § 15 (Assistenza legale, genitori e tutori), fanno cenno al diritto del minore, autore di reato, di «chiedere la nomina di un avvocato d'ufficio quando le disposizioni del singolo paese prevedono questa assistenza» (§ 15.1). Gli *standard* dell'art. 40 § 2 lett. *b* CRC esigono che il minorenne sia almeno giudicato «in presenza del suo legale o di altra assistenza appropriata».

Tanta insistenza sull'obbligatorietà del diritto di difesa ha una sua ragione e lo si capisce iniziando a consultare le sentenze emesse nei decenni dalla Corte europea: spesso ai minori arrestati viene impedito di comunicare con il proprio difensore e le dichiarazioni rese senza alcuna assistenza, non di rado estorte con metodi brutali, rappresentano sotto il profilo probatorio un elemento determinante per giungere alla condanna (cfr. i seguenti casi di violazione dell'art. 6 § 1 e 3 lett. *c* c.e.d.u.: Corte eur., 22 settembre 2009, Halil Kaya c. Turchia; Corte eur., 30 maggio 2013, Martin c. Estonia; Corte eur., 23 aprile 2013, Süzer c. Turchia). Lascia perplessi la sentenza 27 aprile 2017, Zherdev c. Ucraina, con la quale i giudici europei escludono che sia violata la complessiva equità processuale, nonostante gli errori commessi dall'autorità procedente, il mancato riconoscimento del diritto di parlare con i genitori e di scegliere, in base alla legge nazionale, un difensore di fiducia.

Ecco allora l'urgenza, avvertita dagli organismi al vertice dell'Unione europea, di ricostituire la rete di prerogative in maniera innovativa, ponendo al centro un diritto che non dovrebbe mai subire limiti o sospensioni di sorta. Peccato che, nel passaggio dalla proposta COM(2013) 822 def. alla direttiva (UE) 2016/800, il testo dell'art. 6 si sia arricchito di paragrafi, perdendo però quella idea forte di obbligatorietà che lo connotava; in effetti, la rubrica stessa è mutata: dal diritto irrinunciabile di avvalersi di un difensore (*right to a mandatory access to a lawyer*) ora l'intitolazione rinvia a una generica assistenza difensiva (*assistance by a lawyer*).

Nel contempo, viene manifestata una preoccupazione per le prassi devianti impiegate nel corso degli interrogatori. Lo svolgimento di un simile atto si presta a sfociare in una «situazione potenzialmente rischiosa» che potrebbe ledere «i diritti procedurali e la dignità del minore» (punto 40 Relazione alla proposta di direttiva COM[2013] 822 def.); del resto, sul versante opposto, la Corte europea ha più volte qualificato come "terribile" (*ordeal*) la sottoposizione a esame testimoniale della vittima minorenne (tra le tante, cfr. Corte eur., 28 settembre 2010, A.S. c. Finlandia, § 55).

È interessante notare che, da questo punto di vista, le garanzie dovrebbero valere indistintamente: tutti i minori per loro indole sono carenti di quelle difese immunitarie possedute di norma dagli adulti; non ha senso qui distinguere sulla base del ruolo ricoperto dal minorenne, vittima o accusato, a conferma dell'opportunità di accostarsi alla questione minorile in maniera non riduzionista (cfr. *I pubblici ministeri e la giustizia minorile. Dichiarazione di Erevan*, varata il 20 ottobre 2010 dal CCPE, Consiglio Consultivo dei Procuratori europei del Consiglio d'Europa; v. *supra*, § 1).

Nell'iniziativa COM(2013) 822 def. (art. 9) l'interrogatorio riceve una disciplina incentrata sull'opportunità di registrare l'atto quando il minore è privato della libertà personale «indipendentemente dalla fase del procedimento»; prima dell'imputazione, invece, la registrazione (sempre con modalità audiovideo) dipende dalla «complessità del caso», dalla «gravità del reato contestato» e dalla «pena irrogabile». Il testo dell'art. 9 della direttiva (UE) 2016/800 introduce una serie di variabili e, di nuovo, le garanzie paiono sfumare e indebolirsi. Rimane impregiudicata, purtroppo, «la possibilità di interrogare il minore ai soli fini della sua identificazione personale senza procedere alla registrazione audiovisiva» (con la sentenza 28 settembre 2015, Bouyid c. Belgio, la Grande Camera della Corte europea ha condannato il Belgio per violazione dell'art. 3 c.e.d.u., in quanto un agente di polizia in borghese, dopo aver schiaffeggiato due fratelli – uno dei quali minorenne – che si erano rifiutati di declinare le generalità, li ha tratti in arresto senza giustificato motivo, conducendoli alla stazione di polizia ove, nel corso dell'interrogatorio, uno dei ragazzi è stato nuovamente preso a schiaffi da un altro agente).

La raccolta delle dichiarazioni andrà calibrata (per stile, ritmo, durata, pause regolari) sulle capacità di attenzione e sul grado di maturità del soggetto (*Linee guida* del Consiglio d'Europa, IV, punto 64).

Il sistema nel suo complesso si perfeziona poi attraverso la previsione di prerogative che, al confronto con la rete approntata per gli accusati adulti, non sembra scorretto definire rafforzate.

La tutela della vita privata è pressoché assoluta «in tutte le fasi della procedura» (art. 40 § 2 lett. *b* CRC; cfr. *Linee guida* del Consiglio d'Europa, IV, punti 6-10) per evitare danni «causati da una pubblicità inutile e denigratoria»: così, testualmente, il § 8.1 Regole di Pechino, mentre il § 8.2 esclude «di regola» la divulgazione di qualsiasi notizia che «possa contribuire ad identificare un giovane autore di un reato». Il Comitato ONU, cui è affidato il monitoraggio della CRC, ribadisce lo svolgimento a porte chiuse (salvo poche eccezioni fissate per legge) e il divieto di svelare l'identità del minore (*Osservazioni generali sui diritti dei minori nel sistema giudiziario minorile*, *General Comment*, G1927557, aggiornamento del Commento n. 10/2007, 18 settembre 2019).

Si allinea allo schema la proposta di direttiva COM(2013) 822 def. che al punto 52 della Relazione di accompagnamento consacra un criterio generale: il minore «dovrebbe essere giudicato a porte chiuse. In casi eccezionali, il giudice può, nell'interesse superiore del minore, decidere di ammettere il pubblico». L'art. 14 direttiva (UE) 2016/800 riguarda ancora il diritto alla protezione della vita privata e continua a escludere che siano rese pubbliche le registrazioni audio-visive degli interrogatori (nell'evenienza in cui le autorità non decidano di documentare gli atti in forma scritta ai sensi dell'art. 9 § 2).

Come dire: il diritto alla protezione della vita privata (art. 8 c.e.d.u.) prevale sulla libertà di espressione (art. 10 c.e.d.u.) quando essa si manifesta sotto forma di diritto di cronaca giudiziaria (cfr. punto 8 R[2003]13 *sulla diffusione di informazioni da parte dei media in relazione ai procedimenti penali*) e prevale pure sul principio di pubblicità: lo riconosce l'art. 6 § 1 c.e.d.u. («l'accesso alla sala d'udienza può essere vietato alla stampa e al pubblico (...) quando lo esigono gli interessi dei minori»).

Un giudizio a porte chiuse, quindi, ma con il banco preferibilmente occupato dalla persona accusata; l'art. 16 dell'iniziativa COM(2013) 822 def. esplicita il «diritto del minore di presenziare al processo volto ad accertarne la colpevolezza» che, nell'art. 16 direttiva (UE) 2016/800, acquista contorni differenti; domina la preoccupazione di coordinamento con la direttiva (UE) 2016/343 sul rafforzamento di alcuni aspetti della presunzione di innocenza e del diritto di presenziare al processo. La giurisprudenza europea ha avuto modo di intervenire su questi argomenti, esaminando la potenziale violazione dell'art. 6 c.e.d.u. a discapito di soggetti ritenuti vulnerabili: la Corte tende a misurare l'effettiva consapevole partecipazione al processo (cfr. la sentenza, con la quale i giudici optano per la non ricevibilità del ricorso, 13 ottobre 2009, Uzunget e altri c. Turchia).

La presenza è condizione preliminare di un altro diritto non negoziabile, quello di essere ascoltato (*Linee guida* del Consiglio d'Europa, IV, punti 44-49; COM[2021] 142 def., punto 4). Esprimere «liberamente» (§ 14.2 Regole di Pechino) la propria opinione sugli episodi che lo riguardano è per l'appunto un diritto del minorenne, «non un dovere da imporgli» (*Linee guida* del Consiglio d'Europa, IV, punto 46), secondo una scelta che accomuna ancora l'autore di reato con il minorenne vittima (cfr., infatti, la direttiva 2012/29/UE *che istituisce norme minime in materia di diritti, assistenza e protezione delle vittime di reato*, attuata con d.lgs. 15 dicembre 2015, n. 212).

Infine, la «stretta partecipazione del minorenne» è presupposto per programmare misure personalizzate di protezione, istruzione, formazione e reinserimento sociale; nel sancire il diritto alla valutazione individuale, che dovrebbe esser effettuata «al più tardi prima dell'imputazione», e in costante aggiornamento, l'iniziativa dell'Unione europea (art. 7 COM[2013] 822 def. e art. 7 direttiva [UE] 2016/800) si fa carico della complessa situazione vissuta dai minori implicati in attività criminali che sono costretti a compiere in quanto vittime della tratta di esseri umani (punto 32 Relazione alla proposta di direttiva). Ipotesi del genere, in cui i minori sono le prime vittime della tratta, rientrano a pieno titolo nell'art. 8 direttiva 2011/36/UE (*concernente la prevenzione e la repressione della tratta di esseri umani e la protezione delle vittime*) che suggerisce agli Stati di non esercitare l'azione penale o di non applicare le sanzioni penali.

## 4. Le «speciali misure di protezione» per il minorenne detenuto.

L'espressione riportata tra virgolette nel titolo del presente paragrafo è utilizzata dalla proposta COM(2013) 822 def. (e dai considerando 48 e 53 direttiva [UE] 2016/800): ricalca una terminologia comune ai documenti più datati. Lo spirito di fondo è abbastanza chiaro; si intende incrementare ulteriormente la sfera dei diritti rafforzati (v. *supra*, § 3) che necessitano un incisivo potenziamento quando il minorenne è privato della sua libertà.

Sono svariate le forme di detenzione regolate ai sensi dell'art. 5 c.e.d.u. (Diritto alla libertà ed alla sicurezza): oltre a quella che consegue alla «condanna da parte di un tribunale competente» (§ 1 lett. *a*; cfr. Corte eur., 30 aprile 2019, T.B. c. Svizzera, per la condanna a pena detentiva di un minorenne affetto da disturbi psichici e sottoposto a ulteriori misure restrittive; v. invece Corte eur., 27 ottobre 2020, Reist c. Svizzera, per la non violazione del § 1 lett. *a*, in un caso di condanna seguita da una misura di protezione resa più afflittiva con il raggiungimento della maggiore età dal collocamento, per tre mesi, in una struttura di recupero chiusa), la lett. *d* del medesimo articolo ne conta due indirizzate ai soggetti minorenni.

La prima dovrebbe perseguire fini educativi (cfr. Corte eur., 25 giugno 2019, Blydik c. Russia, § 58 ss.), dato che l'interessato viene ristretto a prescindere dalla commissione di un reato, allo scopo di «sorvegliare la sua educazione»: la *interim custody* dovrebbe garantire una supervisione educativa (Corte eur., 25 giugno in apposite strutture gestite da uno *staff* specializzato (cfr. Corte eur., 29 febbraio 1988, Bouamar c. Belgio, § 52-53; Corte eur., dec. 12 ottobre 2000, Koniarska c. Regno Unito; Corte eur., 16 maggio 2002, D.G. c. Irlanda, § 79-80; Corte eur., 21 dicembre 2010, Ichin e altri c. Ucraina, § 39; Corte eur., 19 maggio 2016, D.L. c. Bulgaria, § 64 ss.).

La seconda ha lo scopo cautelare (consueto e meno discutibile, a patto che si valuti l'applicazione di misure meno afflittive: Corte eur., 27 febbraio 2018, Agit Demir c. Turchia) di tradurre il minore dinanzi all'autorità competente; dai lavori preparatori alla Convenzione emerge un altro intento, volto addirittura a proteggere il minorenne sottraendolo a una famiglia violenta, alla vita in un quartiere disagiato che potrebbe favorire la sua permanenza nel circuito criminale, in funzione magari di una cura disintossicante. Ma è inaccettabile l'arresto congiunto di madre e figlio (di otto anni) dopo una perquisizione, senza dare alcun avviso alle autorità competenti per la tutela di minori (Corte eur., 9 aprile 2019, Tarak e Depe c. Turchia).

Il principio fondamentale che si ricava consultando le fonti internazionali riguarda la separazione dagli adulti (cfr. Corte eur., 27 aprile 2017, Zherdev c. Ucraina, § 56 ss.): i minori detenuti preventivamente o in via definitiva vanno alloggiati in istituti esclusivi, oppure in parti distinte di un istituto che ospita anche adulti (art. 37 lett. *c* CRC; § 13.4 Regole di Pechino; art. 11 R[2006] 2 *Regole penitenziarie europee* (rivisitate a luglio 2020); Corte eur., 21 settembre 2017, Kuparadze c. Georgia; Corte eur., 26 maggio 2020, I.E. c. Moldavia).

Segue subito il diritto a un trattamento specifico (art. 12 COM[2013] 822 def. e art. 12 direttiva [UE] 2016/800): più istruzione (e del tutto simile a quella dei minori liberi), aiuto supplementare dopo le dimissioni dall'istituto, più contatti con la famiglia, sempre che non si tratti di un contesto familiare destrutturato (c.d. *broken homes*).

Più assistenza medica: l'inadeguatezza delle cure per un minore tossicodipendente, unita all'ineffettività delle indagini sull'accaduto, lede l'art. 3 c.e.d.u. (Corte eur., 25 gennaio 2011, Safak c. Turchia); lo stesso dicasi per la mancata assistenza sanitaria di un minore non imputabile e affetto da disturbi della personalità (Corte eur., 14 novembre 2013, Blokhin c. Russia).

In proposito, l'iniziativa dell'Unione europea – art. 8 COM(2013) 822 def. e art. 8 direttiva (UE) 2016/800 – individua un autonomo diritto all'esame medico, peraltro già raccomandato, nel 2007, dal Commento n. 10 alla CRC. Lo stato fisico-mentale sarà oggetto di attenta e approfondita indagine in vista dell'interrogatorio che, se si dovesse rivelare incompatibile con le condizioni di salute, andrebbe rinviato (se non addirittura non effettuato).

La trama di regole è davvero molto fitta, a maglie strette insomma: eccezionale in relazione a uno *status* detentivo altrettanto eccezionale, non prorogabile strumentalizzando l'istituto delle c.d. contestazioni a catena (cfr. Corte eur., 26 maggio 2020, I.E. c. Moldavia). In effetti qualsiasi privazione della libertà è misura di ultima istanza e dalla durata breve, brevissima (art. 37 lett. *b* CRC; COM[2011] 327 def., *Libro verde sull'applicazione della normativa dell'UE sulla giustizia penale nel settore della detenzione*), anche quando il minore è ricercato, in quanto colpito da un mandato di arresto europeo (cfr. art. 17 COM[2013] 822 def. e art. 17 direttiva [UE] 2016/800). Mandato che non dovrebbe essere eseguito qualora, stando al diritto dello Stato membro di esecuzione, il minore non abbia raggiunto l'età richiesta per essere considerato penalmente responsabile dei fatti all'origine della procedura di consegna (Corte giust., Grande Sezione, 23 gennaio 2018, Piotrowski, C-367/16). Delude, per la sua sostanziale aridità, l'interpretazione dell'art. 3 n. 3 decisione quadro 2002/584/GAI (motivi di non esecuzione obbligatoria, requisito della verifica dell'età minima per la responsabilità penale) da parte della Corte di Lussemburgo: «per decidere sulla consegna di un minore oggetto di un mandato d'arresto europeo», scrivono i giudici europei, «l'autorità giudiziaria dello Stato membro di esecuzione deve soltanto verificare se l'interessato abbia raggiunto l'età minima per essere considerato penalmente responsabile, nello Stato membro di esecuzione, dei fatti all'origine di tale mandato, senza dover tenere conto di eventuali condizioni supplementari, relative a una valutazione personalizzata, alle quali il diritto di tale Stato membro subordina in concreto l'esercizio dell'azione penale o la condanna nei confronti di un minore per tali fatti». Quell'affermazione «deve soltanto verificare» trascura, probabilmente, l'interesse del minore, un criterio che non si alimenta di astratte teorizzazioni, richiedendo invece un costante collegamento con le migliori prassi quotidiane (i giudici di Lussemburgo dimostrano maggiore sensibilità nell'interpretare le norme della direttiva 2008/11/CE vincolando la decisione di rimpatriare il minore non accompagnato a «una valutazione generale ed approfondita della situazione» che tenga in debito conto «l'interesse superiore del bambino»: Corte giust., 14 gennaio 2021, TQ, C-441/19).

A proposito di euromandato, il recente d.lgs. 2 febbraio 2021, n. 10 perfeziona la l. 22 aprile 2005, n. 69 attuativa della decisione quadro sul mandato di arresto e, nel ricollegare il motivo di rifiuto obbligatorio della consegna al «minore di anni 14 al momento della commissione del reato» (art. 18 comma 1 lett. *c*), allinea la nostra normativa alla decisione quadro 2002/584/GAI.

Le Regole minime ONU per il trattamento dei detenuti (c.d. *Mandela Rules*), pur occupandosi degli adulti e non delle strutture destinate ai minori, ricalcano le c.d. *Havana Rules* (Regole ONU per la protezione dei minori privati della libertà adottate dall'Assemblea generale con Risoluzione 45/113, del 14 dicembre 1990) e puntualizzano che di norma i giovani non dovrebbero essere condannati a una pena detentiva (*Preliminary observation* n. 4).

Da questa impostazione discendono molti corollari, come il bando assoluto della pena capitale, dell'imprigionamento a vita senza possibilità di rilascio (art. 37 lett. *a* CRC), delle punizioni corporali (Corte eur., 25 aprile 1978, Tyrer c. Regno Unito, § 33), a fronte di un favore incondizionato per l'applicazione di misure alternative (§ 26-29 Regole di Pechino; COM[2021] 142 def., punto 4; art. 11 COM[2013] 822 def. e art. 11 direttiva [UE] 2016/800; Risoluzione del Parlamento europeo del 21 giugno 2007, *Delinquenza minorile – Ruolo delle donne, della famiglia e della società*, punto 18).

Si propende inoltre per il riesame periodico delle ragioni che inducono a prolungare lo *status* detentivo alla luce della minore età (Corte eur., 13 gennaio 2011, Haidn c. Germania, § 107; Corte eur., 19 gennaio 2012, Korneykova c. Ucraina), escludendo formule stereotipate o "fotocopia" (Corte eur., 4 marzo 2014, Filiz c. Turchia). Tutti elementi che l'Assemblea Parlamentare del Consiglio d'Europa riassume bene nella citata Risoluzione 2010(2014), *Una giustizia penale minorile adatta ai bambini: dalla retorica alla realtà*, 27 giugno 2014.

Appena si passa alla quotidianità il quadro che si presenta davanti agli occhi dello studioso assume contorni inquietanti.

Migliaia di bambini migranti sono collocati in strutture detentive (cfr. *Osservazioni del Comitato ONU contro la tortura*, pubblicate il 6 dicembre 2017 dopo la valutazione del rapporto periodico sull'Italia), senza aver commesso alcun crimine, semplicemente perché sprovvisti di idonei documenti per fare ingresso in uno Stato (cfr. APCE, *The alternatives to immigration detention of children*, doc. 13597, 15 settembre 2014; sei sentenze di condanna contro la Francia da parte della Corte eur., 12 luglio 2016; COM[2017] 211 def., Comunicazione della Commissione, 12 aprile 2017, *La protezione dei minori migranti*; Corte eur., 7 dicembre 2017, S.F. e altri c. Bulgaria).

Molti altri vengono illegittimamente detenuti a seguito di erronei accertamenti sulla loro età, condotti con dannose radiazioni ionizzanti (cfr. il Punto di vista del Commissario per i diritti umani del Consiglio d'Europa, COMM[DH], 201[11] 8, 9 agosto 2011; Corte eur., 22 novembre 2016, Abdullahi Elmi e Aweys Abukabar c. Malta; APCE, *Child-friendly age assessment for unaccompanied migrant children*, doc. 14434, 31 ottobre 2017; Agenzia dell'Unione europea per i diritti fondamentali [FRA], *Rapporto annuale dedicato ai minori nei fenomeni migratori*, aprile 2020). L'identificazione dei minori stranieri non accompagnati (v. art. 5 l. n. 47 del 2017; per quelli vittime di tratta, cfr. artt. 3 e 5 d.p.c.m. 10 novembre 2016, n. 234) presenta numerose lacune sempre che le autorità vi procedano (Corte eur., 28 febbraio 2019, Khan c. Francia: nel caso di specie, non identificando neppure un dodicenne lo si è esposto al rischio di violenze di ogni tipo).

Molti altri minori ancora sono maltrattati dalle forze dell'ordine (v. *supra*, § 3): è argomento che ricorre spesso nei discorsi del Segretario Generale del Consiglio d'Europa sulla democrazia e lo Stato di diritto (cfr., ad esempio, SG/Inf[2013] 15, 7 maggio 2013) e nelle sentenze dei giudici di Strasburgo, i quali in varie occasioni hanno raggiunto le prove, oltre ogni ragionevole dubbio, delle violenze sessuali (Corte eur., 17 marzo 2009, Salmanoglu e Polattas c. Turchia; Corte eur., 6 settembre 2016, A.S. c. Turchia), della sottoposizione a docce, bollenti poi gelide, accompagnate da percosse (Corte eur., 20 ottobre 2009, Volkan Özdemir c. Turchia) e dell'omissione di cure adeguate dopo le ferite inferte al momento dell'arresto (Corte eur., 18 luglio 2018, Nina Kutsenko c. Ucraina). La forza è utilizzata senza alcuna proporzione persino davanti agli edifici scolastici nei confronti di un minore sospettato di aver percosso, a sua volta, un altro adolescente (Corte eur., 28 gennaio 2020, A.P. c. Slovacchia).

Le violazioni si verificano pure in quei Paesi considerati tra i più avanzati: a fine 2014, il Comitato ONU contro la tortura ha denunciato le forme di isolamento che le autorità svedesi riservano ai minorenni e che sono causa di depressione, tentato suicidio e mancato reinserimento sociale; a seguito dell'inchiesta di un diffuso quotidiano britannico l'Alta Corte di giustizia inglese ha avviato un'indagine per verificare le condizioni di taluni adolescenti segregati/isolati nel pieno disprezzo delle Convenzioni internazionali in materia di diritti umani. Nel rapporto sulla Spagna, di fine 2017, il Comitato antitortura del Consiglio d'Europa (CPT) ha fortemente criticato il persistente ricorso a mezzi di contenzione meccanici, mentre l'organizzazione *Human Rights Watch* (settembre 2019) ha stigmatizzato le brutali modalità con cui la polizia francese, in aperta violazione delle norme internazionali, respinge i minori verso le zone italiane confinanti.

Se il fenomeno del grande incarceramento minorile non fosse «allarmante» (così lo qualifica l'APCE nella già richiamata Risoluzione del giugno 2014), il Comitato antitortura del Consiglio d'Europa non avrebbe probabilmente aggiornato i suoi *standard* valutativi; nel Rapporto annuale (2015) il CPT ribadisce con forza una serie di garanzie supplementari, che paiono assai mirate, e sono così sintetizzabili:

1) i minori non dovrebbero essere detenuti in un commissariato per più di 24 ore;

2) i minori dovrebbero essere alloggiati in camera singola e autorizzati a indossare i loro indumenti personali (nei centri detentivi andrebbero eliminati gradualmente i grandi dormitori);

3) il personale di custodia (meglio se vestito in borghese, senza uniforme quindi) non dovrebbe essere dotato di manganelli, né di spray di gas neutralizzanti o altri mezzi di contenzione;

4) l'isolamento come sanzione disciplinare dovrebbe disporsi in casi estremi e per un periodo di tempo limitato (tre giorni al massimo);

5) tutti i minori dovrebbero poter utilizzare il telefono con una certa frequenza (viene poi auspicato l'impiego di servizi *Voice Over IP*);

6) nei centri detentivi per minori i problemi legati alle tossicodipendenze e alla prevenzione del rischio di automutilazione e di suicidio meriterebbero una strategia globale di gestione.

## 5. Il panorama europeo nel passaggio «dalla retorica alla realtà».

La carrellata delle regole irrinunciabili perché il processo a carico di un minore possa chiamarsi "giusto" fornisce adesso gli strumenti di base per completare due operazioni in stretta connessione tra loro.

La prima si sostanzia nel controllo del tasso di effettività presente negli attuali sistemi giudiziari. Il livello non può certo dirsi soddisfacente: i punti di sofferenza rimangono troppi; le condanne riportate dagli Stati membri del Consiglio d'Europa davanti alla Corte di Strasburgo testimoniano quanto le prassi vigenti si discostino dagli *standard* europei. Volendo prendere in prestito le parole-chiave di una risoluzione ampiamente citata – Risoluzione 2010(2014), *Una giustizia penale minorile adatta ai bambini: dalla retorica alla realtà* – la "realtà" appare ben lontana dalla "retorica" fatta di propositi scarsamente attuati.

Alle violazioni dei diritti sanciti dalla c.e.d.u. si accompagna, sul versante legislativo dell'Unione europea, una lacuna macroscopica messa in luce dalla proposta di direttiva COM(2013) 822 def. e alla quale tenta di sopperire la direttiva (UE) 2016/800: la mancanza di norme minime sulla protezione dei diritti procedurali dei minori indagati o imputati.

L'assenza non solo attesta la scarsa fiducia degli Stati nei confronti dei rispettivi modelli di giustizia penale (lo ammette, senza mezzi termini, al considerando 3 l'iniziativa COM[2013] 822 def.), ma nasconde anche il "problema dei problemi" che si è volutamente lasciato finora sullo sfondo, ovvero il trattamento disomogeneo della delinquenza minorile (cfr. *I pubblici ministeri e la giustizia minorile. Dichiarazione di Erevan*).

Difatti, tutti paiono d'accordo nel fissare il limite massimo della minore età a diciotto anni; per quel che concerne, invece, la soglia minima di punibilità, al di sotto della quale un individuo non può essere processato, il divario è enorme: e la direttiva (UE) 2016/800 «non incide sulle norme nazionali che fissano l'età della responsabilità penale» (art. 2).

Capita così che alcuni Stati configurino una responsabilità penale del minore undicenne, se non addirittura del bambino al di sotto dei dieci anni (cfr. *supra*, § 2 i casi decisi nel dicembre 1999 dalla Corte di Strasburgo; nel citato Libro Verde sulla detenzione, la Commissione europea rammenta che in Scozia (nazione costitutiva del Regno Unito non aderente più, dopo la c.d. Brexit, all'Unione europea, ma solo al Consiglio d'Europa) a otto anni il minore è penalmente responsabile e gli esempi potrebbero proseguire con la Grecia e la Svizzera). Questa propensione al ribasso – che ha trovato di recente una platea di sostenitori italiani, incontrando il fermo "no" dell'Autorità garante per l'infanzia e l'adolescenza – è vivamente sconsigliata dai documenti internazionali, dalle *Linee guida* del Consiglio d'Europa (cfr. IV, punto 23) come dal § 4 Regole di Pechino («in quei sistemi giuridici che riconoscono la nozione di soglia della responsabilità penale, tale inizio non dovrà essere fissato ad un limite, troppo basso, tenuto conto della maturità affettiva, mentale ed intellettuale»); le stesse Regole al § 2.2 lett. *a* precisano, per giunta, che un minore può essere imputato per un reato, ma non è penalmente responsabile come un adulto.

La tendenza è sintomo di una deriva rigoristica in netto contrasto con il valore della dignità – principio ed «essenza stessa» della c.e.d.u. (cfr. Corte eur., Grande Camera, 28 settembre 2015, Bouyid c. Belgio, § 101) – e ha una consistente ricaduta pratica: la Comunicazione COM(2006) 367 def., *Verso una strategia dell'Unione europea sui diritti dei minori*, avvertiva che, in quel periodo, un milione e mezzo di ragazzi era in carcere «per aver avuto problemi con la legge».

Il disagio per il quadro contemporaneo rende indifferibile l'avvio della seconda operazione: programmare la costruzione di una giustizia "a misura di minore".

È opportuno puntare su moduli (rigorosamente al plurale) flessibili, in cui gli organi competenti siano dotati di margini ampi di discrezionalità (§ 17 e 18 Regole di Pechino) per decretare eventuali sospensioni del processo con il conseguente ricorso a misure extra-giudiziarie (§ 11 Regole di Pechino; art. 40 § 4 CRC).

Gli «strumenti alternativi al procedimento giudiziario quali la mediazione, la *diversion* (...) e i metodi alternativi di risoluzione delle controversie dovrebbero essere incoraggiati ogniqualvolta questi possano servire al meglio l'interesse superiore del minore» (*Linee guida* del Consiglio d'Europa, IV, punto 24). Ai sistemi alternativi dedicano ampio spazio sia il rapporto – vertente sulla condizione dei minori nei procedimenti giudiziari – che il Relatore speciale ONU ha presentato al Consiglio dei diritti umani, nel giugno 2015, lamentando i ritardi nell'attuazione di una giustizia *child-sensitive*, sia il *General Comment* del Comitato ONU, preposto al monitoraggio della CRC, 18 settembre 2019.

Un minimo aiuto definitorio per delimitare una giustizia del genere giunge dalle *Linee guida* del Consiglio d'Europa che esortano i sistemi giudiziari a garantire «il rispetto e l'effettiva attuazione di tutti i diritti dei minori al più alto livello possibile (...) prendendo in debita considerazione il livello di maturità e di comprensione del minore, nonché le circostanze del caso». Si tratterebbe, «in particolare, di una giustizia accessibile, adeguata all'età, rapida, diligente, adatta alle esigenze e ai diritti del minore e su di essi incentrata, nel rispetto dei diritti del minore, tra cui il diritto al giusto processo, alla partecipazione e alla comprensione del procedimento, al rispetto della vita privata e familiare, all'integrità e alla dignità» (II, lett. *c*).

## 6. Più «vittime che delinquenti».

Non è uno slogan provocatorio quello che si propone come titolo del paragrafo conclusivo, è piuttosto una constatazione fatta propria, nel 2007, dal Commissario per i diritti umani del Consiglio d'Europa (Punto di vista "*Non dovremmo punire i minori vittime*", 8 gennaio 2007) e ripresa, nel gennaio 2015, dal Comitato dei Ministri del Consiglio d'Europa. Nella Raccomandazione (2015) 3 *sull'accesso ai diritti sociali da parte dei giovani provenienti da quartieri svantaggiati*, il Comitato nota quanto la violenza – pubblica e privata – abbia come protagonisti dei minorenni autori e vittime al tempo stesso.

Di identico avviso è il Parlamento europeo: nella Risoluzione *Delinquenza minorile – Ruolo delle donne, della famiglia e della società*, del 21 giugno 2007, denuncia gli adulti che gestiscono «reti di criminalità organizzata» e «adoperano talvolta minori delinquenti» come manovalanza per i loro traffici (cfr. *supra*, § 3 relativamente agli episodi legati alla tratta di persone), reclutando financo i minori in gruppi terroristici (*General Comment* del Comitato ONU, preposto al monitoraggio della CRC, 18 settembre 2019, § 97-101).

In Italia, gli adulti detenuti giungono ad affidare gli affari criminali di famiglia (estorsioni, intimidazioni, controllo violento del territorio) ai propri figli, incaricandoli di compiere quelle «azioni che non possono essere sospese pena l'indebolimento» della capacità di condizionare la zona: il procuratore della Repubblica per i minori e la Camera minorile di Reggio Calabria – nell'ottobre 2013 – segnalavano la grave situazione. Il Tribunale per i minorenni da tempo emette provvedimenti *de potestate*, di decadenza dalla responsabilità genitoriale, nei confronti di latitanti e appartenenti a organizzazioni di stampo mafioso e 'ndranghettistico (cfr. decreto 8 marzo 2016). L'associazione *Libera*, sostenuta dalla Conferenza Episcopale Italiana, ha siglato con il Dipartimento Pari Opportunità della Presidenza del Consiglio (e con gli organi giurisdizionali coinvolti) un protocollo d'intesa – dal nome *Liberi di scegliere* – per proteggere, e sostenere con un progetto di allontanamento, i minori e le loro madri che sono alla ricerca di un'alternativa tanto difficile quanto drammatica (cfr. l'ordinanza del 23 giugno 2020, con la quale il Tribunale per i minorenni di Reggio Calabria dichiara decaduto il padre dalla responsabilità genitoriale nei confronti della figlia co-affidata al servizio sociale competente e all'associazione *Libera*, ma autorizza colloqui telefonici tra la ragazza e il genitore detenuto in regime *ex* art. 41-*bis* ord. penit.).

Per non cadere in dannosi fraintendimenti bisogna aggiungere però alcune osservazioni.

Reputare i minori comunque vittime, pure quando delinquono, significa sottolinearne l'estrema vulnerabilità, termine quest'ultimo che compare con insistenza, ma che non riceve quasi mai una definizione accurata (sarebbe meglio, forse, ispirandosi al lessico dell'Agenzia dell'Unione europea per i diritti fondamentali [FRA] – *Manuale sul diritto europeo in materia di asilo, frontiere e immigrazione*, 2020 – effettuare una sostituzione e introdurre l'inciso «persone con bisogni speciali»). Una sorta di presunzione assoluta di debolezza e fragilità circonda il minore che, in base al solo dato anagrafico, è ritenuto vulnerabile, anzi il più vulnerabile rispetto ad altri gruppi di individui (donne, stranieri, portatori di handicap) e rimane tale ogni volta che si affacci sulla scena giudiziaria.

L'impianto generale del discorso vede, quindi, i minorenni detentori di diritti, mentre gli Stati e i Governi che li reggono sono portatori di doveri, meglio di obblighi positivi (di fare), di obblighi negativi (astenersi dal fare); impegni che, assai spesso, non onorano.

Ne è consapevole il Parlamento europeo, che nella già richiamata Risoluzione *Delinquenza minorile – Ruolo delle donne, della famiglia e della società*, dichiara: l'applicazione pratica delle misure di prevenzione, di rieducazione e di riabilitazione che includono una terapia in caso di necessità «è molto spesso resa impossibile dalla mancanza di un'infrastruttura materiale e tecnica moderna e adatta, nonché di personale adeguatamente formato, dall'insufficienza dei finanziamenti e talvolta dalla mancanza di volontà degli operatori interessati o alle volte dalle carenze intrinseche del sistema».

Alla fine, pur in mezzo a tante incertezze, affiora la soluzione al fenomeno della delinquenza minorile in Europa (e non solo): i rimedi più efficaci, non semplici scappatoie sia ben chiaro, sembrano trovarsi tutti, o quasi, "fuori" e specialmente "prima" del processo. In particolare, le esperienze di internamento minorile – espressione tangibile dell'ideologia correzionale, tipica di varie epoche storiche – hanno avuto scarso successo e, talvolta, sono completamente fallite.

La strada migliore, anche per abbattere la recidiva, è quella della prevenzione (cfr. i principi guida di Riyad adottati dall'Assemblea generale ONU nel dicembre 1990; *General Comment* del Comitato ONU, preposto al monitoraggio della CRC, 18 settembre 2019), ma per poterla percorrere va incentivato, da parte dei giuristi, un approccio "proattivo" che ponga l'accento sul futuro, sull'anticipazione pertanto, e si prefigga di provocare successi, ovvero cambiamenti positivi. In altre parole, occorre raccogliere una sfida, e assumersi «il rischio dell'educazione» come, nel lontano 1947, scriveva un magistrato francese profondo conoscitore della giustizia minorile.

# Parte II

# I PRINCIPI COSTITUZIONALI

di *Adonella Presutti*



## 1. L'imputato minorenne nell'insegnamento della Corte costituzionale.

Una trattazione dedicata ai principi costituzionali del rito minorile può apparire superflua: accertamento dei fatti e della responsabilità è, e resta, lo scopo istituzionale del processo penale a prescindere dall'età di chi sia indicato come autore del reato e, pertanto, è ovvio che al riguardo debbano valere gli identici canoni sanciti dalla Costituzione.

Eppure, se si analizza la giurisprudenza della Corte costituzionale intervenuta sulle regole processuali destinate al minorenne, si può osservare che il suo modo di sentire tale situazione soggettiva ha influenzato e inciso sul modo stesso di interpretare la scala di valori che vengono in gioco nella regolamentazione del rito minorile. Senza voler ripercorrere in dettaglio le numerose pronunce rintracciabili già in relazione alla disciplina previgente, basta qui segnalare che il suo insegnamento muove da un principio costituzionale riferito ai minori (art. 31 comma 2 Cost.), ma estraneo a ben vedere a quelli che definiscono lo statuto dei diritti dell'imputato nonché devono guidare l'azione degli organi deputati all'accertamento del dovere di punire. La «protezione della gioventù» che lo Stato si è impegnato a realizzare «favorendo gli istituti necessari allo scopo» (art. 31 comma 2 Cost.) ha, infatti, offerto alla Corte la più appropriata chiave di lettura dei parametri costituzionali di cui deve farsi carico il legislatore del processo penale, anche questo, quindi, da articolare nel rispetto dello "scopo di tutela" – del minorenne imputato – preteso dalla norma appena richiamata. Non è casuale che gli interventi del giudice delle leggi, oltre a far cadere disposizioni incompatibili con tale finalità, abbiano poi provocato significativi mutamenti normativi, sfociati in previsioni ritagliate sulla situazione del minore e, perciò, difformi da quelle stabilite per l'adulto. Emblematica, in proposito, è la declaratoria di illegittimità che colpì il divieto, contemplato assoluto dalla l. 22 maggio 1975, n. 152, di concedere la libertà provvisoria, censurato per la sua riferibilità pure al minorenne (Corte cost., 20 aprile 1978, n. 46). La sentenza costituisce, appunto, il precedente storico e di principio delle l. 27 luglio 1984, n. 397 e l. 28 luglio 1984, n. 398 che diversificarono la posizione del minore mediante sua sottrazione al regime di rigore delle ordinarie, pur riformate in senso migliorativo, misure limitative della libertà personale (arresto in flagranza, custodia in carcere e arresti domiciliari).

Quello del trattamento differenziato (tra minore e adulto) rappresenta il criterio guida delle enunciazioni della Corte costituzionale: rifluito nella vigente disciplina del processo minorile, racchiusa nel d.p.R. 22 settembre 1988, n. 448, come si vedrà, ha portato alla configurazione di istituti atipici determinando inoltre ipotesi di adattamento delle prescrizioni condivise con il rito ordinario. Si può notare che la logica della differenziazione è qui conseguenza dell'operare congiunto degli artt. 31 comma 2 e 3 Cost.: al fine di attuare il principio di eguaglianza, regole diverse si impongono a fronte di situazioni diverse. È bene chiarire che, nel momento in cui si assegna rilevanza alla protezione della gioventù quale elemento discretivo, si riconosce al minore la sua dignità di persona, titolare del patrimonio dei diritti inviolabili sanciti dall'art. 2 Cost. E per il minorenne viene in considerazione il suo essere soggetto *in fieri*, la cui evoluzione verso la maturità esige quella protezione che impone all'ordinamento il *favor* stabilito dall'art. 31 comma 2 Cost. In questa nuova percezione è compendiata la svolta culturale e ideologica sottintesa alla Costituzione: nel contesto dei valori lì proclamati, la figura del minorenne imputato si staglia, difatti, quale soggetto cui spettano tutti i presidi di tutela connessi a tale *status*, oramai affrancato dalla passata concezione che lo voleva quale oggetto dell'accertamento processuale e semmai soggetto da emendare/educare.

Anche al riguardo è necessario sgombrare il campo dagli equivoci che hanno contrassegnato la storia del rito minorile, condizionando l'individuazione delle sue finalità e funzioni. La convinzione che lo strumentario processuale sia utilizzabile altresì in chiave pedagogica nei confronti del minore criminale – o persino solo deviante – non è stata abbandonata, da taluna dottrina, nemmeno alla luce della disciplina riformata dal legislatore del 1988, complice il richiamo generoso, appunto alle esigenze educative del minorenne, disseminato in più norme. Si deve osservare, tuttavia, che esse operano nella prospettiva di un mero adattamento delle regole processuali ordinarie alle caratteristiche personologiche del minorenne: in questi termini si esprimeva la legge delega prescrivendo (art. 3 l. 16 febbraio 1987, n. 81) di edificare il rito minorile, anzitutto, nell'osservanza dei «principi generali del nuovo processo penale» con l'obbligo, in secondo luogo, di loro modificazione e integrazione secondo le particolarità della situazione soggettiva del minore oltre che con il vincolo di attuazione dei criteri espressamente indicati. Ebbene, non pare sussista dubbio che, per l'imputato adulto, il processo penale sia unicamente sede di accertamento dei fatti e della responsabilità; altrettanto deve ritenersi con riguardo al minorenne, superando la tentazione di operare una impropria anticipazione della finalità di rieducazione che l'art. 27 comma 3 Cost. assegna chiaramente alla pena.

Il precetto costituzionale opera, semmai e ancora una volta, in correlazione con quello dell'art. 31 comma 2 Cost.; se la funzione rieducativa è circoscritta alla fase esecutiva impedendosi ogni sua contaminazione con quella dell'accertamento processuale, per il minorenne si richiede, inoltre, che il processo non sia esperienza di traumatica interruzione del percorso di crescita: a lui, in altre parole, va garantita protezione anche dal processo. Questo, lungi dal costituire occasione pedagogica, deve porsi quale evento esso stesso non diseducativo e perciò da conformare in relazione alla situazione soggettiva dell'imputato di giovane età. Come sarà chiarito nella parte loro dedicata (v. cap. V, parte I, § 2 ss.; cap. VI, parte II), plurimi istituti delineano, a tal fine, ipotesi di sua rapida fuoriuscita dall'ordinario itinerario procedimentale. Ma, pure in proposito, deve rimanere fermo che le esigenze di tutela del minorenne non devono compromettere il suo diritto all'accertamento nel merito, nella aspettativa della proclamazione di estraneità al reato. La presunzione di innocenza (art. 27 comma 2 Cost.) resta prerogativa dell'imputato anche se minorenne; questa, piuttosto, deve costituire il parametro guida dell'intera gestione del rito minorile ad evitare che intenzioni paternalistiche e moralistiche inquinino l'accertamento processuale mutandolo da eventuale occasione di responsabilizzazione in episodio di vita altamente diseducativo. Si deve aggiungere che la valenza del principio di cui all'art. 27 comma 2 Cost. è così forte da non subire arretramenti o adattamenti a fronte dell'impegno statuale di «protezione della gioventù» (art. 31 comma 2 Cost.). Fraintendimenti possono essere favoriti da una disciplina orientata alla tutela della personalità del minorenne, correttamente intesa quale interesse prevalente, ma è evidente che non può essere tale la rinuncia a tenere fede alla presunzione di non colpevolezza. D'altro canto, a ulteriormente chiarire, interviene il principio di adeguatezza (art. 1 comma 1 secondo periodo), canone informatore del rito: la sua operatività è riferita al momento della applicazione delle norme, da condurre con le modalità più appropriate alle esigenze educative del minore e pur sempre nell'ambito dell'accertamento del dovere di punire, attività che non può prescindere dalla osservanza del principio di cui all'art. 27 comma 2 Cost. (v. cap. II, § 7).

Quelli indicati sono i referenti costituzionali dei quali la Corte si è principalmente avvalsa nella verifica di legittimità delle norme sottoposte alla sua attenzione e, in tutte le sue pronunce, l'accento è posto sul diritto-dovere dello Stato al recupero del minore (art. 31 comma 2 Cost.). Non si tratta di un catalogo chiuso e, anzi, è agevole riscontrare che nessun altro principio, attinente al processo penale (artt. 24, 25 e 111 Cost.), è stato trascurato nelle stesse ordinanze di rimessione. Ma certamente essi costituiscono l'architrave del pensiero del giudice costituzionale, vero artefice del profondo rivolgimento che ha investito il processo penale minorile.

Nei paragrafi che seguono si renderà conto di quanto – dei principi costituzionali richiamati – sia stato travasato nella regolamentazione di taluni specifici istituti del rito minorile.

## 2. Naturalità e precostituzione del giudice minorile (art. 25 comma 1 Cost.).

Nella parte dedicata alla evoluzione del processo penale per i minorenni si seguono le faticose tappe legislative che hanno portato all'attuale disciplina (v. cap. II); ne ha costituito motore e filo conduttore un'istanza condivisa di specializzazione del giudice da riservare al minore indicato come autore di reato. Il tribunale per i minorenni e la apposita sezione di corte di appello – ma anche la scelta di conservare in capo ad essi le funzioni (della magistratura) di sorveglianza – materializzano tale istanza, riflessa nella particolare loro composizione mista (togati e laici esperti in problematiche giovanili) e nella conseguente attribuzione di una competenza funzionale, vale a dire esclusiva e inderogabile (la corrispondente disciplina è illustrata in dettaglio nel cap. III, parte I, § 1, 3-4 e 6). Come si può constatare, entrambe non derogano al principio di cui all'art. 25 comma 1 Cost., ma piuttosto esplicitano la sua portata proprio nella relazione con l'art. 31 comma 2 Cost.: per la cognizione di qualunque fattispecie di reato addebitata a soggetto minore di anni diciotto al momento della commissione del fatto si è configurato un giudice "speciale", quale istituto necessario alla protezione della gioventù. Le regole stabilite per la sua individuazione circa l'accertamento del concreto fatto di reato si riallacciano a questo intento: già la disciplina codicistica, infatti, si incarica di salvaguardare il minore impedendo qualunque commistione con le questioni che attengono all'adulto o comunque alla maggiore età precludendo, in proposito, l'operatività dell'ordinario regime della connessione (art. 14 c.p.p.: v. cap. III, parte I, § 6). Si deve segnalare che la previsione trova fondamento in un cambio di rotta della giurisprudenza costituzionale, approdata a privilegiare le esigenze del minorenne a fronte di quelle del *simultaneus processus* (Corte cost., 19 luglio 1983, n. 222).

Benché riferita alla disciplina previgente, la pronuncia presenta un particolare interesse laddove giustifica la sua opzione rimarcando che solo il giudizio di un organo specializzato, sorretto dalla conoscenza della personalità *in fieri* del minore, garantisce la realizzazione della sua tutela. La presa di posizione della Corte, inoltre, vale a portare allo scoperto la singolare valenza che, nel contesto processuale minorile, assume il principio del «giudice naturale»: se per il rispetto della sua precostituzione, imperativo che, come si sa, convive con il primo nell'art. 25 comma 1 Cost., basta quindi che siano fissate le inderogabili regole di sua individuazione nel caso concreto, la naturalità dell'organo giudicante è requisito da soddisfare in altro modo. Occorre considerare che è la particolare composizione del giudice minorile a esprimere la sua attitudine alla protezione del minore: in sostanza, la naturalità si declina quale idoneità del giudice alla funzione di giudizio in relazione all'altrettanto particolare situazione personale del soggetto in età evolutiva. A questa consapevolezza si devono sia le scelte legislative di affidare, comunque, al tribunale per i minorenni la trattazione delle questioni, non necessariamente di natura penale, che coinvolgono il soggetto di minore età (estradizione e mandato di arresto europeo) e sia la pronuncia – recente – della Corte costituzionale, intervenuta a correggere distorsioni interpretative in tema di competenza per il caso di conversione, a richiesta dell'imputato, del giudizio immediato in rito abbreviato (Corte cost., 22 gennaio 2015, n. 1) (v., rispettivamente, cap. III, parte I, § 9 e cap. VI, parte I, § 2). Nella medesima prospettiva si inscrive una decisione, ancor più recente, della Corte costituzionale: la ripetuta insistenza sul nesso che raccorda la tutela del minore alla specializzazione del suo giudice sorregge la ferma opposizione a improprie assimilazioni tra l'istituto della messa alla prova di cui all'art. 29 e l'omologo rito configurato per l'adulto (artt. 464-*bis* ss. c.p.p.) – come del resto già messo in luce dalla stessa Corte (Corte cost., 29 marzo 2019, n. 68) (v. cap. VI, parte II, § 12) – e fonda la dichiarata impossibilità di una sua applicazione, prematura, in sede di indagini preliminari e da parte del giudice della relativa fase, organo monocratico, privo perciò della ineludibile componente esperta (Corte cost., 6 luglio 2020, n.139) (v. cap. VI, parte II, § 9).

### 3. Inviolabilità del diritto di difesa (art. 24 comma 2 Cost.) e tutela del minore.

Proclamato inviolabile in ogni stato e grado del procedimento (art. 24 comma 2 Cost.), anche il diritto di difesa (tecnica e personale) assume, nel rito minorile, una dimensione particolare.

A far conto dalla revisione costituzionale dell'art. 111 Cost. (l. cost. 23 novembre 1999, n. 2), ma, prima ancora, a partire dalla riforma in senso accusatorio del processo penale si è avvertita l'esigenza di assicurare efficienza ed efficacia della funzione difensiva: parità tra le parti e nuovo dinamismo del ruolo ne hanno preteso un rafforzamento. Il problema si è prospettato, in particolare, per la difesa d'ufficio: volendo sottrarla alla convinzione, infondata, che si tratti di un impegno di risulta, si è operato nel senso di garantire la professionalità di chi la assuma. In questa logica vanno letti gli interventi legislativi che si sono succeduti in proposito (l. 6 marzo 2001, n. 60) fino al recente d.lgs. 30 gennaio 2015, n. 6 che centralizza, presso il Consiglio nazionale forense, la selezione degli aspiranti difensori d'ufficio, sottoposta al filtro della verifica della loro specifica qualificazione (v. cap. III, parte II, § 3).

Nel rito minorile, la delicatezza della questione ha indotto a prevedere da subito una particolare disciplina, orientata nella medesima direzione: la norma dell'art. 11 riserva il patrocinio d'ufficio a «difensori con specifica preparazione nel diritto minorile». Va precisato che, in realtà, taluna dottrina ha formulato l'auspicio che la regola di "maggiore" competenza professionale sia estesa pure al difensore di fiducia, vale a dire nominato dall'interessato: il suggerimento è coerente con il tipo di prestazioni connesse alla funzione difensiva da svolgersi nel rito minorile. Senza voler anticipare quanto sarà illustrato in seguito (v. cap. III, parte II, § 3), è sufficiente rimarcare che al difensore si richiede piena compartecipazione alle istanze di tutela della personalità del minorenne: a lui spettano, quindi, opzioni di strategia difensiva non dimentiche del prevalente interesse alla promozione della sua personalità, incluso l'impegno di un diretto coinvolgimento del minore nella complessiva vicenda processuale e, in specie, a fronte della eventuale opportunità di avvalersi delle particolari ipotesi di rapida fuoriuscita dal processo (proscioglimento per irrilevanza del fatto *ex* art. 27; messa alla prova *ex* art. 28). Come si può osservare, l'istanza di specializzazione lambisce anche l'ufficio difensivo fino al punto di esigere che al minore sia dedicato non solo un giudice, ma altresì un difensore "speciale".

Nemmeno il versante della difesa personale è sfuggito alla premura del legislatore. Benché il minorenne – grazie alla impostazione valoriale della

Costituzione puntualmente ricavata dalla giurisprudenza costituzionale – abbia conquistato la posizione di soggetto titolare di diritti, è affermazione condivisa, e condivisibile, che egli presenta un ridotto grado di maturità psico-fisica, correlato al dato oggettivo dell'età. Questa considerazione già sta a base del più pregnante ruolo affidato al difensore, ma affiora in particolare dalla disposizione (art. 7) che vuole il minore affiancato dall'esercente la responsabilità genitoriale, proprio in funzione integrativa della sua difesa personale; sul diritto del minorenne di avvalersi di ulteriori figure proprio allo scopo di rafforzare la difesa tecnica, del resto, si è espressa la Corte costituzionale in tempi risalenti addirittura alla previgente disciplina (Corte cost., 29 aprile 1975, n. 99) (v. cap. III, parte II, § 5). A proposito dell'esercente – titolarità, diritti e compiti – ci si soffermerà successivamente (v. cap. III, parte II, § 5; cap. V, parte II, § 6); nell'ambito della presente trattazione interessa rilevare che il suo intervento è mirato alla tutela del minorenne quale imputato più che come persona in vista, appunto, del potenziamento della sua autodifesa; la funzione dell'esercente trova modo di esplicarsi in una attività di assistenza che si aggiunge, senza sovrapporsi, a quella affettiva e psicologica demandata, rispettivamente, a genitori (art. 12) e servizi minorili (art. 6). La loro presenza congiunta sulla scena processuale provoca, come si vede, un affollamento sconosciuto al rito dell'adulto mettendo in luce, anche per questo verso, la significativa influenza svolta dal principio di cui all'art. 31 comma 2 Cost. nella messa a punto della regolamentazione del processo penale minorile.

Per completare il discorso sul tema del diritto di difesa, è necessario non trascurare una riflessione sollecitata da una sentenza del giudice costituzionale (Corte cost., 11 marzo 1993, n. 77). La pronuncia evocava il rilievo delle prerogative difensive a fronte dell'impedimento a proporre opposizione avverso le sentenze di non luogo a procedere emesse in udienza preliminare: questo l'effetto provocato da una modifica legislativa (d.lgs. 14 gennaio 1991, n. 12) intervenuta sul testo originario dell'art. 32 comma 3, che invece lasciava aperta tale possibilità per tutti i provvedimenti conclusivi, vale a dire senza distinguere tra condanna e proscioglimento. Nel censurare la scelta legislativa, la Corte ha tenuto a rimarcare senso e finalità degli speciali poteri decisori attribuiti al giudice dell'udienza preliminare minorile. Precisato che l'anticipazione in questa sede di pronunce di regola riservate alla fase dibattimentale (sentenze dichiarative del perdono giudiziale/sentenze di non luogo a procedere per difetto di imputabilità *ex* art. 98 c.p.) è preordinata alla tutela del minorenne favorendo la sua precoce sottrazione al processo, ha ritenuto comunque doveroso il riconoscimento del suo diritto di difesa in relazione alle sentenze nelle quali la sua responsabilità è «ontologicamente presupposta» (sentenze dichiarative del perdono giudiziale) o «logicamente postulata» (sentenze di non luogo a procedere per difetto di imputabilità *ex* art. 98 c.p.). Per queste, in sostanza, di evidente pregiudizio per il minore, il potere di opposizione è stato sancito e, perciò, recuperato quale incomprimibile espressione delle sue garanzie difensive (v., *amplius*, cap. V, parte I, § 5 e 7). La soluzione escogitata vale a ribadire che la salvaguardia dei diritti dell'imputato costituisce interesse prevalente anche nell'assetto processuale minorile, da questo punto di vista perfettamente allineato a quello dell'adulto.

## 4. Inviolabilità della libertà personale (art. 13 Cost.) e esigenze educative del minorenne.

La disciplina delle limitazioni della libertà personale (misure precautelari e cautelari), più di ogni altra, si è prestata ad accreditare la convinzione che il rito minorile debba svolgere anche una funzione pedagogica. Si vedrà, nel capitolo dedicato al tema (v. cap. IV), che le relative previsioni richiamano con insistenza l'attenzione, degli organi preposti (polizia giudiziaria, pubblico ministero e giudice), sulle «esigenze educative» del minorenne: nel rinviare alla loro più dettagliata analisi, nella quale si chiarirà l'equivoco, per ora mette conto sottolineare che la compressione, per ragioni processuali, della libertà costituisce un momento altamente drammatico nell'arco della vicenda giudiziaria che coinvolge anche l'adulto. Ciò spiega perché la disciplina codicistica, nell'impianto originario e in quello riformato da ultimo (l. 16 aprile 2015, n. 47), releghi la custodia cautelare in carcere al rango di *extrema ratio* dando spazio alle misure meno incisive.

La medesima linea direttiva si riscontra nel rito minorile; la tutela della personalità del minorenne ha suggerito la sua accentuazione, espressa dalla regola della facoltatività nella applicazione di ogni misura restrittiva; le esigenze educative del minore, peraltro, fungono da costante referente della decisione da adottare. Più propriamente, esse intervengono a guidare la discrezionalità della polizia giudiziaria nel momento di disporre ciascuna delle precautele e la «esigenza di non interrompere i processi educativi in atto» pesa nel bilanciamento con i rischi cautelari, rimesso alla valutazione altrettanto discrezionale del giudice (art. 19 comma 2); inoltre, su tali esigenze deve essere calibrato il contenuto delle misure limitative imposte al minore al punto da mortificare la loro utilità in vista della tutela delle ragioni del processo. La conclusione che si può trarre è, quindi, che nel contesto minorile la protezione della gioventù di ascendenza costituzionale (art. 31 comma 2 Cost.) opera al massimo grado contenendo non già solo l'applicazione della misura più severa (custodia in carcere), ma addirittura la stessa possibilità di limitare la libertà personale, bene inviolabile (art. 13 comma 1 Cost.) la cui restrizione deve ritenersi essa stessa soluzione estrema nei confronti del minorenne. Basterebbe questo a lasciar intendere che nemmeno per il minore le misure cautelari, in particolare, possono essere impiegate in chiave (ri)educativa anticipando la funzione della pena: a fare da argine a tale tentazione – non estranea al processo per l'adulto – soccorre comunque la presunzione di innocenza (art. 27 comma 2 Cost.), principio, come si è visto, non derogato né derogabile dal legislatore minorile (v. *supra*, § 1).

## 5. Protezione del minore (art. 31 comma 2 Cost.) e tutela della sua riservatezza (art. 2 Cost.).

Si è accennato che l'enunciazione di principio dell'art. 31 comma 2 Cost. muove nel senso di assicurare al minore anche protezione dal processo e si sono richiamati gli istituti configurati a questo scopo. Va ora chiarito che tale tutela si estende oltre investendo altresì gli effetti indiretti del processo.

È noto che, nella convinzione collettiva, il fatto stesso di essere semplicemente indicato come autore di reato rappresenta un'ombra proiettata sulla immagine di persona "onesta"; in altre parole, la soggezione al processo è di per sé produttiva di stigma sociale. Di questa potenziale conseguenza, appunto, di stigmatizzazione si è fatto carico il legislatore del rito minorile dettando puntuali prescrizioni normative: le une si riferiscono all'istituto del divieto di pubblicità e, le altre, al regime del casellario giudiziale.

Quanto al primo limite, risalenti sentenze della Corte costituzionale (Corte cost., 14 aprile 1965, n. 25 e Corte cost., 10 febbraio 1981, n. 17) lo hanno riconosciuto come pertinente all'istanza di protezione del minore tramite la lettura parallela dell'art. 31 comma 2 Cost. e dell'art. 2 Cost.: si è osservato correttamente che la diffusione dei fatti emersi nel dibattimento può incidere negativamente «sulla formazione sociale ove si svolge o potrà svolgersi la personalità del minore» (Corte cost., 10 febbraio 1981, n. 16).

Il divieto di pubblicità trova regolamentazione nella disposizione generale dell'art. 13 e nella previsione stabilita per l'udienza dibattimentale (art. 33 comma 1): la preclusione è riconducibile a una precisa direttiva della legge delega (art. 3 lett. *c* l. n. 81 del 1987) nonché alle enunciazioni di numerose fonti sovranazionali, preordinate alla tutela della *privacy* del minore sottoposto a processo penale (v. *supra*, parte I, § 3). Al medesimo scopo sono indirizzate le regole deontologiche, in materia minorile, che la Carta di Treviso

(5 ottobre 1990) impone ai giornalisti. Un richiamo all'esigenza di considerare come primario il diritto del minore alla riservatezza rispetto a quello di critica e di cronaca si rintraccia nelle *Regole deontologiche relative al trattamento dei dati personali nell'esercizio dell'attività giornalistica* di cui alla delibera n. 491 del 25 novembre 2018 del Garante per la protezione dei dati personali, incaricato della valutazione di compatibilità della corrispondente normativa (Codice di deontologia relativo al trattamento dei dati personali nell'esercizio dell'attività giornalistica) con il Regolamento (UE) 2016/679: il relativo art. 7 detta le regole generali senza tralasciare di ricordare che la diffusione di notizie o immagini attinenti a minori – ritenute di rilevante interesse pubblico – non può prescindere, oltre che dai limiti di legge, dalla osservanza dei principi e degli stessi limiti contemplati dalla Carta di Treviso (le Regole deontologiche in discorso sono state inserite nell'Allegato A al Codice *privacy* in seguito al decreto del Ministro della giustizia 31 gennaio 2019).

Si deve osservare che la norma dell'art. 13 predispone una tutela ad ampio raggio relativamente a oggetto, modalità e attività processuale interessati: sono vietate, infatti, la pubblicazione e la divulgazione, con qualsiasi mezzo, di notizie o immagini idonee a consentire l'identificazione del minorenne coinvolto nel procedimento. Va precisato che la protezione è offerta al minorenne al quale è dedicata la giurisdizione specializzata e, pertanto, a chi sia tale al momento della commissione del reato; da escludere, poi, la sua estensione al minore non soggetto all'accertamento processuale (persona offesa/testimone) sia perché la relativa tutela è assicurata dalla previsione dell'art. 114 comma 6 c.p.p., operante in virtù del rinvio generale *ex* art. 1 comma 1, sia per il fatto che, come si vedrà, basterebbe a vanificarla la scelta, dell'infrasedicenne (imputato), assecondata dal giudice, di fare luogo all'udienza pubblica (art. 33 comma 2); si deve ritenere, inoltre, che il riferimento al procedimento valga a coprire l'intera sequenza del suo svolgimento, comprensiva di ogni stato e grado. Non mancano tuttavia lacune, talune da colmare in via legislativa – così a proposito delle investigazioni difensive (artt. 391-*bis* ss. c.p.p.), secondo la dottrina, escluse dal divieto –, altre rimesse alla corretta interpretazione dell'operatore. Si allude alla circostanza che, letteralmente, la previsione dell'art. 13 chiude la tutela nell'ambito della fase di cognizione; è inevitabile, tuttavia, estenderla alle sentenze sia di condanna sia di proscioglimento: almeno quelle – già ricordate – cui è sottinteso l'accertamento della responsabilità del minore meritano l'impedimento a pubblicazione e divulgazione anche solo volendo dare seguito alle indicazioni della Corte costituzionale (v. *supra*, § 3).

Resta scoperto pure il fronte della effettività del divieto circa il quale l'inadeguatezza delle sanzioni sancite in sede codicistica (artt. 115 c.p.p. e 684 c.p.) trova parziale rimedio nella nuova fattispecie incriminatrice dell'art.

379-*bis* c.p. Finalizzata a preservare la segretezza delle indagini, la nuova ipotesi vale a meglio proteggere la riservatezza del minore grazie alla sua operatività nei confronti di «chiunque» riveli indebitamente notizie segrete e comunque apprese in relazione a un procedimento penale e al regime punitivo previsto (reclusione fino a un anno, pena sottratta alla oblazione *ex* art. 162-*bis* c.p.), più severo di quello sancito dalla norma dell'art. 684 c.p. (pena pecuniaria, suscettibile di oblazione *ex* art. 162-*bis* c.p.).

Come si è accennato, al divieto di pubblicità fa riscontro la disciplina stabilita per l'udienza dibattimentale, di regola a porte chiuse salva l'eccezione espressamente contemplata (art. 33 commi 1 e 2). Di particolare interesse è rilevare, più che le condizioni della deroga (richiesta dell'imputato che abbia raggiunto i sedici anni; assenza di coimputati di età inferiore a tale soglia o dissenzienti e valutazione di opportunità «nell'esclusivo interesse del minore»), le sue ragioni giustificative. È agevole intendere che la norma attua un bilanciamento con le esigenze di controllo pubblico sullo svolgimento delle attività processuali; da notare soprattutto che la disponibilità del canone della pubblicità è lasciata al minorenne, riconoscendo, per la sua prossimità all'età adulta, la prevalenza della sua qualifica di persona titolare di diritti (v. cap. V, parte II, § 1).

Il quadro dei presidi posti a tutela dagli effetti negativi del processo si completa con le particolari regole del casellario giudiziale, istituto destinato alla conservazione dei precedenti penali. Invero, la preoccupazione di impedire la loro conoscibilità dopo il raggiungimento della maggiore età evitando l'etichettamento del minore poteva dirsi più marcata nella sua disciplina originaria: questa prevedeva, per i minorenni, un casellario autonomo e distinto da quello per gli adulti (art. 14). Abbandonata nel limbo delle buone intenzioni, tale diversificata regolamentazione è stata superata dalla sopravvenuta normativa unificante (d.p.R. 14 novembre 2002, n. 313) che ha centralizzato la gestione delle relative iscrizioni (presso il Ministero della giustizia) affidando agli uffici minorili (appunto uffici locali del sistema) quella circa il rilascio e la visura delle iscrizioni. A prescindere da tale nuova opzione, dovuta al proposito di assegnare maggiore efficienza a questo strumento, si deve constatare che la disattenzione legislativa mette a rischio la valenza protettiva dell'istituto: salvo specifiche norme dedicate al minorenne, la relativa regolamentazione è assorbita e si confonde con quella stabilita per l'adulto. La tutela di quest'ultimo, peraltro, esce rafforzata dalla revisione della disciplina del casellario giudiziale, imposta dalla legge delega contemplata dall'art. 1 comma 18 l. 23 giugno 2017, n. 103 (*Modifiche al codice penale, al codice di procedura penale e all'ordinamento penitenziario*) e attuata con d.lgs. 2 ottobre 2018, n. 122 (efficace decorso un anno dalla data della sua pubblicazione –

il 26 ottobre 2018 – sulla Gazzetta ufficiale, vale a dire dal 26 ottobre 2019), lasciando paradossalmente immune da ricadute positive quella destinata al soggetto di minore età: a suo fondamento va ravvisata la necessità di adeguare la regolamentazione dell'istituto alle innovazioni sopravvenute in sede di normativa penale sostanziale e processuale che, insieme con l'esigenza di conformarlo a quelle intervenute in materia di protezione dei dati personali in ambito europeo (Regolamento [UE] 2016/679 del 26 aprile 2016), ha costituito espresso criterio direttivo per il delegato. E, come gli interventi riformatori maturati nel tempo si sono concentrati in via esclusiva sull'assetto riservato all'adulto, così nessuna delle modifiche apportate alla disciplina del casellario giudiziale ha lambito le scarne regole mirate al minorenne, nemmeno quelle bisognose di integrazione o di ripensamento.

Restano tuttora adeguate alla sua protezione le previsioni che restringono, rispetto a quella delineata per l'adulto, l'area dei soggetti abilitati a ottenere il rilascio dei certificati e quelle riferite alla eliminazione delle iscrizioni. Da segnalare, per il resto, le numerose incertezze derivanti dalla approssimazione della disciplina, da ricostruire in via interpretativa. Quanto alle iscrizioni (art. 3 d.p.R. n. 313 del 2002), risalta il mancato richiamo alle sentenze di proscioglimento per perdono giudiziale: spetta appunto all'interprete ricavarla a contrario dalla norma che prevede la loro eliminazione al compimento del ventunesimo anno di età (art. 5 comma 4 d.p.R. n. 313 del 2002). Sono omesse anche le sentenze, rispettivamente, di estinzione del reato per esito positivo della messa alla prova (art. 29) e di non luogo a procedere per irrilevanza del fatto (art. 27): conservare memoria di entrambe, invece, sarebbe utile in vista di successivi giudizi e in specie per la seconda, poiché basata sulla occasionalità del comportamento del minorenne. Lo conferma l'inserimento – tra le iscrizioni riferite all'adulto – della sentenza di estinzione del reato per esito positivo della messa alla prova *ex* art. 464-*septies* c.p.p. (art. 3 comma 1 lett. *i-bis* d.p.R. n. 313 del 2002, come interpolato dall'art. 1 d.lgs. n. 122 del 2018) e quello, tenuto fermo, dei provvedimenti dichiarativi della non punibilità *ex* art. 131-*bis* c.p. (art. 3 comma 1 lett. *f* d.p.R. n. 313 del 2002): va ricordato, infatti, che tale ultimo provvedimento già era stato incluso in occasione del precedente intervento novellistico (d.lgs. 16 marzo 2015, n. 28) quale aggiornamento necessario per dare effettività al nuovo istituto. Da rimarcare che entrambe (messa alla prova e non punibilità *ex* art. 131-*bis* c.p.) configurano soluzioni omologhe mutuate dal rito minorile, la cui perdurante traccia nel casellario giudiziale risponde proprio alla accennata esigenza. E in questo senso si sono espresse le Sezioni Unite: intervenute sul tema, come prospettatosi con riguardo all'adulto, hanno, infatti, privilegiato l'orientamento interpretativo secondo il quale l'iscrizione anche del provvedimento di archiviazione pronunciato *ex* art. 131-*bis* c.p. si impone al fine di consentire, *pro futuro*, l'accertamento del presupposto della "non abitualità", prescritto dalla norma in sede di applicazione della causa di non punibilità (S.U., 24 settembre 2019, D.M.).

Non meno insoddisfacente appare la regolamentazione del rilascio dei certificati iscritti: è condivisibile che destinatari siano, ora come prima (art. 14), la persona cui si riferiscono (art. 24 d.p.R. n. 313 del 2002) e l'autorità giudiziaria con esclusione, quindi, delle pubbliche amministrazioni (art. 21 d.p.R. n. 313 del 2002) ma con apertura agli uffici del pubblico ministero. Altrettanto può dirsi a proposito della previsione che impedisce la menzione delle pronunce relative ai reati di competenza del giudice di pace, emessi da un giudice diverso (art. 24 comma 1 lett. *l* d.p.R. n. 313 del 2002): si tratta della corretta conseguenza derivante dalla riconosciuta attribuzione funzionale della loro cognizione al tribunale per i minorenni se commessi da soggetto di minore età (art. 4 comma 4 d.lgs. 28 agosto 2000, n. 274). Da tenere presente, tuttavia, che il certificato rilasciato al minore include le sentenze di proscioglimento per difetto di imputabilità (non contemplate nell'elenco di quelle da non riportare) (art. 24 comma 1 d.p.R. n. 313 del 2002): ne deriva che, in tutti i casi in cui debba esibire il certificato penale, esce vanificato lo scopo di sua tutela da effetti pregiudizievoli. A questo fine, si è ritenuto sufficiente escludere le condanne per le quali sia stata dichiarata la riabilitazione speciale *ex* art. 24 r.d.l. 20 luglio 1934, n. 1404 (art. 24 comma 2 d.p.R. n. 313 del 2002). Eppure, il proposito di rimuovere ostacoli al reinserimento sociale ha indotto il legislatore a prevedere espressamente che nel certificato rilasciato all'adulto non siano indicati, oltre ai provvedimenti che hanno dichiarato la non punibilità a norma dell'art. 131-*bis* c.p. (art. 24 comma 1 lett. *f-bis* d.p.R. n. 313 del 2002, inserita dall'art. 4 comma 1 lett. *c* d.lgs. n. 28 del 2015), le sentenze di estinzione del reato per esito positivo della messa alla prova *ex* art. 464-*septies* c.p.p. (art. 24 comma 1 lett. *m-ter* d.p.R. n. 313 del 2002, aggiunta dall'art. 4 comma 1 lett. *b* n. 5 d.lgs. n. 122 del 2018), innovazione, quest'ultima, di fatto anticipata da una pronuncia della Corte costituzionale (Corte cost., 7 dicembre 2018, n. 231) intervenuta a censurare le disposizioni originarie, nelle more dell'entrata in vigore del d.lgs. n. 122 del 2018, differita, come già precisato, al 26 ottobre 2019: poiché si tratta, come rilevato, di istituti paralleli a quelli contemplati per il minorenne, l'encomiabile preoccupazione legislativa rivela, in relazione a quest'ultimo, una imperdonabile noncuranza del suo bisogno di tutela, da assicurare almeno alla pari con quella destinata al soggetto di maggiore età.

Quanto alla eliminazione delle iscrizioni, è necessario segnalare che essa poggia sulla regola della cancellazione di tutte le iscrizioni in coincidenza con il raggiungimento della maggiore età (art. 5 comma 4 d.p.R. n. 313 del 2002) salvo due eccezioni: la soluzione generale è certamente ispirata alla finalità ultima del regime riservato al minorenne, tuttavia anche la tutela apprestatagli dagli effetti di stigmatizzazione rivela forzature a conferma della inadeguatezza del più recente legislatore. Mentre rimane traccia delle condanne a pena detentiva anche se applicata la sospensione condizionale (si tratta della prima eccezione), tutti i restanti provvedimenti sono travolti dalla cancellazione: è evidente che ciò incide sulla concessione o sulla reiterazione, oltre i limiti normativamente stabiliti, di taluni benefici, tra i quali la stessa sospensione condizionale della pena (art. 164 comma 4 c.p.).

Una disposizione particolare è dettata per i provvedimenti di concessione del perdono giudiziale, ulteriore eccezione alla regola: per questi l'eliminazione è disposta al compimento dei ventuno anni. Il limite temporale di conservazione è previsto più ampio (tre anni) proprio per evitare una seconda concessione (non consentita *ex* art. 169 comma 4 c.p.) dell'istituto, ma si può osservare che, da questo punto di vista, non è sufficiente a coprire i tempi – come è noto più lunghi – di un eventuale giudizio instaurato nei confronti del minorenne.

In sede di bilancio complessivo, si deve riconoscere che questa porzione normativa dedicata al minore si rivela una autentica falla nel sistema di sua protezione. E ciò, nonostante ben due occasioni si siano prospettate per operare una sua rettifica migliorativa. Pare, in sostanza, che la scelta di accorpare in un unico testo normativo il regime del casellario giudiziale abbia quasi fatto smarrire al legislatore la percezione della singolarità della situazione del minorenne, in origine ben riflessa nella logica della sua puntuale e accurata diversificazione da quella destinata all'adulto. Anche la più recente revisione della disciplina del casellario giudiziale, benché orientata a un ammodernamento della normativa, non solo ha lasciato inalterata l'accennata unificazione, ma addirittura vi ha schiuso un divario a svantaggio del minore, rappresentando una ulteriore e ingiustificabile "svista" legislativa.

Capitolo II

# EVOLUZIONE E CARATTERI FONDANTI DEL SISTEMA

di *Adonella Presutti*



## 1. L'istanza di specializzazione della giustizia minorile nel contesto internazionale e negli ordinamenti degli Stati europei.

È un incedere frammentario e faticoso quello che conduce alla configurazione del vigente assetto processuale minorile racchiuso nel d.p.R. 22 settembre 1988, n. 448. Lo percorre una istanza di differenziazione del trattamento da riservare al minorenne autore di reato che trova fondamento nella consapevolezza della specificità della condizione giovanile e nella convinzione che la sua spinta al delitto origini in prevalenza da circostanze sfavorevoli (sociali e familiari oltre che individuali): più che la mera risposta punitiva, si richiede perciò un intervento statuale volto alla protezione del minore e, in particolare, inteso a colmare un deficit educativo.

Tale più sensibile approccio culturale – favorito dalle acquisizioni antropologiche e criminologiche – trovò traduzione normativa nella individuazione di apposite giurisdizioni aventi competenza sui soggetti di minore età, autori sia di azioni criminali sia di comportamenti socialmente devianti. Affermatasi negli Stati Uniti d'America già alla fine dell'ottocento – mediante l'istituzione, con la l. 21 aprile 1899, del primo tribunale per i minorenni (*Juvenil Court*) nello Stato dell'Illinois e, in seguito, in altri Stati – l'esigenza di specializzazione della giustizia penale minorile si realizza nel contesto europeo all'inizio dello scorso secolo: a muovere dal 1908, Inghilterra, Scozia e Irlanda si dotano di organi giurisdizionali riservati alla trattazione delle questioni penali relative ai minori. La loro successiva espansione presso la maggioranza degli Stati europei vede altresì la contestuale previsione di regole processuali peculiari, difformi a loro volta da quelle in uso per gli adulti. Pur nelle diversificazioni concretamente riscontrabili, limiti alla pubblicità delle udienze nonché coinvolgimento della famiglia e di istituzioni assistenziali ne definiscono i tratti caratterizzanti; da segnalare soprattutto che, nell'ambito di una valutazione incentrata sulle cause della condotta delinquenziale del minorenne, assume particolare rilievo l'indagine sulla sua personalità favorita dalla presenza, a lato di giudici togati, di esperti in scienze psicologiche e sociali: sono elementi, questi, in grado di far emergere come la specializzazione dell'organo giudicante sia preordinata alla individualizzazione del tipo di risposta (punitiva/educativa) da adottare.

## 2. Le timide iniziative nella legislazione italiana: le circolari ministeriali e i progetti di riforma.

Le identiche linee portanti connotano lo sviluppo della giustizia minorile in Italia, ove peraltro già nel codice penale del 1889 si esprimeva una sorta di trattamento penale differenziato del minorenne tramite la previsione di diverse soglie di età cui erano rapportate la sua imputabilità, modalità specifiche di esecuzione della pena detentiva e misure correzionali. Anche nell'ambito nazionale si assiste, quindi, al progressivo emergere della accennata esigenza di specializzazione della giurisdizione minorile, attuata inizialmente con l'impiego di mere, anche se non insignificanti, circolari ministeriali. La prima di queste – datata 11 maggio 1908 e opera del Ministro Guardasigilli Vittorio Emanuele Orlando – fu mossa «dall'aumento spaventevole della delinquenza giovanile». Dettò una serie di raccomandazioni rivolte agli organi giudicanti, già indicative dei connotati di specializzazione del futuro rito minorile: in essa, infatti, si insisteva sull'esigenza che fossero i medesimi giudici ad occuparsi dei processi a carico dei minori in un contesto processuale privo di pubblicità; a loro si voleva affidata l'indagine sulla personalità del minorenne nonché delle sue condizioni socio-familiari finalizzata non solo alla determinazione in concreto della pena da infliggere, ma altresì alla individuazione delle cause della delinquenza giovanile da fronteggiare anche con presidi di natura civile.

Sino ad allora, il cammino di riforma della giustizia minorile si muoveva in assenza di un programma di complessiva rivisitazione della legislazione da destinarsi al soggetto di minore età. A questo scopo fu indirizzato il progetto («Progetto Magistratura per i minorenni») elaborato nel 1912 dalla commissione presieduta dal senatore Quarta, che prospettava una regolamentazione ad ampio raggio includente la disciplina sostanziale e processuale nonché quella di carattere sociale per la tutela e l'assistenza del minorenne. Nel mutuare talune indicazioni della circolare Orlando, suggeriva direttive più mirate circa lo svolgimento del processo: da celebrarsi a porte chiuse, assente il pubblico ministero e con la presenza del capo della Società di assistenza; consentito l'allontanamento del minore dall'aula d'udienza in occasione della assunzione delle prove; possibile l'ammonizione dei genitori e, per il caso di recidiva, loro condanna al pagamento di una ammenda. Disposizioni di favore attenevano anche alla punizione del minore: da eseguire in colonia agricola o in case di correzione, la pena detentiva irrogata, e suscettibile, quella pecuniaria, di conversione in prestazione di lavoro a favore dello Stato o di enti pubblici. Suo elemento qualificante fu, in ogni caso e proprio, la "specializzazione" del giudice minorile, ritenuta condizione essenziale per il trattamento della delinquenza giovanile, da sottrarre alla magistratura ordinaria, competente per l'adulto.

A una timida realizzazione normativa di tali istanze, mai tradotte in legge, provvide il codice di procedura penale del 1913 che, per il minore, dettò previsioni limitative circa il mandato di cattura e la pubblicità delle udienze insieme con aperture – in termini di limite di pena, raddoppiato per i minori – a proposito dell'applicazione della condanna condizionale, istituto introdotto nel nostro ordinamento dalla l. 26 giugno 1904, n. 267.

Le tappe successive sono ancora segnate da iniziative mai sfociate in testi normativi e perciò rimaste prive di sbocco operativo. Così accadde sia al progetto Ferri, pubblicato nel 1921, sia al progetto dell'on. Ollandini, presentato alla Camera dei deputati nell'aprile del 1922. Mentre quest'ultimo si limitava a proporre – in talune sedi territoriali – l'istituzione di un organo collegiale a composizione mista (magistrati di carriera e funzionari o privati con speciali attitudini) con competenza circoscritta (di vigilanza, tutela e protezione del minorenne), il primo forniva l'indicazione, innovativa, di reperire i rimedi alla delinquenza giovanile fuori dell'ambito strettamente penale.

## 3. La codificazione del 1930.

L'eco del percorso sin qui illustrato si rintraccia nella circolare adottata, dopo circa un ventennio (n. 2236 del 24 settembre 1929), dal Ministro della giustizia Alfredo Rocco. Nelle more della riforma dell'intero assetto penale sostanziale e processuale e prendendo spunto, in particolare, dai principi enunciati a suo tempo nella circolare Orlando, ci si orientò per l'istituzione – in dieci capoluoghi di corti d'appello – di apposite sezioni dei tribunali ordinari: presso di esse – e a condizione che non fossero coinvolti imputati adulti – furono concentrate le funzioni sia istruttorie sia di giudizio relativamente a minorenni, così da promuovere e far maturare una competenza specializzata.

Tale circolare rappresentò un momento di passaggio verso la nuova codificazione del 1930 preludio, a sua volta, della più compiuta disciplina del sistema penale minorile messa a punto con il r.d.l. 20 luglio 1934, n. 1404.

Indubbiamente rilevanti furono le innovazioni introdotte in sede sostanziale. La riformata regolamentazione della imputabilità fissava a quattordici anni la soglia di età al di sotto della quale valeva una presunzione assoluta di incapacità di intendere e volere (art. 97 c.p.); stabiliva, per la fascia compresa tra quattordici e diciotto anni, l'obbligo di suo accertamento concreto al momento della commissione del reato (art. 98 comma 1 c.p.) con conseguente riduzione fino a un terzo della pena, circostanza attenuante riservata appunto al minorenne. A questo fu destinato l'istituto del perdono giudiziale (art. 169 c.p.), causa di estinzione del reato di nuovo conio dai limiti applicativi angusti; sempre per il minore, la sospensione condizionale della pena (art. 163 c.p.) – riedizione della condanna condizionale nella veste anch'essa di causa di estinzione del reato – conobbe adattamenti di favore: entrambi sono stati rivitalizzati, in seguito, dal r.d.l. n. 1404 del 1934 che ne ha ampliato gli ambiti operativi.

Particolari modalità furono contemplate per l'esecuzione della pena detentiva, con previsione di attività di istruzione volte alla rieducazione morale del condannato minorenne, comunque tenuto alle prestazioni lavorative: l'inedita soluzione accentuava la finalizzazione eminentemente rieducativa assegnata alla pena, autentica incrinatura del solido paradigma retributivo.

Di maggior spicco fu l'innesto delle misure di sicurezza, inusuali fattispecie sanzionatorie configurate sotto l'influsso della Scuola positiva e delle suggestioni evocate dal citato progetto Ferri: a proposito dei minori autori di reato, si affermava che «per quanto non pervertiti, né con tendenza persistente al delitto, né infermi di mente, sono pur sempre degli anormali, più o meno moralmente deficienti, che non conviene amalgamare coi minorenni normali». La non imputabilità riconosciuta ai minori di quattordici anni non risparmiava loro la soggezione al riformatorio giudiziario sulla sola base della astratta gravità del reato (art. 224 c.p.).

Non così incisive possono dirsi le variazioni che investirono il versante processuale; sostanzialmente si recepirono le indicazioni elaborate nel vano percorso riformatore antecedente, trasfuse in prescrizioni speciali per il dibattimento relativo ai minorenni: ad essi dovevano destinarsi apposite udienze da svolgersi, di regola, a porte chiuse salva la facoltà del giudice di ammettere la presenza di genitori, tutori o rappresentanti degli istituti di assistenza dei minorenni.

## 4. L'istituzione del tribunale per i minorenni (r.d.l. 20 luglio 1934, n. 1404).

Il salto di qualità si ebbe con il r.d.l. n. 1404 del 1934 (convertito dalla l. 27 maggio 1935, n. 835 e successivamente modificato dal r.d.l. 15 novembre 1938, n. 1802, convertito dalla l. 16 gennaio 1939, n. 90) istitutivo del tribunale per i minorenni, affiancato da un autonomo ufficio del pubblico ministero. Dotato di un ampio ventaglio di competenze (penale, civile e amministrativa), il nuovo giudice esibiva la conquistata specializzazione nella sua composizione mista: a lato di due magistrati togati era collocato un cittadino, benemerito dell'assistenza sociale e con specifiche professionalità (selezionato tra cultori di biologia, psichiatria, antropologia criminale, pedagogia). La presenza di un laico (con l'identica professionalità) valeva a far risaltare la specializzazione pure del giudice di secondo grado; fu istituita, infatti, la sezione di corte d'appello per i minorenni, sezione appunto della corte d'appello ordinaria, individuata annualmente con decreto reale di approvazione delle tabelle giudiziarie (circa la successiva previsione di una ulteriore componente laica di sesso femminile, in entrambi i collegi giurisdizionali, v. cap. III, parte I, § 3).

Sul fronte processuale, fu ribadita la non pubblicità delle udienze, rinnovata la partecipazione dei prossimi congiunti (nonché di tutore o curatore del minore) e di figure istituzionali (rappresentante sia del locale Comitato di patronato dell'Opera nazionale per la protezione della maternità e dell'infanzia sia di quei comitati per l'assistenza e la protezione dei minori di ritenuta sicura serietà ed efficienza) (art. 16 comma 1 r.d.l. n. 1404 del 1934); si contemplò altresì espressamente l'indagine sulla personalità del minorenne (art. 11 r.d.l. n. 1404 del 1934).

Quanto agli istituti di tipo sostanziale, vanno richiamate le già accennate dilatazioni dell'area applicativa del perdono giudiziale e della sospensione condizionale della pena (v. *supra*, § 3), con la precisazione che la riduzione della durata della pena detentiva o la sua stessa esclusione furono gli obiettivi perseguiti: in tali interventi si può cogliere la preoccupazione, seppure *in nuce*, per una differenziazione in sede giudiziale della risposta punitiva adattata alla specificità della delinquenza minorile.

Valutate complessivamente, le modifiche apportate all'assetto penale mostravano la propensione verso la valorizzazione sia dell'autore del reato sia della prevenzione speciale, eredità culturali della Scuola positiva: il minore autore di reato restava comunque soggetto pericoloso da riadattare alla vita sociale e, anzi, particolarmente avvertita era l'esigenza di prevenire il rischio di suoi comportamenti devianti. La più significativa novità, infatti, fu la previsione delle "misure di rieducazione" (artt. 25-31 r.d.l. n. 1404 del 1934), ricondotte nella competenza amministrativa del tribunale per i minorenni. Si trattava, allora, della sola assegnazione al riformatorio per corrigendi, destinato al minore di anni diciotto che, «per abitudini contratte, dia manifeste prove di traviamento e appaia bisognevole di correzione morale» (art. 25 comma 1 r.d.l. n. 1404 del 1934). Affidata alla gestione discrezionale del giudice e applicata in assenza di tutele difensive, la misura divenne nella pratica un sostitutivo delle sanzioni penali, inteso alla istituzionalizzazione del minore ritenuta utile all'interesse, prevalente, della sua (ri)educazione.

Successive iniziative legislative (l. 25 luglio 1956, n. 888 che, oltre a modificare i centri di rieducazione per i minorenni *ex* art. 1 r.d.l. n. 1404 del 1934, diede vita all'ufficio di servizio sociale per i minorenni; d.p.R. 24 luglio 1977, n. 616 che ha istituito i servizi socio-assistenziali degli enti locali con competenza per l'esecuzione dei provvedimenti civili e amministrativi del tribunale per i minorenni, sottratta ai servizi minorili della amministrazione della giustizia) hanno affrancato l'intervento amministrativo dalla pura logica del controllo sociale orientandolo verso il sostegno e l'assistenza del minore in situazione di disagio. Ma, proprio tale opera di "purificazione", compiuta al di fuori di un ripensamento di contenuto e modalità esecutive delle misure amministrative, ha determinato una loro indebita commistione con quelle civili, egualmente adottabili dal tribunale per i minorenni.

Nel dissenso di una sola parte della dottrina, le misure amministrative sono da considerarsi sopravvissute alla riforma processuale del 1988 (d.p.R. n. 448 del 1988), priva al riguardo di efficacia abrogativa, e la loro persistente vitalità trova conferma nella introduzione di una ulteriore fattispecie (art. 25-*bis* r.d.l. n. 1404 del 1934) voluta dalla l. 3 agosto 1998, n. 269: la nuova norma sancisce l'applicabilità di provvedimenti utili all'assistenza, anche di carattere psicologico, al recupero e al reinserimento del minore che eserciti la prostituzione o sia vittima di reati a carattere sessuale.

Dall'affannoso percorso evolutivo del sistema penale minorile, sin qui tracciato, emerge un quadro articolato, non privo di profili di modernità nel sentire il problema della delinquenza giovanile, ma ancora lontano dalla necessaria compiutezza. Si allude, in particolare, al suo prospettarsi quale insieme di interventi di mera rettifica dell'esistente in funzione di adattamento alle esigenze del minorenne criminale o anche solamente deviante: ciò che ne segna i limiti è la mancanza di una visione d'insieme in grado di definire un autentico *corpus* normativo organico del trattamento differenziato da riservarsi al minorenne. Basta fare caso all'impianto del codice penale, nel quale tale differenziazione è affidata a una variazione quantitativa al ribasso della pena applicabile, inalterati restando le tipologie (pena detentiva/pena pecuniaria) e le specie (pene/misure di sicurezza) delle punizioni contemplate nonché i relativi presupposti. La fase esecutiva, inoltre, benché fatta oggetto di impegnativa riforma (l. 26 luglio 1975, n. 354), ha poggiato sulla promessa (art. 79 ord. penit.), adempiuta – come si preciserà – dopo oltre quarant'anni di attesa, di una legge di ordinamento penitenziario mirata al minorenne condannato o sottoposto a misure di sicurezza, destinatario della identica disciplina prevista per l'adulto. La sua parziale conformazione alla situazione del minore in esecuzione penale si deve all'insegnamento della Corte costituzionale, nel frattempo chiamata in causa più volte a fronte di insostenibili equiparazioni (v. cap. VII, parte II, § 3), mentre una regolamentazione dedicata, distante tuttavia dalle aspettative, è frutto della recente novella (d.lgs. 2 ottobre 2018, n. 121) adottata in attuazione della delega per l'adeguamento dell'ordinamento penitenziario alle esigenze educative dei detenuti minori secondo i criteri direttivi espressamente indicati (art. 1 comma 85 lett. *p* l. 23 giugno 2017, n. 103, recante *Modifiche al codice penale, al codice di procedura penale e all'ordinamento penitenziario*: v. cap. VII, parte II, § 4-6).

Ai limiti e alle inadeguatezze segnalate si è cercato di porre rimedio in occasione del riordino del processo a carico di imputati minorenni (d.p.R. n. 448 del 1988) mediante la previsione di inediti istituti volti alla protezione del minore sia dal processo sia dallo stigma della sua sottoposizione all'accertamento processuale (v. *infra*, § 8). I suoi principi ispiratori, come si vedrà, svelano la costante sottintesa finalità di tutela della personalità del minorenne imputato prestandosi, tuttavia, proprio a causa dei coltivati propositi di compensazione delle carenze di sistema, a fraintendimenti e ambiguità circa la stessa funzione da annettersi al processo penale minorile.

## 5. La riforma del processo penale a carico di imputati minorenni (d.p.R. 22 settembre 1988, n. 448).

L'avvio del progetto di innovazione del rito penale minorile trova impulso e linfa nelle numerose pronunce della Corte costituzionale, intervenuta a censurare l'incompatibilità di talune norme processuali con i principi della Costituzione e, a ben vedere, con la relativa scala valoriale al cui centro sta la persona con il suo patrimonio di diritti inviolabili (v. cap. I, parte II, § 1, 2-3 e 5). E, appunto, ad affiorare è la figura del minore non più, come in passato, quale oggetto di protezione, ma piuttosto quale soggetto titolare di diritti, fisionomia alla quale si intese dare corpo nell'assetto processuale riformato.

In realtà, le iniziali ambizioni miravano a una rivisitazione complessiva del sistema della giustizia minorile, aperta alla pluralità dei settori implicati (penale sostanziale, processuale e ordinamentale). Fu questa la ragione dell'esiguo interesse mostrato al riguardo dalla prima legge delega (l. 3 aprile 1974, n. 108) per la riforma del codice di rito che pure alimentò l'*incipit* dell'intervento sulla materia minorile. Le due, uniche, direttive previste (art. 2, n. 13 e n. 30, relative, rispettivamente, all'esclusione della connessione nel caso di imputati minori e all'esercizio facoltativo da parte della polizia giudiziaria del potere di arrestare il minore colto in flagranza di un grave delitto) erano destinate a confluire, incrementate, nella seconda legge delega (l. 16 febbraio 1987, n. 81), la quale concretizzò l'impegno al riassetto del rito minorile contestualmente a quello per l'adulto.

La scelta sistematica svolge un ruolo determinante nella individuazione di finalità e funzione del rito minorile: il raccordo istituito dalla stessa legge delega (art. 3 comma 1 l. n. 81 del 1987) tra le due compagini normative segnalava come entrambe dovessero inscriversi nella medesima cornice dei principi dettati dalla Costituzione e dalle convenzioni internazionali da attuarsi nel processo penale (art. 2 comma 1 l. n. 81 del 1987). Più in particolare, nell'ambito di una ricodificazione voluta unitaria, lo *status* di imputato assume rilievo in quanto tale, non importa se di minore o maggiore età, e lo scopo del processo rimane quello istituzionale dell'accertamento della responsabilità di chi sia indicato come autore del reato.

Si tratta di conclusioni ricavabili, da un lato, dall'insegnamento della giurisprudenza costituzionale, che ha insistito sull'interesse-dovere dello Stato al recupero del minore alla stregua di quanto stabilito dall'art. 31 comma 2 Cost. (v. cap. I, parte II, § 1) e, dall'altro, dalle enunciazioni delle fonti sovranazionali, che hanno rimarcato il diritto del minorenne al rafforzamento delle garanzie processuali oltre a sollecitare la previsione di ipotesi di sua rapida fuoriuscita dal circuito penale (v. cap. I, parte I, § 2 e 3). Ed, infatti, fu premura del legislatore delegante puntualizzare come, nel rito minorile da edificare, una posizione di primo piano dovesse spettare alle esigenze educative del minore: lo scopo di «eliminare o ridurre al minimo ogni stimolazione inutilmente negativa», si specificava nella Relazione al testo definitivo, andava coniugato con l'obiettivo di «valorizzare le possibili stimolazioni positive insite in un corretto confronto con la società civile e con le sue regole».

L'apprezzabile proposito ha indotto il legislatore delegato a fare richiamo, in una pluralità di prescrizioni normative, al recupero del minore, in modo così reiterato da alimentare in taluna dottrina la convinzione che a tale fine sia preordinato lo stesso processo minorile: in ambigua condivisione delle finalità risocializzative della pena (art. 27 comma 3 Cost.), esso si offrirebbe come strumento pedagogico e occasione di promozione della personalità del minorenne. A questa tesi, che in sostanza replica, nel contesto riformato, la tradizionale ambivalenza finalistica del rito in perenne rapporto conflittuale, si è contrapposta un'opinione antitetica e certamente da condividere: stando a questa, si è comunque in presenza della giurisdizione penale tipica, ma adattata alle caratteristiche personologiche del minorenne. Va segnalata una posizione intermedia nella quale trovano sintesi le due estreme ricordate: al processo minorile dovrebbe ascriversi finalità sia repressiva sia educativa.

Al riguardo si deve ribadire quanto già osservato in precedenza, vale a dire che l'interesse educativo del minore non può prevaricare il suo *status* di imputato: alla condizione minorile, come si vedrà, si riallacciano la previsione di istituti particolari e l'impiego di quelli ordinari secondo modalità coerenti con la situazione soggettiva del suo destinatario, senza tuttavia che ciò possa giustificare alcuna deviazione dalle garanzie difensive costituzionalmente sancite per l'adulto né vanificare la finalità accertativa dei fatti e della responsabilità, propria del processo penale. Del resto, la stessa legge delega (art. 3 comma 1 l. n. 81 del 1987) demandava al legislatore delegato il compito di disciplinare il rito minorile «secondo i principi generali del nuovo processo penale»: l'invito ad attuare «le modificazioni ed integrazioni imposte dalle particolari condizioni psicologiche del minore, dalla sua maturità e dalle esigenze della sua educazione» suona come criterio guida dell'opera di adattamento delle regole stabilite per l'adulto e non, invece, come autorizzazione a tralasciare i presidi di tutela spettanti all'imputato a fronte delle attività di verifica del dovere di punire.

## 6. I principi del processo penale minorile: sussidiarietà.

Il processo penale minorile poggia su tipici principi che lo qualificano e lo differenziano da quello per l'adulto: alla loro illustrazione è dedicata l'analisi che segue.

Si è precisato, nel paragrafo precedente, che la legge delega agganciava la nuova codificazione minorile a quella generale, da parametrare sulla particolare situazione personologica dell'imputato minorenne: all'obbligo di realizzare questo specifico fine affiancava quello del rispetto di una serie di direttive puntualmente individuate. La loro attuazione ha prodotto un modello processuale contiguo a quello per l'adulto e come questo di impronta accusatoria, dotato tuttavia della autonomia necessaria a dare spazio alle specificità soggettive del minorenne. Benché distinto dal sistema codicistico, ad esso risulta collegato in virtù della previsione dell'art. 1 comma 1: la norma lo assume a referente del rito minorile nel quale fa rifluire, per quanto non previsto, appunto le disposizioni del codice di procedura penale. La sua regolamentazione si presenta quindi come non autosufficiente, ma bisognosa di plurime integrazioni lasciate all'interprete. Le stesse devono essere effettuate nell'ambito della relazione da genere a specie istituita legislativamente tra il rito ordinario e quello minorile e secondo il principio di sussidiarietà.

Nell'opera di ricostruzione della disciplina del processo a carico dell'imputato minorenne, in sostanza, occorre muovere dalla consapevolezza che le sue disposizioni sono, esse stesse, frutto di un impegno di adattamento degli istituti processuali di riferimento, già adempiuto dal legislatore e perciò preclusivo di ulteriori alterazioni in sede esegetica e applicativa. Il principio di sussidiarietà interviene laddove la disciplina dettata si riveli incompleta o addirittura si riscontrino veri e propri vuoti normativi: in entrambi i casi si impone un controllo di compatibilità, della previsione codicistica da mutuare, con la specificità del rito minorile. E la sua eventuale trasferibilità può essere ostacolata da un contrasto non solo con, pur differenti, previsioni esplicite, ma anche con quelle implicite e sottintese al sistema processuale minorile: in via esemplificativa, si può segnalare che la protezione del minorenne si avvale di una generale regola limitativa di forme di pubblicità (artt. 13 comma 1 e 33 commi 1 e 2; art. 20 comma 1 disp. att. min.) la quale impedisce che del giudizio abbreviato codicistico sia importata la norma che ammette proprio la pubblicità dell'udienza a richiesta dell'imputato (art. 441 comma 3 c.p.p.).

È da tenere presente, inoltre, che al principio di sussidiarietà si deve fare ricorso a fronte di modifiche normative che investano la disciplina del codice di procedura penale sia ove il legislatore trascuri di prendere posizione espressa circa il parallelo, ma autonomo, *corpus* del rito minorile (v. la nuova regolamentazione, introdotta dalla l. 28 aprile 2014, n. 67, della sospensione del processo per assenza dell'imputato *ex* art. 420-*quater* c.p.p.), sia nel caso in cui si premuri di fornire indicazioni subordinando la loro praticabilità al vaglio di coerenza con l'impianto sistematico del processo minorile: è quanto accaduto in occasione del varo del d.lgs. 28 agosto 2000, n. 274, istitutivo della giurisdizione penale del giudice di pace. La cognizione dei reati rientranti nella sua competenza, ma commessi da minorenni, è stata riservata al giudice specializzato (art. 4 comma 4 d.lgs. n. 274 del 2000); lo si è abilitato (art. 63 comma 1 d.lgs. n. 274 del 2000), tuttavia, a fare uso dei nuovi istituti di tipo conciliativo ("Esclusione della procedibilità per particolare tenuità del fatto" e "Estinzione del reato conseguente a condotte riparatorie", rispettivamente, *ex* artt. 34 e 35 d.lgs. n. 274 del 2000) oltre che delle nuove specie di sanzioni (artt. 33, 43 e 44 d.lgs. n. 274 del 2000): l'applicazione di entrambe le soluzioni è subordinata alla consueta verifica di compatibilità, mentre è incondizionata l'osservanza delle regole – pare addirittura di tutte (artt. 52 ss. d.lgs. n. 274 del 2000) – prescritte dal titolo II d.lgs. n. 274 del 2000, richiamato integralmente (art. 63 comma 1 d.lgs. n. 274 del 2000).

Il problema che si prospetta al riguardo attiene, più in particolare, alla possibile individuazione di uno spazio operativo che permetta la convivenza della fattispecie di cui all'art. 34 d.lgs. n. 274 del 2000 con quella, già collaudata nella sede minorile, della "Sentenza di non luogo a procedere per irrilevanza del fatto" (art. 27); gli elementi di evidente reciproca sovrapposizione rendono ragione delle divergenti posizioni assunte dalla dottrina e testimoniano le difficoltà cui costringe la corrività legislativa (v. cap. VII, parte II, § 4). Una trascuratezza, questa, rintracciabile pure nel più recente intervento di riforma (d.lgs. 16 marzo 2015, n. 28) che ha disseminato nella sequenza del processo ordinario analoga ipotesi di non procedibilità per particolare tenuità del fatto (come definita dall'art. 131-*bis* c.p.): anche in relazione ad essa si deve stabilire se la sua applicazione sia consentita o impedita nei confronti dell'imputato minorenne che già può fruire dell'istituto "gemello" ricordato (v. cap. VII, parte II, § 4).

## 7. Il principio di adeguatezza.

Al principio di sussidiarietà, illustrato nel precedente paragrafo, si affianca quello di adeguatezza, egualmente enunciato nella norma di esordio della regolamentazione del processo minorile (art. 1 comma 1 secondo periodo): questa prescrive, appunto, che le sue previsioni «sono applicate in modo adeguato alla personalità e alle esigenze educative del minorenne».

Il richiamo testuale a quelle indicate nel primo periodo («tali disposizioni») lascia intendere che il principio opera in relazione a tutte le disposizioni che compongono la disciplina del rito sia stabilite dal d.p.R. n. 448 del 1988 sia contemplate dal codice di procedura penale cui si fa rinvio per quanto non previsto. Si comprende così che, mentre il principio di sussidiarietà giova alla individuazione delle previsioni codicistiche da trasferire in sede minorile, una volta verificatane la compatibilità, quello di adeguatezza regola la loro applicazione. E, poiché, come osservato in precedenza, già le norme del rito minorile sono state delineate dal legislatore in corrispondenza della particolare situazione soggettiva dell'imputato minorenne, è palese che ciò che si richiede è un *modus procedendi* adeguato alle caratteristiche del singolo minore coinvolto nella concreta vicenda giudiziaria.

La sua personalità e le relative esigenze educative costituiscono i parametri dell'adattamento applicativo: l'uno e l'altro, da ritenersi rilevanti congiuntamente, rimandano alla necessità di farsi carico della individualità del minorenne come persona sottoposta all'accertamento processuale più che come soggetto in evoluzione, connotazione data per implicita. Il secondo («esigenze educative»), in particolare, vale a contrastare l'opinione, cui si è fatto cenno, che attribuisce al rito minorile una ambigua funzione pedagogica; l'indicazione normativa è chiara nel circoscrivere l'operatività del canone di adeguatezza alla sola sede applicativa con la conseguenza che le istanze educative devono rimanere estranee a qualsiasi finalizzazione in chiave altrettanto educativa degli istituti del rito minorile e guidare, piuttosto, nella scelta di loro modalità operative congeniali alla concreta situazione personale del soggetto di minore età.

Resta da precisare che la portata del principio, proprio perché riferito al complesso della disciplina laddove venga in gioco la sua applicazione, è estesa a tutti gli operatori che intervengono nella vicenda processuale. Tra questi un ruolo di primo piano è riservato al giudice al quale più disposizioni normative rivolgono il richiamo a orientare la sua discrezionalità in modo adeguato alla situazione del caso concreto (artt. 19 comma 2, 20 comma 1, 21 comma 2, 22 comma 1, 27 comma 1). A lui spetta, altresì, illustrare al minore imputato il significato delle attività processuali svolte in sua presenza e le ragioni etico-sociali delle decisioni (art. 1 comma 2), prescrizione, per taluna dottrina, espressione essa stessa del principio di adeguatezza. Si aggiunge che, così intesa, la norma è idonea a evitare atteggiamenti paternalistici vincolando l'organo giurisdizionale a chiarire le ragioni dell'ordinamento tralasciando opinioni, riserve e aspettative personali.

## 8. Gli ulteriori principi informatori: specializzazione, individualizzazione e minima offensività.

Come si è sottolineato, sussidiarietà e adeguatezza sono principi la cui osservanza è prescritta espressamente, ed emblematicamente, nella disposizione di apertura della disciplina del processo minorile (art. 1 comma 1, rispettivamente, primo e secondo periodo).

Canoni ulteriori informano, in realtà, l'intero assetto del rito pur rimanendovi sottintesi: sono ben percepibili scrutando la trama normativa di taluni istituti, ma altrettanto chiaramente ricavabili dalla genesi della regolamentazione speciale dedicata al minorenne; è, anzi, il sistema penale nel quale si colloca il sottosistema minorile a rendere ragione della loro significativa e inevitabile incidenza sull'opera riformatrice compiuta dal legislatore del 1988.

Tra essi va annoverato il principio di specializzazione; in proposito si è chiarito che a tale connotazione, riferita al giudice, hanno indotto risalenti acquisizioni antropologiche e criminologiche circa le cause della delinquenza giovanile e che la sua attuazione ha trovato sfogo tramite la lenta evoluzione storica della giurisdizione minorile approdata nel testo del vigente d.p.R. n. 448 del 1988; in questo ambito, a lato della specializzazione del giudice, si rintraccia pure la specializzazione del processo per l'imputato minorenne. Si è già rilevato, ma è necessario rammentare, che sullo sfondo è rimasta, irrealizzata, l'esigenza di differenziare l'apparato sanzionatorio così che il trattamento punitivo del minore non diverge sostanzialmente da quello stabilito per l'adulto: per entrambi sono in uso pene e misure di sicurezza, salvo per queste ultime gli ammodernamenti imposti dalla Corte costituzionale se destinate a minorenni (v. cap. VII, parte I, § 1). Scostamenti, invero insufficienti, si riscontrano in sede esecutiva per effetto dell'accennata recente riforma dell'ordinamento penitenziario (d.lgs. n. 121 del 2018), attuata in vista del suo adeguamento alla personalità del condannato minorenne; in tale fase, solamente ora, operano regole difformi in ragione del rilievo assegnato all'età di chi vi è sottoposto (v. cap. VII, parte II, § 4-6).

A favore del soggetto minorenne vale la disciplina della imputabilità, cioè a dire della capacità di intendere e di volere (art. 85 c.p.), presupposto della sua responsabilità nella commissione del reato. Le innovazioni introdotte dal codice penale del 1930 sono state ricordate ma devono essere qui richiamate: innalzamento della soglia della non imputabilità a quattordici anni al momento del fatto (art. 97 c.p.) – zona franca appunto da ogni responsabilità penale –; suo accertamento in concreto per i minori di età compresa tra i quattordici e i diciotto anni e comunque, ove riscontrata, previsione di diminuzione della pena in ragione della minore età, configurata quale circostanza attenuante (art. 98 comma 1 c.p.). In sede decisoria, intervengono il perdono giudiziale (art. 169 c.p.) – istituto di tono clemenziale nella sua stessa denominazione, con effetti estintivi del reato, riservato al minore di anni diciotto a condizioni espressamente stabilite – e la sospensione condizionale della pena anch'essa causa di estinzione del reato, condivisa con i maggiorenni ma dai presupposti più ampi (art. 163 comma 2 c.p.).

Dovendo muoversi in questo scenario, era scontato che il legislatore si facesse carico di soddisfare le specificità della situazione del minorenne, compensando le disfunzioni del sistema penale, almeno sul piano processuale. Nel retroterra illustrato trovano fondamento, infatti, il particolare risalto assegnato alla situazione, personale e di contesto, del minorenne nonché le inedite, e per certi versi ardite, soluzioni normative contemplate dal rito minorile, entrambe mirate a individualizzare la decisione giudiziale. Il principio di individualizzazione è appunto implicato, tanto dalla indagine sulla personalità del minorenne (art. 9) tanto dagli istituti del proscioglimento per irrilevanza del fatto (art. 27) e della sospensione del processo con messa alla prova (art. 28).

Nel rinviare alla specifica trattazione che su ciascuno è svolta in altre parti del Manuale, basta qui rimarcare, quanto agli accertamenti sulla personalità del minorenne (art. 9), che essi costituiscono l'asse portante del rito: affidati anche al pubblico ministero e svincolati dai limiti e dalle preclusioni posti per l'omologo istituto contemplato nel processo per l'adulto (artt. 194 comma 1 e 220 c.p.p.), forniscono appunto la base cognitiva necessaria per individuare la risposta giudiziale più appropriata al disagio espresso con la commissione del fatto di reato. A tale finalità è, peraltro, preordinato il raccordo istituito tra interventi penali e civili anch'essi possibile rimedio da adottare nell'interesse del minore, funzionalmente demandato al tribunale per i minorenni del luogo di sua abituale dimora, e praticabile, in via d'urgenza, anche nel corso del processo penale (artt. 32 comma 4 e 33 comma 4) (v. cap. V, parte I, § 4 e parte II, § 2). In questa luce si spiega la norma (art. 4) che, per il caso non sussista coincidenza tra le rispettive sfere di competenza territoriale, obbliga l'autorità giudiziaria (pubblico ministero e giudice), procedente in relazione al luogo di commissione del reato, a informare il procuratore della Repubblica per i minorenni circa l'avvio e l'esito dell'accertamento penale: la comunicazione è idonea promuovere la sua iniziativa in vista della applicazione dei provvedimenti di natura civile di pertinenza del tribunale competente (circa i provvedimenti civili urgenti disposti dal giudice penale minorile, anche questi oggetto della informativa prescritta dall'art. 4, v. cap. III, parte I, § 7).

A proposito degli istituti del proscioglimento per irrilevanza del fatto (art. 27) e della sospensione del processo con messa alla prova (art. 28), l'attenzione va portata ai presupposti previsti per la loro applicazione: da essi si può facilmente arguire che entrambi sono funzionali a risparmiare al minore il rigore di una punizione (pena detentiva) non adeguata rispetto al fatto di reato e nemmeno alla sua situazione personologica. Se si osserva, poi, che il loro impiego non solo costituisce via di fuga da una sanzione considerata esorbitante, ma favorisce altresì la sottrazione del minore al processo si può concludere che l'uno e l'altro delineano quelle ipotesi di sua rapida fuoriuscita dal circuito penale caldeggiate dalle fonti sovranazionali (v. *supra*, § 5). Certamente, la loro collocazione nella sede impropria dell'accertamento processuale può suggerirne una gestione in chiave meramente deflativa o addirittura clemenziale, la prima in contrasto con le tutele difensive dovute comunque all'imputato, non importa se di minore età, la seconda in aperto conflitto con le esigenze di responsabilizzazione di chi, non solo ma specialmente se minorenne, sia riconosciuto autore di reato.

In entrambi i casi, si tratta di forzature che tradiscono l'ulteriore funzione dei due istituti, nella quale si riflette un altro specifico canone del processo minorile. Il riferimento è al principio di minima offensività, adombrato appunto dalla loro attitudine a provocare la precoce espulsione del minorenne dal circuito penale. Benché i casi indicati esprimano al massimo grado le sue potenzialità, il principio trova occasione di manifestarsi in una pluralità di situazioni normative così da poter affermare che la minima offensività permea la stessa impostazione del rito minorile. Nel percorrere la sua sequenza ci si imbatte, infatti, in regole volte a proteggere il minorenne dallo stesso processo con l'esplicito proposito di minimizzarne gli effetti traumatici.

Sintomatica, in proposito, è la disciplina delle limitazioni della libertà personale (v. cap. IV): non è dato comprendere l'anomala tipologia delle misure (precautelari/cautelari) e la levità del loro regime se non considerando che essi sono il risultato della particolare attenzione riservata alla situazione personale del minorenne nel delicato bilanciamento tra le esigenze di sua tutela e la salvaguardia delle ragioni dell'accertamento processuale. La consapevolezza che tale eventuale snodo produce i più dirompenti disagi e sofferenze materiali rende ragione, inoltre, delle particolari prescrizioni di prudenza dettate in sede di esecuzione delle misure: al principio di minima offensività si riallacciano chiaramente il divieto in capo alla polizia giudiziaria di fare uso di strumenti di coercizione fisica, salvo «gravi esigenze di sicurezza» (art. 20 comma 1 secondo periodo disp. att. min.), e l'impegno, per l'autorità giudiziaria e la direzione penitenziaria, di assicurare l'assistenza psicologica al minore che si trovi in particolari condizioni emotive (art. 20 comma 1.1 disp. att. min.). Nella medesima direzione, seppure restando sottotraccia, muovono del resto le singolarità della complessiva regolamentazione a partire dalla presenza, a lato del minorenne, di figure in funzione di assistenza affettiva e psicologica (v. cap. III, parte II, § 4) nonché degli stessi servizi minorili cui spetta filtrare e fronteggiare l'impatto processuale (v. cap. III, parte I, § 11).

Per completare la rassegna delle implicazioni del principio di minima offensività, si deve volgere lo sguardo al generale divieto di pubblicità (art. 13) e alla disciplina del casellario giudiziale – rimossa dalla sede minorile e fatta rifluire nel d.p.R. 14 novembre 2002, n. 313, testo unico regolatore di tutta la materia –, questi più propriamente orientati a proteggere il minore dagli effetti indiretti del processo. Senza scendere nel dettaglio di una regolamentazione comunque rimasta insoddisfacente (v. cap. I, parte II, § 5), basta segnalare che a venire in gioco è l'esigenza di evitare quella stigmatizzazione che, dannosa per l'adulto coinvolto in una vicenda giudiziaria, si rivela particolarmente nociva per il minorenne in quanto soggetto *in fieri*. Correttamente si è rimarcato che ne deriva il rischio non solo di percezione da parte del minore, ma soprattutto di sua percezione da parte del contesto sociale, quale identità negativa, di palese incidenza sul percorso di crescita. In questa prospettiva non può essere intesa come di mero contorno la norma che obbliga, ancora in sede di esecuzione delle misure precautelari e in occasione delle traduzioni del minorenne in stato detentivo, ad adottare le cautele necessarie per proteggerlo dalla curiosità del pubblico e da ogni specie di pubblicità (art. 20 comma 1 disp. att. min.): evitare di etichettare il minore quale delinquente, ruolo in grado di ostacolare il suo futuro reinserimento sociale una volta cessata la misura restrittiva, è il condivisibile obiettivo perseguito dal legislatore, come messo in luce dalla dottrina.

Da quanto sin qui illustrato è consentito estrarre la cifra del rito minorile riformato se non addirittura un ulteriore principio. Per conformazione strutturale e proiezione finalistica, la sua disciplina segna significativi punti di divergenza rispetto a quello configurato per l'adulto pur partecipando delle medesime garanzie costituzionali e degli identici connotati di accusatorietà. La logica della differenziazione, o se si vuole il principio del trattamento differenziato, secondo il criterio del *favor minoris* che ha guidato la mano del più recente legislatore compendia, in efficace sintesi, i principi informatori del processo nei confronti dell'imputato minorenne.

## Capitolo III

# I SOGGETTI

## Parte I

## ORGANI E SOGGETTI PUBBLICI

di *Marta Bargis*



### 1. La specializzazione quale principio informatore degli organi della giustizia minorile.

Come sappiamo (v. cap. II, § 1-4 e 8), nell'ambito dei principi fondamentali del procedimento minorile un ruolo di particolare importanza ricopre quello di specializzazione, che informa la struttura degli organi giudiziari.

L'esigenza della specializzazione, risalente, quanto al tribunale per i minorenni, all'art. 2 r.d.l. 20 luglio 1934, n. 1404, convertito dalla l. 27 maggio 1935, n. 835 (sia nel testo sostituito dall'art. 4 l. 27 dicembre 1956, n. 1441, sia già nella versione iniziale, su cui v. cap. II, § 4), da ricollegare all'art. 50 ord. giud. (a sua volta sostituito dall'art. 5 l. n. 1441 del 1956; v. *infra*, § 3), è stata implementata dalla riforma del processo penale a carico dei minorenni, dove è assurta a canone informatore dell'intero complesso degli organi giudiziari minorili. Su binari paralleli, rispetto alla riforma, si è mossa la correlativa modifica dell'organizzazione giudiziaria minorile, incentrata sul tribunale per i minorenni (per quanto attiene alle fasi delle indagini e dell'udienza preliminare: v. *infra*, § 2), concretizzando così la finalità di adeguamento imposta dall'art. 5 legge delega 16 febbraio 1987, n. 81.

Nel rinviare ai successivi paragrafi l'analisi degli organi della giustizia minorile (il cui elenco è contenuto nell'art. 2), va fin da ora messo in evidenza che il legislatore del 1988 non si è limitato a realizzare la specializzazione agendo sulla struttura dell'organo (a composizione mista, di togati e di laici, per gli organi collegiali), ma, in modo innovativo, ha perseguito la connessa finalità della preparazione professionale dei giudici togati. Vengono in gioco, a quest'ultimo proposito, alcune disposizioni della normativa di attuazione dettata dal d.lgs. 28 luglio 1989, n. 272. Innanzitutto, in ordine all'assegnazione degli affari, fermo restando quanto previsto dall'art. 7-*ter* ord. giud., nei tribunali per i minorenni tale assegnazione è disposta in modo da «favorire la diretta esperienza di ciascun giudice nelle diverse attribuzioni della funzione giudiziaria minorile» (art. 2 disp. att. min.): trasparente l'obiettivo di formare un giudice il più possibile "a tutto campo", in grado di districarsi tra i molteplici aspetti che possono venire portati alla sua cognizione, tra l'altro non solo penali ma anche civili, con l'adozione dei relativi provvedimenti, sia pure a carattere temporaneo (art. 32 comma 4, richiamato dall'art. 33 comma 4, e utilizzabile inoltre per attuare il progetto di intervento educativo nel caso di applicazione di una misura penale di comunità, ai sensi dell'art. 3 comma 3 d.lgs. 2 ottobre 2018, n. 121 [*Disciplina dell'esecuzione delle pene nei confronti dei condannati minorenni, in attuazione della delega di cui all'art. 1 commi 82, 83 e 85 lett.* p *l. 23 giugno 2017, n. 103*]. Sull'inquadramento di tali misure v. cap. VII, parte II, § 5 e 6). L'art. 3 disp. att. min., dal canto suo, stabilisce che, salvo casi eccezionali dovuti a imprescindibili esigenze di servizio, «i magistrati assegnati agli uffici giudiziari minorili non possono essere destinati in applicazione o supplenza ad altro ufficio giudiziario», assicurando così una stabilità nell'esercizio della funzione che consente al magistrato di ottimizzare la propria preparazione professionale e all'ufficio nel suo insieme di funzionare in modo efficiente (quanto alle sezioni di corte di appello per i minorenni v. *infra*, § 3). Va peraltro rammentato che è possibile la sostituzione dei giudici minorili togati con magistrati ordinari (art. 110 ord. giud.): secondo la Corte costituzionale (Corte cost., 4 novembre 2003, n. 330), pur nell'ipotesi estrema di una completa sostituzione della componente togata, la specializzazione del giudice minorile «è assicurata dalla struttura complessiva di tale organo giudiziario, qualificato dall'apporto degli esperti laici».

L'art. 5 disp. att. min., infine, si occupa della "formazione permanente" dei magistrati addetti agli uffici giudiziari minorili, incombendo al Ministro della giustizia, in collaborazione con il Consiglio superiore della magistratura, il compito di organizzare appositi corsi di formazione e di aggiornamento per i magistrati (ordinari e onorari) addetti agli uffici giudiziari minorili (quanto al personale delle sezioni di polizia giudiziaria per i minorenni e agli operatori dei servizi minorili v. *infra*, § 10 e 11), nelle materie attinenti al diritto minorile e alle problematiche della famiglia e dell'età evolutiva: attualmente i corsi sono organizzati dalla Scuola superiore della magistratura, preposta, fra l'altro, alla formazione e all'aggiornamento professionale dei magistrati ordinari e alla formazione iniziale e permanente dei magistrati onorari (art. 2 d.lgs. 30 gennaio 2006, n. 26, come sostituito dall'art. 3 comma 2 l. 30 luglio 2007, n. 111 e ulteriormente modificato dall'art. 3-*quater* comma 1 lett. *a* d.l. 29 dicembre 2009, n. 193, convertito dalla l. 22 febbraio 2010, n. 24). Per quanto attiene più in specifico alla formazione dei giudici onorari minorili di nuova nomina, le ultime due circolari del Consiglio superiore della magistratura (n. 19415 del 26 ottobre 2015 e n. 18/VA/2018 dell'11 luglio 2018), relative, rispettivamente, ai criteri per la nomina e conferma e allo *status* dei giudici onorari minorili per il triennio 2017-2019 e per il triennio 2020-2022, ponendosi nel solco di precedenti circolari, statuiscono (art. 10 commi 1 e 2) che la Scuola superiore della magistratura, anche attraverso le strutture territoriali della formazione distrettuale, sentiti i presidenti degli uffici di appartenenza, cura che i predetti giudici effettuino un'attività pratica di natura formativa della durata di due mesi, che si realizza essenzialmente nella partecipazione alle camere di consiglio civili, nell'assistenza alle udienze civili, alle udienze dibattimentali penali e a quelle tenute dal giudice dell'udienza preliminare, in incontri con i servizi sociali del territorio e del Ministero della giustizia e in visite agli istituti penali minorili (ferma restando la possibilità di individuare ulteriori momenti formativi). In relazione a tali attività, ogni giudice onorario deve essere affiancato da un magistrato (ordinario o onorario) appartenente all'ufficio, con funzione di *tutor*.

A livello di Unione europea, l'esigenza della formazione è tenuta presente dall'art. 20 della direttiva (UE) 2016/800 sulle garanzie procedurali per i minori indagati o imputati nei procedimenti penali (che avrebbe dovuto essere implementata entro l'11 giugno 2019). In primo luogo (§ 1), gli Stati membri provvedono affinché «il personale delle autorità di contrasto e delle strutture di detenzione che si occupano di casi riguardanti minori ricevano una formazione specifica, di livello appropriato al tipo di contatto che intrattengono con i minori, sui diritti del minore, sulle tecniche appropriate di interrogatorio, sulla psicologia minorile e sulla comunicazione in un linguaggio adattato al minore» (in armonia, del resto, con i dettami sovranazionali: v. cap. I, parte I, § 2). In secondo luogo (§ 2), fatte salve l'indipendenza della magistratura e le differenze nell'organizzazione del potere giudiziario negli Stati membri, e nel dovuto rispetto per il ruolo dei responsabili della formazione di giudici e magistrati inquirenti, gli Stati membri «adottano misure appropriate per garantire che i giudici e i magistrati inquirenti che si occupano di procedimenti penali riguardanti minori abbiano una competenza specifica in tale settore e/o abbiano effettivamente accesso a una formazione specifica». In terzo luogo (§ 3), nel dovuto rispetto per l'indipendenza della professione forense e per il ruolo dei responsabili della formazione di difensori, gli Stati membri «adottano misure appropriate per promuovere l'offerta della formazione specifica» destinata «ai difensori che si occupano di procedimenti penali riguardanti minori».

## 2. Il giudice per le indagini preliminari e il giudice dell'udienza preliminare.

Chiaramente ispirata all'esigenza di specializzazione è la scelta, compiuta attraverso l'inserimento dell'art. 50-*bis* ord. giud. (ad opera dell'art. 2 d.p.R. 22 settembre 1988, n. 449), di differenziare, in sede minorile, quelle competenze che, nel processo degli adulti, sono accentrate nella sezione (istituita in ogni tribunale ordinario, se suddiviso in sezioni) dei «giudici incaricati dei provvedimenti previsti dal codice di procedura penale per la fase delle indagini preliminari e dell'udienza preliminare» (art. 46 comma 3 ord. giud.). Si tratta, com'è noto, di giudici monocratici (rispettivamente, il giudice per le indagini preliminari e il giudice dell'udienza preliminare), con il corollario dell'incompatibilità dettata dall'art. 34 comma 2-*bis* c.p.p. (fatte salve le eccezioni previste dai commi 2-*ter* e 2-*quater* del medesimo articolo), secondo cui il giudice (inteso come persona fisica) che nel medesimo procedimento ha esercitato funzioni di giudice per le indagini preliminari non può tenere l'udienza preliminare.

L'art. 50-*bis* ord. giud., invece, ha mantenuto la struttura monocratica soltanto in rapporto al giudice per le indagini preliminari, prevedendo che in ogni tribunale per i minorenni uno o più magistrati «sono incaricati, come giudici singoli, dei provvedimenti previsti dal codice di procedura penale per la fase delle indagini preliminari» (comma 1, dove si specifica altresì che l'organizzazione del lavoro di tali giudici è attribuita al più anziano). L'udienza preliminare, al contrario, è affidata al tribunale per i minorenni, che peraltro qui opera in composizione ridotta, cioè composto da un magistrato e da due giudici onorari, un uomo e una donna, dello stesso tribunale (comma 2), dando luogo alla prevalenza della componente laica.

Non si è mancato di notare, in dottrina, che la scelta legislativa è frutto di una mediazione: la monocraticità del giudice per le indagini preliminari intende garantire uno svolgimento più celere della fase in questione, che sarebbe apparso compromesso dalla collegialità dell'organo; la struttura collegiale del tribunale per i minorenni, operante quale giudice dell'udienza preliminare, ne rimarca la specializzazione in una sede che, come si vedrà (v. cap. V, parte I, § 2), rappresenta lo snodo fondamentale del processo minorile e dove, dunque, il ruolo degli esperti si rivela imprescindibile.

Quanto alla prevalenza numerica dei laici rispetto all'unico membro togato del collegio, per qualcuno criticabile, viene da altri giustificata sulla base di argomenti riconducibili alla tipologia di decisioni assunte nell'udienza preliminare, che comportano incisive valutazioni della personalità dell'imputato.

Il giudice professionale, a propria volta, ha il compito di assicurare la garanzia della legalità, ma, poiché la pronuncia di una sentenza di condanna nell'udienza preliminare (v. art. 32 comma 2, con riguardo all'applicazione di una pena pecuniaria o di una sanzione sostitutiva, che può essere diminuita fino alla metà rispetto al minimo edittale) si connota per una portata afflittiva minore di quella tipica della sede dibattimentale, non è parsa necessaria la pariteticità numerica dei giudici togati. Sulla presenza di un solo giudice di carriera può comunque avere influito anche l'intento di limitare i casi di incompatibilità laddove l'udienza preliminare si concluda con il passaggio alla fase del dibattimento, considerato che i tribunali per i minorenni sono dotati di un organico non ampio di magistrati, rispetto al numero degli esperti privati (v. *infra*, § 3).

La distinzione tra il giudice monocratico, incaricato dei provvedimenti da adottare nelle indagini preliminari, e il giudice collegiale, competente per l'udienza preliminare, ha provocato ricadute problematiche nella particolare situazione in cui, una volta emesso il decreto che dispone il giudizio immediato, l'imputato chieda il giudizio abbreviato ai sensi dell'art. 458 c.p.p., trattandosi di stabilire se competente per quest'ultimo giudizio sia il giudice per le indagini preliminari oppure il tribunale per i minorenni nella composizione collegiale e specializzata stabilita dall'art. 50-*bis* comma 2 ord. giud. La *querelle* ha trovato soluzione, nel secondo senso, in una decisione delle Sezioni Unite (S.U., 27 febbraio 2014, B.H.), intervenuta nelle more della sentenza con cui la Corte costituzionale (Corte cost., 22 gennaio 2015, n. 1) ha poi dichiarato l'illegittimità, per contrasto con l'art. 3 comma 1 Cost., dell'art. 458 c.p.p. e dell'art. 1 comma 1 d.p.R. 22 settembre 1988, n. 448, nella parte in cui prevedono che, nel processo minorile, nel caso di giudizio abbreviato chiesto dall'imputato in seguito a un decreto di giudizio immediato, la composizione dell'organo giudicante sia quella monocratica del giudice per le indagini preliminari e non quella collegiale prevista dall'art. 50-*bis* comma 2 ord. giud. Rinviando per più ampie considerazioni alla sede idonea (v. cap. VI, parte I, § 2), qui è sufficiente sottolineare come tanto le Sezioni Unite quanto la Corte costituzionale si siano mostrate concordi nell'osservare che la composizione collegiale dell'organo giudicante è imposta non dalla sede dove il giudizio abbreviato si innesta, ma dalla tipologia di decisioni nelle quali esso può sfociare, non diverse a seconda che tale giudizio sia disposto nell'udienza preliminare o in seguito alla trasformazione del giudizio immediato.

Rimangono da considerare i risvolti concernenti l'incompatibilità, nei rapporti fra giudice per le indagini preliminari, tribunale per i minorenni in composizione ristretta con funzioni di giudice per l'udienza preliminare e tribunale per i minorenni come giudice dibattimentale. Da questa angolazione, è applicabile nel processo minorile – *mutatis mutandis* – l'art. 34 comma 2-*bis* c.p.p., e quindi il giudice (persona fisica) che nel medesimo procedimento ha esercitato funzioni di giudice per le indagini preliminari non potrà fare parte del collegio specializzato competente per l'udienza preliminare; parimenti, è operativo l'art. 34 comma 2 c.p.p., e pertanto non potrà partecipare al giudizio il giudice (persona fisica) a suo tempo componente del suddetto collegio specializzato che ha emesso il provvedimento conclusivo dell'udienza preliminare.

## 3. Il tribunale per i minorenni e la sezione della corte di appello per i minorenni.

Come già anticipato, nella sua struttura ordinaria (tipica della fase del giudizio) il tribunale per i minorenni è un giudice specializzato a composizione mista paritetica, costituito da un magistrato di corte di appello, che lo presiede, da un magistrato di tribunale e da due esperti, un uomo e una donna, aventi i requisiti richiesti dalla legge, ai quali è conferito il titolo di giudice onorario dello stesso tribunale (art. 50 comma 1 ord. giud., nel testo sostituito dall'art. 5 l. n. 1441 del 1956, ove si aggiunge che possono anche essere nominati due o più supplenti).

Il disposto secondo cui i due esperti devono essere di sesso diverso (art. 2 r.d.l. n. 1404 del 1934, convertito dalla l. n. 835 del 1935, nel testo sostituito dall'art. 4 l. n. 1441 del 1956) è stato oggetto di una questione di legittimità costituzionale fondata sulla premessa che, non essendo più inibito alle donne l'accesso in magistratura, la previsione, oltre che discriminatoria (art. 3 Cost.), sarebbe ormai anacronistica. La Corte costituzionale (Corte cost., 31 maggio 2001, n. 172), pronunciandosi per la manifesta infondatezza, ha innanzitutto osservato che negli interventi normativi posteriori alla l. 9 febbraio 1963, n. 66 (con la quale si è appunto consentito alle donne l'accesso alla magistratura), il legislatore, pur modificando alcune norme dell'ordinamento giudiziario relative al tribunale per i minorenni e alla sezione per i minorenni della corte di appello, ha mantenuto immutata la previsione in oggetto. I giudici delle leggi hanno attribuito specifico risalto all'inserimento dell'art. 50-*bis* ord. giud. (v. *supra*, § 2), perché, prevedendo due giudici onorari di sesso diverso nella composizione del tribunale per i minorenni come giudice dell'udienza preliminare, il legislatore ha mostrato di ritenere fondamentale l'esigenza che, «nelle sue decisioni, il collegio possa sempre avvalersi del peculiare contributo di esperienza e di sensibilità proprie del sesso di appartenenza». Insomma, la *ratio* della disposizione censurata non è divenuta anacronistica ma ha assunto un diverso significato, consistente «nell'assicurare che le decisioni del tribunale per i minorenni siano adottate con apporti di carattere scientifico e, al tempo stesso, con una completa proposizione di prospettive e di analisi», che potrebbe «non verificarsi ove la composizione laica del collegio non fosse obbligatoriamente differenziata».

I requisiti degli esperti sono indicati dall'art. 2 r.d.l. n. 1404 del 1934, in base al quale devono essere «benemeriti dell'assistenza sociale, scelti fra i cultori di biologia, di psichiatria, di antropologia criminale, di pedagogia e di psicologia, che abbiano compiuto il trentesimo anno di età».

Gli esperti sono nominati con decreto del Ministro della giustizia, su conforme deliberazione del Consiglio superiore della magistratura, per un triennio e possono essere confermati (art. 50 comma 2 ord. giud., coordinato con gli artt. 10 comma 1 n. 2 e 17 comma 1 l. 24 marzo 1958, n. 195, e con l'art. 2 comma 1 l. 12 gennaio 1991, n. 13): in sede di interpretazione autentica dell'art. 50 comma 2 ord. giud., si è precisato che non sussistono limitazioni alla possibilità di conferma ivi prevista (art. 1 comma 2-*bis* d.l. n. 193 del 2009, convertito dalla l. n. 24 del 2010). In realtà, la disciplina si completa, nella prassi, attraverso le circolari del Consiglio superiore della magistratura, il cui contenuto viene riversato nei bandi di concorso per la nomina o la conferma dei giudici onorari minorili, a cadenza triennale. Dalle già citate (v. *supra*, § 1) due ultime circolari (n. 19415 del 26 ottobre 2015 e n. 18/VA/2018 dell'11 luglio 2018), relative, rispettivamente, ai criteri per la nomina e conferma e allo *status* dei giudici onorari minorili per il triennio 2017-2019 e per il triennio 2020-2022, emerge che l'organico dei giudici onorari del tribunale per i minorenni è determinato, di regola, in ragione di tre per ogni componente togato (art. 1 comma 1) e che i giudici onorari minorili durano in carica tre anni e possono essere riconfermati nei limiti e con le modalità indicati dall'art. 4 (art. 1 comma 3). L'art. 4 delle suddette circolari fissa i criteri per la conferma, distinguendo tra la conferma successiva al primo triennio, quella posteriore al secondo triennio e quella relativa ai trienni successivi al terzo, anche non consecutivo: mentre nella prima eventualità il giudice onorario può essere confermato sulla base della sola valutazione del periodo di esercizio delle funzioni, indipendentemente dalla comparazione con i nuovi aspiranti, nelle altre la conferma è possibile solo previo giudizio di comparazione con i nuovi aspiranti (nel caso di conferma oltre il terzo triennio sono formulati in modo più analitico i parametri su cui fondare la comparazione, che dovrà essere motivata tenendo conto in via esclusiva delle competenze e dei titoli extragiudiziari, senza alcun riferimento alla professionalità acquisita nell'esercizio delle funzioni onorarie, al fine di evitare sbarramenti precostituiti all'ingresso di nuove figure). L'art. 3 delle predette circolari indica inoltre, come limite massimo di età, il compimento del settantesimo anno (comma 2), con la conseguenza che, per evitare periodi di permanenza nell'incarico inferiori al triennio, non può essere nominato o confermato chi abbia compiuto il sessantasettesimo anno all'inizio del triennio medesimo (comma 3). In proposito va segnalato che la circolare relativa al triennio 2014-2016 prevedeva come limite massimo di età il compimento del settantacinquesimo anno: la modifica intervenuta ha allineato il limite in oggetto a quello attualmente previsto, di regola, per i magistrati professionali.

Con riferimento ai requisiti per la nomina, l'art. 2 delle due richiamate circolari fornisce alcune precisazioni: quanto alla qualifica di «cultore» di una delle materie indicate dall'art. 2 r.d.l. n. 1404 del 1934, non è necessario il possesso del diploma di laurea, che comunque costituisce titolo preferenziale, bastando un titolo di studio rilasciato da istituti pubblici o riconosciuti; si tiene inoltre conto di altri elementi, quali le attestazioni di specifica esperienza lavorativa, i risultati conseguiti sul piano operativo, le pubblicazioni scientifiche di apprezzabile livello e originalità, purché ne emerga l'attualità della condizione di cultore (comma 3). Quanto al criterio, concorrente e pari ordinato, di «benemeriti dell'assistenza sociale», si chiarisce che con il termine «benemerenza» si intende «una particolare sensibilità e attenzione ai problemi dell'infanzia e dell'età evolutiva e una concreta traduzione di tale sensibilità in attività concrete e continuative» (comma 4), mentre con il termine «assistenza sociale» si richiama «ogni attività continuativa, svolta anche a titolo di volontariato, intesa al miglioramento fisico e sociale dei consociati» (comma 5). Infine, si aggiunge (comma 6) che nelle materie dell'assistenza sociale e dell'antropologia criminale, intese in senso lato, rientra la specializzazione in sociologia, che perciò integra requisito per la nomina a giudice onorario del tribunale per i minorenni, se approfondita o praticata in ambito minorile.

Passando al giudizio di appello, l'esigenza di specializzazione è stata tenuta presente, sebbene le relative funzioni non siano attribuite a un organo autonomo, ma, ai sensi dell'art. 58 comma 1 ord. giud. (nel testo sostituito dall'art. 18 d.p.R. n. 449 del 1988), a una sezione della corte di appello. Tale sezione giudica sulle impugnazioni dei provvedimenti emessi dal tribunale per i minorenni e le sono altresì demandate, nei procedimenti a carico di imputati minori, le altre funzioni della corte di appello previste dal codice di rito penale. La sezione giudica con l'intervento di due esperti, un uomo e una donna, aventi i requisiti previsti dalla legge, i quali si aggiungono ai tre magistrati della sezione (art. 58 comma 2 ord. giud., nel testo sostituito dall'art. 2 l. 8 agosto 1977, n. 532), realizzandosi così la prevalenza della componente togata. Agli esperti è conferito il titolo di consigliere onorario della sezione in discorso e nei loro riguardi vale l'ultimo comma dell'art. 50 ord. giud., concernente la nomina, la durata dell'incarico e la conferma (art. 58 comma 3 ord. giud.). Secondo l'art. 1 comma 1 delle più volte citate due ultime circolari del Consiglio superiore della magistratura, l'organico dei giudici onorari delle sezioni per i minorenni della corte di appello è determinato in ragione di due per ogni componente togato (valgono, per il resto, le previsioni già illustrate con riferimento ai giudici onorari del tribunale per i minorenni).

L'intento di perseguire la specializzazione dei componenti togati delle sezioni di corte di appello per i minorenni emerge dall'art. 4 disp. att. min., dove, innanzitutto, si dispone, nel comma 1, che ad esse «sono destinati, per almeno un biennio, magistrati scelti tra i componenti la corte di appello, che abbiano svolto attività presso uffici giudiziari minorili o presso uffici del giudice tutelare o che siano comunque dotati di specifica attitudine, preparazione ed esperienza». Inoltre, ai sensi del comma 2, i magistrati sono destinati «in via esclusiva» alla sezione quando «l'entità degli affari in materia minorile» lo richiede; se, invece, sono destinati anche ad altre sezioni della corte di appello, è previsto, per non disperdere la specializzazione acquisita, che siano loro assegnati «di preferenza affari strettamente connessi con le tematiche familiari e minorili». Si tratta di previsioni certamente apprezzabili, tese a colmare il divario, sul fronte della specializzazione, rispetto ai giudici togati facenti parte del tribunale per i minorenni: tuttavia, le buone intenzioni si scontrano con i problemi di organico che affliggono le corti di appello, puntualmente denunciati nelle annuali Relazioni sull'amministrazione della giustizia in occasione dell'inaugurazione dell'anno giudiziario. A quest'ultimo proposito va però ricordato che con il d.m. 14 settembre 2020 il Ministro della giustizia ha rideterminato le piante organiche degli uffici giudiziari di merito, con un aumento complessivo di 422 magistrati, 129 dei quali suddivisi tra le corti di appello e le rispettive procure generali.

## 4. La magistratura di sorveglianza.

Nella fase di esecuzione, mentre le competenze del giudice dell'esecuzione sono affidate al tribunale per i minorenni (ai sensi dell'art. 665 c.p.p.), le attribuzioni della magistratura di sorveglianza sono suddivise tra il magistrato di sorveglianza presso il tribunale per i minorenni e il tribunale per i minorenni medesimo (art. 79 comma 2 ord. penit. e, per il magistrato di sorveglianza, art. 2 lett. *f*)): in base all'art. 3 comma 2, tali compiti, esercitati nei confronti di coloro che hanno commesso il reato quando erano minori degli anni diciotto, cessano al compimento del venticinquesimo anno di età (v. *amplius* cap. VII, parte II, § 1; sulla competenza per territorio e il *modus procedendi* della magistratura di sorveglianza minorile, dopo l'entrata in vigore del d.lgs. n. 121 del 2018, v. cap. VII, parte II, § 2).

La scelta di attribuire al tribunale per i minorenni le funzioni che nel processo degli adulti sono affidate al tribunale di sorveglianza è correlata alla sua specifica composizione, in quanto la presenza dei due esperti, accanto ai due giudici togati, rende l'organo particolarmente adatto alle valutazioni sulla persona che caratterizzano la fase esecutiva.

Nei riguardi del magistrato di sorveglianza per i minorenni non opera il divieto, fissato nell'art. 68 comma 4 ord. penit., di venire adibito ad altre funzioni giudiziarie (art. 79 comma 3 ord. penit.). Dalla previsione deriva che il magistrato di sorveglianza per i minorenni può avere fatto parte del collegio del tribunale per i minorenni che si è espresso sull'accertamento della responsabilità penale dell'imputato, e poi trovarsi a decidere sulle modalità di esecuzione della pena inflitta, tenendo conto dei risultati trattamentali ottenuti dal condannato, o sull'esecuzione delle misure di sicurezza. La dottrina si è mostrata in gran parte incline a valutare in senso positivo la disciplina, che consente, in via di ipotesi, al predetto magistrato di seguire le varie tappe della vicenda del singolo soggetto, adeguando il tipo di intervento alle evoluzioni della personalità verificatesi nel corso del tempo e realizzando così in modo compiuto il principio di individualizzazione. Tuttavia, la delega al Governo per l'elaborazione dell'ordinamento penitenziario minorile (v. cap. VII, parte II, § 3) prevedeva, al criterio n. 1, la «giurisdizione specializzata e affidata al tribunale per i minorenni, fatte salve le disposizioni riguardanti l'incompatibilità del giudice di sorveglianza che abbia svolto funzioni giudicanti nella fase di cognizione» (art. 1 comma 85 lett. *p* l. n. 103 del 2017). Tale criterio non è però stato attuato dal d.lgs. n. 121 del 2018 (sul provvedimento v. cap. VII, parte II, § 4).

## 5. La capacità del giudice collegiale minorile.

L'esigenza di specializzazione connaturata alla composizione mista del tribunale per i minorenni come giudice dell'udienza preliminare e come giudice dibattimentale si inscrive in coordinate costituzionali: da un lato, la tutela del minore (art. 31 comma 2 Cost.), dall'altro la partecipazione di cittadini idonei estranei alla magistratura a organi giudiziari specializzati e la partecipazione del popolo all'amministrazione della giustizia (art. 102 commi 2 e 3 Cost.). In quest'ottica (ma discorso analogo può condursi con riguardo alla sezione di corte di appello per i minorenni, anch'essa a composizione promiscua), diventa imprescindibile stabilire quali conseguenze annettere alla composizione del collegio non conforme ai requisiti richiesti dalla legge per i membri togati e laici. In altre parole, vanno esaminate le ricadute sulla capacità del giudice collegiale minorile.

La norma di primario riferimento è offerta dall'art. 33 c.p.p., dove, dopo aver premesso che le condizioni di capacità del giudice sono stabilite dalle leggi di ordinamento giudiziario (comma 1), si precisa che non si considerano attinenti alla capacità «le disposizioni sulla destinazione del giudice agli uffici giudiziari e alle sezioni, sulla formazione dei collegi e sulla assegnazione dei processi a collegi, sezioni e giudici» (comma 2). Focalizzando lo sguardo sulle disposizioni relative alla «formazione dei collegi», la conseguenza della loro estromissione dalle condizioni di capacità del giudice è dirompente: infatti, mentre l'inosservanza di queste ultime dà luogo a una nullità generale di tipo assoluto (artt. 178 comma 1 lett. *a* e 179 comma 1 c.p.p.), l'inosservanza delle prime produce una mera irregolarità, alla luce del principio di tassatività delle nullità (art. 177 c.p.p.).

Accettare la conclusione che la composizione del tribunale per i minorenni non conforme ai requisiti di legge produca una mera irregolarità significa con evidenza frustrare quella specializzazione dell'organo che riposa su fondamenti costituzionali. Si è allora suggerito di operare un *distinguo* tra il vizio nella formazione del collegio, concernente il profilo amministrativo della costituzione del collegio stesso, e il vizio nella sua composizione, che, a costituzione avvenuta, attiene alla non sussistenza, nei singoli componenti e nell'organismo da essi composto, di tutti i requisiti richiesti dalla legge. Su questa base, il vizio nella composizione del giudice collegiale minorile, in rapporto a quanto previsto negli artt. 50 comma 1 e 50-*bis* comma 2 ord. giud., configura l'inosservanza delle condizioni di capacità del giudice, determinando una nullità assoluta.

In questo modo, come si è osservato in dottrina, si rende pregnante il raccordo tra la composizione mista e specializzata del giudice collegiale minorile e il concetto di naturalità menzionato dall'art. 25 comma 1 Cost., secondo cui «nessuno può essere distolto dal giudice naturale precostituito per legge»: sull'assunto che naturalità e precostituzione vadano intese come nozioni distinte (contrariamente a quanto ritiene la Corte costituzionale, che le considera una sorta di endiadi, ponendo l'accento sulla precostituzione, e dunque di fatto cancellando la naturalità), il giudice naturale andrebbe individuato come il giudice (precostituito per legge) la cui competenza è caratterizzata da una specifica formazione professionale. Per quanto interessa in questa sede, dunque, il giudice collegiale minorile, data la sua peculiare composizione, è quello più idoneo a giudicare la personalità in via di evoluzione dell'imputato minorenne: pertanto, un collegio, la cui composizione fosse viziata dalla mancanza dei requisiti richiesti dalla legge, perderebbe il crisma della naturalità.

## 6. La competenza funzionale del tribunale per i minorenni.

La specializzazione del tribunale per i minorenni fonda la sua competenza di tipo funzionale. Nel sistema minorile non si riproducono, infatti, le suddivisioni relative alla competenza per materia presenti nel codice di rito penale, che vede tale competenza ripartita fra la corte di assise, il tribunale (con diverse attribuzioni, a seconda della sua composizione monocratica o collegiale) e il giudice di pace, sulla base del criterio quantitativo (riferito alla pena stabilita dalla legge per ciascun reato consumato o tentato, secondo le regole dettate dall'art. 4 c.p.p.) o qualitativo, cioè afferente a particolari tipologie di reato.

La competenza funzionale del tribunale per i minorenni si regge invece sul criterio dell'età, conoscendo l'organo in parola di tutti i reati commessi dai minori degli anni diciotto (art. 3 comma 1): pertanto, come si vedrà (v. *infra*, parte II, § 1), si rende indispensabile procedere all'accertamento sull'età quando vi è incertezza al riguardo. A fronte del suddetto criterio, non rilevano, quindi, né la gravità o la specifica tipologia di illecito, né l'età del supposto autore al momento dello svolgimento del processo, potendo quest'ultimo incardinarsi nei riguardi di un imputato ormai divenuto maggiorenne. In altre parole, si è chiarito in dottrina, ci troviamo dinnanzi a una competenza esclusiva e inderogabile, premessa dalla quale derivano varie conseguenze.

Innanzitutto, il tribunale per i minorenni conosce anche dei reati che nel processo degli adulti sono di competenza del giudice di pace (art. 4 commi 1 e 2 d.lgs. 28 agosto 2000, n. 274), se commessi da minori degli anni diciotto (v. art. 4 comma 4 d.lgs. n. 274 del 2000, secondo cui «rimane ferma la competenza del tribunale per i minorenni», riconosciuta dunque come funzionalmente originaria). Il che comporta, ai sensi dell'art. 63 comma 1 prima parte d.lgs. n. 274 del 2000, che il tribunale per i minorenni applicherà le più miti sanzioni previste nel procedimento davanti al giudice di pace (v. cap. V, parte II, § 4), tra le quali la permanenza domiciliare e il lavoro di pubblica utilità (artt. 53 e 54 d.lgs. n. 274 del 2000). A proposito di queste due sanzioni si è posto il quesito se il tribunale per i minorenni sia competente a conoscere del delitto di violazione degli obblighi ad esse inerenti (art. 56 d.lgs. n. 274 del 2000), che l'art. 57 d.lgs. n. 274 del 2000 attribuisce alla competenza del tribunale in composizione monocratica. La risposta affermativa, che conduce a includere pure il delitto *de quo* (se commesso da minori degli anni diciotto) nella competenza funzionale dell'organo minorile, trova supporto nella *ratio* che ha condotto il legislatore a non affidarne la competenza per materia al giudice di pace. Trattandosi di un delitto, punito con la reclusione fino a un anno (art. 56 comma 1 d.lgs. n. 274 del 2000), si è reputato necessario l'intervento di un giudice togato, visto che il giudice di pace, come giudice non professionale, gestisce un apparato di sanzioni non comprendente la pena detentiva. E allora, in virtù della composizione mista e specializzata del tribunale per i minorenni, si è concluso che la sua competenza funzionale *ratione aetatis* prevalga su quella del giudice monocratico, valendo anche per il delitto in questione.

Il carattere inderogabile della competenza funzionale non viene meno neppure nelle ipotesi di connessione, secondo la disciplina contemplata nell'art. 14 c.p.p.: le esigenze sottese al c.d. *simultaneus processus* sono state valutate come recessive di fronte all'esigenza di specializzazione e di individualizzazione del processo a carico di minorenni. La connessione non opera fra procedimenti relativi a imputati minorenni al momento del fatto e procedimenti relativi a imputati maggiorenni (comma 1) e neppure nel caso di connessione soggettiva fra procedimenti per reati commessi dallo stesso imputato quando era ancora minorenne e dopo avere raggiunto la maggiore età (comma 2). L'inoperatività della connessione comporta la separazione dei procedimenti nei confronti dei minorenni, che ricadono sotto la competenza funzionale dell'organo specializzato.

Qualche rilievo va esposto per l'ipotesi di reato continuato, ricompresa tra i casi di connessione (art. 12 comma 1 lett. *b* c.p.p.), allorché lo stesso soggetto, imputato di più reati commessi con più azioni od omissioni esecutive di un medesimo disegno criminoso, abbia posto in essere alcuni episodi da minorenne e altri da maggiorenne. Applicando la regola stabilita nell'art. 14 comma 2 c.p.p., il tribunale per i minorenni sarà competente per gli episodi criminosi commessi dall'imputato ancora minorenne, mentre il giudice ordinario conoscerà degli episodi successivi al compimento della maggiore età, secondo le regole che governano la competenza per materia, distribuita fra corte di assise, tribunale (in composizione monocratica o collegiale) e giudice di pace. Nei primi anni di vigenza del codice di procedura penale del 1988, la scissione delle competenze in questa particolare evenienza è stata portata davanti alla Corte costituzionale, prospettandosi il contrasto con il principio di eguaglianza e di ragionevolezza e la violazione del diritto di difesa: muovendo dalla premessa che il disegno criminoso da cui sono avvinti i vari episodi si è radicato quando il soggetto era minorenne, si è sostenuto che il frazionamento dei giudizi impedisce una valutazione unitaria del reato continuato e quindi depotenzia la tutela, sostanziale e processuale, insita nel procedimento minorile. Ma la Corte costituzionale (Corte cost., 20 febbraio 1995, n. 52) ha dichiarato infondata la questione: da una parte, ha riconosciuto come costituzionalmente corretta la regola generale della divisione di competenze fra tribunale per i minorenni e giudice ordinario sulla base della età del soggetto al momento della commissione del reato, dovendo presumersi che egli, allorché realizza ciascun fatto di reato, «versi in una dimensione psicologica che è quella propria dello *status* (minorenne o maggiorenne) che la legge, *ratione aetatis*, gli riconosce»; dall'altra, ha sottolineato che, con riferimento alla *fictio iuris* costituita dal reato continuato, «ogni fatto facente parte del disegno criminoso deve essere assistito dal momento volitivo, che si pone autonomamente, di volta in volta, nella realizzazione concreta dei singoli episodi».

Se la problematica relativa al reato continuato trova già una soluzione legislativamente predeterminata, non accade lo stesso per il reato abituale e per il reato permanente, rispetto ai quali, come è ben possibile, la condotta venga posta in essere dal medesimo soggetto nel periodo sia anteriore sia posteriore al compimento del diciottesimo anno di età. Vengono in aiuto al proposito gli orientamenti giurisprudenziali, che hanno adottato soluzioni calibrate sulla natura giuridica del reato.

Nel caso di reato abituale, caratterizzato da condotte analoghe ma distinte fra loro, si è optato, in epoca risalente, per la possibile frammentazione, con la conseguente suddivisione di competenze, *ratione aetatis*, fra il tribunale per i minorenni e il giudice ordinario. In tempi più vicini, tuttavia, il delitto di atti persecutori (art. 612-*bis* c.p.), qualificato come reato abituale (perché contraddistinto da una serie di condotte che, isolatamente considerate, potrebbero anche non costituire reato, ma che rinvengono la *ratio* dell'antigiuridicità nella loro reiterazione e nella persistenza dell'elemento intenzionale), è stato ritenuto inscindibile dalla corte di cassazione, che ne ha attribuito la competenza al tribunale ordinario.

Per il reato permanente, la struttura della fattispecie legale esige che la condotta o l'evento si protraggano nel tempo: l'unitarietà del fatto ne impedisce la considerazione frazionata, e se la permanenza, iniziata quando l'imputato era minorenne, cessa quando egli è ormai diventato maggiorenne, la competenza spetterà al giudice ordinario. A supporto della soluzione accolta dalla giurisprudenza, e avallata dalla dottrina penalistica, milita altresì la constatazione che il reato permanente si consuma allorché cessa la volontaria condotta antigiuridica del soggetto agente e che al momento della consumazione si ricollega la competenza per materia. Non va sottaciuto che il codice di rito penale adotta un criterio diverso per determinare la competenza per territorio, attribuita, con riguardo al reato permanente, al giudice del luogo in cui ha avuto inizio la consumazione, anche se dal fatto è derivata la morte di una o più persone (art. 8 comma 3 c.p.p.): l'opzione è apparsa non influente ai nostri fini, perché il legislatore, lungi dal basarsi sulla natura giuridica del reato permanente, ha riconosciuto rilievo all'allarme sociale destato nel luogo ove la consumazione è iniziata (luogo che è, del resto, teatro delle primissime indagini), ma, soprattutto, ha inteso evitare che, radicando la competenza territoriale nel luogo di cessazione della permanenza, il soggetto agente potesse in sostanza scegliere il giudice competente, in patente contrasto con il principio fissato nell'art. 25 comma 1 Cost.

## 7. La competenza per territorio.

Ai sensi dell'art. 49 comma 2 ord. giud., il tribunale per i minorenni ha giurisdizione su tutto il territorio della corte di appello o della sezione distaccata di corte di appello (nelle cui sedi è costituito), nei limiti di competenza determinati dalla legge. Sul territorio nazionale sono dunque costituiti ventinove tribunali per i minorenni, in rapporto alle ventisei sedi di corte di appello e alle tre sedi di sezione distaccata (Sassari, Taranto e Bolzano).

Con riguardo alla competenza per territorio, nel procedimento davanti al tribunale per i minorenni valgono le disposizioni del codice di rito penale, ivi comprese quelle che disciplinano la competenza territoriale derivante da connessione, laddove più tribunali per i minorenni procedano per reati, avvinti da connessione *ex* art. 12 c.p.p., commessi da minori degli anni diciotto in luoghi diversi del Paese. Possono, infatti, verificarsi situazioni di connessione plurisoggettiva (reato commesso da più minorenni in concorso o cooperazione: art. 12 comma 1 lett. *a* c.p.p.), monosoggettiva (un unico minorenne è imputato di più reati commessi con una sola azione od omissione ovvero con più azioni od omissioni esecutive di un medesimo disegno criminoso: art. 12 comma 1 lett. *b* c.p.p.) e oggettiva (se dei reati per cui si procede gli uni sono stati commessi per eseguire o per occultare gli altri, a norma dell'art. 12 comma 1 lett. *c* c.p.p.: si tratta, da un punto di vista soggettivo, di una situazione mista, perché autori dei reati legati dal nesso teleologico possono essere sia più minorenni sia un solo minorenne. Una conferma in tal senso deriva ora dalle Sezioni Unite [S.U., 26 ottobre 2017, confl. in c. Patroni Griffi e altri], secondo le quali, ferma restando «la necessità di individuare un effettivo legame finalistico fra i reati, non è richiesta l'identità degli autori ai fini della configurabilità della connessione teleologica» in discorso). I criteri per individuare il tribunale per i minorenni territorialmente competente per connessione sono quelli dettati dall'art. 16 comma 1 c.p.p.: *in primis*, sarà dunque competente il tribunale per i minorenni nel cui ambito territoriale è stato commesso il reato più grave; in secondo luogo, nell'ipotesi di pari gravità dei reati, il tribunale per i minorenni nel cui territorio è stato commesso il primo reato.

Come si sa, il confluire dei procedimenti connessi davanti al giudice competente per connessione – per quanto qui interessa innanzi al tribunale per i minorenni territorialmente competente a norma dell'art. 16 c.p.p. – nel rito degli adulti non comporta di per sé che tali procedimenti vengano trattati in modo cumulativo: l'art. 17 comma 1 c.p.p. (nel testo modificato dall'art. 1 comma 2 l. 1° marzo 2001, n. 63) stabilisce infatti che la riunione di processi, pendenti nello stesso stato e grado davanti al medesimo giudice, può essere disposta quando non determini un ritardo nella loro definizione. Ci si è domandati, a questo proposito, se la normativa in tema di riunione, trasmigrando dal processo per gli adulti a quello per i minori (dato che non sussistono previsioni *ad hoc* nel *corpus* minorile), non si ponga in conflitto con una regola implicitamente ricavabile da quest'ultimo sistema, tanto da rendere inoperante il principio di sussidiarietà (art. 1 comma 1 primo periodo). Se, di primo acchito, si sarebbe portati a concludere che il *simultaneus processus* rappresenti l'opzione preferibile, permettendo una valutazione unitaria della personalità del minore, da una considerazione più approfondita emerge che il *favor separationis* comporta anche nel processo minorile ricadute positive, concretandosi nella riduzione dei tempi, nell'incremento delle opportunità difensive e, in ultima analisi, nella più rapida fuoriuscita dal processo, in armonia con il principio di minima offensività. D'altra parte, quanto meno per la connessione monosoggettiva *ex* art. 12 comma 1 lett. *b* c.p.p., non va dimenticato che in fase esecutiva, ai sensi dell'art. 671 c.p.p., è possibile applicare la disciplina del concorso formale e del reato continuato.

In ogni caso, una volta assodato che la disciplina della riunione dettata dall'art. 17 c.p.p. si applica nel processo minorile, opera il principio di adeguatezza dettato dello stesso art. 1 comma 1 secondo periodo: a parere della dottrina, il tribunale per i minorenni, attraverso una interpretazione flessibile, potrebbe decidere, caso per caso, se dare prevalenza alla durata ragionevole dei processi connessi, non disponendone la riunione, o alla esigenza di approfondire la personalità del minore, trattandoli unitariamente.

Alla tematica della competenza territoriale attiene altresì il possibile rapporto fra il tribunale per i minorenni, nella cui circoscrizione sia stato promosso il procedimento penale, e l'omologo tribunale, nella cui circoscrizione il minore abitualmente dimora, titolare del potere di iniziativa per i provvedimenti civili a tutela del minore medesimo. Incardinandosi la competenza territoriale penale nel luogo in cui il reato è stato consumato, qualora la consumazione non sia avvenuta nella circoscrizione del tribunale di abituale dimora, la concreta divaricazione di competenze rende necessario un collegamento, di cui si occupa l'art. 4, stabilendo che, appunto al fine dell'eventuale esercizio del potere di iniziativa per i provvedimenti civili di competenza del tribunale per i minorenni, l'autorità giudiziaria informa il procuratore della Repubblica presso il tribunale minorile nella cui circoscrizione il minore ha la sua dimora abituale dell'inizio e dell'esito del procedimento penale promosso in altra circoscrizione.

Il generico richiamo alla «autorità giudiziaria» consente di ricomprendere nella locuzione i magistrati minorili, cioè sia il giudice sia il pubblico ministero.

In ordine al contenuto dell'informativa, esso concerne, da un lato, l'inizio e, dall'altro, l'esito del procedimento penale: sul primo versante, l'«inizio» del procedimento viene collegato all'iscrizione della notizia di reato nell'apposito registro (art. 335 c.p.p.) e in tal caso il soggetto attivo dell'informativa è il pubblico ministero titolare delle indagini preliminari. Sul secondo versante, l'«esito» viene identificato dalla dottrina non con la sentenza irrevocabile bensì con il provvedimento conclusivo di una fase o di un grado del procedimento: soluzione condivisibile guardando all'obiettivo che connota l'informativa, di fatto irrealizzabile se si dovesse attendere la pronuncia conclusiva che definisce il procedimento penale.

Poiché l'art. 4, con il duplice riferimento all'inizio e all'esito del procedimento penale, estromette elementi importanti, come gli accertamenti sulla personalità del minorenne *ex* art. 9 (v. *infra*, parte II, § 2) e le relazioni dei servizi sociali (v. *infra*, § 11), in dottrina taluno ha suggerito che i suddetti elementi vengano comunque comunicati, in modo da facilitare il rapporto di collaborazione fra le autorità giudiziarie coinvolte (evitando sovrapposizioni di provvedimenti penali e civili) e da risparmiare al minore duplicazioni di indagini sulla sua personalità. Sicuramente l'informativa potrà riferirsi ai provvedimenti civili di carattere temporaneo adottati dal tribunale per i minorenni ai sensi dell'art. 32 comma 4 (richiamato dall'art. 33 comma 4 e utilizzabile pure per attuare il progetto di intervento educativo nel caso di applicazione di una misura penale di comunità, ai sensi dell'art. 3 comma 3 d.lgs. n. 121 del 2018): essi, infatti, cessano di avere effetto entro trenta giorni dalla loro emissione, ma la perdita di efficacia potrebbe verificarsi anche prima, se il tribunale per i minorenni del luogo di abituale dimora adottasse propri provvedimenti civili.

Dato che la lettera dell'art. 4 si riferisce al «procedimento penale promosso in altra circoscrizione territoriale», senza esprimersi sul ruolo che il minorenne vi riveste, ci si è domandati se la norma abbia riguardo, oltre che all'imputato minore – primo e naturale destinatario della tutela – pure alla persona offesa minorenne, la quale potrebbe necessitare di provvedimenti civili a fini di protezione. Una simile interpretazione avrebbe senso se la si intendesse ristretta alla persona offesa minorenne nell'ambito del processo penale minorile: peraltro, come si è osservato in dottrina, il generico richiamo contenuto nell'art. 4 alla «autorità giudiziaria» condurrebbe a ritenere che altresì il pubblico ministero o il giudice del processo penale degli adulti, ove la vittima fosse minore, dovrebbero effettuare l'informativa. In questo modo, però, si finirebbe con il conferire alla norma una portata che esorbiterebbe dal processo minorile: proprio questa conseguenza ha condotto la dottrina a limitarne l'operatività all'imputato minorenne, collegando l'informativa alla commissione del reato letta quale sintomo di un possibile disagio innescato da condizioni familiari difficili.

D'altro canto, la predetta soluzione appare avvalorata dal constatare che il legislatore si è occupato nel codice penale della comunicazione al tribunale per i minorenni nel caso in cui si proceda per determinati delitti commessi in danno di un minore: viene in gioco l'art. 609-*decies* c.p., inserito dalla l. 15 febbraio 1996, n. 66, recante norme contro la violenza sessuale, e poi oggetto di stratificazioni successive, che, oltre ad ampliare le tipologie di delitti ivi richiamati, hanno precisato ulteriori obiettivi della comunicazione e implementato le modalità per assicurare l'assistenza affettiva e psicologica all'offeso minorenne (su quest'ultimo aspetto v. art. 609-*decies* comma 3 c.p.). Nella sua versione odierna, più in particolare, l'art. 609-*decies* comma 1 c.p. prevede che, quando si procede per i delitti tassativamente indicati, se commessi in danno di un minorenne, il procuratore della Repubblica ne dà notizia al tribunale per i minorenni. Qualora la comunicazione *de qua* riguardi taluno dei delitti previsti dagli artt. 572, 609-*ter* e 612-*bis* c.p. (maltrattamenti contro familiari e conviventi, violenza sessuale aggravata, atti persecutori), commessi in danno di un minorenne o da uno dei genitori di un minorenne in danno dell'altro genitore, essa si considera effettuata anche ai fini dell'adozione dei provvedimenti di cui agli artt. 155 ss., 330 e 333 c.c. (art. 609-*decies* comma 2 c.p.).

## 8. Il pubblico ministero.

L'art. 70 comma 1 ord. giud. stabilisce – per quanto interessa in questa sede – che le funzioni del pubblico ministero sono esercitate dai procuratori della Repubblica presso i tribunali per i minorenni, istituzionalizzando stabilmente tali uffici di procura operanti durante le indagini preliminari e nei procedimenti di primo grado (v. già art. 4 comma 1 r.d.l. n. 1404 del 1934, dove si parla di «un ufficio autonomo del pubblico ministero» istituito presso il tribunale per i minorenni); a sua volta, l'art. 2 lett. *a* elenca il procuratore della Repubblica presso il tribunale per i minorenni fra gli organi giudiziari minorili. Il procuratore generale presso la corte di appello (art. 2 lett. *d*) esercita invece in modo promiscuo le sue funzioni, con riguardo sia ai procedimenti ordinari, per i quali è competente la corte di appello, sia ai procedimenti minorili assegnati alla sezione di corte di appello per i minorenni.

Al procuratore della Repubblica presso il tribunale per minorenni sono trasmessi i rapporti (*rectius*: le comunicazioni delle notizie di reato), i referti, le denunce, le querele, le istanze e le richieste concernenti i reati commessi dai minori degli anni diciotto nel territorio della corte di appello o della sezione distaccata in cui il tribunale medesimo è istituito (art. 4 comma 2 r.d.l. n. 1404 del 1934).

Considerando che il pubblico ministero è il primo organo giudiziario che viene a contatto con il minorenne, il principio informatore della specializzazione vale pure nei suoi confronti: da questo punto di vista, i magistrati del pubblico ministero presso i tribunali minorili rientrano negli obiettivi di formazione e di aggiornamento esplicitati nel già illustrato art. 5 disp. att. min. (v. *supra*, § 1).

D'altronde, l'esigenza di specializzazione del pubblico ministero si spiega perché gli sono affidati, al pari del giudice, gli accertamenti sulla personalità del minorenne (art. 9); la scelta di come contemperare l'assistenza affettiva e psicologica, che va assicurata all'imputato minore (art. 12 commi 1 e 2), con la possibilità di procedere al compimento di atti per i quali è richiesta la partecipazione di quest'ultimo senza l'assistenza predetta, se ricorrono le condizioni previste dall'art. 12 comma 3 (v. *infra*, parte II, § 4); la decisione sui luoghi dove far condurre il minorenne arrestato o fermato (art. 18 comma 2). Inoltre, la valutazione del grave pregiudizio alle esigenze educative del minore deve guidare il pubblico ministero nel momento della scelta del giudizio direttissimo o del giudizio immediato (art. 25 comma 2-*ter*: v. cap. VI, parte I, § 3 e 4); infine, durante le indagini preliminari, se risulta la tenuità del fatto e l'occasionalità del comportamento, il pubblico ministero chiede al giudice sentenza di non luogo a procedere per irrilevanza del fatto quando l'ulteriore corso del procedimento pregiudica le esigenze educative del minore (art. 27 comma 1; sull'effettiva consistenza di tale presupposto v. cap. VI, parte II, § 5). Ai sensi dell'art. 8 comma 1 quarto periodo d.lgs. n. 121 del 2018, il pubblico ministero può proporre al tribunale di sorveglianza l'adozione di una misura penale di comunità (v. cap. VII, parte II, § 5).

A norma dell'art. 6, anche il pubblico ministero si avvale in ogni stato e grado dei servizi minorili dell'amministrazione della giustizia e dei servizi di assistenza istituiti dagli enti locali.

## 9. Ulteriori competenze della magistratura minorile.

Le caratteristiche di specializzazione della magistratura minorile spiegano l'espansione delle sue competenze al di fuori del processo minorile di cognizione.

Un primo esempio è costituito dall'art. 6 l. 13 dicembre 1989, n. 401 (*Interventi nel settore del giuoco e delle scommesse clandestini e tutela della correttezza nello svolgimento di manifestazioni sportive*): il divieto di accesso ai luoghi dove si svolgono manifestazioni sportive (art. 6 comma 1 l. n. 401 del 1989, come sostituito dall'art. 13 comma 1 lett. *a* n. 1 d.l. 14 giugno 2019, n. 53, recante *Disposizioni urgenti in materia di ordine e sicurezza pubblica*, convertito dalla l. 8 agosto 2019, n. 77) «può essere disposto anche nei confronti di soggetti minori di diciotto anni, che abbiano compiuto il quattordicesimo anno di età», con provvedimento notificato a coloro che esercitano la potestà genitoriale (art. 6 comma 1-*bis* l. n. 401 del 1989, inserito dall'art. 2 comma 1 lett. *a-bis* d.l. 8

febbraio 2007, n. 8, convertito dalla l. 4 aprile 2007, n. 41). Nel caso di divieto di accesso, il questore può prescrivere al destinatario la prescrizione di comparire personalmente nell'ufficio o comando di polizia competente (art. 6 comma 2 l. n. 401 del 1989): trattandosi di minore, la prescrizione è immediatamente comunicata al procuratore della Repubblica presso il tribunale per i minorenni, competente con riferimento al luogo in cui ha sede l'ufficio di questura, il quale, se ritiene che sussistano i presupposti del divieto di accesso, entro quarantotto ore dalla notifica del provvedimento ne chiede la convalida al giudice per le indagini preliminari (art. 6 comma 3 l. n. 401 del 1989, nel testo sostituito dall'art. 1 comma 1 lett. *c* d.l. 20 agosto 2001, n. 336, convertito dalla l. 19 ottobre 2001, n. 377).

Le disposizioni di cui all'art. 6 comma 3 l. n. 401 del 1989 si applicano, in quanto compatibili, al divieto di accesso a determinate aree urbane previsto dall'art. 10 comma 2 d.l. 20 febbraio 2017, n. 14, convertito dalla l. 18 aprile 2017, n. 48 (v. art. 10 comma 4); al divieto di accesso a determinati locali pubblici o aperti al pubblico e a pubblici esercizi (ovvero di stazionamento nelle loro immediate vicinanze) contemplato dall'art. 13 comma 1 d.l. n. 14 del 2017, convertito dalla l. n. 48 del 2017 (nel testo sostituito dall'art. 11 comma 1 lett. *a* n. 1 d.l. 21 ottobre 2020, n. 130, convertito dalla l. 18 dicembre 2020, n. 173: v. art. 13 commi 4 e 5); al divieto di accesso a esercizi pubblici o a locali di pubblico trattenimento disciplinato dall'art. 13-*bis* comma 1 d.l. n. 14 del 2017, convertito dalla l. n. 48 del 2017 (nel testo sostituito dall'art. 11 comma 1 lett. *b* n. 1 d.l. n. 130 del 2020, convertito dalla l. n. 173 del 2020) e al divieto di accesso ai pubblici esercizi o ai locali di pubblico trattenimento presenti nell'intera provincia (art. 13-*bis* comma 1-*bis* d.l. n. 14 del 2017, convertito dalla l. n. 48 del 2017, inserito dall'art. 11 comma 1 lett. *b* n. 1 d.l. n. 130 del 2020, convertito dalla l. n. 173 del 2020), entrambi applicabili, ai sensi dell'art. 13-*bis* comma 3 (come modificato dall'art. 11 comma 1 lett. *b* n. 3 d.l. n. 130 del 2020, convertito dalla l. n. 173 del 2020), anche nei confronti di soggetti minori di diciotto anni che hanno compiuto il quattordicesimo anno di età, con provvedimento notificato agli esercenti la responsabilità genitoriale.

Un altro esempio, che coinvolge il tribunale per i minorenni, è offerto dall'art. 31 d.lgs. 25 luglio 1998, n. 286 (*Testo unico concernente la disciplina dell'immigrazione e norme sulla condizione dello straniero*), che detta «disposizioni in favore dei minori»: in particolare, il quarto comma di tale norma (nel testo modificato dall'art. 3 comma 1 lett. *b* l. 7 aprile 2017, n. 47, recante *Disposizioni in materia di misure di protezione dei minori stranieri non accompagnati*) prevede che il provvedimento di espulsione di un minore straniero è adottato, «a condizione comunque che il provvedimento stesso non comporti un rischio di danni gravi per il minore», su richiesta del questore, dal tribunale per i minorenni, che «decide tempestivamente e comunque non oltre trenta giorni». A sua volta, l'art.

8 comma 1 l. n. 47 del 2017 affida al tribunale per i minorenni competente l'adozione del provvedimento di rimpatrio assistito e volontario di un minore straniero non accompagnato, ove il ricongiungimento con i suoi familiari nel Paese di origine o in un Paese terzo corrisponda al superiore interesse del minore: il tribunale decide sentiti il minore e il tutore e considerati i risultati delle indagini familiari nel Paese di origine o in un Paese terzo e la relazione dei servizi sociali competenti circa la situazione del minore in Italia. Egualmente, il provvedimento di rimpatrio del minore straniero non accompagnato previsto dall'art. 33 comma 2-*bis* d.lgs. n. 286 del 1998 (nel testo modificato dall'art. 8 comma 2 lett. *a* l. n. 47 del 2017) è ora adottato dal tribunale per i minorenni competente.

Infine, il d.lgs. 18 agosto 2015, n. 142 (*Attuazione della direttiva 2013/33/UE recante norme relative all'accoglienza dei richiedenti protezione internazionale, nonché della direttiva 2013/32/UE, recante procedure comuni ai fini del riconoscimento e della revoca dello* status *di protezione internazionale*) prevede che, in caso di misure di accoglienza predisposte per un minore non accompagnato, l'autorità di pubblica sicurezza dia immediata comunicazione della presenza di tale minore al procuratore della Repubblica presso il tribunale per i minorenni e al suddetto tribunale per la ratifica delle misure (art. 19 comma 5 d.lgs. n. 142 del 2015).

Quanto poi all'espansione di competenze della sezione della corte di appello per i minorenni, va ricordato che la Corte costituzionale (Corte cost., 29 luglio 2008, n. 310), nel dichiarare non fondata la questione di legittimità degli artt. 701 e 704 c.p.p. sollevata, per contrasto con gli artt. 2, 3, 25, 27 e 32 Cost., nella parte in cui attribuiscono alla corte di appello, e non alla sezione di corte di appello per i minorenni, la competenza a decidere sull'estradizione di soggetti minorenni all'epoca dei fatti per i quali l'estradizione è richiesta, ha affermato che le norme censurate vanno interpretate nel senso che, se il relativo procedimento riguarda un minore, la competenza a decidere è devoluta alla sezione. Secondo la Corte, infatti, l'art. 58 ord. giud. (v. *supra*, § 3), attribuendo alla sezione per i minorenni «tutte le competenze di secondo grado nei procedimenti a carico di minorenni», ha inteso ribadire «la preminenza, nell'ambito del procedimento penale, dell'interesse del minore, il quale trova adeguata tutela proprio nella particolare composizione del giudice specializzato». A dire il vero, il procedimento di estradizione passiva non può essere propriamente considerato un procedimento «a carico» di minorenni: tuttavia, l'interpretazione estensiva fatta propria dai giudici delle leggi adatta la competenza per il procedimento estradizionale (e discorso analogo può venire condotto per la procedura passiva di consegna in relazione al mandato di arresto europeo: art. 17 l. 22 aprile 2005, n. 69, nel testo modificato dall'art. 13 d.lgs. 2 febbraio 2021, n. 10) alle esigenze del minore estradando, in armonia con l'art. 31 comma 2 Cost. e con i principi sovranazionali posti a tutela del minore.

## 10. La polizia giudiziaria e le sezioni specializzate.

L'art. 5, dedicato alle sezioni di polizia giudiziaria per i minorenni, stabilisce che in ciascuna procura della Repubblica presso i tribunali minorili è istituita una sezione specializzata di polizia giudiziaria, alla quale è assegnato personale dotato di specifiche attitudini e preparazione. Il principio di specializzazione ivi enunciato va letto unitamente alle disposizioni dell'art. 6 commi 2 e 3 disp. att. min.: per un verso, ai fini dell'assegnazione alle sezioni specializzate, si tiene conto «dell'attitudine, dei titoli di studio, dei titoli di specializzazione in materia minorile e di eventuali esperienze specifiche»; per altro verso, le amministrazioni di appartenenza, d'intesa con il Ministero della giustizia, «curano, anche congiuntamente, la formazione e l'aggiornamento» del personale addetto alle sezioni specializzate in parola.

Alle sezioni specializzate minorili si applicano le disposizioni del codice di procedura penale e le relative disposizioni di attuazione previste per le sezioni ordinarie di polizia giudiziaria (artt. 5-11 disp. att. c.p.p.: v. art. 6 comma 1 disp. att. min.): in particolare, ne consegue che pure le sezioni di polizia giudiziaria per i minorenni dipendono dai magistrati che dirigono gli uffici presso i quali sono istituite (art. 59 comma 1 c.p.p.) e che gli appartenenti ad esse non possono essere distolti dall'attività di polizia giudiziaria se non per disposizione del magistrato da cui dipendono (art. 59 comma 3 secondo periodo c.p.p.). Dunque, anche nelle sezioni specializzate minorili si realizza la massima dipendenza funzionale dall'autorità giudiziaria e l'attività degli appartenenti a tali sezioni si svolge alla dipendenza e sotto la direzione della suddetta autorità: pertanto, ogni procura della Repubblica minorile dispone della rispettiva sezione specializzata, che peraltro svolge i propri compiti altresì in rapporto al tribunale per i minorenni.

Quanto al legame gerarchico con le amministrazioni di appartenenza, sono note le critiche suscitate dall'art. 18 comma 5 d.lgs. 19 agosto 2016, n. 177 (*Disposizioni in materia di razionalizzazione delle funzioni di polizia e assorbimento del Corpo forestale dello Stato, ai sensi dell'art. 8 comma 1 lett.* a *l. 7 agosto 2015, n. 124, in materia di riorganizzazione delle amministrazioni pubbliche*), laddove prevedeva che, per «rafforzare gli interventi di razionalizzazione volti ad evitare duplicazioni e sovrapposizioni, anche mediante un efficace e omogeneo coordinamento informativo», il capo della polizia-direttore generale della pubblica sicurezza e i vertici delle altre Forze di polizia «adottano apposite istruzioni attraverso cui i responsabili di ciascun presidio di polizia interessato trasmettono alla propria scala gerarchica le notizie relative all'inoltro delle informative di reato all'autorità giudiziaria, indipendentemente dagli obblighi prescritti dalle norme del codice di procedura penale». Già il Consiglio superiore della magistratura aveva chiesto la modifica di questa controversa disposizione, proponendo di riformularne il periodo conclusivo facendo salvi gli obblighi prescritti dal codice di procedura penale, in modo da raggiungere un punto di equilibrio tra la tutela del segreto investigativo e quella della sicurezza nazionale. La problematica è ora risolta dalla sentenza costituzionale 6 dicembre 2018, n. 229, che, decidendo il conflitto di attribuzione tra poteri dello Stato sollevato dal procuratore della Repubblica presso il tribunale ordinario di Bari nei confronti del Presidente del Consiglio dei ministri, ha deciso che non spettava al Governo approvare una simile disciplina, con il suo conseguente annullamento. Secondo la Corte, la disposizione oggetto di conflitto ledeva la sfera di attribuzioni costituzionali del ricorrente delineata dall'art. 109 Cost., in quanto le sue peculiarità ponevano «innanzitutto in discussione la diretta dipendenza funzionale della polizia giudiziaria dall'autorità giudiziaria». In primo luogo, ad assumere rilievo era la questione relativa al rapporto fra l'obbligo informativo ai propri superiori gerarchici e la disciplina dettata dall'art. 329 c.p.p. per il segreto investigativo: non poteva infatti escludersi che il coordinamento informativo con finalità organizzative trasmodasse «in una forma di coordinamento investigativo alternativa a quello affidato al pubblico ministero, proprio perché condotto non già "fatti salvi" gli obblighi previsti dal codice di procedura penale, ma in deroga ad essi». Peraltro, la Corte si è soffermata altresì su ulteriori «dubbi e interrogativi» suscitati dal dato testuale della disposizione, ritenendo «incongrue l'indeterminatezza e la genericità» di vari aspetti del suo contenuto precettivo, nonché «la circostanza che esse siano da colmarsi attraverso l'adozione di istruzioni da parte dei vertici di ogni Forza di polizia». Così accadeva per l'ambito soggettivo (data la genericità del richiamo ai soggetti su cui gravava l'obbligo di informazione e ai soggetti beneficiari) e oggettivo (non era chiaro se oggetto dell'obbligo di trasmissione fosse «l'informativa di reato, oppure solo la notizia relativa al suo inoltro»); per l'ampiezza complessiva delle informazioni da trasmettere (non si comprendeva se l'obbligo informativo riguardasse «tutte, indiscriminatamente, le *notitiae criminis*, ovvero solo una selezione delle più rilevanti tra di esse») e la durata dell'obbligo (ci si domandava se fosse estensibile oppure no ai seguiti d'indagine rilevanti per il raccordo informativo). In conclusione, a parere dei giudici costituzionali non era astratto il pericolo che dalla disposizione oggetto di conflitto risultassero «interferenze nella diretta conduzione delle indagini da parte dell'autorità giudiziaria, in lesione, innanzitutto, dell'art. 109 Cost.»; inoltre, «la comunicazione ai superiori gerarchici di informazioni di significato investigativo, indipendentemente da un vaglio preliminare affidato al prudente apprezzamento dell'autorità giudiziaria», finiva con il caricare di «significati indebiti la stessa dipendenza burocratica degli appartenenti alla polizia giudiziaria rispetto a tali loro superiori, rischiando per converso di indebolirne la dipendenza funzionale rispetto al pubblico ministero, con elusione del delicato equilibrio scolpito» nel precetto costituzionale appena ricordato.

L'esigenza di specializzazione della polizia giudiziaria riveste precipua importanza se si considera che il primo contatto del minorenne indagato o colto in flagranza di reato avviene appunto con le forze di polizia. Il sistema minorile attribuisce alla polizia poteri di limitazione precautelare della libertà personale (arresto in flagranza, fermo e accompagnamento a seguito di flagranza *ex* artt. 16, 17 e 18-*bis*: v. cap. IV, parte I, § 2, 3 e 5); inoltre, in virtù del principio di sussidiarietà, in ambito minorile trovano applicazione l'art. 349 c.p.p. (identificazione della persona nei cui confronti vengono svolte le indagini e suo accompagnamento negli uffici di polizia qualora rifiuti di farsi identificare o fornisca generalità o documenti di identificazione rispetto ai quali sussistono elementi sufficienti per ritenerli falsi) e l'art. 350 c.p.p. (assunzione di sommarie informazioni dalla persona sottoposta alle indagini). Il pubblico ministero, dal canto suo, può delegare alla polizia l'interrogatorio e il confronto cui partecipi l'indagato minorenne, ma quest'ultimo deve trovarsi in stato di libertà e per l'atto è prescritta l'assistenza necessaria del difensore (art. 370 comma 1 c.p.p.).

L'*input* alla specializzazione della polizia giudiziaria per i minori proviene dalle fonti sovranazionali e di recente è stato ribadito, a livello europeo, dalla direttiva (UE) 2016/800 sulle garanzie procedurali per i minori indagati o imputati nei procedimenti penali (v. cap. I, parte I, § 2). Secondo le Regole di Pechino, «i contatti tra le forze dell'ordine e il giovane autore di reato dovranno avvenire in modo da rispettare lo stato giuridico del giovane e da evitare di nuocergli, tenendo conto delle circostanze del caso» (§ 10.3), e, a tal fine, gli operatori di polizia «devono ricevere un'istruzione ed una formazione speciale» (§ 12.1). A sua volta, come già sappiamo (v. *supra*, § 1), la direttiva (UE) 2016/800 dedica una specifica disposizione (art. 20) al profilo della formazione del personale delle autorità di contrasto (tra cui rientrano le forze di polizia) e delle strutture di detenzione che si occupano di casi concernenti i minori.

Va segnalata poi l'attenzione rivolta dalla fonte europea all'interrogatorio del minore. La proposta di direttiva COM(2013) 822 def. (art. 9: v. cap. I, parte I, § 3) prevedeva che tale atto, quando disposto dalla polizia (o da altra autorità di contrasto o giudiziaria) prima della formulazione dell'imputazione, dovesse venire registrato con modalità audiovisive (da non utilizzare se sproporzionate in rapporto alla complessità del caso, alla gravità del reato contestato e alla pena irrogabile, ovvero se l'atto fosse preordinato soltanto alla identificazione). Tali modalità andavano adottate in ogni caso per l'interrogatorio del minore privato della libertà personale, indipendentemente dalla fase del procedimento. Nel testo finale della direttiva (UE) 2016/800 (v. cap. I, parte I, § 2 e 3), la previsione dell'art. 9 risulta indebolita: per un verso, si prevede che l'interrogatorio del minore disposto dalla polizia (o da altra autorità di contrasto) va registrato con modalità audiovisive quando ciò appare proporzionato alle circostanze del caso, tenendo conto, fra l'altro, del fatto che il difensore sia o no presente e che il minore sia o no privato della libertà personale, purché il superiore interesse del minore venga sempre considerato preminente; dall'altro, si precisa che l'interrogatorio non registrato con le descritte modalità andrà documentato in altro modo appropriato, ad esempio mediante processo verbale scritto e debitamente verificato. Invariata rimane purtroppo la possibilità di interrogare il minore ai soli fini della sua identificazione personale senza procedere alla registrazione audiovisiva.

La specializzazione delle sezioni di polizia giudiziaria per i minorenni, in astratto assai apprezzabile, si scontra tuttavia con la realtà concreta: malauguratamente, infatti, sono di solito le sezioni territoriali di polizia, formate da personale non preparato a gestire il primo impatto con soggetti minori, a procedere all'arresto in flagranza o agli accertamenti iniziali, senza alcun tipo di coordinamento con le sezioni specializzate, che perciò inizieranno la loro attività con ritardo, quando gli effetti nocivi sul minore si sono ormai verificati.

## 11. I servizi minorili.

Sempre da ricollegare all'esigenza di specializzazione è l'attività svolta dai servizi minorili, la cui funzione si connota come necessaria, prescrivendo l'art. 6 che «in ogni stato e grado del procedimento l'autorità giudiziaria si avvale dei servizi minorili dell'amministrazione della giustizia» e «altresì dei servizi di assistenza istituiti dagli enti locali». I primi sono rappresentati dai centri per la giustizia minorile, di regola con competenza regionale (art. 7 commi 1 e 2 disp. att. min.), nel cui ambito si collocano varie tipologie di servizi (art. 8 comma 1 disp. att. min.): *a*) gli uffici di servizio sociale per minorenni; *b*) gli istituti penali per minorenni; *c*) i centri di prima accoglienza, che ospitano, fino all'udienza di convalida, i minorenni arrestati o fermati e quelli accompagnati *ex* art. 18-*bis* comma 4 (art. 9 disp. att. min.); *d*) le comunità pubbliche e private (art. 10 disp. att. min.), che prestano servizio di assistenza al minore sottoposto a misure precautelari o cautelari; *e*) gli istituti di semilibertà con servizi diurni per misure cautelari, sostitutive e alternative (artt. 11 e 12 disp. att. min.). I suddetti servizi si avvalgono, nell'attuazione dei loro compiti istituzionali, anche della collaborazione di esperti in pedagogia, psicologia, sociologia e criminologia (art. 8 comma 2 disp. att. min.). I servizi di assistenza locali sono istituiti da comuni, province e regioni e, per quanto ci interessa, interagiscono con quelli facenti parte dei centri per la giustizia minorile.

Pur emergendo dall'art. 6 una posizione paritaria di tutti i servizi, statali e locali, la dottrina ne sottolinea anzitutto il diverso atteggiarsi a fronte delle richieste provenienti dall'autorità giudiziaria: se per i servizi statali ottemperarvi costituisce un obbligo, non altrettanto accade per i servizi locali, salvo si tratti di richiesta concernente una indagine sociale sul minore, che, se mirata altresì all'adozione di provvedimenti di natura civile, assume carattere vincolante. Una distinzione ulteriore può venire proposta con riguardo all'ambito di intervento, perché in determinati casi (artt. 18 commi 1 e 2, 18-*bis* commi 2 e 4, 19 comma 3 e art. 20 comma 1.1 disp. att. min.; art. 28 comma 2 e art. 27 disp. att. min.) esso è riservato ai servizi statali, che peraltro si attivano nel contesto processuale, restando appannaggio dei servizi locali il profilo socio-assistenziale. Non a caso, gli artt. 19 comma 3 e 28 comma 2 (nonché l'art. 27 disp. att. min.) prevedono una collaborazione tra i servizi statali e i servizi di assistenza istituiti dagli enti locali. Comunque, al coordinamento dei servizi provvedono le commissioni contemplate dall'art. 13 disp. att. min.: infatti, presso ogni centro per la giustizia minorile è costituita una commissione incaricata di coordinare le attività dei servizi statali e locali, mentre presso il Ministero della giustizia è costituita una commissione centrale di coordinamento.

Il legislatore si è poi preoccupato della formazione degli operatori minorili: a norma dell'art. 14 disp. att. min., il Ministero della giustizia e le regioni realizzano con cadenza annuale programmi congiunti di formazione e di aggiornamento per gli operatori minorili statali e locali.

Rinviando i doverosi approfondimenti alle sedi idonee, ci si limita di seguito a tratteggiare una sintetica carrellata delle attività svolte dai servizi. Dall'angolazione dell'assistenza assicurata al minore vengono in rilievo gli interventi previsti nei casi di arresto, fermo e accompagnamento del minorenne, atti dei quali i servizi devono essere tempestivamente informati (artt. 18 comma 1 e 18-*bis* comma 2); la presenza al compimento di atti *ex* art. 12 comma 2, salva l'eccezione contemplata al comma successivo (per l'informativa ai servizi v. art. 17 disp. att. min.); la presenza all'udienza preliminare e a quella dibattimentale, della cui data di fissazione i servizi devono essere avvertiti (art. 31 comma 3, richiamato dall'art. 33 comma 4). Tuttavia, la violazione delle disposizioni concernenti l'obbligo di informativa ai servizi non è riconducibile alla nullità a regime intermedio di cui all'art. 178 comma 1 lett. *c* c.p.p., in quanto, come si osserva in dottrina, non sembra che la funzione di assistenza affidata ai servizi possa paragonarsi a quella tecnica di cui si occupa il codice di rito penale. Va considerato, a tale proposito, che l'attività assistenziale si configura come bifronte: se, da un lato, fornisce sostegno all'imputato minore, dall'altro consente al giudice di acquisire dati inerenti alla personalità del minorenne da porre a fondamento delle proprie decisioni.

Non dissimili appaiono le funzioni dei servizi – e analoga la carenza di apparato sanzionatorio – nell'ipotesi di esecuzione delle sanzioni sostitutive, essendo stabilito (art. 30 comma 2) che il magistrato di sorveglianza competente convoca, tra l'altro, anche i servizi minorili, e in quella di formulazione del giudizio di pericolosità, ai fini dell'applicazione in via provvisoria di una misura di sicurezza, laddove il tribunale per i minorenni decide dopo aver sentito, tra l'altro, i predetti servizi (art. 38 comma 1).

L'accennato carattere bifronte dell'attività dei servizi connota altresì i loro compiti in tema di misure cautelari e di messa alla prova. Dal primo angolo visuale, i dati forniti dai servizi serviranno al giudice per la verifica dei presupposti e per la scelta della misura da adottare nel caso concreto; una volta disposta la misura, l'imputato è affidato ai servizi statali, che svolgono attività di sostegno e controllo in collaborazione con i servizi locali (art. 19 comma 3; v. cap. IV, parte II, § 1). Proprio l'attività di controllo sulle prescrizioni imposte al minore, oltre a sostenerlo e renderlo consapevole, doterà il giudice di elementi che gli saranno utili per l'eventuale modifica/sostituzione della misura cautelare originaria.

Dal secondo punto di vista, i servizi rivestono un ruolo pregnante perché elaborano un progetto di intervento (art. 27 comma 1 disp. att. min.: v. cap. VI, parte II, § 10), sulla cui base il giudice – ove lo reputi adeguato – dispone la sospensione del processo con messa alla prova (art. 28 comma 1). Con l'ordinanza di sospensione il giudice affida il minorenne ai servizi statali per lo svolgimento, anche in collaborazione con i servizi locali, delle opportune attività di osservazione, trattamento e sostegno (art. 28 comma 2): le molteplici e importanti incombenze dei servizi (informazioni periodiche al giudice; eventuali proposte di modifica o abbreviazione del progetto ovvero, in caso di ripetute e gravi trasgressioni, la proposta di revoca del provvedimento di sospensione; presentazione di una relazione sul comportamento del minorenne e sull'evoluzione della sua personalità, ai fini di quanto previsto dagli artt. 28 comma 5 e 29) emergono dall'art. 27 commi 3 e 5 disp. att. min. (v. cap. VI, parte II, § 11).

Rimane infine da sottolineare l'attività dei servizi in relazione agli accertamenti sulla personalità del minore, ai sensi dell'art. 9 (v. *infra*, parte II, § 2): nel silenzio della legge, la prassi si è infatti orientata nel senso che l'autorità giudiziaria possa utilizzare le competenze dei servizi, anche per esplorare la disponibilità dei soggetti interessati (indagato e persona offesa dal reato) a percorrere la via della mediazione penale (v. cap. VI, parte II, § 13).

Un significativo ampliamento della sfera di attività dei servizi (statali e sociosanitari territoriali) emerge dal d.lgs. n. 121 del 2018, con particolare riguardo alle misure penali di comunità, introdotte dal provvedimento (artt. 2-8 d.lgs. n. 121 del 2018: v. cap. VII, parte II, § 5 e 6), la cui adozione può essere proposta anche dall'ufficio di servizio sociale per i minorenni (art. 8 comma 1 quarto periodo d.lgs. n. 121 del 2018). Sul piano più generale, il tribunale di sorveglianza tiene conto, per decidere sulla concessione della misura, della «proposta di programma di intervento educativo redatta dall'ufficio di servizio sociale per i minorenni» (art. 2 comma 4 d.lgs. n. 121 del 2018), che svolge l'osservazione del minore e acquisisce «i dati giudiziari e penitenziari, sanitari, psicologici e sociali, coordinandosi con i servizi socio-sanitari territoriali di residenza del minorenne e, per i detenuti, anche con il gruppo di osservazione e trattamento dell'istituto di appartenenza» (art. 2 comma 9 primo periodo d.lgs. n. 121 del 2018). Inoltre, l'ufficio di servizio sociale per i minorenni «predispone gli interventi necessari ai fini della individuazione di un domicilio o di altra situazione abitativa, tale da consentire l'applicazione di una misura penale di comunità» (art. 2 comma 11 d.lgs. n. 121 del 2018). Da notare che con l'applicazione delle misure può essere disposto il collocamento del minorenne in comunità pubbliche o del privato sociale: al fine di favorire il percorso educativo del condannato, le comunità possono essere organizzate, in deroga a quanto previsto dall'art. 10 comma 2 lett. *a* disp. att. min., «anche in modo da ospitare solamente minorenni sottoposti a procedimento penale ovvero in esecuzione di pena» (art. 2 comma 8 d.lgs. n. 121 del 2018).

Per quanto concerne l'affidamento in prova al servizio sociale (art. 4 comma 1 d.lgs. n. 121 del 2018), l'ordinanza del tribunale di sorveglianza indica «il ruolo del servizio sociale per i minorenni e dei servizi socio-sanitari territoriali nell'esecuzione del programma» (art. 4 comma 4 lett. *a* d.lgs. n. 121 del 2018). L'ufficio di servizio sociale per i minorenni incontra «l'affidato e lo assiste nel percorso di reinserimento sociale, anche mettendosi in relazione con la famiglia e con gli altri ambienti di vita del condannato» (art. 4 comma 6 d.lgs. n. 121 del 2018). Nel corso dell'affidamento «le prescrizioni possono essere modificate dal magistrato di sorveglianza sulla base delle indicazioni fornite dall'ufficio di servizio sociale per i minorenni» e «deroghe temporanee alle prescrizioni sono autorizzate, per motivi di urgenza, dal direttore dell'ufficio», il quale «ne dà immediata comunicazione al magistrato di sorveglianza» (art. 4 comma 5 d.lgs. n. 121 del 2018).

Pure per disporre la detenzione domiciliare il tribunale di sorveglianza tiene conto del programma di intervento educativo predisposto dall'ufficio di servizio sociale per i minorenni (art. 6 comma 2 primo periodo d.lgs. n. 121 del 2018), mentre, quanto alla semilibertà, nel programma di intervento educativo sono indicate, fra l'altro, le prescrizioni da osservare all'esterno nei rapporti con l'ufficio di servizio sociale per i minorenni (art. 7 comma 2 d.lgs. n. 121 del 2018).

Passando all'esecuzione della pena, nei confronti di chi ha commesso il reato da minorenne l'esecuzione è affidata al personale dei servizi minorili dell'amministrazione della giustizia (art. 10 comma 3 d.lgs. n. 121 del 2018), che in tal modo proseguono nell'attività già svolta nel corso del procedimento.

In caso di sospensione dell'ordine di esecuzione nell'ipotesi disciplinata dall'art. 11 comma 1 d.lgs. n. 121 del 2018 (cioè quando deve essere eseguita nei confronti di persona che non abbia compiuto i venticinque anni una condanna a pena detentiva per reati commessi da minorenne e tale pena, anche se costituente residuo di maggior pena, non è superiore a quattro anni, salvo, per l'affidamento in prova in casi particolari, quanto previsto dall'art. 94 t.u. in materia di disciplina degli stupefacenti: v. cap. VII, parte II, § 5 e 6 lett. *b*), il decreto di sospensione contiene altresì l'invito al condannato a prendere contatti con l'ufficio del servizio sociale minorile dell'amministrazione della giustizia (art. 11 comma 3 d.lgs. n. 121 del 2018). Se viene presentata al tribunale di sorveglianza la richiesta per l'applicazione di una misura di comunità, il tribunale, entro il termine di quarantacinque giorni, fissa l'udienza ai sensi dell'art. 666 comma 3 c.p.p., facendone dare avviso, tra gli altri, ai servizi sociali minorili dell'amministrazione della giustizia, i quali presentano, «anche in udienza, la relazione personologica e sociale svolta sul minorenne, nonché il progetto di intervento redatto sulla base delle specifiche esigenze del condannato» (art. 11 commi 5 e 6 secondo periodo d.lgs. n. 121 del 2018).

Quanto all'esecuzione delle misure penali di comunità, il magistrato di sorveglianza del luogo dove la misura deve essere eseguita, se ne ravvisa la necessità per elementi sopravvenuti, provvede alla modifica delle prescrizioni con decreto motivato, dandone notizia all'ufficio di servizio sociale per i minorenni (art. 12 commi 1 e 2 d.lgs. n. 121 del 2018). Il minore sottoposto alla misura «è affidato all'ufficio di servizio sociale per i minorenni, il quale, in collaborazione con i servizi socio-sanitari territoriali, svolge attività di controllo, assistenza e sostegno per tutta la durata dell'esecuzione» (art. 12 comma 3 d.lgs. n. 121 del 2018); una volta terminata l'esecuzione della misura, «i servizi socio-sanitari territoriali prendono in carico il minorenne per la prosecuzione delle attività di assistenza e sostegno, anche curando, ove necessario, i contatti con i familiari e con le altre figure di riferimento» (art. 12 comma 4 d.lgs. n. 121 del 2018).

Un coinvolgimento dei servizi è poi previsto in rapporto alla tutela dell'affettività dei detenuti: il direttore dell'istituto, infatti, verifica la sussistenza del legame affettivo, «acquisendo le informazioni necessarie tramite l'ufficio del servizio sociale per i minorenni e dei servizi socio-sanitari territoriali» (art. 19 comma 5 secondo periodo d.lgs. n. 121 del 2018). Infine, l'ufficio di servizio sociale per i minorenni, in collaborazione con l'area trattamentale, «prepara e cura la dimissione», provvedendo, nei sei mesi precedenti, a seconda dei casi, alle attività descritte dall'art. 24 comma 1 lett. *a-d* d.lgs. n. 121 del 2018.

## Parte II

# I SOGGETTI E LE PARTI PRIVATE

di *Adonella Presutti*



## 1. L'imputato: *a*) l'accertamento sull'età.

Le coordinate costituzionali che hanno guidato il legislatore nella configurazione del processo minorile sono state esaminate in precedenza e già si sono illustrati i principi che lo caratterizzano (v. cap. II, § 6-8). In questa sede basta rammentare che la stessa legge delega ha imposto la previsione di un assetto processuale che, nel rispetto dei canoni generali del sistema accusatorio stabilito per gli adulti, contemplasse le modifiche e le integrazioni richieste dalla condizione personologica del minorenne (art. 3 l. 16 febbraio 1987, n. 81).

In questa prospettiva di adattamento degli ordinari istituti processuali, mirato alla tutela della personalità del minore, si inscrivono due specifici accertamenti diversamente articolati e con autonoma finalità, ma egualmente sorretti dalla accennata esigenza. Entrambi riguardano il minorenne imputato – nonché, in virtù della equiparazione sancita dall'art. 61 c.p.p., anche solamente sottoposto alle indagini – da intendersi, secondo quanto già precisato, come il soggetto cui si addebita un reato commesso prima del compimento dei diciotto anni. A questi, infatti e come è noto, è destinata la disciplina contemplata dal d.p.R. 22 settembre 1988, n. 448, restando irrilevante il successivo suo raggiungimento della maggiore età nelle more del processo.

Il primo tipo di accertamento riguarda l'età al momento della commissione del reato: da essa dipende l'attribuzione della competenza al tribunale per i minorenni, competenza che traduce l'esigenza di specializzazione del giudice; il secondo tipo di accertamento si riferisce alla personalità del minore, premessa per l'operatività delle regole volte alla salvaguardia delle sue esigenze di soggetto in evoluzione, regole che realizzano l'istanza di specializzazione del processo.

L'accertamento della età al momento del fatto – questione rilevante anche sul piano sostanziale (ai fini della imputabilità) oltre che a ulteriori effetti processuali (v. *infra*) – si impone in presenza di una situazione di incertezza e mira a evitare il rischio che il minore sia sottratto al proprio giudice naturale (art. 25 comma 1 Cost.). Ove il dubbio si prospetti nel processo "ordinario" si prevede (art. 67 c.p.p.) che l'autorità giudiziaria, in qualunque stato e grado del procedimento, trasmetta gli atti al procuratore della Repubblica presso il tribunale per i minorenni; alla sede minorile sono riservati i relativi accertamenti secondo le forme prescritte dall'art. 8, disposizione regolatrice della ipotesi in cui l'incertezza sull'età venga a profilarsi in questo stesso ambito. La norma stabilisce che il giudice, anche d'ufficio, disponga perizia e che, ove permanga incertezza sulla minore età dell'imputato, questa deve presumersi ad ogni effetto.

È opinione condivisa che il ricorso alla perizia ha carattere residuale, evitabile, in sostanza, se l'impiego degli ordinari strumenti probatori (documenti *ex* art. 234 c.p.p. o verbali acquisiti *ex* art. 238 c.p.p.) vale a superare il dubbio. Si è discusso invece se essa possa essere sostituita dagli accertamenti tecnici disposti dal pubblico ministero a norma dell'art. 360 c.p.p., per l'ipotesi in cui l'incertezza si affacci nel corso delle indagini preliminari, fase nella quale il minore non ha ancora assunto lo *status* di imputato.

Ammessa da un indirizzo minoritario, questa soluzione è stata esclusa dalla prevalente dottrina sulla base della intenzione legislativa desumibile dal dato testuale: mentre all'accertamento sulla personalità del minore è legittimato anche il pubblico ministero (art. 9), quello circa l'età (art. 8) è affidato espressamente al «giudice» lasciando intendere che al riguardo si pretendono l'intervento dell'autorità giurisdizionale e l'osservanza delle garanzie previste per la perizia. Benché la norma dell'art. 8 si riferisca all'«imputato», si ritiene certa la sua applicabilità anche al minore sottoposto alle indagini in virtù della parificazione stabilita, proprio in funzione estensiva delle tutele tra le due figure (imputato e indagato), dall'art. 61 c.p.p. Stando a questa tesi, nel contesto delle indagini preliminari, pertanto, il pubblico ministero è tenuto a provocare l'instaurazione dell'incidente probatorio ai fini della perizia: l'età del minore integra, difatti, una situazione suscettibile di modificazione non evitabile per le rapide mutazioni connesse al processo di crescita, riconducibile alla ipotesi di cui all'art. 392 comma 1 lett. *f* c.p.p.

L'interpretazione così proposta, preferibile poiché assicura un maggiore *standard* di garanzie esigendo l'intervento del giudice, va riconsiderata alla luce delle variazioni del quadro normativo di riferimento operate dalla l. 30 giugno 2009, n. 85 in tema di prelievo coattivo o, più propriamente, secondo la sua intitolazione, di «accertamenti tecnici idonei a incidere sulla libertà personale». È necessario osservare che per l'accertamento dell'età si utilizza una strumentazione medica (accertamenti auxologici, che valutano la crescita fisica dell'individuo in base a determinati parametri) senz'altro riferibile agli accertamenti tecnici e nella specie a quelli medici regolati dalla nuova legge; ma, più in particolare, occorre considerare che essa coinvolge l'integrità fisica di chi vi è sottoposto incidendo, perciò, sulla sua libertà personale.

Alla legge citata si deve il superamento della lacuna normativa venutasi a determinare a seguito della declaratoria di illegittimità della disciplina della perizia (art. 224 comma 2 c.p.p.) nella parte in cui consentiva al giudice di disporre misure incidenti sulla libertà personale ai fini della esecuzione *forzosa* del prelievo ematico (Corte cost., 9 luglio 1986, n. 238). La Corte costituzionale ritenne violata la riserva sia di legge sia di giurisdizione (art. 13 Cost.) e sancì il divieto assoluto di adottare simili provvedimenti giudiziali in assenza di apposita regolamentazione.

L'apposita regolamentazione – introdotta con notevole ritardo e per l'obbligo di dare attuazione a un impegno sopranazionale (Trattato di Prüm) – è ora racchiusa in più previsioni normative destinate appunto alle attività di acquisizione *forzosa*, vale a dire in presenza del rifiuto dell'interessato, di materiale biologico e a non meglio precisati «accertamenti medici». In attuazione della riserva di legge, il provvedimento del giudice è subordinato a precisi presupposti espressamente indicati (art. 224-*bis* c.p.p.) e, in adempimento della riserva di giurisdizione, gli accertamenti di pertinenza del pubblico ministero sono condizionati al controllo del giudice cui spetta dare la relativa autorizzazione nonché, per il caso di accertamenti disposti d'urgenza, decidere la eventuale convalida (art. 359-*bis* c.p.p.). Le attività acquisitive sono soggette a limiti e la loro esecuzione deve svolgersi nel rispetto della dignità della persona e, poiché dettate in funzione di garanzia, la loro osservanza è imposta anche se vi sia il consenso dell'interessato.

Si ammette, inoltre, che la perizia per il prelievo di materiale organico e per gli accertamenti medici di incidenza sulla libertà personale sia effettuata in fase di indagini preliminari mediante incidente probatorio, instaurabile a prescindere dall'ordinario requisito della non rinviabilità della assunzione della prova (art. 392 comma 2 ultimo periodo c.p.p.). Una sola disposizione è dettata per l'ipotesi in cui alle attività acquisitive sia sottoposto un minore e l'unica situazione regolata attiene alla questione del consenso alle operazioni (art. 72-*bis* disp. att. c.p.p.): la titolarità è attribuita al genitore o al tutore nonché al curatore speciale, nominato dal giudice se sussiste conflitto di interessi, tutti comunque autorizzati a presenziare alle operazioni. Trattandosi di norma di attuazione della disciplina codicistica, il minore è preso in considerazione quale persona offesa o testimone coinvolto nel processo a carico di imputato adulto.

Alla nuova regolamentazione occorre fare riferimento a proposito della questione specifica, che si è accennata, degli accertamenti circa l'età del minorenne nel corso delle indagini preliminari e, più in generale, degli istituti applicabili per tali accertamenti. Il primo problema da affrontare riguarda la sua trasferibilità nell'ambito del processo minorile secondo il principio di sussidiarietà (art. 1 comma 1 primo periodo) e previa verifica di loro compatibilità. Al riguardo è opportuno distinguere.

Gli istituti di cui agli artt. 224-*bis* comma 1 e 359-*bis* commi 1 e 2 c.p.p. (quanto ad autorità competente, presupposti e modalità esecutive degli accertamenti) risultano di sicura applicabilità in assenza di controindicazioni sistematiche con il rito minorile; si deve aggiungere che – benché gli accertamenti da compiere nel rito ordinario siano finalizzati alla ricostruzione del fatto e all'accertamento della responsabilità e, quindi, non alla verifica dell'età dell'imputato – la loro disciplina assume portata generale per tutti i casi in cui si eseguano operazioni di incidenza sulla libertà personale. Del resto, l'obiettivo legislativamente perseguito va ravvisato proprio in quello di allineare tale tipologia di accertamenti ai principi costituzionali e, in particolare, al rispetto dei diritti inviolabili della persona (art. 2 Cost.), secondo la precisa e perentoria indicazione formulata dalla Corte costituzionale nella sentenza n. 238 del 1996.

Una volta appurata l'operatività della disciplina codicistica, il quadro degli accertamenti dell'età ai fini dell'art. 8 si delinea come segue: anche la perizia disposta dal giudice deve svolgersi nel rispetto delle regole di garanzia prescritte dall'art. 224-*bis* c.p.p.; il pubblico ministero, nella fase delle indagini preliminari, dovrà fare ricorso alla nuova specie di accertamento tecnico (art. 359-*bis* c.p.p.), istituto non solo soggetto alle medesime regole di tutela dell'interessato, ma soprattutto condizionato al controllo (preventivo o successivo) del giudice che in tal modo offre copertura giurisdizionale alla iniziativa del titolare dell'accusa. Resta ferma la possibilità di promuovere l'incidente probatorio secondo la nuova previsione dell'art. 392 comma 2 ultimo periodo c.p.p., unica opportunità a disposizione della difesa.

La previsione che disciplina il consenso alle operazioni riferite a un minorenne (testimone o persona offesa) attribuendolo al genitore o al tutore o, ancora, al curatore speciale nominato per il caso di un conflitto di interessi (art. 72-*bis* disp. att. c.p.p.) si rivela incompatibile con il sistema minorile, circostanza che ne impedisce la possibile *translatio* in tale sede. In questo contesto, secondo quanto segnalato, il minore, nella sua duplice veste di persona sottoposta alle indagini/imputato, è considerato soggetto titolare di diritti con piena capacità processuale; come si specificherà in seguito (v. *infra*, § 4), le figure del genitore (art. 12) e dell'esercente la responsabilità genitoriale (art. 7) lo affiancano al solo fine di offrirgli un sostegno, il primo, di tipo affettivo, e, il secondo, sul piano della autodifesa. In nessuna occasione, si ammette che le figure parentali possano prevaricare la volontà del minorenne. La scelta di prestare consenso o opporre un rifiuto alle attività di accertamento ai fini della determinazione dell'età resta nella esclusiva disponibilità del diretto interessato, libero sia di sottoporsi spontaneamente sia di negare il consenso; il suo rifiuto oramai non impedisce l'esecuzione coattiva delle operazioni che il giudice e il pubblico ministero, tuttavia, devono disporre rispettando la serie delle nuove regole poste a salvaguardia della libertà della persona.

Se nemmeno la perizia risolve la situazione di incertezza, la minore età si presume ad ogni effetto come dispone l'art. 8 comma 2. Ispirata a un evidente *favor minoris*, questa previsione sancisce una presunzione *iuris tantum* che perciò non preclude al giudice di tentare altre strade avvalendosi degli ordinari mezzi di prova a sua disposizione. Come si è già precisato, la norma è preordinata a evitare che il minorenne sia sottratto al suo giudice naturale: in sostanza, il legislatore ritiene accettabile il rischio che il maggiorenne sia sottoposto alla giurisdizione specializzata mentre esclude che il minore possa essere giudicato dal giudice ordinario.

Identiche istanze sorreggono la soluzione ipotizzata a proposito del minorenne straniero non accompagnato; di questa specifica categoria si occupa la l. 7 aprile 2017, n. 47 nell'ambito di un più ampio progetto di protezione, sorretto dalla ritenuta sua condizione di particolare vulnerabilità. Tra le nuove previsioni qui interessano quelle riferite alla identificazione e, nella specie, alla determinazione dell'età, frutto di un innesto nel d.lgs. 18 agosto 2015, n. 142, emanato in attuazione della direttiva 2013/33/UE recante norme relative all'accoglienza dei richiedenti protezione internazionale. Le modalità di accertamento, invero, divergono da quelle regolate in sede minorile (parla di accertamento socio-sanitario l'art. 19-*bis* comma 6 d.lgs. n. 142 del 2015, norma aggiunta), ma la presunzione di minore età, sancita ad ogni effetto di legge nella persistenza di dubbi (art. 19-*bis* comma 8 d.lgs. n. 142 del 2015), già segna un punto di evidente contiguità con la disposizione dell'art. 8 comma 2. Ancor più emblematico è quanto prescritto con riguardo al provvedimento di attribuzione dell'età: non solo si ammette una sua impugnativa (reclamo a norma degli artt. 737 ss. c.p.c.), ma soprattutto si stabilisce che «ogni procedimento amministrativo e penale conseguente alla identificazione come maggiorenne è sospeso fino alla decisione» (art. 19-*bis* comma 9 d.lgs. n. 142 del 2015). La scelta normativa è coerente con l'enunciazione di principio che vuole assicurata parità di trattamento tra minori stranieri non accompagnati e quelli di cittadinanza italiana o dell'Unione europea (art. 1 l. n. 47 del 2017), nondimeno e più in particolare vale a preservare il raccordo tra il minorenne e il suo giudice naturale in tutti quei procedimenti (amministrativi e penali) per i quali è tale *status* a esigere l'intervento della giurisdizione specializzata.

Sempre in relazione al rito minorile va specificato che l'esatta determinazione dell'età rileva anche ad ulteriori effetti tanto sostanziali che processuali. Il più significativo, sul piano sostanziale, è quello indicato dal terzo comma dell'art. 8, che impone la perizia anche per stabilire se l'imputato sia minore di quattordici anni. Si tratta del limite di età da cui dipende l'imputabilità come regolata dagli artt. 97 e 98 c.p.; l'applicazione di questo regime comporta la pronuncia, d'ufficio e in ogni stato e grado del procedimento, della sentenza di non luogo a procedere per difetto di imputabilità una volta accertato che, all'epoca della commissione del fatto, l'imputato era infraquattordicenne (art. 26).

Sul versante processuale assumono rilevanza diverse soglie di età, talune riferite, tuttavia, al tempo di svolgimento del processo. In particolare, i termini massimi di durata della custodia cautelare sono ridotti di due terzi per il minore di sedici anni al momento del fatto (art. 23 comma 3) e a quello che matura tale livello di età durante il processo è attribuita la legittimazione a chiedere la celebrazione del dibattimento in udienza pubblica (art. 33 comma 2).

Si prevede, inoltre, che fino al compimento dei venticinque anni l'esecuzione di misure limitative della libertà personale, subite a titolo sia cautelare sia definitivo, deve seguire le norme e le forme stabilite per il minorenne. Così dispone l'art. 24 comma 1 disp. att. min. fatto oggetto di successivi interventi legislativi che vi hanno introdotto due eccezioni: la prima, più risalente (art. 5 comma 1 d.l. 26 giugno 2014, n. 92, convertito dalla l. 11 agosto 2014, n. 117), riguardava l'ipotesi del minore che avesse compiuto i ventuno anni per il quale si prospettassero particolari ragioni di sicurezza, comunque da bilanciare con le «finalità rieducative»; su di essa ha inciso, in senso peggiorativo, la recente riforma organica della esecuzione minorile (art. 9 d.lgs. 2 ottobre 2018, n. 121 di attuazione della delega contemplata dall'art. 1 commi 82, 83 e 85 lett. *p* l. 23 giugno 2017, n. 103) che ha eliminato il richiamo all'infraventunenne con la conseguenza di rendere operante l'eccezione già nei confronti di chi abbia compiuto il diciottesimo anno di età nel corso della esecuzione della misura limitativa della libertà. Con l'occasione è stata introdotta una seconda e ulteriore deroga alla regola generale, questa relativa al caso in cui le «finalità rieducative» non risultano in alcun modo perseguibili a causa della mancata adesione al trattamento in atto (v. cap. VII, parte II, § 1). Valutate dal giudice competente, tali situazioni comportano la soggezione alla disciplina (modalità cautelari ed esecutive) stabilita per gli adulti. Non sfugge l'ambiguità della nuova formulazione della norma che allude ripetutamente a generiche «finalità rieducative» peraltro senza distinguere tra esecuzione delle misure cautelari ed esecuzione della pena; è chiaro che proprio e solamente a quest'ultima si riferisce la seconda eccezione poiché basata su comportamento ritenuto "refrattario" al trattamento risocializzativo destinato, per impegno costituzionale (art. 27 comma 3 Cost.), al condannato. Una lettura correttiva, peraltro, va seguita a proposito della prima eccezione la cui portata applicativa è più ampia, dal momento che questioni di sicurezza possono prospettarsi in ordine sia ai condannati sia agli imputati. A prescindere da ciò, è evidente che, a evitare una impropria e incostituzionale connotazione rieducativa delle cautele processuali solo perché subite dal minore imputato per il quale si palesino particolari istanze di sicurezza, si deve affermare che il giudice, al riguardo, debba tenere conto non tanto delle "finalità rieducative", come letteralmente previsto dalla norma (art. 24 comma 1 disp. att. min.), quanto piuttosto delle sue "esigenze educative": queste operano sia come limite alla praticabilità delle regole prescritte per l'adulto esattamente come stabilito nel momento applicativo delle misure cautelari (art. 19 comma 2) sia, ancora, come criterio guida del quale il giudice deve avvalersi per determinare l'eventuale prevalenza delle particolari ragioni di sicurezza del caso concreto.

Da ultimo va segnalato che la competenza della magistratura di sorveglianza minorile si estende sino al compimento del venticinquesimo anno di età del minore condannato o internato (art. 3 comma 2), competenza non toccata dalle modifiche legislative appena illustrate e, pertanto, da ritenersi tuttora riferita anche alle ipotesi derogatorie del minore sottoposto alla disciplina dettata per l'adulto.

## 2. (*Segue*): *b*) gli accertamenti sulla personalità.

Gli accertamenti sulla personalità (art. 9) costituiscono l'elemento qualificante del rito minorile che, pur funzionalmente preordinato all'accertamento del fatto e della responsabilità, poggia sull'esigenza di circoscrivere l'incidenza negativa del processo sul minore nonché di favorire la sua responsabilizzazione. È questo lo specifico fine cui risponde la pluralità delle peculiari soluzioni normative che lo differenziano dal sistema processuale codicistico e richiedono, per la loro applicazione, la conoscenza delle caratteristiche del singolo minore coinvolto, secondo quanto imposto dal principio di adeguatezza. Ciò spiega e giustifica la stessa previsione di accertamenti in deroga ai limiti e alle preclusioni sanciti nel corrispondente contesto processuale per gli adulti: come è noto, in tale sede la moralità dell'imputato non può costituire oggetto di testimonianza (art. 194 comma 1 c.p.p.) e sono impedite perizie criminologiche/psicologiche salvo che nei confronti del già condannato (art. 220 comma 2 c.p.p.).

Affermata, ripetutamente e anche di recente, a livello internazionale (v. cap. I, parte I, § 2), la loro importanza era, in realtà, riconosciuta persino dalla disciplina previgente (art. 11 r.d.l. 20 luglio 1934, n. 1404). Ad essa si ispira la norma dell'art. 9 che regola gli attuali accertamenti sulla personalità del minorenne meglio specificando la loro finalizzazione e con individuazione di un più ampio ambito operativo.

Per intendere la loro portata, è opportuno indicare le categorie dei soggetti abilitati a compierli oltre che quelli che ne sono destinatari. La competenza è, per dettato legislativo, attribuita al pubblico ministero e al giudice e, del resto, sono proprio le risultanze acquisite a fornire la base cognitiva delle rispettive decisioni disseminate nell'arco dell'intero procedimento; resta esclusa, invece, una legittimazione autonoma della polizia giudiziaria: l'intervento, almeno delle sezioni specializzate (art. 5), può semmai essere sollecitato da ciascuna delle autorità giudiziarie.

Per quanto la norma dell'art. 9 li riferisca al «minorenne», gli accertamenti investono tutti i soggetti di età inferiore ai diciotto anni al momento della commissione del fatto senza che rilevi il raggiungimento o addirittura il superamento di questa soglia nelle more del processo. Di particolare interesse è la figura del minore di quattordici anni, in relazione al quale l'indagine è volta all'accertamento della capacità penale e in vista dei provvedimenti da adottare sia in sede civile sia nell'ambito della competenza rieducativa (art. 25 r.d.l. n. 1404 del 1934), competenza da ritenersi tuttora vigente in assenza di abrogazione espressa o implicitamente ricavabile dalla incompatibilità con il nuovo assetto normativo.

Oggetto e finalità degli accertamenti sono indicati con chiarezza (art. 9 comma 1). Come già precisato, il loro raggio di azione è più ampio di quello stabilito dalla previgente disciplina: l'indagine, infatti, non è più limitata ai precedenti personali e familiari, ma si estende alle condizioni in cui versa il minore al momento del giudizio, alle risorse già in atto e a quelle che potranno rendersi disponibili successivamente. Si richiedono, dunque, acquisizioni idonee a consentire anche valutazioni che esigono una conoscenza approfondita della personalità attuale del minore e a fondare una prognosi di suo comportamento futuro.

A queste finalità sottintese si affiancano altre, indicate puntualmente. Vengono in considerazione, anzitutto, lo scopo di verifica della imputabilità (art. 98 c.p.) e quello relativo alla rilevanza sociale del fatto, valutazione decisiva per la pronuncia della sentenza di non luogo a procedere di cui all'art. 27. Di non agevole lettura si presenta il riferimento alla determinazione del «grado di responsabilità» del minore: stando alla interpretazione preferibile, deve ritenersi implicato un accertamento non di tipo psicologico-giuridico, ma strettamente giuridico, vale a dire attinente alla capacità di intendere e di volere con conseguente sua ricaduta sul giudizio di commisurazione della sanzione alla stregua dei parametri fissati dall'art. 133 c.p. Particolare risalto assume il fine di «disporre le adeguate misure penali e adottare gli eventuali provvedimenti civili»: tale obiettivo ulteriore rende esplicito che la conoscenza della personalità del minore si pone come presupposto imprescindibile delle attività demandate agli organi procedenti e che altrettanto imprescindibili sono gli accertamenti *ex* art. 9. Il richiamo alle decisioni di natura civile (art. 32 comma 4), comunque provvisorie oltre che eventuali, segnala anzi che sempre gli accertamenti sono funzionali alla individuazione della risposta – sia processuale sia sanzionatoria nonché di tipo extra penale – più appropriata alle difficoltà, personali e sociali, palesate dal minore mediante la commissione del reato.

Che gli accertamenti sulla personalità siano prescritti come obbligatori, è convinzione affermata dalla dottrina unanime e condivisa dalla più recente giurisprudenza: semmai, un margine di discrezionalità va riconosciuto nella scelta dei mezzi di indagine praticabili, da rapportare alle esigenze del caso concreto. La doverosità degli accertamenti non è presidiata da una sanzione espressa ne è riconducibile alle fattispecie di nullità generale di cui all'art. 178 c.p.p.; è ovvio, tuttavia, che, poiché le risultanze acquisite devono sorreggere i provvedimenti adottati, la loro omissione si riflette sulla relativa motivazione integrando il vizio di cui all'art. 125 comma 2 c.p.p., censurabile con il ricorso per cassazione.

Quanto alla strumentazione di indagine, la norma dell'art. 9 si limita a legittimare la possibilità di fare ricorso a taluni speciali mezzi (comma 2) e tralascia l'individuazione di quelli utilizzabili in via ordinaria. In assenza di indicazioni, il relativo catalogo finisce col comprendere l'intera tipologia probatoria di matrice codicistica senza esclusione dell'impiego di prove atipiche, secondo le prescrizioni dell'art. 189 c.p.p. Deve ritenersi senz'altro ammessa una attività di osservazione del minore tanto diretta, compiuta in occasione e nell'ambito del procedimento, tanto indiretta, svolta tramite accertamenti mediati dalla collaborazione con i servizi minorili. I servizi minorili sono considerati il canale tecnico privilegiato, benché non esclusivo, per l'acquisizione di elementi di conoscenza del minorenne imputato così che tra le loro competenze devono essere annoverati proprio gli accertamenti di cui all'art. 9. In questi termini si è espressa la dottrina la cui opinione trova conferma, in sede applicativa, nella prassi che vede i servizi minorili coinvolti fin dalle prime battute del procedimento e ciò in vista di quegli interventi di assistenza, già illustrati (v. *supra*, parte I, § 11), contemplati dall'art. 12.

Si è osservato in precedenza che taluni specifici mezzi di indagine sono indicati espressamente: il secondo comma dell'art. 9 prevede che pubblico ministero e giudice possono sempre assumere informazioni da persone che abbiano avuto rapporti con il minorenne e sentire il parere di esperti. Manca, invece, la previsione della loro disciplina, sostituita dalla autorizzazione a svolgere tali attività addirittura informalmente. Una applicazione acritica della norma si porrebbe in contrasto con i principi costituzionali del diritto di difesa (art. 24 comma 2 Cost.) e del contraddittorio (art. 111 comma 4 Cost.); analogo contrasto si prospetta, inoltre, con la stessa legge delega (l. n. 81 del 1987) laddove prescrive la necessaria attuazione dei principi della Costituzione pure nel processo minorile: così si ricava dalla norma dell'art. 3 che vincola a disciplinare il rito «secondo i principi generali del nuovo processo penale», imponendo perciò l'osservanza di quelli costituzionali come prescritto dal relativo art. 2 comma 1.

Si tratta, infatti, di operazioni anche finalizzate alla formazione della prova e, nella prassi applicativa, si riscontra un ampio ricorso agli accertamenti demandati ai servizi minorili le cui relazioni penetrano nella disponibilità dell'autorità giudiziale pressoché in tutti gli snodi del procedimento. In particolare, in quanto documenti relativi al giudizio sulla personalità (art. 236 c.p.p.), sono destinate a confluire nel fascicolo per il dibattimento (art. 431 comma 1 lett. *g* c.p.p.) e, quindi, utilizzabili dal giudice anche in vista della decisione sulla responsabilità. Al fine di evitare una evidente incompatibilità con i precetti costituzionali, è necessario che alle acquisizioni consentite dall'art. 9 comma 2 si proceda con l'osservanza delle garanzie stabilite in tema di formazione della prova, vale a dire con il contributo dialettico della difesa alla quale non si può negare l'apporto di autonome risultanze investigative.

Va osservato, peraltro, che l'interpretazione prospettata non è preclusa dalla disposizione dell'art. 9 comma 2 dal momento che essa non deroga in assoluto alle ordinarie regole probatorie, ma piuttosto ammette che le operazioni previste siano svolte *anche* senza formalità. All'interprete, in sostanza, è affidato il compito di distinguere caso per caso le attività che esigono l'osservanza delle formalità di procedura da quelle che, invece, possono prescinderne: il criterio distintivo non può che essere parametrato sulla potenzialità probatoria delle operazioni da compiersi.

In applicazione del criterio indicato, l'assunzione di informazioni da persone che abbiano avuto rapporti con il minorenne – a ben vedere assimilabile al corrispondente istituto dell'art. 362 c.p.p. quanto al pubblico ministero e alla prova testimoniale *ex* art. 194 c.p.p. quanto al giudice – deve svolgersi nel rispetto dell'intera serie degli obblighi e dei limiti riconosciuti in capo alla persona sentita nonché delle garanzie difensive spettanti all'imputato.

Pure l'acquisizione del parere degli esperti non può tralasciare le regole prescritte se preordinata a un impiego in chiave probatoria. È ovvio che, nell'ambito delle indagini preliminari, il pubblico ministero può avvalersi di consulenti tecnici in vista delle sue determinazioni e iniziative (art. 359 c.p.p.); tuttavia, in presenza di accertamenti tecnici non ripetibili (ad esempio un esame medico o psicologico da compiersi necessariamente a breve distanza dal fatto reato) diventa imprescindibile fare applicazione della norma dell'art. 360 c.p.p. con correlativa operatività delle garanzie difensive previste, compresa quella di poter formulare riserva di incidente probatorio, nei termini e con i limiti previsti dal relativo nuovo comma 4-*bis* (introdotto dall'art. 1 comma 28 l. n. 103 del 2017), certamente compatibile, data la sua finalità razionalizzatrice delle funzionalità dell'istituto, con l'assetto minorile.

In sede dibattimentale, l'assunzione del parere dell'esperto, se disposta informalmente, impone che si consenta alla difesa il diritto di interloquire sia rivolgendo domande all'esperto sia tramite la produzione delle risultanze di una eventuale consulenza tecnica disposta a norma dell'art. 233 c.p.p.; resta impregiudicato il suo diritto di avanzare richiesta per l'espletamento di una formale perizia con conseguente possibilità di esercitare le facoltà correlate, come stabilite dalla normativa codicistica.

## 3. La particolare connotazione della funzione difensiva, la specializzazione del difensore d'ufficio, il patrocinio a spese dello Stato.

L'esigenza di tutela del minorenne non è estranea nemmeno alla fisionomia assegnata alla funzione del difensore, ma su di essa ha inciso soprattutto la considerazione della ridotta attitudine del minore a compiere scelte processuali consapevoli. La considerazione sta a premessa della scelta legislativa di rafforzare la difesa tecnica recuperando al ruolo del difensore quanto ostacolato sul piano della autodifesa dalla condizione limitativa in cui versa il minore.

Al difensore si richiede una piena compartecipazione alle istanze di salvaguardia della personalità del minorenne e di sua responsabilizzazione. A lui, quindi, spettano anche adempimenti invero inusuali nel diverso assetto difensivo praticabile per gli adulti. Basta pensare a interventi volti a garantire una applicazione degli istituti processuali con modalità conformi alla situazione personale del minorenne, in ottemperanza al principio di adeguatezza. Suo, inoltre, l'impegno di definire strategie difensive non conflittuali con il preminente interesse del minore oltre che con prospettive di conciliazione con la persona offesa. La complessità che la funzione, demandata al difensore, viene ad assumere nel rito minorile trova indubbia specificazione negli ambiti di estrinsecazione dei suoi tradizionali compiti di rappresentanza *ex lege* e di assistenza.

Quanto al primo versante, va segnalato che l'azione difensiva postula un costante raccordo con le figure che a vario titolo appaiono sulla scena processuale: i servizi minorili, anzitutto e al fine di favorire gli interventi di sostegno rimessi alla loro competenza; i familiari, in secondo luogo e in vista di quella attività assistenziale che, come si vedrà (v. *infra*, § 4), giustifica la loro presenza a fianco del minore.

A proposito della assistenza, particolare rilevo assume l'attività di consulenza: è compito del difensore provocare il coinvolgimento del minore nella vicenda giudiziaria che lo riguarda, così da renderlo sia consapevole delle peculiari soluzioni offerte dal sistema minorile (proscioglimento per irrilevanza del fatto *ex* art. 27, messa alla prova *ex* art. 28) sia partecipe di opzioni di strategia difensiva ritenute convenienti per la promozione della sua personalità.

Restano di sua pertinenza le attività di indagine regolate dalla disciplina messa a punto dalla l. 7 dicembre 2000, n. 397 allo scopo di potenziare il diritto di difesa alla stregua delle prescrizioni dell'art. 111 comma 3 Cost. I poteri attribuitigli sono i medesimi stabiliti nel processo per gli adulti così che, anche per il difensore del minorenne – non meno che per pubblico ministero (art. 362 comma 1-*bis* c.p.p.) e polizia giudiziaria (art. 351 comma 1-*ter* c.p.p.) –, si richiede (art. 391-*bis* comma 5-*bis* c.p.p.) l'ausilio di un esperto in psicologia o in psichiatria infantile ove, nell'ambito di procedimenti per taluni delitti specificamente indicati, il contatto investigativo (sommarie informazioni) coinvolga persone minori (testimoni e persone offese). La nuova disposizione (introdotta dall'art. 5 comma 1 lett. *f* l. 1° ottobre 2012, n. 172) supera una omissione censurata dalla dottrina proprio con riguardo alla investigazione difensiva. Tuttavia non si può fare a meno di osservare come l'innovazione, essendo circoscritta alla sola area delle fattispecie selezionate dal legislatore, offra tutela non alla vulnerabilità immanente nella situazione di minorenne, ma a quella presunta *ex lege* in ragione di una particolare tipologia di reato (v. *infra*, § 6). Nemmeno la recente disciplina dei presidi di protezione da riservare alla persona offesa «in condizione di particolare vulnerabilità» (art. 90-*quater* c.p.p.) – inserita dall'art. 1 comma 1 lett. *b* d.lgs. 15 dicembre 2015, n. 212 in attuazione della direttiva 2012/29/UE – riscatta dalla limitazione. La inedita categoria consente di prescindere dal rigido catalogo dei reati normativamente indicati, nondimeno al difensore è impedito svolgere quella valutazione individualizzata (*individual assessment*, secondo l'art. 22 della direttiva) da cui dipende la loro applicazione in concreto: per esso resta ferma la prescrizione dell'art. 391-*bis* comma 5-*bis* c.p.p. che tuttora chiude legittimazione alle sommarie informazioni da minori, e cautele da adottare, nel perimetro oggettivo (titolo del reato per cui si procede) già contemplato espressamente.

Il ruolo privilegiato riconosciuto alla difesa tecnica nel suo rapporto con l'autodifesa è utile per intendere la disposizione che riserva la difesa d'ufficio ai «difensori con specifica preparazione nel diritto minorile» (art. 11). Anche al riguardo si riscontra quell'esigenza di specializzazione che connota gli organi della giustizia minorile e che, stando alle indicazioni delle fonti sovranazionali, dovrebbe investire la totalità degli operatori. Da questo punto di vista, si deve convenire con le riserve e le perplessità espresse dalla dottrina circa la mancata prescrizione del medesimo requisito di specializzazione in capo al difensore nominato di fiducia. Anche se è presumibile che si sia preferito non mortificare la libertà di scelta del minorenne, è da osservare che sono proprio le peculiarità del processo minorile e il singolare profilo ritagliato per il ruolo del difensore a esigere la sua «specifica preparazione nel diritto minorile», qualunque sia la fonte (nomina dell'interessato o dell'ufficio) del mandato. Una opportunità volta a soddisfare tale esigenza è stata offerta dalla l. 31 dicembre 2012, n. 247 che ha innovato la disciplina dell'ordinamento della professione forense: il relativo art. 9 contempla, difatti, la possibilità di acquisire il titolo di avvocato "specialista" demandandone la regolamentazione ad apposito decreto del Ministro della giustizia. E con il d.m. 1° ottobre 2020, n. 163 – adottato a modifica di quello originariamente predisposto (d.m. 12 agosto 2015, n. 144) poiché in parte annullato dalla giustizia amministrativa per talune sue riscontrate incongruenze – si è provveduto sia a riformare, ampliandolo, l'elenco dei settori di specializzazione nonché ad articolare in "indirizzi" le tre macro aree del diritto civile, penale e amministrativo sia a regolare diversamente i canali di accesso al titolo. L'assetto, così identificato, si orienta nella direzione di un rafforzamento delle competenze consone al ruolo di difensore in ambito minorile: al «diritto della persona, delle relazioni familiari e dei minorenni» è riservata la posizione di settore di specializzazione autonomo e separato da quello del diritto penale, area che, peraltro, annovera il più generale indirizzo del "diritto della persona". E, a meno di ritenere che vi sia comunque incluso il "diritto dei minorenni", ne deriva che, ai fini del titolo di avvocato "specialista" spendibile nel rito minorile, si richiede la formazione acquisita nel settore di specializzazione appositamente dedicato alla corrispondente più ampia tematica.

Va osservato che, trattandosi di un titolo di specializzazione rimesso alla libera scelta dell'avvocato, alla incoerenza segnalata – di non prevedere espressamente una «specifica preparazione nel diritto minorile» anche per il difensore di fiducia – supplisce almeno il Codice deontologico (approvato dal Consiglio nazionale forense il 31 gennaio 2014 in attuazione della l. n. 247 del 2012, e successivamente modificato prima con delibera del 22 gennaio 2016 e, da ultimo, con delibera del 23 febbraio 2018) perentorio nel prescrivere che «L'avvocato, al fine di assicurare la qualità delle prestazioni professionali, non deve accettare incarichi che non sia in grado di svolgere con adeguata competenza» (art. 14).

Selezione e nomina del difensore d'ufficio sono regolate dalla norma dell'art. 15 disp. att. min. e da quella dell'art. 97 c.p.p.: a questa rinvia la previsione dell'art. 11 che espressamente fa salvo quanto ivi stabilito. Il reticolo delle disposizioni citate definisce una disciplina da ricostruire alla luce delle modifiche legislative che hanno interessato la norma dell'art. 97 c.p.p.

Stando alla regolamentazione dettata in sede minorile, a ciascun consiglio dell'ordine forense sono demandati la predisposizione e l'aggiornamento periodico («almeno ogni tre mesi») di appositi elenchi nominativi dei difensori idonei e disponibili ad assumere le difese d'ufficio; i requisiti di accesso a tali elenchi (art. 15 comma 2 disp. att. min.) sono individuati con l'esplicitazione di natura e consistenza della «specifica preparazione nel diritto minorile» pretesa dall'art. 11. Questa è attestata dallo svolgimento non saltuario della professione forense davanti alle autorità giudiziarie minorili o, in alternativa, dalla frequenza di corsi di perfezionamento o aggiornamento nelle materie attinenti al diritto minorile e alle problematiche dell'età evolutiva, corsi che il consiglio dell'ordine presso il tribunale per i minorenni è incaricato di organizzare annualmente d'intesa con il presidente del tribunale stesso nonché con il relativo procuratore della Repubblica minorile (art. 15 comma 4 disp. att. min.). Una volta che i singoli elenchi siano confluiti presso il consiglio ove ha sede il tribunale minorile, al medesimo consiglio spetta compilare le tabelle dei turni giornalieri o settimanali *ex* art. 29 commi 3, 4 e 5 disp. att. c.p.p. e al presidente del tribunale compete curarne la trasmissione alle autorità minorili del distretto (art. 15 comma 3 disp. att. min.).

Il meccanismo configurato è volto a impedire scelte discrezionali degli organi procedenti (giudice, pubblico ministero, polizia giudiziaria) garantendo la trasparenza nella designazione del difensore d'ufficio, analogamente a quanto stabilito dalla normativa per l'adulto, parzialmente richiamata.

Proprio sulla disciplina codicistica richiamata (art. 97 c.p.p.) è intervenuto più volte il legislatore con il proposito di potenziare l'effettività della funzione difensiva, obiettivo ritenuto urgente dopo la riforma costituzionale dell'art. 111 Cost. (l. cost. 23 novembre 1999, n. 2) che sancisce il principio di parità tra le parti (comma 2) e vuole assicurate all'accusato le condizioni necessarie per approntare la propria difesa (comma 3). Con la l. 6 marzo 2001, n. 60, in particolare e tra l'altro, sono stati riformulati l'art. 97 c.p.p. e il corrispondente art. 29 disp. att. c.p.p.: a specifici requisiti di professionalità richiesti per il difensore d'ufficio fa riscontro una procedura informatizzata che sostituisce il sistema delle tabelle così da rinvigorire l'automatismo nella sua nomina. Si esclude il ricorso al congegno informatizzato se il procedimento concerne materie che richiedono competenze specifiche.

La più recente manovra novellistica (d.lgs. 30 gennaio 2015, n. 6, attuativo dell'art. 16 l. n. 247 del 2012) opera un ritocco dell'art. 97 c.p.p. insieme con una cospicua interpolazione dell'art. 29 disp. att. c.p.p. Ancora una volta si incide sulle condizioni di accesso all'elenco dei difensori d'ufficio, stabilite più stringenti benché fungibili, vale a dire non cumulative bensì tra loro alternative (art. 29 comma 1-*bis* lett. *a*, *b* e *c* disp. att. c.p.p.). Volendo assicurare un più efficace controllo sulla presenza dei nuovi requisiti di professionalità, la predisposizione e l'aggiornamento trimestrale dell'elenco degli iscritti sono stati trasferiti dai singoli consigli a quello nazionale (art. 29 comma 1 disp. att. c.p.p.), competente, inoltre, alla individuazione (annualmente) dei criteri generali per la nomina dei difensori d'ufficio, sulla base della prossimità alla sede del procedimento nonché della reperibilità (art. 97 comma 2 ultimo periodo c.p.p.). Si è confermato – con la deroga già stabilita e ricordata – il congegno della selezione informatizzata, questa gestita dai consigli dell'ordine circondariali di ciascun distretto di corte d'appello, incaricati di predisporre l'elenco locale attingendo da quello nazionale (art. 97 comma 2 c.p.p.) con la conseguenza che il difensore d'ufficio è individuato comunque nell'ambito degli iscritti nell'elenco nazionale.

La natura recettizia del rinvio alla disposizione dell'art. 97 c.p.p. e, per essa, alla corrispondente norma di attuazione (art. 29 disp. att. c.p.p.), fuga ogni dubbio sulla loro applicabilità nell'ambito minorile. Le variazioni sopravvenute in proposito non esonerano, tuttavia, da una valutazione di conformità del nuovo regime con l'impianto processuale nel quale vengono a innestarsi. Da precisare anzitutto che deve ritenersi immodificata la condizione per l'iscrizione negli elenchi *ex* art. 11 («specifica preparazione nel diritto minorile»): la relativa previsione insiste sul possesso di competenze qualificate rapportate alla peculiarità del settore minorile, idonee a prevalere su quelle riferite in generale alla materia penale. Si deve constatare, semmai, come fosse appropriato intervenire sui criteri utilizzabili per la loro individuazione (svolgimento non saltuario della professione forense davanti alle autorità giudiziarie minorili; frequenza a corsi di perfezionamento nelle materie attinenti al diritto minorile e alle problematiche dell'età evolutiva: art. 15 disp. att. min.), rimasti alternativi e certamente da rafforzare sul piano della valenza sintomatica della professionalità richiesta al difensore d'ufficio.

Indubbia è, invece, l'operatività del congegno informatizzato di nomina che scalza il sistema obsoleto delle tabelle; l'eccezione al suo impiego per procedimenti attinenti a materie che riguardano competenze specifiche (art. 29 comma 2 ultimo periodo disp. att. c.p.p.) non può riferirsi al processo minorile solo che si osservi come la regolamentazione ivi predisposta per la difesa d'ufficio sia da sempre essa stessa il portato di una istanza di competenze specifiche ritagliate sulla condizione di minorenne. Certa anche l'applicabilità della centralizzazione di iscrizione e inserimento nell'elenco nazionale, in ragione della maggiore garanzia offerta da una cernita operata dal Consiglio nazionale forense. Anche al riguardo non mancano perplessità. Si deve osservare che, una volta trascurato di prevedere criteri più rigorosi per la verifica di specializzazione ai fini della difesa d'ufficio nel rito minorile, nemmeno una gestione centralizzata pare in grado di garantire la nomina di difensori selezionati alla stregua di un sicuro riscontro della loro professionalità.

Per completare l'illustrazione della disciplina riservata al difensore d'ufficio nel processo minorile, è opportuno richiamare l'attenzione sulle particolari regole dettate con riguardo alla sua retribuzione. La liquidazione di spese e onorari grava sullo Stato, senza necessità che il difensore stesso si sia preventivamente attivato per il loro recupero presso l'interessato (art. 118 d.p.R. 30 maggio 2002, n. 115, *Testo unico delle disposizioni legislative e regolamentari in materia di spese di giustizia*), e ciò in deroga alla disposizione generale di cui all'art. 116 d.p.R. n. 115 del 2002. Il diritto dello Stato di ripetere quanto anticipato è subordinato alla circostanza che il minorenne si trovi in situazione di accertata capacità economica, vale a dire che sia dimostrato il superamento dei limiti di reddito stabiliti per l'ammissione al patrocinio dei non abbienti (art. 118 comma 3 d.p.R. n. 115 del 2002). Si tratta di un regime di favore e di tutela del minore la cui capacità patrimoniale, stando a quanto puntualizzato anche dalla giurisprudenza, viene dalla legge presunta come inesistente o comunque inferiore a quella dell'imputato maggiorenne. Come è intuibile, garantendo al difensore d'ufficio la retribuzione a carico dello Stato, si assicura altresì l'esercizio della funzione difensiva nella pienezza delle sue prerogative.

Un orientamento restrittivo della giurisprudenza esclude l'applicabilità di questa disciplina di favore successivamente al raggiungimento della maggiore età dell'assistito, momento a decorrere dal quale il trattamento del minorenne è parificato a quello stabilito per l'adulto con decadenza del difensore d'ufficio dal diritto alla anticipazione di spese e onorari da parte dello Stato. La questione si era prospettata, invero, nel vigore della precedente disciplina (art. 1 comma 5 l. 30 luglio 1990, n. 217) ricevendo soluzioni difformi. La tesi incline ad ammettere l'ultrattività delle disposizioni di favore faceva leva sull'esigenza di assicurare la continuità della funzione difensiva messa a rischio dal possibile venir meno della assistenza del difensore nominato d'ufficio. Da questa si discosta l'interpretazione, accennata, venutasi a delineare in relazione alla nuova regolamentazione racchiusa nell'art. 118 d.p.R. n. 115 del 2002: si afferma che il regime sancito dalla norma non sia imposto dalla natura unitaria del rito minorile, ma sia riservato al minore in quanto tale e perciò destinato a soccombere al compimento della maggiore età. Si ritiene che solamente gli istituti preordinati alla tutela e al recupero del minore possano trovare applicazione a prescindere dall'età maturata nel corso del processo; diverso è il caso dell'esonero dalla previa escussione dell'interessato ai fini di recupero delle spese della difesa d'ufficio, funzionale a offrire una più intensa protezione, anche sotto il profilo economico, al minorenne del quale si presume una inesistente o ridotta capacità economica. Una volta superata la soglia della minore età, resta privo di giustificazione un trattamento diverso da quello previsto per l'adulto.

L'opinione, cui aderisce parte della dottrina, si presta per la sua rigidità a riflessioni critiche. Pur ammettendo di dover distinguere tra le diverse esigenze sottintese alle previsioni attinenti al processo minorile, pare più congruo evitare un assoluto automatismo e subordinare l'applicabilità della disciplina di favore all'imputato diventato maggiorenne alla condizione che sia dallo stesso dimostrata o accertata d'ufficio la sussistenza di una ridotta capacità economica, soluzione in grado di salvaguardare la finalità comunque di tutela ascrivibile alla norma dell'art. 118 d.p.R. n. 115 del 2002.

Nell'analisi della disciplina prevista per la difesa d'ufficio, si è fatto riferimento, sia pure incidentalmente, al patrocinio a spese dello Stato, istituto di ascendenza costituzionale (art. 24 comma 3 Cost.) pensato per assicurare ai non abbienti il diritto di agire e di difendersi davanti a ogni giurisdizione. Ne può fruire anche il minore che versi in tale situazione: non si riscontrano, in proposito, regole diverse da quelle sancite per l'adulto. Condizioni di accesso (art. 76 d.p.R. n. 115 del 2002) e nomina del difensore (art. 80 d.p.R. n. 115 del 2002) sono le medesime e, pertanto, la scelta deve cadere nell'ambito dell'elenco predisposto dal competente consiglio dell'ordine, secondo criteri appositamente dettati (art. 81 d.p.R. n. 115 del 2002). Il limite posto alla possibilità di scegliere un difensore iscritto negli elenchi degli avvocati per il patrocinio a spese dello Stato fuori del distretto ove ha sede il magistrato competente a conoscere nel merito o quello davanti al quale pende il procedimento, come è noto, è caduto per effetto della l. 24 febbraio 2005, n. 25 che ha sostituito, tra l'altro, l'art. 80 comma 3 d.p.R. n. 115 del 2002.

Ancor prima di questo intervento di modifica, la questione generale dei vincoli alla libertà di scelta di chi sia ammesso al patrocinio a spese dello Stato era stata portata più volte alla attenzione della Corte costituzionale: la Corte ne aveva ratificato la ragionevolezza segnalando come la selezione dei difensori inclusi nell'elenco offrisse garanzia di migliore qualità professionale (Corte cost., 28 giugno 2002, n. 299; Corte cost., 23 dicembre 2003, n. 374; Corte cost., 14 dicembre 2004, n. 387). La previsione normativa e la valutazione della Corte costituzionale non si sono sottratte alle riserve della dottrina; ma, più in particolare, perplessità sono state formulate proprio con riferimento alla applicabilità della disciplina al minorenne non abbiente: la peculiarità della funzione difensiva nel rito minorile trova espressione nella richiesta di specializzazione del difensore d'ufficio (art. 11) con la quale è in evidente contrasto una opportunità di scelta circoscritta nell'ambito dell'elenco predeterminato sulla base di requisiti rispondenti a ragioni diverse.

Per completezza, vanno qui segnalati una innovazione recente e gli obblighi imposti a livello europeo per un futuro adeguamento della disciplina dell'assistenza difensiva. La prima si è sostanziata nell'interpolazione della norma che regola le condizioni per l'ammissione al patrocinio a spese dello Stato (art. 76 d.p.R. n. 115 del 2002). L'art. 16 l. n. 47 del 2017 – come si è visto, dedicata al minore straniero non accompagnato (v. *supra*, § 1) – vi ha aggiunto una nuova previsione (comma 4-*quater*): la sua portata è ampia poiché riferita al minorenne in tale situazione che sia comunque «coinvolto a qualsiasi titolo in un procedimento giurisdizionale». Vi è incluso il rito minorile, in relazione al quale, certamente e pertanto, opera per il soggetto in esame il riconoscimento del suo diritto a una informativa circa l'opportunità di nominare un legale di fiducia – eventualmente tramite il tutore o l'esercente la responsabilità genitoriale – nonché di avvalersi «del gratuito patrocinio (…) in ogni stato e grado del procedimento». Anche questa disposizione si riallaccia alla accennata *intentio legis* di equiparare il trattamento (di tutela) del minore straniero non accompagnato a quello del minore cittadino italiano o dell'Unione europea valorizzando lo *status* di minorenne in quanto tale.

Non è differente la prospettiva risultante da una pluralità di direttive del Parlamento europeo e del Consiglio, da recepire, secondo le diverse scadenze fissate, da parte degli Stati membri, compreso lo Stato italiano. In particolare, la direttiva (UE) 2016/800, volendo promuovere i diritti dei minori alla luce delle linee guida del Consiglio d'Europa per una giustizia a loro misura, individua le garanzie procedurali da riservare ove gli stessi siano indagati o imputati nei procedimenti penali: le indicazioni ivi stabilite delineano un corredo di tutele in realtà già ampiamente assicurate dal sistema del rito minorile vigente svelando il rilievo assunto al riguardo dal principio dell'art. 31 comma 2 Cost. nonché l'incidenza determinante dell'insegnamento della Corte costituzionale (v. cap. I, parte II, § 1). Il suo obiettivo di prevedere ulteriori garanzie ritagliate sulle specifiche esigenze di vulnerabilità del minorenne spiega la ragione per la quale a base della loro attuazione si ponga la direttiva 2013/48/UE: quest'ultima, a cui si fa richiamo, sancisce, espressamente e in generale, il diritto di avvalersi del difensore articolando in dettaglio casi e regole di adempimento. Il potenziamento del diritto di difesa, nella specie della fruizione del patrocinio a spese dello Stato, è inoltre al centro della successiva direttiva (UE) 2016/1919, attinente a indagati e imputati (nonché alle persone ricercate nell'ambito di procedimenti di esecuzione del mandato d'arresto europeo): l'art. 1 § 2 esplicita il proposito di integrare le direttive 2013/48/UE e (UE) 2016/800 e, perciò, gli effetti della relativa attuazione, effettuata con il recente d.lgs. 7 marzo 2019, n. 24, sono destinati a riflettersi nel contesto del procedimento minorile almeno per quanto con esso compatibile. Va notato, infatti, che il d.lgs. n. 24 del 2019, da un lato, estende la disciplina del patrocinio alle procedure di consegna (art. 75 comma 2-*bis* d.p.R. n. 115 del 2002, inserito dall'art. 1 d.lgs. n. 24 del 2019), innovazione questa certamente applicabile potendovi essere coinvolto un soggetto di minore età; dall'altro, modifica gli artt. 91 comma 1 lett. *a* e 76 comma 4-*bis* d.p.R. n. 115 del 2002 (v., rispettivamente, artt. 2 e 3 d.lgs. n. 24 del 2019) rideterminando sia la preclusione alla ammissione al patrocinio sia la presunzione di superamento dei limiti di reddito ostativi al suo accesso: entrambe si riferiscono a condannati in via definitiva per reati commessi in violazione delle norme per la repressione dell'evasione in materia di imposte sui redditi e sul valore aggiunto, imputazioni non ipotizzabili a carico di soggetti minorenni, con conseguente esclusione della loro operatività nella sede del rito minorile.

Si connettono più propriamente alla specifica regolamentazione della esecuzione penale nei confronti dei soggetti di minore età, messa a punto dal d.lgs. n. 121 del 2018, ruolo e raggio di azione riconosciuti al difensore del minorenne nella dinamica applicativa delle alternative alla detenzione in carcere e operanti fin dal momento della emissione dell'ordine di esecuzione della pena (art. 11 d.lgs. n. 121 del 2018) (v. cap. VII, parte II, § 2 e 5).

## 4. I titolari della funzione di assistenza affettiva e psicologica: genitori, persona idonea e servizi minorili.

Si è precisato più volte che all'imputato minorenne è riservata una tutela specifica, riferita alla sua particolare situazione personologica. Anche la previsione di due forme di assistenza a suo favore è orientata a questo fine: entrambe sono riconducibili a una funzione di assistenza in senso lato, mutuata dalle indicazioni provenienti dalle fonti sovranazionali che ripetutamente hanno sollecitato il rafforzamento delle garanzie processuali e rimarcato l'esigenza di assicurare al minore il diritto di avvalersi della presenza dei genitori o di altro rappresentante legale (v. cap. I, parte I, § 3).

Ambiti operativi e modi di loro estrinsecazione sono tuttavia diversi e distinti, in corrispondenza della rispettiva finalità. Al fine di garantire l'assistenza affettiva e psicologica del minorenne è stabilito l'intervento dei genitori in quanto tali (o di altra persona indicata dal minorenne) mentre in vista della integrazione della sua autodifesa è previsto, come si specificherà meglio in seguito, quello dell'esercente la responsabilità genitoriale: è ovvio che, ove siano titolari di tale responsabilità, nella figura dei genitori si cumulano entrambe le funzioni assistenziali.

Ai genitori è affidato il compito di fornire al minore aiuto e sostegno umano con l'evidente finalità di salvaguardarne la personalità dagli effetti negativi derivanti dall'impatto con il processo. Il loro intervento, contemplato in ogni snodo e per tutto l'arco del procedimento, può venire meno al solo raggiungimento della maggiore età, momento che segna l'acquisizione della piena capacità processuale del minore. Poiché la particolare attitudine dei genitori a offrire questo tipo di assistenza è riconosciuta in virtù del rapporto naturale che li lega al minorenne, si prescinde dalla circostanza che siano contestualmente titolari della responsabilità genitoriale: lo si ricava dalla previsione normativa dell'art. 12 che li menziona autonomamente distinguendo il loro ruolo da quello attribuito a chi esercita tale responsabilità al quale sono riferite in esclusiva altre disposizioni, specificative della sua diversa funzione (artt. 7, 18 comma 1, 18-*bis*, 20, 27 comma 2, 31, 34, 38, 40 comma 2 e 41).

È ancora il loro legame naturale ad aver indotto la dottrina ad affermare che l'assistenza dei genitori non è esclusa nemmeno se il minore designi altra persona come deputata alla sua assistenza affettiva e psicologica. In realtà, la norma dell'art. 12 prevede questa figura in alternativa ai genitori: in proposito si richiede, oltre alla espressa iniziativa dell'interessato, che la persona indicata sia *idonea* e che la sua presenza sia *ammessa* dall'autorità giudiziaria (giudice procedente/pubblico ministero). Più precisamente, l'intervento della persona indicata dal minore è subordinato alla sua capacità di fornire quell'apporto che sostanzia l'assistenza affettiva e psicologica, requisito demandato alla valutazione (autorizzazione) dell'autorità giudiziaria.

In altra sede si sono specificati contenuti e ambiti della attività assegnata e svolta dai servizi minorili e si ricorderà che la stessa si esplica anche in funzione di assistenza del minore (v. *supra*, parte I, § 11). In questo caso, a venire in considerazione sono il ruolo istituzionale dei servizi minorili e la professionalità del relativo personale, elementi dai quali si è ricavata l'importanza del loro intervento a fianco del minore, essenzialmente mirato a un sostegno di tipo psicologico. Anche questo tipo di assistenza, come quella affidata ai genitori o alla diversa persona indicata, è finalizzata alla tutela della personalità del minorenne dalla esperienza traumatica della soggezione al processo. Il suo ambito operativo è, comunque, più ampio proprio in considerazione degli accennati elementi qualificanti i servizi minorili (ruolo istituzionale e professionalità): la loro attività di assistenza al minorenne è considerata necessaria e imprescindibile e, infatti, è prevista «in ogni caso» (art. 12 comma 2), senza limiti collegati al compimento della maggiore età.

Per consentire la partecipazione dei soggetti incaricati della assistenza del minorenne agli atti per cui è contemplata la sua presenza, l'autorità giudiziaria procedente provvede a informarli mediante apposita comunicazione (art. 17 disp. att. min.).

Valutate unitariamente, le varie forme di sostegno stabilite in favore del minorenne delineano chiaramente quel diritto all'assistenza sancito dalle carte internazionali. Eppure, si tratta di una garanzia incompiuta poiché ad esso non corrisponde un vero e proprio obbligo dei genitori, della persona idonea e dei servizi minorili: la loro mancata partecipazione non compromette la validità degli atti processuali compiuti anche se restano salve le conseguenze sanzionatorie collegate al rispettivo ruolo. In particolare, quanto ai servizi minorili, si prospetta una responsabilità di tipo disciplinare oltre che il reato di omissione di atti d'ufficio (art. 328 c.p.); per i genitori si configura l'illecito di cui all'art. 333 c.c. (*Condotta del genitore pregiudizievole ai figli*) in grado di giustificare provvedimenti cautelari, anche adottabili in via temporanea e urgente dal giudice penale minorile *ex* art. 32 comma 4; la natura essenzialmente morale dell'obbligo in capo alla persona idonea esclude, invece, la stessa ipotizzabilità di sanzioni.

Nemmeno l'inosservanza del dovere di informativa, dovere che fa capo all'autorità giudiziaria a norma dell'art. 17 disp. att. min., si riflette negativamente sulla validità delle attività processuali. La giurisprudenza è costante nell'escludere il verificarsi di una ipotesi di nullità stante il principio di tassatività di cui all'art. 177 c.p.p. e qualifica tale inadempimento come semplice irregolarità. Taluna dottrina, al contrario, ritiene integrata la nullità intermedia *ex* art. 178 comma 1 lett. *c* c.p.p. per violazione di una norma posta a tutela del diritto di "assistenza" dell'imputato. La tesi si presta a riflessioni critiche poiché la previsione codicistica citata si riferisce a una specie di assistenza connotata in termini difensivi, espressione del diritto di cui all'art. 24 comma 2 Cost. Come già precisato, nel rito minorile il diritto di difesa è affidato, sul piano tecnico, al difensore nonché all'esercente la responsabilità genitoriale in funzione integrativa della autodifesa. L'assistenza richiesta a genitori, altra persona indicata e servizi minorili si esprime in forme di intervento preordinate al sostegno affettivo e psicologico del minorenne che nulla hanno a che spartire con i modi di estrinsecazione della garanzia dell'art. 24 comma 2 Cost.: attuano, semmai, la "difesa" della personalità del minorenne dagli effetti negativi del processo.

L'interesse del minore o esigenze processuali inderogabili sono, tuttavia, considerati prevalenti al punto da escludere la presenza dei soggetti, legittimati alla assistenza, ad atti per cui è richiesta la partecipazione del minore stesso (art. 12 comma 3). Si tratta di situazioni non determinate normativamente, ma in via interpretativa individuabili nel pregiudizio alle esigenze, rispettivamente, educative o di riservatezza del minore e di segretezza delle indagini o anche solo di economia processuale. A conferma della importanza della funzione assistenziale e del carattere eccezionale della sua limitazione, il potere di esclusione è prerogativa della sola autorità giudiziaria (pubblico ministero e giudice) che può esercitarlo anche in relazione alla attività investigativa svolta dalla polizia giudiziaria, priva di analogo potere autonomo.

## 5. L'esercente la responsabilità genitoriale.

L'esercente la responsabilità genitoriale (locuzione che l'art. 105 comma 1 d.lgs. 28 dicembre 2013, n. 154 ha sostituito alla precedente «potestà dei genitori»), già si è anticipato, è figura contemplata nel rito minorile allo scopo di potenziare il diritto di cui all'art. 24 comma 2 Cost. nella sua dimensione di difesa personale. Anche questa finalità è riconducibile alle già citate fonti sovranazionali e, in particolare, alla Convenzione di New York sui diritti dell'infanzia che ha sottolineato l'esigenza di integrare l'assistenza tecnica del minore con «ogni altra assistenza appropriata per la preparazione e la presentazione della sua difesa» (art. 40 § 2 lett. *b*, II e III). Suo referente, invero, è pure una risalente pronuncia della Corte costituzionale (Corte cost., 29 aprile 1975, n. 99), intervenuta a sancire l'illegittimità della disciplina allora vigente (art. 304 c.p.p. 1930 in tema di notifica della comunicazione giudiziaria all'esercente la potestà genitoriale) sul presupposto del diritto del minorenne a forme di assistenza ulteriori, integrative e rafforzative della difesa tecnica (v. cap. I, parte II, § 3).

Proprio in ragione di questo ruolo di "assistenza difensiva", all'esercente sono attribuiti diritti (art. 7) e poteri (art. 34) di valenza processuale, sconosciuti ai titolari della funzione di mera assistenza affettiva e psicologica del minore (genitori non esercenti la responsabilità genitoriale, altra persona idonea e servizi minorili). La finalità, infatti, è la tutela del minorenne in quanto imputato più che come persona; benché al minore sia riconosciuta la capacità processuale, si è ritenuto che il suo ridotto grado di maturità psico-fisica, connesso appunto alla minore età, potesse compromettere il pieno esercizio della autodifesa. Data questa ragione giustificativa, anche l'assistenza mirata alla integrazione della difesa personale, così come quella finalizzata al sostegno umano, viene meno con il compimento della maggiore età.

Prima di addentrarci nella illustrazione delle regole dettate al riguardo, conviene ribadire che questa funzione è assegnata a chi sia titolare della responsabilità genitoriale, soggetti da individuarsi alla stregua della disciplina contemplata dal codice civile. Spetta, quindi e anzitutto, agli stessi genitori legittimati, in quanto tali, alla funzione di assistenza affettiva e psicologica: a entrambi *ex* art. 316 c.c. o, nel caso di impedimento di uno dei due, in modo esclusivo all'altro *ex* art. 317 c.c.; da ricordare che la responsabilità genitoriale non è compromessa nemmeno dal venire meno del vincolo matrimoniale (per separazione, scioglimento, cessazione degli effetti civili, annullamento, nullità *ex* art. 317 comma 2 c.c.) ed è esercitata da entrambi ove disposto l'affidamento condiviso del minore (art. 337-*ter* c.c.) o dal genitore affidatario se sia disposto l'affidamento esclusivo (art. 337-*quater* c.c.). Solamente in taluni specifici casi ai genitori si sostituiscono soggetti diversi. Sono le ipotesi di decadenza (art. 330 c.c.), di genitori deceduti o irreperibili, situazioni che impongono la nomina tempestiva di un tutore (art. 343 c.c.) al fine di assicurare «fin dal primo atto» l'assistenza del minorenne: a ciò provvede il giudice tutelare su impulso del pubblico ministero.

Il raggio di azione dell'esercente è definito dalle due disposizioni generali degli artt. 7 e 34 e da una pluralità di previsioni specifiche.

La norma dell'art. 7 consacra il diritto sia alla informazione di garanzia (art. 369 c.p.p.) sia al decreto di fissazione di udienza, entrambi da notificare a pena di nullità. Al di là della comune finalità rafforzativa della autodifesa del minore, il diritto dell'esercente alla informazione di garanzia realizza obiettivi aggiuntivi. Gli consente, anzitutto, di orientare il minore nella scelta del difensore di fiducia, la cui nomina può comunque essere effettuata direttamente dall'esercente, secondo quanto previsto dall'art. 96 comma 3 c.p.p. Gli permette, inoltre, di segnalare al difensore elementi di prova utili in vista della indagine difensiva (artt. 391-*bis*/391-*decies* c.p.p.) nonché, infine, di partecipare agli atti investigativi per i quali si prevede l'assistenza tecnica.

Benché non espressamente previsto, si deve ritenere che anche l'informativa sul diritto di difesa *ex* art. 369-*bis* c.p.p. vada notificata all'esercente. Si tratta, come è noto, di istituto introdotto successivamente (l. n. 60 del 2001) nel contesto codicistico e complementare alla informazione di cui all'art. 369 c.p.p., della quale condivide la medesima *ratio legis*. L'operatività di questa ulteriore tutela del diritto di difesa è certamente compatibile con le peculiarità del processo minorile; stando al criterio di sussidiarietà e al principio secondo il quale al minore non possono essere destinate garanzie inferiori a quelle stabilite per l'imputato adulto, si deve concludere che essa di per sé venga a integrare la disciplina del rito. Pertanto, l'informativa sul diritto di difesa deve essere notificata tanto al minorenne quanto a chi lo affianca quale esercente la responsabilità genitoriale.

Con riguardo al decreto di fissazione d'udienza, secondo la dottrina, l'espressione onnicomprensiva utilizzata dall'art. 7 autorizza ad affermare che analogo diritto di notifica deve riguardare pure il decreto che dispone il giudizio (art. 429 c.p.p.), e, più in generale, qualsiasi udienza contemplata nello svolgimento del procedimento. Si può osservare che, nell'ambito dell'udienza preliminare e dibattimentale, la funzione integrativa della autodifesa assume una specifica pregnanza. E, infatti, l'assenza ingiustificata dell'esercente rende possibile l'applicazione di una sanzione pecuniaria (artt. 31 comma 4 e 33 comma 4). La soluzione normativa lascia intendere che la sua mancata partecipazione non incide sulla validità delle relative attività processuali come, del resto, deve dirsi in relazione a qualunque altra situazione di intervento contemplata dalla dinamica processuale: in altre parole, all'esercente è riconosciuto un diritto e non un obbligo.

L'obbligo investe, invece, gli adempimenti necessari per consentire l'esplicarsi del diritto dell'esercente; come già rilevato, la notifica degli atti indicati dall'art. 7 è prescritta a pena di nullità. A seguito dell'abrogazione dell'art. 16 disp. att. min. che li disciplinava autonomamente, forme e organi delle notificazioni sono quelli generali dettati in sede codicistica con coinvolgimento, quindi, dell'ufficiale giudiziario e, in via residuale, della polizia giudiziaria. Devono ritenersi ammesse anche le particolari modalità telematiche contemplate dal d.l. 18 ottobre 2012, n. 179, convertito dalla l. 17 dicembre 2012, n. 221 (art. 16 comma 4 secondo periodo) per le notificazioni a persone diverse dall'imputato: stando alla dottrina, infatti, si deve escludere che il minorenne imputato possa essere qualificato come figura pluripersonale, vale a dire comprensiva dell'esercente. A parte sta la notifica della informazione di garanzia per la quale le esigenze di riservatezza sottintese alle modalità previste per i destinatari adulti (indagato e persona offesa) dall'art. 369 comma 1 c.p.p. valgono a maggior ragione per il minorenne. La riservatezza costituisce un valore nel rito minorile come conferma il fatto che la sua salvaguardia è assicurata non solo in relazione a specifici momenti processuali (art. 33), ma sul piano generale delle eventuali ripercussioni negative provocate da singoli atti: emblematiche, al riguardo, le cautele imposte per esecuzione di provvedimenti precautelari e traduzioni (art. 20 disp. att. min.; v. cap. II, § 5).

Anche la natura della nullità stabilita dall'art. 7 va ricavata dalla disciplina generale codicistica: l'inadempimento degli obblighi prescritti dalla norma (notifica sia della informazione di garanzia sia del decreto di fissazione di udienza) compromette la funzione difensiva attribuita all'esercente e perciò comporta violazione di disposizioni attinenti a assistenza, intervento e rappresentanza dell'imputato integrando una nullità generale (art. 178 comma 1 lett. *c* c.p.p.) a regime intermedio (art. 180 c.p.p.). In ogni caso, poiché l'esercente affianca il minorenne potenziando la sua difesa personale senza assumere esso stesso il ruolo di indagato/imputato, l'omessa notifica del decreto di fissazione di udienza non può determinare un vizio di citazione a giudizio sanzionato con la nullità assoluta.

Ai diritti indicati dalla norma dell'art. 7 si aggiunge quello sancito dall'art. 34 (v. cap. V, parte II, § 6). Nel rinviare a quanto in seguito sarà illustrato in dettaglio, è necessario rilevare che l'esercente è legittimato a proporre i medesimi mezzi di impugnazione di pertinenza del minorenne senza tuttavia privarlo del diritto di impugnare in via autonoma. La rispettiva titolarità ad impugnare è quindi concorrente e l'ambito dei provvedimenti impugnabili è coincidente, anche se è naturale che a guidare l'azione dell'esercente non può essere che l'esclusivo interesse del minore, titolare in via principale del diritto di impugnare. In questa luce si spiega la regola che attribuisce prevalenza alla impugnativa del minore se in contrasto con quella proposta dall'esercente (art. 34 comma 2 primo periodo); la previsione secondo la quale, sempre nei casi di contestualità ma al di fuori della ipotesi di contraddizione, la regolarità di una delle due impugnazioni sana l'irregolarità dell'altra anche in relazione ai motivi (art. 34 comma 2 secondo periodo) si riallaccia al principio di conservazione: da entrambe si ricava che l'esercente è concepito quale ulteriore presidio volto a garantire il migliore esercizio del diritto di impugnazione (circa le ricadute derivanti dalla nuova formulazione dell'art. 613 comma 1 c.p.p. che, secondo la modifica operata dall'art. 1 comma 63 l. 23 giugno 2017, n. 103, recante *Modifiche al codice penale, al codice di procedura penale e all'ordinamento penitenziario*, priva l'imputato della possibilità di presentare personalmente il ricorso per cassazione ivi previsto, v. cap. V, parte II, § 6).

Oltre a quelle previste dagli artt. 7 e 34, si riscontrano altre occasioni di intervento dell'esercente a fianco del minore. Talune sono espressamente regolate: così in caso di arresto e fermo (art. 18 comma 1) nonché di accompagnamento (art. 18-*bis* comma 2) si obbliga la polizia giudiziaria a darne immediata notizia all'esercente. Altre si ricavano dalla sua funzione di sostegno difensivo del minore: è implicito che l'esercente possa partecipare ad atti che coinvolgono direttamente il minore (ispezioni, confronti, perquisizione personale, interrogatorio *ex* art. 294 c.p.p.). In nessuna ipotesi, come si è anticipato, il diritto di assistenza si trasforma in obbligo non essendo prescritte sanzioni per il suo omesso intervento. Tuttavia, più che una incondizionata libertà di scelta, all'esercente è rimessa una valutazione discrezionale da compiere in accordo con il difensore con il quale deve instaurare un dialogo costante proprio in vista del comune obiettivo di tutela difensiva del minorenne. Piuttosto, si deve segnalare l'assenza di previsioni sanzionatorie per inadempimento degli obblighi di informativa espressamente contemplati (è il caso citato dei provvedimenti precautelari) e la stessa mancata previsione di un obbligo di notifica all'esercente del compimento di atti per i quali è ammessa la sua partecipazione (è il caso degli atti riferiti al minore). In proposito, la giurisprudenza è attestata su posizioni rigide ed esclude possibili rimedi anche solo in via di prassi. D'altro canto la norma dell'art. 7, che sancisce la nullità solamente per l'omessa notifica dell'informazione di garanzia e del decreto di fissazione di udienza, impedisce il verificarsi della medesima invalidità al di fuori dei casi ivi previsti, da ritenersi tassativi.

Un ambito di intervento per l'esercente è stato schiuso anche nella fase della esecuzione penale dal d.lgs. n. 121 del 2018. Il suo ruolo integrativo della difesa personale del soggetto di minore età ha trovato riconoscimento mediante l'attribuzione di specifici diritti e poteri; più in particolare, all'esercente spetta la notificazione sia dell'ordine di esecuzione – con contestuale sospensione – emesso dal pubblico ministero sia dell'avviso dell'udienza fissata dal tribunale di sorveglianza a norma dell'art. 666 comma 3 c.p.p. (art. 11 commi 2 e 5 d.lgs. n. 121 del 2018).

Benché non espressamente previste a pena di nullità, da entrambe le informative si ricavano inediti poteri dell'esercente a lato di quelli confermati in capo al minorenne stesso e al suo difensore: la prima comporta la legittimazione a presentare richiesta di applicazione di misure di comunità a favore del minore condannato e la seconda quella di partecipare alla relativa trattazione nel conseguente procedimento di sorveglianza (v. cap. VII, parte II, § 5).

## 6. La vittima del reato: persona offesa e danneggiato.

La persona offesa dal reato si trova, nel rito minorile, in una posizione privilegiata rispetto a quella assegnatale nel processo ordinario: poteri e ambiti di suo intervento si estendono ben al di là dei confini tracciati nella sede corrispondente. La scelta normativa, in realtà, trova fondamento ancora una volta nella specifica attenzione riservata alla personalità del minorenne e, in particolare, nella esigenza di offrirgli protezione dagli effetti negativi del processo. Sulla scorta delle indicazioni provenienti dalle fonti sovranazionali (Regole di Pechino e Raccomandazione R[87] 20 del Consiglio d'Europa), il legislatore italiano ha sancito l'inammissibilità della azione civile (art. 10 comma 1): escludendo che nel processo minorile la vittima del reato possa insinuarsi nella veste di danneggiato, ha optato per la sua valorizzazione quale persona offesa.

L'ingresso di interessi di natura privatistica, mirati alla condanna dell'imputato in vista della realizzazione della pretesa risarcitoria, è stata correttamente considerata incompatibile con la proiezione finalistica del processo minorile volto a favorire la rapida sottrazione del minore al circuito penale per il tramite di soluzioni alternative del procedimento. La preclusione è inoltre coerente con la fisionomia accusatoria del rito – che insiste sulla parità delle parti, messa in forse dalla presenza del danneggiato a lato del pubblico ministero – e risponde a istanze di celerità processuale, valore oramai di rango costituzionale (art. 111 comma 2 secondo periodo Cost.).

La soluzione legislativa, apprezzata all'unanimità dalla dottrina, è stata avallata dalla stessa Corte costituzionale. La Corte ha affermato la piena legittimità della norma dell'art. 10 comma 1 osservando che la garanzia del diritto di difesa di cui all'art. 24 comma 2 Cost. non comporta la necessità di riconoscere al danneggiato l'esercizio dell'azione civile nella sede penale (Corte cost., 23 dicembre 1997, n. 433). Si può constatare, infatti, che il danneggiato da reato ascritto al minorenne può far valere la pretesa risarcitoria davanti al giudice civile. La sua esclusione dall'ambito del rito minorile comporta l'inapplicabilità di tutte le disposizioni dettate dalla normativa codicistica con riguardo alla parte civile: non operano, quindi, la norma dell'art. 75 comma 3 c.p.p. che prevede la sospensione del giudizio civile eventualmente instaurato e nemmeno quelle degli artt. 651 e 652 c.p.p. che sanciscono l'effetto vincolante del giudicato penale.

Questa efficacia, anzi, è stata espressamente esclusa dal legislatore del processo minorile (art. 10 comma 2) il quale si è premurato di precisare che anche la sentenza penale straniera è priva di efficacia e pertanto non può essere riconosciuta al fine di ottenere restituzioni e risarcimento del danno (art. 10 comma 3): se ne ricava che l'estraneità della pretesa civilistica al rito minorile opera a tutto raggio, a prescindere dal luogo di celebrazione del processo (Italia o Stato estero).

Alla persona offesa spetta, invece, un ruolo attivo, caratterizzato da poteri inediti e ulteriori rispetto a quelli a lei riconosciuti dalla disciplina codicistica comunque applicabile nel rito minorile. Per meglio chiarire ruolo e funzione dell'offeso in questa sede è opportuno un raffronto con quanto stabilito nel processo nei confronti dell'adulto. In questo contesto, come è noto, l'intervento dell'offeso e quello del danneggiato sono delineati in modo complementare sul presupposto legislativo della fisiologica coincidenza delle due figure nella medesima persona. Sulla base di questa premessa, all'offeso sono attribuiti poteri che si esprimono con prevalenza nella fase delle indagini preliminari in funzione di sollecitazione (art. 394 c.p.p.) e di controllo dell'azione del pubblico ministero (artt. 410, 413 c.p.p.): la persona offesa è tutelata in quanto, quale titolare del bene giuridico leso o messo in pericolo dal reato, condivide con il pubblico ministero l'interesse alla sua repressione. L'esercizio dell'azione penale segna il raggiungimento dell'obiettivo perseguito e lascia il campo al diverso interesse privatistico alle restituzioni e al risarcimento del danno: l'offeso/danneggiato lo può soddisfare mediante la costituzione di parte civile ed esercitando poteri e diritti contemplati per la fase del giudizio.

L'impianto originario non è stato intaccato dai successivi interventi legislativi volti comunque a un rafforzamento della posizione dell'offeso in adempimento di indicazioni sovranazionali. Dapprima sono state dettate regole specifiche, ma di esclusiva applicabilità nell'ambito di procedimenti relativi a talune tipologie di reato (v. art. 398 comma 5-*ter* c.p.p., aggiunto dall'art. 3 d.lgs. 4 marzo 2014, n. 24, di attuazione della direttiva 2011/36/UE, relativa alla prevenzione e alla repressione della tratta di esseri umani e alla protezione delle vittime; v. artt. 101 comma 1 secondo periodo, 299 commi 2-*bis*, 3 secondo, terzo e quarto periodo e 4-*bis*, 384-*bis*, 408 comma 3-*bis* e 498 comma 4-*quater* c.p.p. introdotti dal d.l. 14 agosto 2013, n. 93, convertito dalla l. 15 ottobre 2013, n. 119, e finalizzati al contrasto della violenza di genere), ritenute sintomatiche della situazione di particolare vulnerabilità dell'offeso. Una più significativa sua valorizzazione si deve ora al d.lgs. n. 212 del 2015, sollecitato dalla direttiva 2012/29/UE che, alla vittima del reato, dedica una attenzione particolare, sul piano dei diritti, dell'assistenza e della protezione. Il recente intervento normativo rafforza il ruolo dell'offeso proprio sui tre fronti indicati mediante l'innesto di nuove previsioni nella disciplina codicistica. È opportuno precisare che esse sono riferite a chi, nell'ambito dell'accertamento processuale, versi nella situazione di persona offesa dal reato; pertanto, benché il legislatore si sia concentrato sul contesto ordinario, deve ritenersi certa l'estensione della loro portata al rito minorile.

Senza scendere nel dettaglio, va rilevato che le disposizioni introdotte coprono la pluralità delle occasioni in cui vengono in gioco gli interessi dell'offeso incrementando, tra l'altro, gli obblighi di sua informazione (circa diritti e poteri: art. 90-*bis* c.p.p.) e sancendo il diritto di fruire dell'interprete ove non conosca la lingua italiana (art. 143-*bis* comma 2 c.p.p.). In perfetta continuità si pone il riconoscimento dell'ulteriore diritto di chiedere informazioni sullo stato del procedimento (alle condizioni previste dall'art. 335 comma 3-*ter* c.p.p.): l'innovazione si deve all'art. 1 comma 26 l. n. 103 del 2017.

Inoltre, e in particolare, la riformata disciplina offre specifica tutela alla vittima c.d. vulnerabile. Tra gli indicatori di tale condizione (art. 90-*quater* c.p.p.) – da accertare in concreto, mediante valutazione individualizzata – è annoverata, tra l'altro, la minore età, scelta che ha indotto a configurare un istituto omologo a quello contemplato dalla disciplina minorile (art. 8). Pure nei confronti dell'offeso, se sussiste incertezza circa il dato anagrafico, si impone un accertamento con il mezzo della perizia, disposta anche d'ufficio dal giudice, e il persistere di dubbi comporta la presunzione di minore età (art. 90 comma 2-*bis* c.p.p.). La disposizione è certamente appropriata ma, in assenza di ulteriori prescrizioni, al riguardo sembra inevitabile prospettare le linee interpretative, già segnalate, relativamente all'applicabilità degli artt. 359-*bis* e 224-*bis* c.p.p. trattandosi, o perlomeno ove si tratti, di operazioni di accertamento incidenti sulla libertà personale (v. *supra*, § 1).

All'offeso vulnerabile, e quindi al minorenne, spettano le garanzie per il caso si debba assumerne le dichiarazioni da parte degli organi investigativi (artt. 351-*ter* secondo periodo e 362-*ter* secondo periodo c.p.p., quanto, rispettivamente, alla polizia giudiziaria e al pubblico ministero; restano tuttavia scoperte le informazioni assunte dal difensore: per queste la norma dell'art. 391-*bis* comma 5-*bis* c.p.p. richiama l'art. 351-*ter* c.p.p., ma limitando l'applicazione del ricorso all'esperto ai soli procedimenti per i reati ivi previsti) fino a facilitare, per pubblico ministero e difensore, la richiesta di incidente probatorio al di fuori della non rinviabilità della prova (art. 392 comma 1-*bis* secondo periodo c.p.p.). L'accesso a tale istituto, di formazione anticipata della prova, resta in realtà e di fatto precluso al difensore, impedito – in assenza di specifiche indicazioni normative sul punto – dallo svolgere quella valutazione individualizzata da cui dipende la qualificazione dell'offeso, anche se non minorenne, quale vittima c.d. vulnerabile. Non mancano previsioni volte ad assicurare, inoltre, la protezione dall'imputato: a questo fine operano sia l'obbligo di informativa nel caso di relativo ritorno in libertà per scarcerazione o evasione (art. 90-*ter* c.p.p.) – valido in realtà per l'offeso in quanto tale – sia le specifiche misure adottabili in udienza dibattimentale per impedirne il contatto diretto, anche visivo (v. cap. V, parte II, § 3).

Nonostante gli avanzamenti di tutela conquistati dalla vittima nel processo ordinario e, come osservato, importabili nel rito minorile, va rimarcato che questo ha configurato uno scenario diverso, ritenuto più congeniale alle esigenze del minorenne. L'inammissibilità della azione civile lo tutela da rivendicazioni patrimoniali attutendo l'impatto con il sistema della giustizia penale. L'attribuzione all'offeso di poteri rafforzati non vale solamente a compensare questa preclusione. Il suo coinvolgimento è considerato utile alla responsabilizzazione del minore. Oltre a partecipare, con diritto all'avviso, all'udienza sia preliminare (art. 31 comma 3) sia dibattimentale (art. 33 comma 4) ove può esercitare i poteri di cui all'art. 90 c.p.p. (presentare memorie e indicare elementi di prova), la persona offesa è chiamata in causa, infatti e in particolare, in relazione a quelle decisioni che permettono l'uscita precoce del minorenne dal processo. Si è stabilito che l'offeso deve essere sentito ai fini della sentenza di non luogo a procedere per irrilevanza del fatto (art. 27 comma 2); che, soprattutto, nell'ambito della messa alla prova, il giudice può impartire prescrizioni dirette alla riparazione delle conseguenze del reato e a promuovere la conciliazione del minorenne con la persona offesa (art. 28 comma 2; v. cap. VI, parte II, § 10). La sua presenza è valorizzata poiché consente che siano intraprese attività di riparazione e conciliazione: queste sostanziano la mediazione tra l'autore del reato e la sua vittima (v. cap. VI, parte II, § 13) favorendo la sensibilizzazione del minorenne agli interessi protetti dalla norma penale, finalità indicata come prioritaria rispetto alla semplice repressione punitiva anche dalle fonti sovranazionali già citate.

Capitolo IV

# LE LIMITAZIONI DELLA LIBERTÀ PERSONALE

## Parte I

## LE MISURE PRECAUTELARI

di *Adonella Presutti*



### 1. Il sistema delle limitazioni della libertà personale.

La specificità della situazione del minorenne trova particolare riscontro nel settore delle misure restrittive della libertà personale: a fondamento della loro disciplina sta, infatti, la duplice esigenza di tutelare l'evoluzione della sua personalità e di non interrompere i processi educativi in atto. A queste direttive si ispira l'intero sistema delineato per il minore, comprensivo delle misure precautelari e di quelle cautelari, come articolate nelle singolari tipologie che saranno esaminate in seguito. La sua complessiva regolamentazione si connota sia per il carattere eccezionale dei casi che autorizzano limitazioni della libertà personale sia per la natura residuale, rispetto alle altre, della misura estrema della custodia in carcere. A tale assetto – improntato a un marcato *favor libertatis* secondo le indicazioni della Corte costituzionale e delle fonti sovranazionali (Regole di Pechino, § 10; Raccomandazione R[03] 20, § 15), perentorie nel sottolineare le speciali esigenze di tutela del minore nel «primo contatto» con l'apparato giustizia – ha, invero, apportato talune innovazioni di tono restrittivo un successivo intervento novellistico (d.lgs. 14 gennaio 1991, n. 12), motivato dalla dichiarata necessità di fronteggiare il dilagare di gravi forme di delinquenza giovanile.

Le modifiche, ritenute di dubbia compatibilità con le direttive della legge delega (art. 3 lett. *h* l. 16 febbraio 1987, n. 81) nonché con i principi internazionali sul tema, si sono tradotte nella estensione dell'area operativa della custodia in carcere (art. 23) e, per suo tramite, delle stesse misure precautelari che ad essa sono collegate normativamente. Su questo secondo fronte, inoltre, si è provveduto alla configurazione dell'accompagnamento a seguito di flagranza (art. 18-*bis*), quale istituto distinto rispetto all'arresto in flagranza e al fermo.

Nel suo insieme, il quadro normativo mostra, comunque, una impronta di accentuata autonomia rispetto a quello stabilito per l'adulto; benché a questo debba farsi riferimento alla stregua del principio di sussidiarietà in tutte le situazioni non compiutamente regolate (art. 1 comma 1), resta inalterata la peculiarità delle previsioni dettate per il minorenne. La scelta legislativa risulta particolarmente appropriata ove si consideri che, a differenza di quanto può accadere circa gli altri istituti processuali, le limitazioni della libertà personale, intervenendo in prossimità del fatto di reato, incidono effettivamente su soggetto di minore età, perciò bisognoso di tutela rafforzata. Si spiegano, così, sia i particolari presidi di garanzia contemplati in sede di esecuzione delle misure precautelari sia l'assistenza dei servizi minorili dell'amministrazione della giustizia, prevista come attività di costante affiancamento del minorenne in stato di limitazione della libertà personale, qualunque sia la misura – precautelare/cautelare – applicata. A proposito dei primi, vengono in rilievo le previsioni che pongono il minore al riparo dalla curiosità del pubblico e da ogni specie di pubblicità (art. 20 comma 1 disp. att. min.), vietano alla polizia giudiziaria l'uso di strumenti di coercizione fisica, salvo che per gravi esigenze di sicurezza (art. 20 comma 1 secondo periodo disp. att. min.) e la obbligano a trattenere il minorenne in locali separati da quelli degli adulti (art. 20 comma 1-*bis* disp. att. min.), espressione, rispettivamente, dei principi di destigmatizzazione, minima offensività e di trattamento differenziato (v. cap. II, § 8). Quanto ai servizi minorili, il loro intervento si qualifica come sostegno – vale a dire aiuto psicologico del minorenne e predisposizione di programmi tarati sulle sue esigenze – e controllo, circa la concreta fattibilità di tali programmi, da tenere distinto, perciò, da quello demandato dal giudice alla polizia giudiziaria e funzionale alle esigenze processuali.

## 2. L'arresto in flagranza.

L'arresto in flagranza (art. 16) condivide con gli ulteriori provvedimenti precautelari (fermo e accompagnamento a seguito di flagranza) e con le stesse misure cautelari il carattere della facoltatività. Il suo ambito applicativo coincide con quello della custodia in carcere in virtù del rinvio che l'art. 16 comma 1 opera alla previsione dell'art. 23: suoi presupposti sono, quindi, lo stato di flagranza (art. 382 c.p.p.) e le fattispecie di reato contemplate dalla norma richiamata.

Quanto al primo, valgono entrambe le situazioni (flagranza e quasi flagranza) indicate in sede codicistica (art. 382 c.p.p.) e le preclusioni stabilite dall'art. 385 c.p.p.: cause di giustificazione, adempimento di un dovere, esercizio di una facoltà legittima e cause di non punibilità vietano l'arresto del minore come dell'adulto. È da condividere la tesi secondo cui nelle cause di non punibilità rientra la situazione di non imputabilità (non capacità di intendere e volere *ex* art. 98 c.p.) del minorenne e tuttavia il suo accertamento, poiché di elevata complessità, non può essere affidato alla polizia giudiziaria, competente per l'arresto in flagranza: ad essa spetta, invece, la verifica del difetto assoluto di imputabilità (art. 97 c.p.) in quanto basato sul dato oggettivo dell'età inferiore ai quattordici anni.

Circa il secondo presupposto, occorre tenere presenti le incisive variazioni subite dalle originarie previsioni dell'art. 23 ad opera del d.lgs. n. 12 del 1991 e, in via indiretta, da quella dell'art. 380 comma 2 c.p.p. cui l'art. 23 comma 1 rimanda. Con la nuova formulazione dell'art. 23, integralmente sostituito (v. *infra*, parte II, § 5), si è esteso l'ambito operativo della custodia in carcere con conseguente ampliamento pure dell'arresto in flagranza. Le ipotesi delittuose, per le quali sono ammessi entrambi i provvedimenti limitativi, sono selezionate in relazione sia al titolo del reato sia a limiti edittalmente sanciti; a proposito di questa seconda categoria, ai fini della determinazione della pena opera la norma dell'art. 379 c.p.p. che, a sua volta, rinvia ai criteri stabiliti dall'art. 278 c.p.p. Come è noto, la l. 26 marzo 2001, n. 128 ha imposto la valutazione anche dell'aggravante di cui all'art. 61 n. 5 c.p. riferita alla condotta di chi ha approfittato «di circostanze di tempo, di luogo o di persona (...) tali da ostacolare la pubblica o privata difesa» (c.d. minorata difesa). La sua trasferibilità nella sede minorile è di dubbia compatibilità sistematica poiché ne deriverebbe una evidente compromissione di quel *favor libertatis* che connota il relativo impianto cautelare. Al riguardo, peraltro, si deve considerare che tale aggravante non potrebbe essere neutralizzata in un eventuale giudizio di comparazione (art. 69 c.p.) né dalla minore età, sempre rilevante (art. 19 comma 5; v. *infra*, parte II, § 2), né dalle altre attenuanti (in particolare, da quella della speciale tenuità del danno cagionato all'offeso *ex* art. 62 comma 1 n. 4 c.p., attenuante prevista per le nuove ipotesi di furto di cui all'art. 380 comma 2 lett. *e-bis* c.p.p.: v. *infra*), giudizio da ritenersi precluso alla polizia giudiziaria poiché di esclusiva pertinenza del giudice (v. *infra*, parte II, § 5).

Anche la disposizione codicistica dell'art. 380 comma 2 c.p.p. cui l'art. 23 rimanda è stata variata: in particolare e anzitutto, la l. n. 128 del 2001 ha configurato il furto in abitazione e il furto con strappo, quali fattispecie autonome (v. rispettivamente il primo e il secondo comma del nuovo art. 624-*bis* c.p.: i relativi limiti edittali sono stati innalzati nel minimo a tre anni dall'art. 1 comma 6 lett. *a* l. 23 giugno 2017, n. 103 , recante *Modifiche al codice penale, al codice di procedura penale e all'ordinamento penitenziario* e, più di recente, a quattro anni dall'art. 5 l. 26 aprile 2019, n. 36, recante *Modifiche al codice penale e altre disposizioni in materia di legittima difesa*), in precedenza considerate semplici aggravanti del reato di furto (art. 625 n. 1 e 4 seconda ipotesi c.p.). In secondo luogo è intervenuta, per esigenze di coordinamento, sulla previsione dell'art. 380 comma 2 c.p.p.: dalla relativa lett. *e* è stato eliminato il riferimento alle ipotesi aggravate di furto, appunto non più contemplate; è poi stata aggiunta una ulteriore lett. *e-bis* nella quale sono state previste le fattispecie di nuova introduzione (furto in abitazione e furto con strappo): per entrambe si è sancita l'operatività della circostanza attenuante di cui all'art. 62 comma 1 n. 4 c.p.

Poiché è mancata una contestuale modifica della norma dell'art. 23, si è reso necessario verificare se e quali conseguenze si producano in sede minorile e, in particolare, quale portata attribuire al rinvio alla sola lett. *e* dell'art. 380 comma 2 c.p.p. mentre è implicito che le ulteriori innovazioni (l. 15 luglio 2009, n. 94 e d.l. 14 agosto 2013, n. 93, convertito dalla l. 15 ottobre 2013, n. 119), apportate a questa previsione espressamente richiamata, devono ritenersi ora estensibili anche al minorenne. Sul punto si registrano orientamenti difformi della giurisprudenza. La tesi minoritaria – che trova il consenso della prevalente dottrina – considera tassativo il rinvio alla norma codicistica ed esclude la possibilità di effettuare l'arresto in flagranza (e applicare la custodia cautelare in carcere) del minorenne in relazione alle nuove fattispecie di furto (art. 624-*bis* c.p.), appunto poiché non più previste dall'art. 380 comma 2 lett. *e* c.p.p. Correttamente si osserva che il principio della riserva di legge, sancito per le limitazioni della libertà personale (art. 13 Cost.), preclude interpretazioni analogiche. La soluzione è risultata di dubbia condivisibilità dal momento che, per tali gravi reati, limiterebbe il potere di arresto del minorenne, prima consentito, in contrasto con le finalità perseguite dall'intervento riformatore.

Si spiega così la presenza della tesi, divenuta maggioritaria, che approda alla conclusione antitetica, sia pure avvalendosi di argomentazioni differenziate. In un primo momento si è affermato che, in realtà, sul piano sostanziale la norma di riferimento è rimasta inalterata: anche se sono contemplate autonomamente (art. 380 comma 2 lett. *e-bis* c.p.p.), le ipotesi di furto aggravato già consentivano l'arresto in flagranza poiché indicate espressamente (art. 380 comma 2 lett. *e* c.p.p.). Stando a questa esegesi, il rinvio deve intendersi alla previsione codicistica nel suo contenuto, ora come in precedenza comunque comprensivo delle situazioni di furto in abitazione e di furto con strappo. Successivamente, si è ritenuto di dover valutare la natura del rinvio, vale a dire se recettizio o non recettizio (o mobile): il rinvio recettizio comporta il riferimento alla norma codicistica originaria mentre quello non recettizio attiene alla norma codicistica come in seguito riformata dal legislatore. La giurisprudenza ha considerato non recettizio il rinvio alla disciplina codicistica e irrilevante il mancato richiamo espresso all'art. 380 comma 2 lett. *e-bis* c.p.p. proprio perché le fattispecie contemplate *ex novo* erano già incluse nella relativa lett. *e*. Qualunque sia l'interpretazione seguita, si ammette l'arresto del minorenne colto in flagranza del reato di furto in abitazione e di furto con strappo. Benché coerente con gli obiettivi di maggiore rigore sottintesi alla novella legislativa, la conclusione caldeggiata da questo orientamento è in aperto conflitto con i principi costituzionali in tema di libertà personale e contraddice lo stesso impianto di maggiore favore proprio della corrispondente disciplina minorile.

Va osservato, inoltre, che la Corte costituzionale è intervenuta ripetutamente, in tema di custodia cautelare in carcere (art. 23), senza tuttavia fornire una risposta risolutiva. Dapprima, la Corte ha ratificato l'orientamento più severo, sorretto dal principio della riserva di legge, nella convinzione che il legislatore abbia volutamente tralasciato di modificare la norma minorile in coerenza con l'assetto di favore del complessivo regime cautelare (Corte cost., 24 aprile 2003, n. 137). Nella sua più recente pronuncia (Corte cost., 13 luglio 2007, n. 281) ha riaperto la questione segnalando la necessità di verificare proprio la natura del rinvio che l'art. 23 opera alla previsione dell'art. 380 comma 2 lett. *e* c.p.p. per stabilire se esso sia recettizio e, pertanto, se la norma richiamata valga, nel rito minorile, come formulata nella sua versione originaria. Anche il suggerimento adombrato dalla Corte costituzionale suscita perplessità: a ben vedere mette in gioco il problema più generale del rinvio che l'art. 1 comma 1 effettua alla normativa del codice di rito e che si traduce nel principio di sussidiarietà (art. 1 comma 1 primo periodo). Ove si dovesse ipotizzare che la disciplina codicistica è richiamata nella sua formulazione originaria si determinerebbe l'effetto di congelare il contesto processuale minorile rendendolo estraneo alla evoluzione subita nel tempo da quello delineato per gli adulti e, in specie, al suo progressivo allineamento ai dettami costituzionali, inclusi quelli dell'art. 111 Cost. (che detta i principi del "giusto processo") come riformato dalla l. cost. 23 novembre 1999, n. 2. Le incertezze in cui si dibatte la giurisprudenza e la delicatezza del bene coinvolto (libertà personale) impongono, come è evidente, una esplicita presa di posizione dello stesso legislatore.

Per l'esercizio del potere di arresto, precautela sempre facoltativa come si è detto, sono fissati precisi criteri guida così da orientare la valutazione della polizia giudiziaria alla stregua delle specificità del caso concreto: si tratta della gravità del fatto nonché dell'età e della personalità del minorenne (art. 16 comma 2). Tutti sono riconducibili al principio di adeguatezza applicativa (art. 1 comma 1 secondo periodo), ma ciascuno di essi assume una valenza propria. La gravità del fatto, per taluna dottrina espressione del principio di minima offensività, si affianca alla gravità del titolo del reato: mentre quest'ultima definisce i confini esterni del potere di arresto ancorandolo ai soli casi indicati dal legislatore, la prima opera nel suo ambito obbligando la polizia giudiziaria a tenere conto delle concrete modalità di esecuzione del reato: in questa prospettiva, una azione criminosa compiuta con modalità ludiche o goliardiche varrebbe a definire non grave il fatto. L'età del minorenne, situazione soggettiva comunque implicata dal rito, è parametro che allude a quella del singolo minore coinvolto e, in particolare, alla sua distanza dalla maggiore età. Quanto al dato della personalità, si ritiene che essa rimandi alla pericolosità del minorenne in sintonia con quanto stabilito dall'art. 381 comma 4 c.p.p., ma esiga la valutazione dell'esigenza «di non interrompere i processi educativi in atto» (art. 19 comma 2), criterio per l'applicazione delle misure cautelari da intendersi di portata generale. Il riferimento a tale criterio è considerato necessario al fine di calibrare, conformemente alla tipicità di questa misura nell'ambito minorile, un potere di arresto attuato nella immediatezza del fatto e quindi, di regola, da organi di polizia non appartenenti alle sezioni specializzate (art. 5: v. cap. III, parte I, § 10): per questi la valutazione della personalità del minorenne si presenta compito non agevole anche per l'impossibilità di fare affidamento sulle competenze dei servizi sociali, il cui intervento è, per legge (art. 18 comma 1), previsto nella fase, successiva, della esecuzione della precautela.

## 3. Il fermo.

Come si è accennato nel precedente paragrafo, anche il fermo è misura precautelare di applicazione facoltativa (art. 17); in quanto provvedimento restrittivo facoltativo valgono i medesimi criteri guida fissati per l'arresto in flagranza benché non espressamente indicati: gravità del fatto, età e pericolosità del minorenne regolano l'esercizio del potere di fermo, questo riservato al pubblico ministero, salva la competenza sussidiaria della polizia giudiziaria alle condizioni previste dall'art. 384 commi 2 e 3 c.p.p.

Al pari dell'arresto in flagranza la sua area operativa è segnata da quella definita per la custodia cautelare in carcere (art. 23 richiamato dall'art. 17) e, pertanto, su di essa si sono riflesse le estensioni che hanno investito la cautela per effetto del d.lgs. n. 12 del 1991. Tale intervento normativo ha tuttavia inciso direttamente pure sulla disciplina del fermo così che la sua applicazione è comunque limitata, tra quelle che consentono la custodia cautelare, alle ipotesi delittuose per le quali è stabilita la pena della reclusione non inferiore nel minimo a due anni con parziale equiparazione alla regolamentazione valevole per l'adulto (art. 384 comma 1 c.p.p.).

In virtù del rinvio generale previsto dall'art. 1 comma 1, la precautela poggia sui medesimi presupposti di legittimità (art. 384 c.p.p.) e condizioni negative (art. 385 c.p.p.) contemplati nella sede codicistica: gravi indizi di reato e pericolo di fuga integrano requisiti imprescindibili così come l'assenza di cause di giustificazione e di non punibilità. A proposito del pericolo di fuga, va segnalato che la giurisprudenza lo considera presupposto tuttora richiesto nonostante la Corte costituzionale (Corte cost., 26 luglio 2000, n. 359) abbia espunto il riferimento ad esso dall'ambito delle esigenze cautelari (dichiarando illegittimo l'art. 23 comma 2 lett. *b*), ambito al quale peraltro fa richiamo la disciplina del fermo (art. 17). La pronuncia della Corte costituzionale, relativa alle misure cautelari e motivata dal riscontrato eccesso di delega, non si presta, infatti, ad influire sul regime del fermo: ove venisse meno la finalità di impedire il rischio di fuga, il fermo sarebbe applicabile nei confronti del minorenne al di là del suo scopo naturale determinandone un trattamento deteriore rispetto a quello riservato all'adulto, in patente violazione dell'art. 3 Cost. È, comunque, necessario tenere presente che – come precisato dalle Sezioni Unite (S.U., 11 maggio 1993, M.) – il fermo è preordinato a garantire lo sviluppo delle indagini e l'azione degli organi investigativi; ne deriva che anche un semplice allontanamento momentaneo del minorenne dal luogo di abituale dimora ne potrebbe legittimare il fermo se in grado di compromettere irrimediabilmente tali esigenze.

Sempre in relazione al presupposto in esame, si deve dare atto della modifica operata dalla l. n. 128 del 2001 sull'art. 384 comma 1 c.p.p.: la legge citata ha previsto che anche «l'impossibilità di identificare l'indiziato» possa valere come situazione sintomatica del rischio di fuga. L'innovazione legislativa codifica in realtà un orientamento giurisprudenziale venutosi a delineare a fronte di un fenomeno ricorrente, quello di cittadini extracomunitari, indiziati di reato, privi di documenti o con documenti falsi che ne ostacolano l'identificazione. Per quanto vi siano sottintese preoccupazioni ossessive di tutela della sicurezza collettiva, la riforma dell'art. 384 comma 1 c.p.p. produce l'effetto di meglio qualificare gli «specifici elementi» da cui desumere il rischio di fuga raccordandolo a dati concreti. Per questa ragione si deve ritenere che la norma, nella sua nuova formulazione, sia compatibile con il sistema minorile e, anzi, la sua operatività permetta di fronteggiare, nei confronti del minorenne indiziato di reato, difficoltà di identificazione non dissimili da quelle riscontrate in relazione all'adulto.

## 4. Gli obblighi e gli adempimenti della polizia giudiziaria.

Una volta disposto l'arresto in flagranza o il fermo, gravano sulla polizia giudiziaria gli adempimenti prescritti dalla disciplina minorile (art. 18) da integrarsi (art. 1 comma 1) con quelli di garanzia stabiliti in sede codicistica.

Si tratta, anzitutto, di obblighi di informativa, prevista come «immediata»: ne sono destinatari, stando alla norma dell'art. 18 comma 1, il pubblico ministero, l'esercente la responsabilità genitoriale e l'eventuale affidatario nonché i servizi minorili della amministrazione della giustizia; in applicazione dell'art. 386 c.p.p. (nel testo sostituito dal d.lgs. 1° luglio 2014, n. 101) allo stesso minore deve essere consegnata una comunicazione scritta, redatta in forma chiara e precisa, e tradotta in una lingua a lui comprensibile se non conosce quella italiana (adempimento consentito anche in forma orale per i casi di indisponibilità: comma 1-*bis*), circa i diritti che gli competono (comma 1); tra questi spicca la facoltà di nominare un difensore (comma 1 lett. *a*) a sua volta da informare con immediatezza dell'avvenuto provvedimento restrittivo.

La chiamata in causa del pubblico ministero e delle peculiari figure indicate che affiancano il minore risponde all'esigenza di consentire l'espletamento della rispettiva funzione. Così, la notizia dovuta al pubblico ministero mira a renderne possibile un primo controllo di legittimità sulla precautela adottata nonché, come si vedrà, a disporre in ordine alla sorte del minorenne oltre che a promuovere la procedura di convalida. Quella spettante al difensore (di fiducia o d'ufficio designato dal pubblico ministero *ex* art. 97 c.p.p.) è preordinata a garantire l'effettività del diritto di difesa così come la stessa comunicazione al minorenne circa la facoltà di procedere alla relativa nomina.

Quanto all'esercente la responsabilità genitoriale, come si è precisato (v. cap. III, parte II, § 5), la sua presenza a lato del minorenne è finalizzata alla integrazione della autodifesa, mentre l'eventuale affidatario partecipa in vista della assistenza affettiva. Una attività assistenziale compete anche ai citati servizi minorili, ai quali è affidata pure l'indagine sulla personalità del minore (art. 9), in questo particolare frangente utile a orientare verso l'applicazione dei provvedimenti giudiziali più appropriati alle sue esigenze.

In ragione del diverso ruolo, rispettivamente rivestito dai destinatari della informativa, differenti sono le conseguenze provocate dalla sua omissione. Quella riferita al pubblico ministero, incidendo sulla sua partecipazione al procedimento, integra una nullità generale a regime intermedio (artt. 178 comma 1 lett. *b* e 180 c.p.p.). La stessa conclusione vale con riguardo al difensore: come affermato dalla dottrina nonostante il diverso orientamento della giurisprudenza di legittimità, si verifica la lesione del diritto alla assistenza difensiva di cui all'art. 178 comma 1 lett. *c* (e art. 180) c.p.p. Si devono escludere, invece, conseguenze sanzionatorie a proposito della violazione dell'obbligo di informare sia l'affidatario sia i servizi minorili della amministrazione della giustizia poiché l'intervento di entrambi è privo di connotazioni di natura difensiva; a proposito dell'esercente la responsabilità genitoriale, è la norma dell'art. 7 a indicare le uniche tassative ipotesi (mancato invio della informazione di garanzia e del decreto di fissazione dell'udienza) sancite a pena di nullità.

Gli ulteriori adempimenti cui è tenuta la polizia giudiziaria riguardano il minorenne in stato di arresto o fermo. Nelle ipotesi regolate dall'art. 389 c.p.p. ne va disposta l'immediata liberazione; al di fuori di tali casi, si richiede che il minore sia messo a disposizione del pubblico ministero nel consueto termine di ventiquattro ore (art. 386 comma 3 c.p.p.), mediante la sua conduzione nel luogo da questi indicato (art. 18 comma 2). Proprio la particolare situazione personologica dell'arrestato o fermato sta a fondamento di tale norma che prevede il previo intervento del pubblico ministero, tenuto a individuare il luogo ove trattenere il minorenne nelle more della convalida del provvedimento restrittivo: la sua scelta spazia tra il centro di prima accoglienza, la comunità pubblica o autorizzata e l'abitazione familiare. Al fine di valutare la soluzione più congrua sono stabiliti i criteri delle modalità del fatto, dell'età e della situazione familiare e, al medesimo scopo, si prevede la possibile convocazione del minore (art. 18 comma 4), secondo una innovazione introdotta dal d.lgs. n. 12 del 1991: questo primo contatto permette al pubblico ministero – abilitato alle attività di osservazione della personalità *ex* art. 9 – di acquisire dati di conoscenza utili. Si deve ritenere, perciò, che l'audizione del minorenne non comprometta il potere del pubblico ministero di fare luogo, comunque, al suo interrogatorio (artt. 364 e 388 c.p.p.) per esigenze investigative. È ancora il legislatore del 1991 ad avere espressamente previsto (art. 18 comma 3) che, una volta sentito il minore, il pubblico ministero ne disponga l'immediata liberazione laddove ritenga di non dover richiedere l'applicazione di una misura cautelare, vale a dire reputi non necessario protrarre, dopo la convalida della misura precautelare adottata dalla polizia giudiziaria, lo stato restrittivo.

## 5. L'accompagnamento a seguito di flagranza.

L'accompagnamento presso gli uffici di polizia giudiziaria a seguito di flagranza (art. 18-*bis*) è provvedimento precautelare che si affianca a quelli illustrati nei precedenti paragrafi, ma pensato in relazione alla particolare situazione del minorenne. La misura, facoltativa come il fermo e l'arresto in flagranza, si caratterizza per la sua specifica finalità di tutela del minore, prevalente rispetto a quella più propriamente (pre)cautelare. Tale connotazione è stata accentuata dal d.lgs. n. 12 del 1991 che, come osservato, ha reso autonoma questa precautela, già contemplata nella disciplina originaria: suo scopo, infatti, è la conduzione del minore nell'ambito familiare e solamente per i casi di impossibilità se ne prevede la restrizione in una struttura custodiale, soluzione, tuttavia, nella esclusiva disponibilità del pubblico ministero (art. 18-*bis* comma 4).

La misura si innesta su una situazione di flagranza di un delitto non colposo punito con la pena dell'ergastolo o della reclusione non inferiore nel massimo a cinque anni (art. 18-*bis* comma 1): presupposti per la sua applicazione sono, pertanto, lo stato di flagranza o di quasi flagranza (art. 382 c.p.p.) e l'assenza di cause di giustificazione o di non punibilità (art. 385 c.p.p.) così come per l'arresto *ex* art. 16, ma si richiede la presenza di una ipotesi di reato riconducibile ai limiti edittali indicati. Come si può constatare, l'ambito operativo della misura è più ristretto di quello delineato per l'arresto in flagranza (che, coincidendo con quello della custodia cautelare, comprende delitti puniti con la pena dell'ergastolo o della reclusione non inferiore nel massimo a nove anni *ex* art. 23 richiamato dall'art. 16) e si colloca al suo interno così da giustificare la denominazione assegnatale di «arresto minore». Non a caso, per entrambe valgono i medesimi criteri guida della gravità del fatto, nonché dell'età e della pericolosità del minorenne (art. 16 comma 3 richiamato dall'art. 18-*bis* comma 5); laddove il reato sia – per i limiti di pena previsti – astrattamente suscettibile tanto dell'arresto in flagranza tanto dell'accompagnamento, si deve perciò ritenere che tali parametri debbano orientare la polizia giudiziaria nella scelta della misura più adeguata al caso concreto oltre che nella stessa valutazione circa l'applicazione della misura «minore».

Sul piano operativo, la misura si sostanzia nell'accompagnamento del minorenne presso gli uffici di polizia giudiziaria ove può essere trattenuto per il tempo necessario alla sua consegna all'esercente la responsabilità genitoriale o all'affidatario o a persona da questi incaricata e comunque per non oltre dodici ore (art. 18 comma 1). Benché non espressamente stabilito, la natura restrittiva del provvedimento della polizia giudiziaria e la finalità marcatamente di tutela del minorenne propria della misura inducono a preferire la tesi di chi afferma la perentorietà del termine e il conseguente effetto liberatorio per sua inosservanza, in applicazione dell'art. 386 comma 7 c.p.p.

Sulla autorità di polizia giudiziaria (ufficiale/agente) che abbia disposto la misura incombono precisi adempimenti dalle cadenze stringenti e in parte diversi da quelli, già esaminati, prescritti per l'arresto in flagranza e il fermo, in ragione delle peculiarità di questo tipo di precautela: immediata notizia è dovuta al pubblico ministero al fine di garantire il suo controllo sulla legittimità del provvedimento; informativa tempestiva va data ai servizi sociali allo scopo di consentire il loro intervento di assistenza del minorenne; invito a presentarsi presso l'ufficio va effettuato all'esercente la responsabilità genitoriale o all'eventuale affidatario così da permettere la presa in carico del minorenne (art. 18-*bis* comma 2). Con riguardo ad essi (nonché alla persona eventualmente da loro incaricata), va segnalato che la consegna del minorenne fa sorgere l'obbligo – di cui sono formalmente avvertiti (art. 18-*bis* comma 3) – di tenerlo a disposizione del pubblico ministero e di vigilare sul suo comportamento. In vista di tale impegno, spetta alla polizia giudiziaria la previa verifica di idoneità del soggetto cui è consegnato il minorenne, al punto che una valutazione negativa (di «manifesta inidoneità» *ex* art. 18-*bis* comma 4), e addirittura l'impossibilità di provvedere all'invito a presentarsi o la mancata ottemperanza all'invito da parte del destinatario, impongono una ulteriore immediata notizia al pubblico ministero: solo a questi, come detto, compete disporre che il minorenne sia condotto senza ritardo presso una struttura "custodiale" (centro di prima accoglienza o comunità pubblica o privata autorizzata) da indicare esplicitamente.

In realtà, la disciplina della misura prevede un altro possibile intervento del pubblico ministero e nella immediatezza della informativa dell'avvenuto accompagnamento presso gli uffici di polizia giudiziaria: la norma dell'art. 18-*bis* comma 5 rinvia a quella dell'art. 18 comma 2 secondo periodo lasciando intendere che il minore può essere condotto presso l'abitazione familiare – e così sottratto alla disponibilità della polizia giudiziaria – fin dal primo momento di esecuzione della misura, presumibilmente laddove lo stesso pubblico ministero reputi non fondato il provvedimento restrittivo.

Come si è osservato, la precautela in esame si sovrappone a quella dell'arresto in flagranza in relazione alla categoria di reati che, per limiti edittali di pena, sono passibili di entrambe le misure limitative. Ciò non impedisce di rilevare la sostanziale differenza dell'accompagnamento a seguito di flagranza con riguardo alla posizione del minore che vi sia sottoposto. Mentre l'arresto in flagranza comporta a suo carico il dovere di non allontanarsi dal luogo stabilito, punito a norma dell'art. 385 c.p. (reato di evasione), non altrettanto è a dirsi per il minore "condotto" alla sfera familiare, in assenza di una previsione esplicita e per il divieto di analogia *in malam partem*. Si è visto che obblighi ricadono sui soggetti (esercente la responsabilità genitoriale, affidatario o persona designata e, si deve aggiungere, responsabile della struttura ove destinato il minore per i casi di impossibilità) cui è consegnato il minorenne: ne deriva che un suo eventuale allontanamento li espone alle sanzioni (civili o disciplinari) correlate alla loro rispettiva posizione.

## 6. La procedura di convalida delle misure precautelari.

La procedura di convalida è regolata in modo uniforme per tutte e tre le misure precautelari: al riguardo operano, infatti, le previsioni degli artt. 390 e 391 c.p.p. cui rinvia, per arresto in flagranza e fermo, l'art. 18 comma 5, norma a sua volta richiamata, per l'ipotesi di accompagnamento, dall'art. 18-*bis* comma 5; con queste concorrono disposizioni specifiche dettate nella sede minorile.

Le norme codicistiche citate si riferiscono alla disciplina dei termini, fissati in capo al pubblico ministero, per l'attivazione del procedimento di convalida (quarantotto ore dal provvedimento restrittivo) nonché a quella della stessa udienza. Va precisato che, per il minorenne custodito presso l'abitazione familiare, nel medesimo luogo deve essere celebrata l'udienza, secondo la regola fissata ora dall'art. 123 disp. att. c.p.p., e senza le eccezioni ivi stabilite da ritenersi non appropriate per il minorenne. La partecipazione del difensore, come è noto, è prevista come necessaria; per taluna dottrina deve ritenersi obbligatoria anche quella del pubblico ministero con esclusione della applicabilità dell'art. 390 comma 3-*bis* c.p.p. che consente, in alternativa, la sola trasmissione delle sue richieste in ordine alla libertà personale: la norma, invero, risulta difficilmente compatibile con il sistema minorile se si considera che, proprio in sede di convalida e in relazione alle opzioni circa l'eventuale misura cautelare da disporre, si rivela indispensabile che il pubblico ministero valuti i dati acquisiti dai servizi minorili nella attività di indagine sulla personalità e ricavabili dall'interrogatorio dello stesso minorenne.

Oltre a difensore e pubblico ministero, si ammette la presenza dei soggetti che nel rito minorile sono deputati alla assistenza affettiva e psicologica del minorenne: poiché tale funzione esula da quella propriamente difensiva, la mancata partecipazione dell'esercente la responsabilità genitoriale, di altra persona idonea e di un appartenente ai servizi minorili sia della amministrazione della giustizia sia degli enti locali non dà luogo a nullità d'ordine generale a regime intermedio (artt. 178 comma 1 lett. *c* e 180 c.p.p.).

Per quanto sia stato omesso un rinvio esplicito alla previsione dell'art. 121 comma 2 disp. att. c.p.p., la sua applicabilità è indubbia. La norma obbliga alla celebrazione della udienza di convalida anche nei casi in cui il pubblico ministero abbia disposto la liberazione dell'arrestato o del fermato, avendo optato per non richiedere una misura cautelare coercitiva, situazione omologa a quella contemplata dall'art. 18 comma 3. Stando alla dottrina e alla giurisprudenza più recente, il controllo giurisdizionale non può essere tralasciato alla luce della sua finalità di garanzia, finalità sottintesa alla disciplina minorile della convalida come innovata dal d.lgs. n. 12 del 1991 e, si può aggiungere, sul rilievo che il rinvio generale *ex* art. 1 comma 1 e l'assenza di incompatibilità sistematiche già comportano la trasferibilità in questa sede normativa della disposizione dell'art. 121 comma 2 disp. att. c.p.p.

La valutazione del giudice coinvolge la legittimità della iniziativa della polizia giudiziaria e, in sostanza, la verifica di sussistenza dei presupposti della misura precautelare disposta. Avverso l'ordinanza che decide sulla convalida, pubblico ministero e interessato (lo stesso minore e l'esercente la responsabilità genitoriale *ex* art. 34) possono proporre ricorso per cassazione (art. 391 comma 4 c.p.p.). Come si sa, anche ove il provvedimento restrittivo non sia stato convalidato, il giudice può disporre, su impulso del pubblico ministero, l'applicazione di una misura cautelare alle condizioni stabilite dalla disciplina minorile (v. *infra*, parte II, § 2 e 5): fuori di questa ipotesi e qualunque sia stata la decisione del giudice (convalida/non convalida), si impone la immediata liberazione del minorenne (art. 391 comma 6 c.p.p.).

## Parte II

# LE MISURE CAUTELARI

di *Adonella Presutti*



## 1. Principi e regole generali.

I tratti distintivi che, nel rito minorile, connotano in generale il settore dei provvedimenti restrittivi della libertà personale (v. *supra*, parte I, § 1) ricevono ulteriore specificazione nel sottosistema delle misure cautelari. La particolare tipologia delle misure contemplate e i suoi principi ispiratori ne sottolineano la distanza rispetto alla disciplina destinata agli adulti; a questa, tuttavia, occorre fare ripetuto riferimento in funzione integrativa delle norme appositamente dettate, non prive di approssimazione e di lacune: allo scopo giova il principio di sussidiarietà (art. 1 comma 1) e il vaglio di compatibilità.

Il novero delle misure si compone di fattispecie atipiche rispetto a quelle individuate per l'adulto: si tratta delle prescrizioni (art. 20), permanenza in casa (art. 21), collocamento in comunità (art. 22) – definite misure obbligatorie appunto per gli obblighi derivanti a carico del minorenne – e custodia in carcere (art. 23), questa da considerarsi cautela di tipo coercitivo. Per esse vale il principio di stretta legalità (art. 19 comma 1) che preclude l'applicazione al minore delle misure cautelari previste per l'adulto e, in particolare, di quelle interdittive (artt. 288-290 c.p.p.), di evidente incompatibilità con la sua situazione personale nonché, per taluna dottrina, le cautele reali (artt. 316 e 321 c.p.p.), ammesse invece dalla giurisprudenza sia di legittimità sia di merito. Anche le cautele minorili, in ogni caso tassative, sono ordinate secondo una scala di crescente afflittività.

Sul piano dei particolari principi regolatori, va precisato che, come i provvedimenti precautelari, già illustrati, le misure in esame sono previste sempre facoltative, ma, a differenza di quelli, tale carattere non opera solamente nel momento applicativo: in caso di ingiustificato allontanamento o di (gravi e ripetute) violazioni di quella in atto, l'applicazione della misura più afflittiva resta ancora nella disponibilità del giudice della cautela; quanto alle misure obbligatorie, inoltre, secondo un criterio specifico del rito minorile, gli è impedito disporne una diversa da quella indicata nella progressione di gravità. Un ruolo di accentuata residualità – attenuato tuttavia dalle modifiche restrittive introdotte dal d.lgs. 14 gennaio 1991, n. 12 – rispetto alle altre misure, come si è accennato, è riservato alla custodia in carcere del minorenne, secondo una precisa direttiva della legge delega (art. 3 lett. *h* secondo periodo l. 16 febbraio 1987, n. 81) che l'ha mutuata da puntuali indicazioni di principio della Corte costituzionale, intervenuta sulla previgente disciplina (Corte cost., 20 aprile 1978, n. 46). La particolare situazione del minorenne, con il suo carico di necessità, assume un risalto decisivo nel momento di applicazione delle misure: «l'esigenza di non interrompere i processi educativi in atto» (art. 19 comma 2) si affianca ai tradizionali criteri di adeguatezza e proporzionalità della sede codicistica (art. 275 c.p.p.) cui fa espresso rinvio l'art. 19 comma 2. La sua enunciazione nella norma riferita alle «Misure cautelari per i minorenni» (art. 19) vale a sgombrare il campo dalla tesi che vorrebbe lo stesso processo minorile preordinato a finalità educative. L'equivoca opinione è smentita proprio dalla circostanza che tale esigenza è stabilita quale criterio guida per la scelta discrezionale circa l'applicazione e l'individuazione della cautela più appropriata e, pertanto, la stessa opera come limite anziché come scopo: al riguardo, anzi, illuminata giurisprudenza ha affermato che essa prevale a fronte di eventuali, e addirittura pressanti, esigenze di tutela della collettività.

È ancora la particolare condizione minorile ad aver suggerito al legislatore di contenere la durata delle misure della custodia in carcere nonché della permanenza in casa e del collocamento in comunità – alla prima equiparate a questo fine (art. 21 comma 4 richiamato dall'art. 22 comma 3) – e in limiti inferiori rispetto a quelli fissati per l'adulto: i termini massimi, previsti dall'art. 303 c.p.p., «sono ridotti della metà per i reati commessi da minori degli anni diciotto e dei due terzi per quelli commessi da minori di anni sedici» (art. 23 comma 3: v. *infra*, § 8). E una regolamentazione autonoma è stata destinata alla misura delle prescrizioni la cui durata, più circoscritta, opera in relazione sia alla sua applicazione sia alla sua eventuale rinnovazione (art. 20 comma 2: v. *infra*, § 2).

Alle descritte note qualificanti del regime cautelare sancito per il minorenne, va aggiunta l'attività di sostegno e di controllo affidata ai servizi minorili della amministrazione della giustizia in raccordo con quelli di assistenza istituiti dagli enti locali: già si è rilevato che il loro intervento, prescritto come indefettibile dalla norma generale dell'art. 19 comma 3, è mirato all'aiuto del minorenne e il suo controllo non assume valenza poliziesca (v. *supra*, parte I, § 1). Occorre precisare, piuttosto, che ad essere coinvolti sono propriamente, tra le strutture indicate nell'art. 8 disp. att. min., i servizi sociali e che il loro intervento si estende a coloro che, in corso di esecuzione (anche) delle misure cautelari, abbiano compiuto il diciottesimo ma non il venticinquesimo anno di età, come prescritto dall'art. 24 comma 1 disp. att. min. e salva l'eccezione ivi sancita (v. cap. III, parte II, § 1). Una volta raggiunta tale soglia, la relativa competenza passa ai servizi sociali per adulti.

## 2. Le misure obbligatorie: tipologie e presupposti. Le prescrizioni.

Come si è già precisato, per il minorenne, sono state configurate misure cautelari particolari non riconducibili a quelle contemplate per l'adulto, salvo la custodia in carcere. Nel rinviare alla illustrazione in dettaglio della disciplina stabilita per quest'ultima, si indicheranno di seguito gli elementi sia differenziali e sia in comune con le misure appartenenti alla categoria delle obbligatorie.

L'area operativa di tali misure (prescrizioni, permanenza in casa e collocamento in comunità) è più circoscritta di quella fissata per la custodia in carcere e rapportata alla diversa e minore gravità dei reati addebitati al minorenne. Le prime possono essere disposte solo ove si proceda per delitti edittalmente puniti con l'ergastolo o con la reclusione non inferiore nel massimo a cinque anni (art. 19 comma 4); la custodia in carcere è applicabile in relazione a delitti non colposi per i quali è stabilita la pena dell'ergastolo o della reclusione non inferiore nel massimo a nove anni oltre che per le fattispecie individuate nominativamente dal legislatore (art. 23 comma 1: v. *infra*, § 5). Ai fini della determinazione della pena si seguono in ogni caso i criteri fissati dall'art. 278 c.p.p., tenendo conto della diminuente della minore età (art. 19 comma 5); il d.l. 23 dicembre 2013, n. 146 (convertito dalla l. 22 febbraio 2014, n. 10) aveva introdotto una deroga prescrivendo che tale attenuante non dovesse valere per i delitti di cui all'art. 73 comma 5 d.p.R. 9 ottobre 1990, n. 309, relativo ai casi di lieve entità, configurati quali fattispecie autonome punite con la pena della reclusione da uno a cinque anni. L'eccezione mirava a rendere possibile, per quelle ipotesi criminose, l'applicazione al minorenne delle misure diverse dalla custodia in carcere, appunto riferite a delitti puniti con la pena – dell'ergastolo e – della reclusione non inferiore nel massimo a cinque anni (art. 19 comma 4). Una successiva modifica (d.l. 20 marzo 2014, n. 36, convertito dalla l. 16 maggio 2014, n. 79) ha investito la norma dell'art. 73 comma 5 d.p.R. n. 309 del 1990, abbassando a quattro anni (nel massimo) la pena della reclusione ivi stabilita con la conseguenza di privare di significato la deroga stessa, da ritenersi come non scritta. Da segnalare che, in sede di applicazione delle misure cautelari, è consentito al giudice – poiché ad esso riservato – quel giudizio di comparazione tra circostanze (art. 69 c.p.) che si è visto precluso alla polizia giudiziaria in occasione delle iniziative precautelari (v. *supra*, parte I, § 2).

In comune a entrambe le categorie di misure, e imprescindibile, è il presupposto dei gravi indizi di colpevolezza, sottinteso al rinvio generale *ex* art. 1 comma 1 (v. *infra*, § 5); quanto alle esigenze cautelari, la stessa norma dell'art. 1 comma 1 rende applicabili, per le misure obbligatorie, l'art. 274 c.p.p. mentre una apposita regolamentazione è prevista per la sola custodia in carcere (art. 23 comma 2: v. *infra*, § 5); i criteri per la scelta ad opera del giudice sono condivisi: quelli sanciti in sede codicistica (art. 275 c.p.p.) sono incrementati del parametro, già illustrato, che obbliga alla valutazione della «esigenza di non interrompere i processi educativi in atto».

Venendo ora all'analisi delle singole cautele minorili, va osservato che nella progressione di loro crescente afflittività, al livello inferiore è collocata la misura delle prescrizioni (art. 20). Questa si sostanzia nella imposizione di regole di condotta al minorenne e nel suo contestuale affidamento ai servizi minorili della amministrazione della giustizia. La sua idoneità a fronteggiare le esigenze *ex* art. 274 c.p.p. è, invero, esigua: lo si ricava dalla indicazione normativa delle prescrizioni cui può essere sottoposto il minore, incentrate sul suo prevalente interesse in armonia con il criterio di adeguatezza sottinteso alla materia cautelare. Al giudice spetta individuare quelle in concreto più appropriate ma, comunque, nell'ambito di attività di studio, di lavoro o utili per la sua educazione; il riferimento a quest'ultima categoria non fa venire meno il necessario riscontro di esigenze cautelari, ma segnala piuttosto come la misura si raccordi, in generale, al principio di minima offensività proprio del rito minorile. In ragione del carattere di tassatività che impronta il sistema cautelare, si dubita che il minore possa essere sottoposto a prescrizioni di diverso tipo e, in particolare, a quelle di cui all'art. 382 c.p.p. (obbligo di presentazione periodica agli uffici di polizia giudiziaria). Dottrina e giurisprudenza sottolineano l'importanza che il giudice, libero nella scelta delle singole prescrizioni, individui almeno un percorso predeterminato, da rimettere nella sua evoluzione ai servizi minorili che affiancano il minore. A lui, inoltre, compete stabilire, nell'ambito della durata massima fissata legislativamente (due mesi dalla notifica della ordinanza applicativa), quella della misura disposta nonché decidere la sua eventuale rinnovazione, ammessa una sola volta e unicamente per la presenza di esigenze probatorie (art. 20 comma 2). Da ricordare che, a fronte di gravi e ripetute violazioni alle regole di condotta imposte, resta nella discrezionalità del giudice aggravare la situazione restrittiva del minorenne, disponendo la misura della permanenza in casa, normativamente indicata come quella successivamente più afflittiva (art. 20 comma 3).

Per l'applicazione della misura si esige la previa audizione dell'esercente la responsabilità genitoriale (art. 20 comma 1) in grado, per il suo ruolo, di offrire alla valutazione dell'organo giurisdizionale adeguati elementi di conoscenza del minorenne oltre che in funzione di integrazione della sua autodifesa. Proprio a causa di tale valenza difensiva, si ritiene che l'intervento di questa figura non possa essere tralasciato e, per il caso sia stato omesso, ne derivi una nullità generale *ex* art. 178 comma 1 lett. *c* c.p.p. a regime intermedio (art. 180 c.p.p.).

## 3. (*Segue*): la permanenza in casa.

La misura della permanenza in casa (art. 21) obbliga il minorenne a rimanere presso l'abitazione familiare o in altri luoghi di privata dimora, questi riferibili, secondo la giurisprudenza, anche alle comunità private non autorizzate e, per i minori nomadi, al campo. La cautela incide, quindi, sulla libertà di movimento comportando il corrispondente divieto di allontanamento dal luogo stabilito: per questo verso è assimilabile agli arresti domiciliari (art. 284 c.p.p.). Dalla misura codicistica si differenzia poiché la sua equiparazione alla custodia in carcere è sancita solamente ai fini del computo di durata massima e, dopo la modifica operata dal d.lgs. n. 12 del 1991, per la sua fungibilità con la pena da eseguire *ex* art. 657 c.p.p. (art. 21 comma 4). Si deve escludere, pertanto, sia che il minore versi in stato detentivo sia che il suo ingiustificato allontanamento integri il reato di evasione (art. 385 c.p.): in virtù del particolare meccanismo già descritto, una simile condotta può semmai comportare la sua soggezione alla misura del collocamento in comunità (art. 20 comma 5). La giurisprudenza ne ricava anche che il termine per l'interrogatorio di garanzia *ex* art. 294 c.p.p. è quello (di dieci giorni dalla esecuzione della misura o dell'eventuale provvedimento precautelare), prescritto appunto per misure diverse dalla custodia in carcere.

All'obbligo di stare presso il luogo indicato, possono aggiungersi limiti o divieti alla libertà di comunicazione del minorenne con persone diverse da quelle che con lui coabitano o lo assistono: si tratta di vincoli che al giudice è consentito imporre a tutela delle esigenze processuali sottintese alla applicazione della misura, anche da questo punto di vista non dissimile dagli omologhi arresti domiciliari (art. 284 comma 2 c.p.p.). Ulteriore punto di contatto è ravvisabile nelle deroghe che possono essere stabilite, queste certamente a salvaguardia delle specifiche esigenze del minorenne: lo svolgimento di attività di studio, di lavoro o di altre utili per la sua educazione giustificano, su disposizione del giudice, il suo allontanamento dall'abitazione.

Si è osservato che, per previsione generale (art. 19 comma 3), ai servizi minorili – della amministrazione della giustizia e istituiti dagli enti locali – spettano attività di sostegno e di controllo in relazione al minore sottoposto a misura cautelare: l'impegno di collaborare all'espletamento di questa funzione assistenziale grava sui genitori o sulle persone nella cui abitazione è disposta la permanenza del minore, tenuti altresì a consentire gli interventi di controllo "cautelare" della polizia giudiziaria eventualmente disposti dal giudice. È loro attribuita anche la vigilanza sul comportamento del minore: poiché non espressamente sancita in termini di obbligo giuridico, a differenza di quanto prescritto in ordine alle funzioni di assistenza e di controllo dei servizi minorili e della polizia giudiziaria, si deve escludere che ciò implichi il dovere, penalmente sanzionato (art. 650 c.p.), di impedirne l'allontanamento nonché quello di riferire sulla sua condotta eventualmente inosservante. Di questi comportamenti (allontanamento ingiustificato nonché altre gravi e ripetute violazioni degli obblighi) resta responsabile il minorenne al quale il giudice può imporre la cautela, gradatamente più afflittiva, del collocamento in comunità.

Da ultimo, si deve precisare che la misura della permanenza in casa può essere eseguita in luogo di cura pubblico o privato se il minore si trova in stato di infermità. Lo stabilisce la norma dell'art. 23 disp. att. min. colmando una lacuna della disciplina del rito minorile e, data l'omessa specificazione della natura della infermità, si ritiene che essa si riferisca a quella sia fisica sia mentale. È tralasciata anche l'indicazione del grado di infermità del minorenne con la conseguenza che l'opportunità del suo ricovero in tali luoghi è rimessa alla valutazione del giudice.

## 4. (*Segue*): il collocamento in comunità.

Limiti alla libertà di movimento derivano anche dalla misura del collocamento in comunità (art. 22) e, al riguardo, valgono le assonanze e le divergenze rispetto agli arresti domiciliari già segnalate in relazione alla misura della permanenza in casa: nemmeno il collocamento in comunità provoca l'instaurazione dello stato detentivo e la sua equiparazione alla custodia in carcere è circoscritta al computo sia dei termini massimi di durata sia ai fini della pena da eseguire (*ex* art. 21 comma 4 richiamato dall'art. 22 comma 3).

Più in dettaglio, l'applicazione della misura comporta l'affidamento del minorenne a una comunità pubblica o autorizzata (l'art. 10 disp. att. min. ne specifica struttura e organizzazione): trattandosi di questione attinente al tema della restrizione della libertà personale, la sua individuazione deve ritenersi preciso compito del giudice della cautela. All'obbligo di stare presso il luogo stabilito (con correlativo divieto di allontanamento), possono affiancarsi specifiche prescrizioni inerenti alle attività di studio o di lavoro o altre utili per l'educazione del minorenne (art. 22 comma 1); le prescrizioni, quindi, costituiscono il contenuto positivo della misura non una deroga all'obbligo di stare come, invece, è prescritto per la permanenza in casa; ciò, anche se per il loro svolgimento il giudice che le disponga può autorizzare il minore ad allontanarsi dalla comunità di esecuzione della misura (art. 22 comma 3 che rinvia all'art. 21 comma 2). Data la natura del luogo ove collocato il minore e, in sostanza, la natura di servizio sociale riconosciuta alla comunità, si comprende perché non si prevede l'imposizione, da parte del giudice, di limiti o divieti alla facoltà di comunicazione del minorenne. Deve ritenersi senz'altro non ammesso l'esercizio di qualunque potere di coercizione sul minorenne ad opera della comunità, divieto ricavabile dal principio della riserva di legge *ex* art. 13 Cost.

Anche a proposito della misura del collocamento, vale la previsione generale (art. 19 comma 3) che prescrive l'intervento di assistenza e controllo dei servizi minorili: la norma specifica dell'art. 22 comma 2 si fa carico di imporre al responsabile della comunità un onere di collaborazione con essi mentre rimane implicito il dovere di consentire l'eventuale controllo effettuato dalla polizia giudiziaria.

Una situazione particolare si verifica per l'ipotesi di gravi e ripetute violazioni degli obblighi inerenti alla misura oltre che per l'ingiustificato allontanamento. Poiché, nella scala di crescente afflittività normativamente delineata, la misura applicabile è la custodia in carcere, si è provveduto a porre due limiti: il primo circoscrive tale possibile soluzione ai soli casi in cui si proceda per delitti puniti con la reclusione non inferiore nel massimo a cinque anni; il secondo contiene la durata della custodia in un tempo non superiore a un mese (art. 22 comma 4). È evidente che, nella situazione in esame, la custodia in carcere trova possibilità di applicazione al di fuori dei presupposti fissati in proposito dell'art. 23 commi 1 e 2. La scelta legislativa è parsa di dubbia legittimità costituzionale, per violazione del principio di stretta legalità; la dottrina la considera altresì in contrasto con i canoni, ispiratori del rito minorile, di minima offensività e di residualità della custodia in carcere. La Corte costituzionale, interpellata anche su una questione ulteriore e relativamente al profilo del difetto di delega (*ex* art. 77 comma 1 Cost.), ha tralasciato di pronunciarsi sul punto, ritenendo le questioni manifestamente inammissibili (Corte cost., 20 luglio 1990, n. 360). Una presa di posizione si deve alla Corte di cassazione; il giudice di legittimità ha puntualizzato che il passaggio alla misura più grave (custodia in carcere) resta distinto e diverso dalla applicazione della misura in prima battuta, necessariamente ancorata a presupposti più severi (art. 23 commi 1 e 2). Si è rimarcato, inoltre, che la norma dell'art. 22 comma 4 deroga a quanto sancito dagli artt. 276 e 299 c.p.p. (circa l'aggravamento delle esigenze cautelari), e, pertanto, la custodia in carcere è praticabile, per le violazioni indicate, con entrambi i limiti ivi fissati.

L'eventuale situazione di infermità del minorenne autorizza il suo ricovero in luogo di cura pubblico o privato secondo quanto previsto, anche per la misura in esame come per la permanenza in casa, dall'art. 23 disp. att. min. La norma non contempla differenze di disciplina tra le due, sicché possono essere richiamate le osservazioni svolte nel paragrafo precedente.

## 5. La custodia in carcere: condizioni di applicabilità e presupposti.

La custodia in carcere costituisce, come rilevato, la più afflittiva tra le misure cautelari destinate al minorenne. Conforme per contenuto alla omologa cautela (art. 285 c.p.p.) contemplata per l'adulto, riceve una apposita regolamentazione che vale a differenziarla da quella; anche se le modifiche che, di recente, hanno investito la disciplina codicistica delle misure cautelari (l. 16 aprile 2015, n. 47) muovono nella identica direzione di limitarne l'impiego, in doveroso ossequio agli imperativi costituzionali in tema di restrizione della libertà personale per esigenze processuali (artt. 13 e 27 comma 2 Cost.), la custodia in carcere del minorenne, come in generale le altre limitazioni di natura cautelare, resta sorretta dall'ulteriore principio posto a sua tutela dall'art. 31 comma 2 Cost.

Si è già precisato (v. *supra*, § 2) che il suo ambito applicativo è definito con riguardo a ipotesi delittuose selezionate sia per i limiti edittalmente stabiliti sia per fattispecie indicate nominativamente (art. 23 comma 1). Il d.lgs. n. 12 del 1991 è intervenuto su entrambe le categorie volendo agevolare il ricorso alla custodia in carcere e, come si è visto, alle stesse misure precautelari che ad essa sono agganciate. In particolare, è stata abbassata la soglia di pena utile fissata con riguardo, oltre che all'ergastolo, alla reclusione, portata dal limite originario «non superiore nel massimo a dodici anni» all'attuale «non superiore nel massimo a nove anni». Inoltre, sono state aggiunte ulteriori fattispecie di reato, ritenute, per la loro maggiore gravità, meritevoli di coercizione cautelare anche se punite con pena inferiore a quella massima generale (art. 23 comma 1 secondo periodo).

Tra queste sono contemplati il delitto di violenza carnale (art. 519 c.p.) – da intendersi, dopo la sua abrogazione *ex* l. 15 febbraio 1996, n. 66, equivalente a quello di violenza sessuale (art. 609-*bis* c.p.) – nonché, per rinvio, le ipotesi di cui all'art. 380 comma 2 lett. *e*, *f*, *g* e *h* c.p.p., norma a sua volta fatta oggetto di successive modifiche legislative. La questione prospettatasi a seguito delle innovazioni operate dalla l. 26 marzo 2001, n. 128 a proposito delle lett. *e* ed *e-bis* dell'art. 380 comma 2 c.p.p. è già stata esaminata nella illustrazione della disciplina dell'arresto in flagranza alla quale si rimanda (v. *supra*, parte I, § 2).

I presupposti, tipici della iniziativa cautelare, operano all'interno dell'area delimitata dalle accennate condizioni di applicabilità: si tratta dei gravi indizi di colpevolezza, privi di specifica disciplina e in comune con le misure obbligatorie già ricordate, e delle esigenze cautelari, regolate autonomamente.

Per i primi vale la norma dell'art. 273 c.p.p. compreso il relativo secondo comma che esige la verifica anche della assenza di cause di giustificazione, di non punibilità, di estinzione del reato o della pena irrogabile. Nelle cause di non punibilità, stando a taluna dottrina rientra il difetto di imputabilità (art. 97 c.p.), e a quelle di estinzione del reato sono riconducibili i particolari istituti (perdono giudiziale, irrilevanza del fatto, esito positivo della messa alla prova) contemplati dal rito minorile: ove, rispettivamente, riscontrate e ipotizzate come esito del giudizio dal giudice, entrambe le situazioni precludono l'applicazione di qualunque misura cautelare determinando un trattamento di favore del minorenne nel raffronto con quello riservato all'adulto.

Dalla previsione dell'art. 275 comma 2-*bis* c.p.p. si ricava il divieto di fare luogo alla custodia in carcere nelle situazioni ivi stabilite, vale a dire per i casi in cui il giudice ritenga che la pena possa essere sospesa condizionalmente (art. 163 c.p.) (primo periodo) o applicata in un *quantum* non superiore a tre anni e salve le specifiche deroghe indicate (secondo periodo). La norma estende il primo di tali divieti anche alla misura degli arresti domiciliari (art. 284 c.p.p.) (circa la sua possibile riferibilità alle misure della permanenza in casa [art. 21] e del collocamento in comunità [art. 22], v. *infra*, § 6).

Il presupposto delle esigenze cautelari trova specificazione nella norma dell'art. 23 comma 2 che riproduce quelle previste dall'art. 274 c.p.p., con varianti di adattamento alla particolarità della situazione del minorenne. Nella sua formulazione originaria era espressamente sancito, quale pericolo cautelare, pure il rischio di fuga nonostante il silenzio della corrispondente direttiva della legge delega (art. 3 lett. *h* ultima parte l. n. 81 del 1987): la Corte costituzionale (Corte cost., 26 luglio 2000, n. 359) è intervenuta ad estrometterlo proprio censurando l'eccesso di delega. Restano inalterate, quindi, le esigenze sia di tutela probatoria, previste gravi (art. 23 comma 2 lett. *a*) sia di salvaguardia della collettività (art. 23 comma 2 lett. *c*).

Anche per queste, come definite dalla normativa minorile, non sono mancati dubbi di legittimità costituzionale: la dottrina ha messo in rilevo che la loro previsione ormai diverge significativamente dalla norma codicistica dell'art. 274 c.p.p., applicabile integralmente alle misure obbligatorie, inclusi i requisiti valutativi più rigorosi introdotti a suo tempo dalla l. 8 agosto 1995, n. 332 e rafforzati dalla recente l. n. 47 del 2015. Con il risultato paradossale che la custodia in carcere, voluta dal legislatore minorile con marcato carattere di residualità, è ora ancorata a esigenze cautelari meno stringenti che ne facilitano l'applicazione rispetto sia alle misure obbligatorie minorili sia alla stessa custodia in carcere destinata all'adulto. Va detto che, sebbene si auspichi un intervento legislativo volto a rimuovere tale trattamento deteriore, la giurisprudenza ha seguito una interpretazione attenta ai valori che improntano il sistema cautelare minorile, già escludendo che il diritto al silenzio esercitato dal minorenne integri il rischio cautelare contemplato dall'art. 274 c.p.p. (previsione inserita nel comma 1 lett. *a* dalla l. n. 332 del 1995).

Una eccezione di illegittimità è stata sollevata con riguardo all'ipotesi di cui alla lett. *c* dell'art. 23 comma 2; questa ammette l'impiego della custodia carceraria per fronteggiare il rischio di commissione di delitti gravi (della categoria indicata) o delle stesse specie di quelli oggetto del procedimento. Per questi ultimi, la disposizione parallela dell'art. 274 comma 1 lett. *c* secondo periodo c.p.p. pone taluni limiti, relativi alla soglia edittale di punibilità del delitto temuto, via via incrementati dai successivi interventi novellistici che nemmeno hanno sfiorato la norma del rito minorile. Al tempo della questione di legittimità, la previsione codicistica, a fronte del pericolo di commissione di delitti della stessa specie, autorizzava la custodia in carcere solamente per delitti puniti con la pena della reclusione non inferiore nel massimo a quattro anni (così *ex* l. n. 332 del 1995). Il giudice *a quo* la considerò non trasferibile nella sede minorile sul presupposto della sua natura speciale, ma la Corte costituzionale obiettò che ciò era imposto dal principio del *favor minoris* trattandosi, appunto, di norma favorevole (Corte cost., 21 luglio 2000, n. 323). Il criterio utilizzato dalla Corte – o anche il principio di sussidiarietà (art. 1 comma 1), invero suggerito come più corretto da taluna dottrina – può essere utilizzato per ritenere operanti le nuove condizioni prescritte dall'art. 274 comma 1 lett. *c* secondo periodo c.p.p. come riformato dalla l. n. 47 del 2015.

## 6. I criteri per la scelta della misura applicabile.

Per la scelta della misura applicabile in concreto, il giudice si avvale dei criteri guida fissati in sede codicistica (adeguatezza, proporzionalità e gradualità) nonché di un ulteriore parametro ritagliato sulla particolare condizione personologica del minorenne: lo stabilisce la norma dell'art. 19 comma 2 – di portata generale e quindi operante per tutte le misure cautelari – che richiama l'art. 275 c.p.p. e obbliga il giudice a prendere in considerazione anche l'«esigenza di non interrompere i processi educativi in atto». Della norma dell'art. 275 c.p.p. vieta, tuttavia, l'applicazione del terzo comma secondo periodo, vale a dire di disporre la custodia cautelare in carcere in via obbligatoria: poiché la preclusione risponde al canone della facoltatività che impronta l'intero sistema cautelare minorile, si deve ritenere che le modifiche – pur migliorative del regime della custodia carceraria dell'adulto – apportate (*ex* l. n. 47 del 2015) alla disposizione richiamata siano ininfluenti.

I criteri guida nella disponibilità del giudice, sanciti in sede codicistica (art. 275 c.p.p.), sono conosciuti nella rispettiva funzione ed è noto che anche la loro disciplina è stata interessata da innovazioni legislative sopravvenute. Ci si soffermerà su queste allo scopo di verificarne la trasferibilità nell'ambito minorile alla stregua del principio di sussidiarietà e previo riscontro di compatibilità (art. 1 comma 1).

Quanto al criterio di adeguatezza, che orienta il giudice nella valutazione di idoneità di ciascuna misura a fronteggiare le esigenze cautelari del caso concreto, la relativa norma regolatrice dell'art. 275 c.p.p. ha trovato puntualizzazione nei nuovi commi 1-*bis* e 2-*ter*, introdotti dalla l. n. 128 del 2001. Stando alla dottrina, il comma 1-*bis* si limita a specificare elementi particolari da valutarsi dal giudice contestualmente alla pronuncia della condanna, già impliciti e perciò sicuramente estensibili alla sede cautelare minorile, salvo il riferimento al rischio di fuga, irrilevante anche in questa occasione dopo la citata sentenza della Corte costituzionale (Corte cost. n. 359 del 2000). Il comma 2-*ter* affranca il giudice dell'appello, e sempre se vi sia condanna, dalla iniziativa cautelare del pubblico ministero riservandogli il potere di disporre d'ufficio la misura: la sua trasferibilità non è dubbia in quanto lascia inalterata la generale facoltatività nella applicazione delle cautele minorili.

Il criterio di proporzionalità guida nella scelta della misura, tarata sulla entità del fatto e della sanzione che si ritiene possa essere irrogata. La l. n. 332 del 1995 e la l. n. 47 del 2015 hanno introdotto limiti di garanzia: nella sua attuale e risultante versione, il comma 2-*bis* dell'art. 275 c.p.p. vieta, anzitutto, arresti domiciliari e custodia in carcere se il giudice reputa che la pena, in esito al giudizio, sia suscettibile di sospensione condizionale; preclude, in secondo luogo, la sola custodia in carcere ove la prognosi sia di pena inflitta in misura non superiore a tre anni salve deroghe espressamente enunciate. La giurisprudenza si è confrontata con il primo divieto (pena sospesa condizionalmente) riferito, nella formulazione prevista dalla l. n. 332 del 1995, alla sola custodia cautelare; nel recepirlo ha prospettato, tuttavia, soluzioni difformi: l'indirizzo meno recente ha escluso la sua estensibilità in ordine a permanenza in casa e collocamento in comunità sia poiché misure dalla specifica finalità coerente con il diverso sistema della giustizia minorile sia in quanto equiparate alla custodia in carcere unicamente ai fini della durata massima e del computo nella pena da scontare. L'ultimo orientamento si mostra favorevole osservando che il loro carico di limitazioni della libertà personale non è difforme da quello implicato dalla custodia in carcere. È presumibile che il secondo divieto (pena inflitta non superiore a tre anni) non prospetterà incertezze interpretative: è preordinato ad evitare la coercizione cautelare ove la pena inflitta sarà risparmiata in virtù del meccanismo sospensivo *ex* art. 656 comma 5 c.p.p. a sua volta finalizzato a consentire al condannato la fruizione anticipata delle misure alternative alla detenzione contemplate dall'ordinamento penitenziario. La norma dell'art. 656 comma 5 c.p.p. e i citati istituti "premiali" sono applicabili anche il minorenne: per questi, pertanto, si deve ritenere che operi il riformato comma 2-*bis* dell'art. 275 c.p.p. incluse le eccezioni stabilite nel relativo terzo periodo.

Il criterio di gradualità prescrive di scegliere – nella gerarchia di crescente afflittività delle misure – quella di minore intensità restrittiva e, in particolare, riserva alla custodia in carcere il ruolo di *extrema ratio*. Si è visto che il regime cautelare minorile rafforza il criterio impedendo altresì l'applicazione *per saltum* delle misure obbligatorie nei casi di determinate condotte (violazioni gravi e ripetute/ingiustificato allontanamento). Si deve valutare ora se il minorenne possa essere soggetto alle procedure di controllo (mediante mezzi elettronici o altri strumenti tecnici) contemplate dall'art. 275-*bis* c.p.p., norma che a tale condizione giustifica l'applicazione degli arresti domiciliari all'adulto in funzione sostitutiva della custodia in carcere. La disposizione è stata introdotta dal d.l. 24 novembre 2000, n. 341 (convertito dalla l. 19 gennaio 2001, n. 4) al fine di contenere l'impiego della cautela più severa; nell'intento di limitarne ulteriormente l'uso e di agevolare la sua sostituzione con gli arresti domiciliari, il successivo d.l. n. 146 del 2013 (convertito dalla l. n. 10 del 2014) ha previsto che le procedure di controllo siano disposte non più secondo la valutazione discrezionale del giudice, ma sempre, tranne se ritenute non necessarie.

La generale compatibilità del controllo con le caratteristiche dell'assetto cautelare minorile è stata affermata dalla dottrina che, tuttavia, ha segnalato la necessità di un intervento legislativo di adeguamento di due previsioni dell'art. 275-*bis* c.p.p.: anzitutto, le modalità del consenso, ritenute non congrue rispetto alle esigenze di tutela del minorenne, che resterebbe privo del sostegno delle figure assistenziali (art. 12; artt. 7 e 11); in secondo luogo, l'applicazione automatica della custodia in carcere in caso di mancato consenso o inosservanza delle prescrizioni, in contrasto con il canone della facoltatività. Proprio tale regola, in realtà, lascia intendere che la disposizione codicistica, specie dopo la sua più recente modifica, può essere estesa con difficoltà al contesto minorile; in questo ambito la salvaguardia del minorenne assume rilevo così preponderante da aver indotto il legislatore ad affidare al giudice la decisione stessa di disporre le misure cautelari per di più tenendo conto delle «esigenze educative» del minorenne: sono le particolarità del caso concreto a offrirgli il parametro più appropriato per valutare l'inopportunità di applicare la cautela estrema della custodia in carcere. Si può osservare, inoltre, che le forme di controllo ipotizzate dall'art. 275-*bis* c.p.p. giovano all'adulto poiché gli evitano la detenzione cautelare, ma confliggono con un sistema processuale mirato a non compromettere il processo di crescita del minorenne, del quale costituisce parte irrinunciabile la tutela della sua dignità di persona.

## 7. Il procedimento applicativo e le impugnazioni.

Procedimento di applicazione delle misure cautelari e regime delle impugnazioni seguono, nel rito minorile, la disciplina stabilita per il maggiorenne operante in virtù del rinvio generale dell'art. 1 comma 1. Restano salve talune specificità che è utile segnalare.

A proposito della procedura applicativa, il riferimento è, anzitutto, alla valutazione demandata al giudice il quale, stando alla dottrina, deve avvalersi delle risultanze acquisite tramite gli accertamenti sulla personalità *ex* art. 9 disposti dal pubblico ministero. Il problema si prospetta ove la misura sia richiesta in fase di indagini preliminari, sede nella quale al giudice è riservata la sola conoscenza degli elementi esibiti dal pubblico ministero a fondamento della sua iniziativa (art. 291 comma 1 c.p.p.). Una corretta applicazione della norma prevista in proposito consente di ritenere che tali risultanze non possano essere sottratte alla valutazione del giudice. Infatti, al pubblico ministero è fatto obbligo presentare gli elementi a favore dell'imputato: se le risultanze *ex* art. 9 assumono tale valenza, dovranno essere messe a disposizione del giudice. È tuttavia evidente che, ove fossero a sostegno della tesi di accusa, sarebbe lo stesso pubblico ministero ad assecondare il proprio interesse alla loro produzione. Comunque, è nella disponibilità del giudice sentire i servizi minorili esercitando la facoltà riconosciutagli dall'art. 6 in ogni stato e grado del procedimento; anche l'interrogatorio del minorenne – adempimento sempre obbligatorio (art. 294 c.p.p.) – è veicolo di conoscenza, per di più diretta, della sua personalità.

La seconda particolarità attiene agli adempimenti successivi alla pronuncia della ordinanza cautelare e riguarda i soggetti destinatari della sua notificazione. Si ritiene in dottrina che la normativa codicistica (art. 293 c.p.p.) vada integrata con la disposizione dell'art. 34 per la quale all'esercente la responsabilità genitoriale sono attribuiti gli stessi diritti di impugnazione spettanti all'imputato minorenne. Sebbene tale norma escluda il contestuale diritto alla notificazione del provvedimento impugnabile, nel caso in esame ciò è ricavabile dall'art. 128 c.p.p. che garantisce la notifica dell'avviso del loro deposito a tutti i soggetti legittimati alla impugnazione.

Quanto ai mezzi di impugnazione avverso i provvedimenti cautelari, occorre premettere che, poiché le cautele minorili sono assimilabili alle misure coercitive contemplate per l'adulto, il relativo quadro si delinea come segue: il riesame è esperibile nei confronti delle ordinanze che ne dispongono l'applicazione (art. 309 c.p.p.) e, in alternativa, può essere proposto ricorso *per saltum* (art. 311 comma 2 c.p.p.); l'appello si riferisce a tutti gli altri provvedimenti cautelari (art. 310 c.p.p.); la decisione pronunciata in sede di riesame e di appello è ricorribile per cassazione. L'unica disposizione dettata in proposito si limita a indicare l'autorità giurisdizionale competente, individuata, per riesame e appello proposti *ex* artt. 309 e 310 c.p.p., nel tribunale per i minorenni del luogo dove ha sede l'ufficio del giudice che ha emesso l'ordinanza impugnata (art. 25 disp. att. min.). Il richiamo testuale alle due disposizioni codicistiche citate, attinenti alle cautele personali, ha indotto la giurisprudenza ad affermare che competente in relazione alle misure reali – per le quali si ammette il riesame a norma dell'art. 324 c.p.p. – sia il giudice ordinario (art.

324 comma 5 c.p.p.); più drastica taluna dottrina che ritiene tali misure sottratte alla impugnativa del riesame e segnala un profilo di illegittimità costituzionale. Entrambe le soluzioni prospettate, invero, non considerano che la norma dell'art. 25 disp. att. min. è stata inserita in sede di attuazione proprio al fine di fissare la competenza in materia *de libertate*, assente nella disciplina base, ove sono sancite previsioni autonome e derogatorie di quella codicistica unicamente per le misure cautelari personali: il riferimento solo a queste completa la loro regolamentazione senza escludere né che la competenza del giudice minorile operi anche per le misure reali né che i mezzi di impugnazione esperibili circa l'una e l'altra categoria di misure siano quelli previsti dal codice di rito, trasferibili in ambito minorile alla stregua del principio di sussidiarietà (art. 1 comma 1).

## 8. La modifica e l'estinzione delle misure.

Le vicende (modifica ed estinzione) che possono coinvolgere la sorte della cautela imposta al minorenne ricevono una disciplina parziale lasciando spazio, per il resto, all'applicazione di quella codicistica corrispondente.

Espressamente regolato, infatti, è il particolare meccanismo modificativo che interviene nei casi di gravi e ripetute trasgressioni degli obblighi inerenti alla misura nonché di ingiustificato allontanamento dal luogo di loro esecuzione. Come si è visto (v. *supra*, § 1), è rimesso alla valutazione discrezionale del giudice decidere se inasprire il regime restrittivo con il divieto, tuttavia, di applicare una misura diversa da quella che, nella scala gerarchica stabilita legislativamente, è individuata come la progressivamente più afflittiva. Tale congegno deroga alla previsione dell'art. 276 c.p.p., non applicabile. La giurisprudenza è divisa circa la norma dell'art. 299 comma 4 c.p.p., per taluna da escludersi in quanto assorbita dal meccanismo appena ricordato, per altra da ammettersi poiché riferita alla diversa e autonoma fattispecie di aggravamento delle esigenze cautelari. Anche volendo aderire a questa seconda opinione, occorre salvaguardare le particolarità del sistema cautelare minorile e, pertanto, mantenere fermi la regola generale della facoltatività nonché le condizioni e i limiti particolari prescritti dall'art. 22 comma 4 per il caso di applicazione della custodia in carcere con sostituzione *in peius* del collocamento in comunità (solamente se si procede per delitti puniti con la reclusione non inferiore nel massimo a cinque anni e per una durata non superiore a un mese). È indubbia l'operatività dei primi due commi dell'art. 299 c.p.p. che comportano, rispettivamente, la revoca della misura per il venir meno dei gravi indizi di colpevolezza o delle esigenze cautelari, e la sostituzione *in melius* di quella in atto, a causa dell'attenuarsi delle medesime esigenze o per la riscontrata sproporzione della misura rispetto all'entità del fatto o della sanzione irrogabile.

Le ipotesi descritte, di modifica della misura applicata, richiedono, come è noto, l'apprezzamento discrezionale del giudice e sono conseguenza della esigenza di costante adeguamento del carico cautelare alla situazione concreta, secondo i principi di adeguatezza e proporzionalità. Le fattispecie estintive, sulle quali ci si sofferma ora, derivano automaticamente dal verificarsi di taluni eventi dei quali il giudice si limita a prendere atto. Si tratta, anzitutto, della pronuncia dei provvedimenti indicati dall'art. 300 commi 1 e 3 c.p.p. ai quali si deve aggiungere la sentenza di non luogo a procedere per irrilevanza del fatto (art. 27) che sancisce, a sua volta, l'esaurirsi del procedimento (v. cap. VI, parte II, § 4). Da ricordare che le misure della permanenza in casa e del collocamento in comunità sono equiparate alla custodia in carcere ai fini del loro computo nella pena da espiare (v. *supra*, § 3 e 4) e, pertanto, vale per esse la medesima regola stabilita dall'art. 300 comma 4 c.p.p. relativamente alla sola cautela detentiva: anche queste due misure, ove sia pronunciata condanna, sia pure con sentenza non definitiva, si estinguono nel caso siano state subite in misura non inferiore alla entità della pena inflitta.

In secondo luogo viene in considerazione l'estinzione della cautela per decorrenza dei termini massimi di durata che per il minorenne, come già rilevato, sono inferiori rispetto a quelli destinati all'adulto. Resta da precisare che, nel rinviare all'art. 303 c.p.p., la norma dell'art. 23 comma 3 richiama anche la disciplina della loro articolazione per fasi (art. 303 comma 1 c.p.p.), fermo restando che i termini vanno commisurati al delitto per cui si procede e ridotti nella misura proporzionale prescritta dallo stesso art. 23 comma 3.

L'estensione dell'istituto della sospensione dei termini regolato dall'art. 304 c.p.p. è stata confermata dalle Sezioni Unite della Corte di cassazione, intervenute a risolvere un contrasto interpretativo (S.U., 25 ottobre 1995, D.T.): si è osservato che la soluzione positiva trova fondamento nel principio di sussidiarietà (art. 1 comma 1) e non compromette il trattamento di favore riservato al minorenne dal momento che la riduzione prescritta dall'art. 23 comma 3 opera anche sulla durata globale della misura cautelare (custodia in carcere, permanenza in casa e collocamento in comunità, parificate alla prima) fissandone il limite invalicabile, inferiore rispetto a quello per l'adulto (art. 303 comma 6 c.p.p.).

In modo autonomo e derogatorio, sono disciplinati i provvedimenti che il giudice può adottare a seguito della estinzione per decorrenza dei termini: l'art. 24 lo autorizza ad applicare la sola misura delle prescrizioni (art. 20).

Si deve ritenere implicita la sussistenza delle esigenze cautelari (così del resto impone la parallela norma dell'art. 307 c.p.p.) e certa la riferibilità della norma alle misure della custodia in carcere, permanenza in casa e collocamento in comunità, tra loro equiparate, benché si faccia uso della espressione «imputato scarcerato»: è evidente che anche in relazione alla estinzione delle due misure di minore afflittività possono persistere eventuali esigenze cautelari da non lasciare sguarnite di tutela.

Capitolo V

# LA SEQUENZA PROCEDIMENTALE

Parte I

## LE INDAGINI PRELIMINARI E L'UDIENZA PRELIMINARE

di *Claudia Cesari*



### 1. Le peculiarità delle indagini preliminari nel rito minorile.

Anche nel procedimento a carico di minorenni la fase delle indagini preliminari ha la funzione di verificare la fondatezza della notizia di reato, strutturandosi come segmento del rito nel quale il pubblico ministero, direttamente o tramite la polizia giudiziaria, si procura gli elementi sulla base dei quali assumere le proprie determinazioni in ordine all'esercizio dell'azione penale. Non esiste, del resto, nel d.p.R. 22 settembre 1988, n. 448, alcuna norma specifica che prenda in esame le indagini come ambito cui apportare modifiche sistematiche legate alle peculiarità del rito minorile. Dunque, i caratteri particolari che questa fase assume in tale sede vanno ricostruiti sulla base del rinvio generale *ex* art. 1 comma 1 e dell'operatività di alcuni istituti tipici del procedimento minorile, che nel corso delle investigazioni trovano elettivamente applicazione, assegnando ad esse, di fatto, una fisionomia caratteristica. Fermo restando che alle indagini preliminari nel rito minorile si applicano, in assenza di norme speciali che ne disciplinino singoli aspetti, gli artt. 326/415-*bis* c.p.p., alcune disposizioni del d.p.R. n. 448 del 1988 ne comportano una peculiare configurazione sotto tre profili: l'oggetto di indagine, l'assetto delle garanzie difensive, i soggetti coinvolti nella conduzione degli accertamenti e nel compimento degli atti.

L'area della verifica dell'ipotesi preliminare ai fini della chiusura delle indagini, innanzitutto, è più ampia di quella ordinaria, dal momento che il suo perimetro include anche accertamenti che nel rito a carico di adulti non sono contemplati e che concernono circostanze rilevanti solo in quello minorile, ossia l'età dell'indagato e gli aspetti che riguardano la sua personalità e il suo contesto esistenziale. Entrambi i profili assumono rilievo già in fase di indagine e sono quindi oggetto di verifica prima dell'esercizio dell'azione e, per certi versi, per le stesse determinazioni che vanno assunte su di essa.

È questo il caso dell'età dell'indagato, che viene in considerazione a diversi fini: la competenza del tribunale per i minorenni (e, di conseguenza, le attribuzioni della procura della Repubblica presso di esso), che dipende dall'età minore dell'indagato al momento del fatto (v. cap. III, parte I, § 6 e parte II, § 1); l'entità dei termini massimi di custodia, che è calibrata sull'età dell'imputato al momento del fatto (con riduzione della metà di quanto previsto dall'art. 303 c.p.p. per i minori degli anni diciotto e dei due terzi per i minori di anni sedici, *ex* art. 23 comma 3) (v. cap. IV, parte II, § 5 e 8); l'immediato proscioglimento, in ogni stato e grado del procedimento (e quindi pure in corso di indagine) per chi fosse infraquattordicenne al momento del fatto, *ex* art. 26 (v. cap. VI, parte II, § 3). Si deve ritenere, quindi, che la verifica dell'età del minore sottoposto a procedimento penale possa e debba essere compiuta anche in fase preliminare, ove, per mancanza o inattendibilità della documentazione relativa, sia incerta l'età anagrafica (si pensi ai minori nomadi o stranieri privi di documenti).

È dubbio, tuttavia, se a tal fine sia applicabile prima dell'inizio della fase processuale l'art. 8, che disciplina appunto l'ipotesi di incertezza sulla minore età dell'imputato. Secondo tale previsione, la verifica deve effettuarsi mediante perizia e, qualora ciò malgrado l'incertezza permanga, l'età minore si presume ad ogni effetto, essendo questa la soluzione più favorevole all'imputato (v. cap. III, parte II, § 1). Il problema è dato dalla terminologia impiegata dall'art. 8, che si riferisce testualmente al «giudice» e alla «perizia» che questi dovrebbe disporre anche d'ufficio, sembrando così alludere al fatto che l'accertamento possa effettuarsi esclusivamente in giudizio o comunque in una fase governata dall'organo giurisdizionale, con esclusione di quella investigativa. In proposito, si aprono più alternative esegetiche. Si può pensare, drasticamente, che l'accertamento sull'età in corso di indagine sia del tutto precluso. In senso nettamente opposto, taluno ritiene che l'art. 8 si applichi solo nel processo, ma che la verifica sull'età possa comunque essere condotta dal pubblico ministero con gli ordinari strumenti di indagine, senza alcun limite. Secondo un'esegesi intermedia, l'art. 8 troverebbe invece applicazione anche in corso di indagine, sia quanto alla presunzione di minore età, sia quanto alla metodologia di verifica, che pure impone un accertamento tecnico governato dal giudice e svolto in contraddittorio. Quest'ultima lettura, dominante, sembra la più ragionevole. Per un verso, l'accertamento sull'età deve potersi effettuare anche prima dell'esercizio dell'azione penale, non foss'altro perché l'art. 26, dedicato al proscioglimento dell'infraquattordicenne, opera certamente pure durante le indagini e, per evidenti ragioni di economia processuale e in ossequio al principio di minima offensività, impone che il rito instaurato a carico dell'infraquattordicenne giunga immediatamente a conclusione. Per altro verso, l'art. 8 risponde ad esigenze di garanzia che vanno tutelate in modo omogeneo lungo tutto il corso dell'itinerario procedimentale, sia quanto alla regola di giudizio in caso di incertezza, chiaramente ispirata al *favor minoris* sotteso all'intero sistema, sia quanto alle modalità di verifica, che assicurano il pieno rispetto del contraddittorio e la garanzia giurisdizionale su un punto che in questo rito è dirimente. Quest'ultimo profilo, dunque, implica che in fase di indagine la verifica sull'età non possa compiersi né mediante consulenza tecnica, né con accertamento tecnico irripetibile. L'accertamento dell'età in questa fase, invece, verrà effettuato, su richiesta di parte, innanzi al giudice per le indagini preliminari, mediante perizia in incidente probatorio ai sensi dell'art. 392 comma 1 lett. *f* c.p.p.

Un ulteriore ampliamento dell'oggetto di indagine si deve all'art. 9, che prescrive non solo al giudice, ma anche al pubblico ministero di acquisire elementi sulle condizioni e le risorse personali, familiari, sociali e ambientali del minorenne (v. cap. III, parte II, § 2). In altri termini, il *dominus* delle indagini preliminari deve acquisire dai servizi sociali la c.d. "inchiesta sociale e personologica" o comunque procurarsi, direttamente o con l'ausilio della polizia giudiziaria specializzata, le corrispondenti informazioni. Del resto, si tratta di elementi cruciali al fine di stabilire quali iniziative assumere in ordine all'esercizio dell'azione penale, visto che si tratta di dati essenziali per accertare l'imputabilità e la rilevanza sociale del fatto (dunque, anche per stabilire in quali forme esercitare l'azione o quali richieste formulare al giudice per l'udienza preliminare), ovvero per adottare le «adeguate misure penali», tra cui le stesse misure cautelari, per la cui scelta si deve tener conto dell'esigenza di non interrompere i processi educativi in atto (art. 19 comma 2) e che sono tipicamente richieste e applicate in fase di indagine. Semmai, si deve notare che l'art. 9 non dice molto sulle forme in cui tali accertamenti possano essere svolti, autorizzando anzi a compierli sentendo persone che abbiano avuto rapporti con il minore o esperti, «anche senza alcuna formalità». Per assicurare ragionevolezza al disposto, nonché il rispetto del diritto di difesa (artt. 24 e 111 comma 3 Cost.), del principio del contraddittorio (art. 111 commi 2 e 4 Cost.) e dei più elementari canoni di legalità processuale, la clausola va interpretata con alcuni accorgimenti. Fermo restando il prioritario ricorso ai servizi sociali *ex* art. 6, si deve ritenere innanzitutto che il pubblico ministero possa svolgere accertamenti sul punto con lo strumentario tipico delle indagini, ossia sommarie informazioni e consulenze tecniche, se del caso avvalendosi della polizia giudiziaria. L'art. 9, poi, lo autorizza anche a sentire esperti o familiari e conoscenti del minore, in modo informale, ossia senza la partecipazione della difesa, senza applicazione di regole processuali e relative garanzie e senza oneri di documentazione e di deposito dell'atto; tuttavia, di tali elementi non si potrà fare alcun uso processuale, né per fondare richieste al giudice, né per motivare provvedimenti di qualunque tipo. Si deve ritenere, infine, che la polizia giudiziaria, ignorata dal disposto dell'art. 9, non abbia il potere di accertare di propria iniziativa profili concernenti la personalità o il *background* sociale ed esistenziale del minore indagato.

Nel corso delle indagini del rito minorile, alcune previsioni valgono a strutturare diversamente le garanzie difensive dell'indagato, rafforzandole, in armonia anche con quelle prescrizioni sovranazionali che si mostrano sensibili al potenziamento a favore del minore imputato sia della difesa tecnica, che dell'autodifesa, ponendo l'esigenza di assicurare che accanto al minore stia sempre una figura adulta idonea a supportarlo. Basti pensare agli artt. 5, 6 e 15 direttiva (UE) 2016/800 sulle garanzie procedurali per i minori indagati o imputati nei procedimenti penali, che disciplinano in dettaglio il diritto del minorenne all'assistenza effettiva di un difensore, nonché il diritto ad essere accompagnato dal titolare della responsabilità genitoriale, come il diritto che pure quest'ultimo riceva comunicazione delle informazioni sui diritti difensivi del minore stesso: tutele che la direttiva si preoccupa di sancire in modo chiaro anche per la fase investigativa, ai cui atti si riferisce spesso in maniera esplicita (v. cap. I, parte I, § 3).

Emblematico, in questa prospettiva, il disposto dell'art. 7, che impone, a pena di nullità, l'invio dell'informazione di garanzia anche all'esercente la responsabilità genitoriale (v. cap. III, parte II, § 5). Lo stesso è a dirsi dell'obbligo, sempre a pena di nullità, di notificare a tale soggetto anche il decreto di fissazione di udienza, che viene normalmente letto come un obbligo ad ampio spettro, riferibile non solo alle udienze principali, ma anche a quelle incidentali, che possono innestarsi in corso di indagine, come quella per l'assunzione della prova in incidente probatorio o quella innanzi al tribunale per i minorenni in funzione di tribunale della libertà. Se, poi, questo profilo sembra strettamente attinente alla *ratio* di rafforzare il diritto di difesa del minorenne indagato, si deve tener conto del fatto che anche il supporto affettivo e psicologico garantito da genitori o altre persone idonee (v. cap. III, parte II, § 4), nonché dai servizi sociali (v. cap. III, parte I, § 11), ai sensi dell'art. 12, va assicurato «in ogni stato e grado del procedimento» e dunque anche in fase di indagine e nel compimento di qualsiasi atto che veda un contatto diretto tra l'autorità giudiziaria e il minorenne, come ad esempio l'interrogatorio.

In proposito, anzi, va sottolineato che il principio di adeguatezza applicativa di cui all'art. 1 comma 1 (e, secondo molti, per analogia, pure l'obbligo di illustrazione al minore del significato delle attività processuali compiute con la sua partecipazione di cui all'art. 1 comma 2) opera anche per il pubblico ministero e gli impone di adattare le garanzie processuali al minore indagato, in modo da assicurarne l'effettività. Si pensi agli avvertimenti da rivolgere prima che abbia inizio l'interrogatorio *ex* art. 64 comma 3 c.p.p. o alla contestazione dell'addebito provvisorio *ex* art. 65 comma 1 c.p.p., che possono risultare di ardua comprensione per un minorenne e che andranno effettuati in forma semplice e chiara (al di là delle formule rituali), dovendosi assicurare il magistrato procedente che siano stati ben compresi nella sostanza dal giovane destinatario. Del resto, è elettivamente nella fase delle indagini preliminari, già prima dell'interrogatorio, mediante l'informazione di garanzia, l'informazione sul diritto di difesa o l'invito a presentarsi, che si dovrebbe ottemperare all'obbligo previsto nell'art. 4 § 1 lett. *a* direttiva (UE) 2016/800 di comunicare tempestivamente al minore i suoi diritti, incombente cui deve provvedersi, secondo il § 2 della medesima norma, «in un linguaggio semplice ed accessibile». Sul punto, anzi, va segnalato che il corredo delle informazioni che la legge prescrive siano date al minorenne in tali occasioni è a spettro ridotto rispetto a quanto richiesto nella direttiva. Gli atti informativi o gli avvertimenti che vengono somministrati all'indagato per assicurarsi che sia consapevole dei suoi diritti, infatti, non comprendono, ad esempio, il diritto ad essere accompagnato dall'esercente la responsabilità genitoriale (anche fuori udienza) o il diritto che pure questi riceva le stesse informazioni del minorenne, diritti di cui invece la fonte sovranazionale prevede specificamente la tempestiva comunicazione all'indagato minore.

## 2. L'udienza preliminare: funzione e caratteri generali.

Sin dal configurarsi del nuovo sistema processuale minorile, nel 1988, l'udienza preliminare del rito a carico di minorenni ne costituisce il fulcro, fungendo non solo da filtro delle imputazioni azzardate, come tradizionalmente accade per la fase omologa nel rito ordinario, ma da potente meccanismo di sfoltimento dei giudizi dibattimentali, da considerarsi un estremo (e dal legislatore non auspicato) sbocco processuale, cui approdare nel minor numero possibile di casi. In quest'ottica l'udienza preliminare costituisce, nell'ambito minorile, la vera sede elettiva di definizione del procedimento, nella quale verificare non solo la fondatezza dell'accusa e la necessità di delibarla nel contraddittorio dibattimentale, ma anche la praticabilità di una serie di opzioni definitorie che consentano di chiudere il processo pervenendo immediatamente a una decisione. L'udienza preliminare minorile, dunque, ha da sempre un peso specifico particolarmente marcato all'interno del rito, da ben prima che in quello per adulti essa si strutturasse, con la l. 16 dicembre 1999, n. 479, come fase a capacità deflativa potenziata.

La *ratio* di simile scelta va rintracciata nel principio di minima offensività, che implica una gestione del rito a carico di minorenni fondata sulla considerazione che il suo stesso svolgimento è suscettibile di compromettere lo sviluppo fisiologico dei processi di maturazione e di crescita del minore imputato. Questa logica comporta la scelta di potenziare al massimo le dinamiche di *diversion*, ossia i meccanismi alternativi al percorso giudiziario, che consentono la rielaborazione del fatto illecito e la gestione della risposta istituzionale ad esso con uno strumentario diverso da quello penale, calibrato sul supporto, sull'intervento psico-educativo, sulla risocializzazione tempestiva, facendo leva sulle risorse personali, familiari e sociali del minore. In questa prospettiva, l'udienza preliminare è vista e disegnata dal legislatore come la sede elettiva per attivare simili strategie, poiché consente al contempo un intervento rapido e l'attivazione delle garanzie processuali che permettono, a determinate condizioni, di affrontare precocemente il merito della *res iudicanda*.

L'operazione così congegnata è assicurata, *in primis*, dall'ampliamento dell'arsenale decisorio del giudice dell'udienza preliminare minorile, che può definire la fase non solo attingendo alla tradizionale alternativa tra decreto che dispone il giudizio e sentenza di non luogo a procedere, ma ricorrendo anche ad una serie cospicua di opzioni aggiuntive per la pronuncia di non luogo a procedere – come il perdono giudiziale, l'estinzione del reato per messa alla prova, l'irrilevanza del fatto, condizioni più ampie per la declaratoria di non imputabilità – e persino alla sentenza di condanna, purché non si tratti di applicare una sanzione detentiva. Naturalmente, ciò comporta una differente configurazione della fase, nella quale la leggerezza strutturale dell'udienza incidentale, coerentemente con il rilievo delle decisioni ammissibili, viene sostituita da un impianto più solido. Così, la costruzione del contraddittorio è effettuata in dettaglio e in modo funzionale a garantire una partecipazione nutrita di soggetti processuali (incluse le figure di supporto al minore imputato) e dello stesso minorenne. Il rilevante ruolo del giudicante, inoltre, è sottolineato dalla sua anomala struttura collegiale, tale anzi da assicurare alla componente non togata la maggioranza (due componenti su tre), *ex* art. 50-*bis* comma 2 ord. giud. (v. cap. III, parte I, § 2), proprio perché in udienza preliminare non solo si può decidere del merito, ma le decisioni possibili sono individualizzate e vanno fondate sull'analisi della personalità e del contesto ambientale del minorenne, per il cui vaglio gli esperti del collegio offrono un contributo decisivo. Inoltre, il legislatore ha dovuto adattare questa scelta potentemente deflativa ai principi del giusto processo, ponendosi il problema di consentire di emettere in fase preliminare (e dunque sulla base degli elementi raccolti nel fascicolo di indagine e non formati in contraddittorio) alcune decisioni che presuppongono acclarata la colpevolezza dell'imputato. La soluzione è stata trovata costruendo il consenso preliminare dell'imputato come condizione per poter approdare alla definizione del processo in questa fase. In tal modo, l'udienza preliminare minorile è entrata per certi versi a far parte dell'area dei procedimenti alternativi a base negoziale, compatibili con il principio del contraddittorio nella formazione della prova per essere l'uso delle indagini basato sulla volontà dell'imputato *ex* art. 111 comma 5 Cost. Una scelta coerente con i fondamenti del sistema, questa, ma, come si vedrà, di ardua realizzazione e con controverse ricadute.

### 3. (*Segue*): struttura e svolgimento.

La fisionomia dell'udienza preliminare minorile è disegnata dall'art. 31, cui vanno aggiunti, per quanto da esso non previsto e in ossequio al principio di sussidiarietà (art. 1 comma 1), gli artt. 416-433 c.p.p., che regolano l'udienza preliminare ordinaria. Dal momento che il rinvio di cui all'art. 1 alle norme codicistiche non è recettizio, si devono ritenere applicabili all'udienza preliminare minorile le norme in vigore, incluse le novellate clausole sul processo *in absentia*, di cui agli artt. 420-*bis*, 420-*quater* e 420-*quinquies* c.p.p., sostituiti dalla l. 28 aprile 2014, n. 67.

L'udienza si svolge in camera di consiglio, con la partecipazione necessaria del pubblico ministero e del difensore e vede la richiesta di rinvio a giudizio come atto introduttivo. Essa viene notificata, insieme all'avviso di fissazione di udienza e almeno dieci giorni prima di questa, all'imputato e alla persona offesa. L'avviso di udienza, entro lo stesso termine, è altresì notificato al difensore dell'imputato e comunicato al pubblico ministero (art. 419

commi 1, 2 e 4 c.p.p.). Inoltre, l'art. 31 comma 3 prevede che debbano essere avvisati dell'udienza (si direbbe, sempre almeno dieci giorni prima, quanto meno *ex* art. 127 c.p.p.) la persona offesa, i servizi sociali che abbiano svolto attività per il minorenne e l'esercente la responsabilità genitoriale. In caso di mancanza o intempestività di tali notifiche, peraltro, le conseguenze sono diversificate a seconda del soggetto destinatario. L'art. 419 comma 7 c.p.p. prevede una nullità speciale riguardo agli avvisi da esso disciplinati, da combinarsi quanto all'individuazione del regime dell'invalidità con l'art. 178 c.p.p. In tali casi, dunque, la notifica mancante o tardiva comporta, per la persona offesa, solo una nullità relativa; per il difensore o il pubblico ministero, una nullità a regime intermedio per violazione del diritto all'assistenza, in un caso (art. 178 lett. *c* c.p.p.), e del potere di partecipare al procedimento, nell'altro (artt. 178 lett. *b* e 180 c.p.p.). Quanto all'imputato, si dovrebbe ritenere applicabile anche al rito minorile (anzi, a maggior ragione) l'esegesi delle Sezioni Unite (S.U., 9 luglio 2003, Ferrara), secondo cui all'avviso dell'udienza preliminare va riconosciuta la natura «sostanziale e contenutistica dell'atto di citazione», per cui l'omessa notifica all'imputato comporta una nullità assoluta *ex* art. 179 comma 1 c.p.p. Ove il deficit della notifica riguardasse l'esercente la responsabilità genitoriale, l'art. 7 induce a ritenere che si produca una nullità a regime intermedio, avendo tale figura il compito di integrare l'autodifesa del minore (art. 178 lett. *c* c.p.p.) (v. cap. III, parte II, § 5). Nessuna conseguenza, invece, sembra prodursi in caso di mancato o tardivo coinvolgimento dei servizi sociali, per i quali si stenta a reperire una norma di riferimento che consenta di ravvisarvi una invalidità processuale (v. cap. III, parte I, § 11).

Stabilito chi debba essere reso edotto della celebrazione dell'udienza, appare più arduo definire in che termini si costituisca il contraddittorio e in che modo le parti e i (numerosi) soggetti processuali coinvolti vi partecipino. Si tratta, infatti, di profili per i quali le peculiarità del rito minorile sono più spiccate.

La partecipazione dell'imputato, innanzitutto, può essere "gestita" dal giudice con margini più ampi di quanto non avvenga nel procedimento ordinario e in deroga ai limiti che nel sistema presidiano il suo diritto di difesa. Il minore, innanzitutto, può essere allontanato dall'aula, «sentite le parti» e «nel suo esclusivo interesse», quando si assumano dichiarazioni o si discuta in ordine a fatti e circostanze riguardanti la sua personalità (art. 31 comma 2). Trattandosi di una limitazione al diritto di intervento dell'imputato e quindi anche del suo diritto all'effettivo esercizio dell'autodifesa, è auspicabile che tale potere venga usato con parsimonia, leggendo con estremo rigore la condizione di base (il fatto che lo si possa allontanare solo nel suo interesse, ossia quando la sua serenità o il suo equilibrio possano essere compromessi dall'oggetto delle dichiarazioni assunte o da temi e toni della discussione che lo riguardino). Pure la durata dell'allontanamento dovrebbe intendersi limitata allo stretto necessario, ossia anche solo a una parte di deposizione o di discussione.

Specularmente, l'imputato non comparso può essere coattivamente accompagnato in udienza (art. 31 comma 1), per decisione del giudice e senza che vi sia una indicazione normativa dei presupposti. Si può pensare che il legislatore abbia voluto sottolineare la valenza responsabilizzante del rito, ma si dovrebbe così assegnare un valore rieducativo al procedimento giudiziario in sé considerato, con conclusione che in linea di principio appare opinabile. Meglio è forse ritenere che la clausola autorizzi il giudice a disporre la comparizione dell'imputato ove questa risulti necessaria per verificare aspetti della sua personalità, delineare un'adeguata progettazione (da svolgersi fuori dal contesto giudiziario) a scopo rieducativo e adottare le conseguenti decisioni. In altri termini, il giudice potrebbe obbligare il minore a presentarsi quando la sua presenza sia necessaria per il vaglio *ex* art. 9 e l'adozione di soluzioni individualizzate come il perdono, la messa alla prova, l'irrilevanza del fatto o la declaratoria di non imputabilità.

Certo è che questa clausola va oggi armonizzata con la nuova disciplina del processo in assenza, *ex* artt. 420-*bis* ss. c.p.p., applicabili in sede minorile. Il contemperamento tra le norme deve effettuarsi tenendo conto, innanzitutto, del fatto che l'art. 31 comma 1 lascia espressamente «fermo quanto previsto dagli articoli 420-*bis* e 420-*ter* del codice di procedura penale», cui quindi deve darsi applicazione di certo anche in sede minorile. Quanto alle altre norme in materia di processo *in absentia*, esse vanno applicate nel rito a carico di minorenni *ex* art. 1 comma 1, per quanto non previsto specificamente dal d.p.R. n. 448 del 1988. In particolare, esse vanno dunque applicate tenendo conto della previsione che autorizza in questo caso l'accompagnamento coattivo dell'imputato. Peraltro, il coordinamento tra i due sistemi va effettuato prestando ossequio ad un principio generale di metodo e di interpretazione secondo cui le garanzie previste per l'imputato adulto non possono trovare affievolimenti per quello di minore età, dovendosi semmai applicare con modalità rafforzate e tenendo conto del principio di minima offensività. Pertanto, anche nell'udienza preliminare minorile, il giudice dovrà verificare innanzitutto se le notifiche siano state effettuate validamente (giacché altrimenti se ne disporrà il rinnovo ai sensi dell'art. 420 comma 2 c.p.p.); se ricorra uno dei casi di assenza *ex* art. 420-*bis* commi 1 e 2 c.p.p., da cui si abbia la prova certa che l'imputato è a conoscenza del procedimento o ad esso si è volontariamente sottratto (e in tal caso si prosegue e l'imputato è rappresentato dal suo difensore); se vi sia un legittimo impedimento *ex* art. 420-*ter* c.p.p. (cui consegue il rinvio dell'udienza e il rinnovo degli avvisi).

Quando vi siano i presupposti per la prosecuzione del processo in assenza dell'imputato *ex* art. 420-*bis* c.p.p., e l'imputato sia rappresentato dal suo difensore, il giudice potrebbe ritenere necessario che il minore compaia in udienza, disponendo se del caso l'accompagnamento coattivo. Ove, poi, manchi una qualunque delle circostanze di cui agli artt. 420-*bis* e 420-*ter* c.p.p., dovrà essere applicato l'art. 420-*quater* c.p.p., che stabilisce che si debba effettuare un tentativo di notifica personale all'imputato dell'avviso di udienza e, se questo risulti impossibile, si debba sospendere il processo per assenza dell'imputato. Nel rito minorile ci si può porre il dubbio di come questa norma vada coordinata con l'art. 31 comma 1. Si potrebbe infatti pensare che al giudice minorile, di fronte all'ipotesi dell'imputato non comparso e al di fuori dei casi previsti dagli artt. 420 comma 2, 420-*bis* e 420-*ter* c.p.p., si aprano due strade, affidate alla sua decisione discrezionale: disporre il rinvio dell'udienza e la notificazione dell'avviso personalmente all'imputato *ex* art. 420-*quater* comma 1 c.p.p. oppure l'accompagnamento coattivo ai sensi dell'art. 31 comma 1. Si tratta, peraltro, di una soluzione drastica, nella misura in cui consente al giudice di disporre *tout court* l'accompagnamento senza aver verificato se il minore abbia avuto effettiva conoscenza dell'udienza e quindi non dandogli modo di scegliere di comparire volontariamente. Potrebbe quindi impiegare una misura coercitiva senza aver vagliato che sia effettivamente indispensabile, in contrasto con il principio di minima offensività e con quello di ricorso alle limitazioni di libertà solo come *extrema ratio*. Si può allora proporre una lettura alternativa, che autorizzi il ricorso all'accompagnamento coattivo del minore solo una volta che sia stata tentata proficuamente la notifica dell'avviso a mani proprie. Si tratta, del resto, di una soluzione che assicura maggiore economia, giacché se la notificazione personale all'imputato non fosse possibile, è plausibile che anche l'accompagnamento in udienza non sia praticabile e il processo vada semplicemente sospeso *ex* art. 420-*quater* comma 2 c.p.p.

Una volta verificato chi prende parte all'udienza, sono abbastanza nebulose le norme che definiscono apporto e funzioni dei soggetti all'interno di essa. L'art. 31 comma 5 afferma che la persona offesa partecipa all'udienza preliminare ai fini sanciti dall'art. 90 c.p.p., ma mette conto osservare che tale iniziativa, di natura difensiva e probatoria, in sede minorile è fortemente depotenziata dal fatto che la costituzione di parte civile è inammissibile. È plausibile, semmai, che l'apporto della vittima serva al giudice procedente per verificare altri profili, come la sua percezione del reato o del danno subito per sondare la praticabilità di una messa alla prova, la probabilità di successo di un percorso di mediazione o la configurabilità di una irrilevanza del fatto. Del resto, oggi il coinvolgimento dell'offeso anche in questa fase risponde al canone sovranazionale per cui la vittima ha il diritto di essere sentita nel corso del procedimento penale (così l'art. 10 direttiva 2012/29/UE), a maggior ragione in un momento processuale suscettibile di definire il processo, come l'udienza preliminare minorile. Quanto al minorenne, se presente è «sentito» dal giudice, con un contatto che la definizione atecnica potrebbe indurre a ritenere pericolosamente "informale"; piuttosto, si dovrebbe pensare che – ferma la possibilità di desumere dal contegno del minore imputato elementi utili ai fini di quanto stabilito dall'art. 9 – ogni dichiarazione del minorenne sollecitata mediante domande non possa strutturarsi se non come interrogatorio, facendo scattare le relative garanzie. Resta operante, naturalmente, la possibilità per il minore di rilasciare dichiarazioni spontanee.

Quanto alle «altre persone citate o convocate», l'art. 31 comma 5 afferma che sono sentite solo se risulti necessario *ex* art. 9, facendo riferimento plausibilmente al fatto che tanto l'esercente la responsabilità genitoriale, quanto i servizi sociali che abbiano svolto attività per il minore, siano fonti qualificate ad offrire al giudice gli elementi utili alla verifica sulla personalità e sulle condizioni e risorse attivabili per l'adozione delle opzioni alternative che l'udienza preliminare consente.

## 4. (*Segue*): le decisioni.

Le decisioni che il giudice dell'udienza preliminare minorile può assumere costituiscono un ventaglio più ampio rispetto a quello tradizionale, limitato all'alternativa di fondo tra sentenza di non luogo a procedere e decreto di rinvio a giudizio. La gamma di opzioni che si offre al giudice dell'udienza preliminare è, in sede minorile, tale da assicurare virtualmente che il passaggio del rito al dibattimento sia un'evenienza del tutto residuale (v. *infra*, parte II, § 1), dando attuazione concreta al principio di minima offensività, che esige l'apertura di numerose "vie di fuga" dal processo attivando ove possibile una delle forme di *diversion* che l'ordinamento contempla. Si tratta di un'opzione coerente con le indicazioni di matrice sovranazionale, che impongono al legislatore di individuare soluzioni che assicurino il minimo danno alla personalità del minorenne a seguito dell'impatto con il sistema penale, sia valorizzando percorsi alternativi a quello giudiziario di risposta all'illecito, sia garantendo al rito ritmi di particolare celerità (v. cap. I, parte I, § 2).

L'assetto dell'art. 32 conferma, proprio sotto questo profilo, il potenziamento dell'udienza preliminare come sede elettiva di operatività delle specifiche forme di definizione alternative del sistema minorile, prospettando la variegata tipologia di decisioni a disposizione del giudicante. Al termine dell'udienza preliminare, dunque, si dovrà innanzitutto optare tra sentenza di non luogo a procedere e rinvio a giudizio secondo la regola decisoria di cui all'art. 425 commi 1 e 3 c.p.p. In ogni caso, anche quando il giudice ritenga che il dibattimento non sarebbe superfluo secondo i criteri ordinari, gli si offrono molte opzioni diverse dal passaggio alla fase dibattimentale. È possibile, infatti: applicare in udienza preliminare l'art. 27, pronunciando sentenza di non luogo a procedere per irrilevanza del fatto; concedere il perdono giudiziale *ex* art. 169 c.p. ed emettere quindi una sentenza di non luogo a procedere per estinzione del reato (art. 32 comma 1); fare ricorso agli artt. 28 e 29, sospendendo il processo per messa alla prova del minore e dichiarando poi l'estinzione del reato con sentenza di non luogo a procedere in caso di esito positivo.

Un dubbio può residuare in ordine alla declaratoria del difetto di imputabilità, *ex* artt. 97 e 98 c.p., in udienza preliminare, poiché la norma di riferimento nel sistema ordinario è l'art. 425 c.p.p., rispetto al quale ci si è chiesti se la non imputabilità si possa dichiarare con sentenza di non luogo a procedere, visto che testualmente la dicitura specifica relativa alla persona "non imputabile" non compare tra le formule terminative di cui al primo comma. Il quesito – risolto dai più in senso positivo quanto al rito ordinario, limitatamente alle ipotesi in cui non vada applicata una misura di sicurezza – a maggior ragione esige risposta positiva rispetto al rito minorile. Nel caso della declaratoria di non imputabilità *ex* art. 97 c.p. per essere l'imputato infraquattordicenne, si deve ritenere che operi l'art. 26, che impone l'immediata declaratoria di non luogo a procedere in ogni stato e grado del procedimento, dunque anche in udienza preliminare. Inoltre, si deve considerare il testo dell'art. 37 comma 1, che contempla espressamente l'applicazione di misure di sicurezza in via provvisoria, quando si dichiari il difetto di imputabilità *ex* artt. 97 e 98 c.p. «con la sentenza di non luogo a procedere». La clausola ammette dunque che a conclusione dell'udienza preliminare il minore possa essere dichiarato non imputabile, sia perché infraquattordicenne sia perché infradiciottenne incapace di intendere e di volere al momento del fatto, debba o meno essere applicata una misura di sicurezza.

A completamento del panorama decisorio che si schiude al termine dell'udienza preliminare, va rammentata la possibilità – del tutto anomala, vista la sede – di pronunciare una sentenza di condanna a pena pecuniaria o sanzione sostitutiva, *ex* art. 32 comma 2 (v. *infra*, § 6). È palese, dunque, che al giudice dell'udienza preliminare minorile è assegnato un *range* decisorio amplissimo, che esclude, di fatto, solo la condanna a pena detentiva, per applicare la quale è necessaria la celebrazione della fase dibattimentale, a contraddittorio pieno, visto il peso delle possibili conseguenze sull'imputato in termini di sacrificio della libertà personale, che richiedono l'espletamento del più elevato livello di garanzie processuali.

Infine, in considerazione del fatto che la vicenda penale potrebbe aver portato alla luce situazioni sociali e familiari di disagio o abbandono del minore, che esigano interventi immediati, l'art. 32 comma 4 prevede che il giudice possa adottare, ove sia urgente e necessario, provvedimenti civili a protezione del minorenne. I provvedimenti vengono adottati mediante «separato decreto» e sono immediatamente esecutivi, ma temporanei, perdendo automaticamente effetto «entro trenta giorni» (*rectius*, decorso il trentesimo giorno) dalla data di emissione.

## 5. (*Segue*): il consenso dell'imputato alla definizione anticipata.

È evidente quanto la tipologia di pronunce ammissibili in udienza preliminare sia variegata, tanto da creare un serio problema di compatibilità di simile assetto con i principi cardine del giusto processo, in particolare quello di cui all'art. 111 comma 4 Cost. La clausola costituzionale impone la formazione in contraddittorio degli elementi di prova che supportino una condanna o, comunque, un qualsivoglia accertamento di colpevolezza. L'opzione costituzionale a favore della dialettica come unico metodo pienamente attendibile di formazione delle conoscenze processuali implica, infatti, che le decisioni che dichiarano o postulano l'ascrizione all'imputato della responsabilità penale per il fatto per cui si procede siano fondate su dati attendibili per essersi formati con il contributo dialettico delle parti. Uniche eccezioni ammesse, come è noto, quelle di cui allo stesso art. 111 comma 5 Cost., ossia l'impossibilità (originaria o sopravvenuta) di attuazione del contraddittorio, la condotta illecita volta a pregiudicarlo e il consenso dell'imputato all'impiego processuale degli elementi di conoscenza unilateralmente formati dalle parti (*rectius*, dalla parte avversa).

Tracciata questa cornice dalla l. cost. 23 novembre 1999, n. 2, si poneva un problema per i possibili epiloghi dell'udienza preliminare minorile, dal momento che – a parte le decisioni pienamente assolutorie tra quelle previste dall'art. 425 c.p.p. – molti di essi comportano l'accertamento della colpevolezza dell'imputato, implicandone la dichiarazione espressa o quanto meno postulandone logicamente l'effettuazione. È il caso del perdono giudiziale, che l'art. 169 c.p. ammette solo quando il giudice ritiene che «il colpevole» si asterrà dal commettere reati «ulteriori» (presupponendolo responsabile per quello addebitatogli nel processo in corso); o dell'irrilevanza del fatto e dell'estinzione del reato per esito positivo della messa in prova, le quali comportano entrambe che il minore sia ritenuto responsabile del fatto ascrittogli nell'imputazione (v. cap. VI, parte II, § 4 e 7). Senza contare le sentenze di condanna a pena pecuniaria o a sanzione sostitutiva, che appartengono al *genus* delle decisioni di condanna a tutti gli effetti e non possono certo sottrarsi sul punto alle regole basilari del sistema. Simili decisioni, allora, dovrebbero fondarsi su atti formati in contraddittorio, mentre i provvedimenti conclusivi dell'udienza preliminare, per essere emessi a chiusura di una fase precoce del rito, si basano sugli atti contenuti nel fascicolo di indagine, comunque in gran parte affetti dal vizio di origine di essere stati formati unilateralmente dai contendenti.

Il problema, dunque, postosi sin dall'esordio dei canoni costituzionali del giusto processo nell'ordinamento, è stato risolto dal legislatore con la l. 1° marzo 2001, n. 63, volta a disciplinarne le ricadute a livello di legislazione ordinaria. L'art. 22 di tale provvedimento, sostituendo l'art. 32 comma 1, ha previsto che il giudice dell'udienza preliminare minorile debba chiedere all'imputato – prima dell'inizio della discussione e sempre che non sia stato già validamente prestato in precedenza – il consenso alla definizione del processo in quella stessa fase. Stando alla lettera della norma, a tale manifestazione di volontà è subordinata la «pronuncia della sentenza di non luogo a procedere nei casi previsti dall'articolo 425 del codice di procedura penale o per concessione del perdono giudiziale o per irrilevanza del fatto» (art. 32 comma 1). Chiara, a questo punto, la *ratio* della modifica: poiché nell'udienza preliminare minorile alcune decisioni, sia pur formalmente proscioglitive, postulano l'accertamento della colpevolezza e si basano sugli atti del fascicolo di indagine, la legittimità dell'istituto deve fondarsi su una delle eccezioni al contraddittorio che l'art. 111 comma 5 Cost. autorizza, ossia il consenso dell'imputato. La declaratoria di colpevolezza sulla base di atti non formati in contraddittorio, in questi casi, viene così a costituire l'esito di un rito a base negoziale, in cui – come per altri riti speciali previsti dal sistema e, peraltro, non tutti operanti in sede minorile – è la volontà dell'imputato a giustificare lo sbocco anticipato. A rafforzare tale opzione nella prospettiva della tutela del minore stava, del resto, la considerazione che si tratta di esiti sostanzialmente favorevoli, volti ad assicurare al minorenne responsabile del fatto conseguenze diverse dall'applicazione di una sanzione penale.

Restavano sottratte al consenso preventivo le sentenze di condanna a pena pecuniaria o sanzione sostitutiva, per le quali, però, era contemplato il rimedio *a posteriori* dell'opposizione, volta ad innescare il riesame del merito in contraddittorio innanzi al tribunale in sede dibattimentale. In effetti, in termini analoghi a quanto pacificamente ammesso nel sistema in ordine al procedimento per decreto, il consenso di cui all'art. 111 comma 5 Cost. può configurarsi come successivo ed implicito rispetto all'uso degli atti per un provvedimento condannatorio, quindi può essere integrato dalla mancata opposizione. Peraltro, poiché il rimedio dell'opposizione era stato già esteso (da Corte cost., 11 marzo 1993, n. 77) alle sentenze che implicano la responsabilità penale dell'imputato (v. *infra*, § 7), come nel caso di difetto di imputabilità o concessione del perdono giudiziale, aderendo a tale ultima impostazione si sarebbe già potuto ritenere che ogni esito di "cripto condanna" fosse comunque su base consensuale almeno nella forma "debole" del consenso implicito e successivo. In questa prospettiva, l'introduzione di una forma di consenso espresso ed anteriore alla decisione nell'art. 32 comma 1 sembrava aggiungere un elemento di confusione.

L'art. 32 comma 1 come risultante dalla novella del 2001 presentava dunque il difetto di intervenire ad alterare un equilibrio per certi versi già consolidato e, per di più, di farlo in maniera incongrua. In esso, infatti, ai fini della prestazione del consenso, vengono accomunate decisioni assai diverse, poiché la norma chiede indistintamente l'adesione dell'imputato alla definizione precoce del rito sia per sentenze che ne postulano l'accertamento di responsabilità (e per le quali si poneva in effetti il problema del conflitto con l'art. 111 Cost.), sia per sentenze che lo prosciolgono pienamente dagli addebiti. Va da sé che chiedere il consenso preventivo per queste ultime rappresenta un irragionevole eccesso di tutela, con non poche controindicazioni, specialmente per l'imputato minorenne non comparso in udienza (ove il procedimento possa proseguire in sua assenza) e che non abbia rilasciato al difensore la procura speciale necessaria a manifestare il consenso in sua vece. In tali evenienze, il testo della norma sembra imporre il passaggio al dibattimento anche al fine di pronunciare un proscioglimento per non avere l'imputato commesso il fatto o perché il fatto non sussiste, producendo un esito dubbio dal punto di vista della legittimità costituzionale: il processo si prolunga senza motivo, in contrasto con il principio di ragionevole durata (rafforzato dal principio di minima offensività, quanto ai minorenni); per simili ipotesi, inoltre, l'imputato maggiorenne viene subito prosciolto e riceve dunque un trattamento irrazionalmente più favorevole.

Di qui, l'intervento correttivo apportato da Corte cost., 16 maggio 2002, n. 195, secondo la quale l'art. 32 comma 1 è illegittimo «nella parte in cui, in mancanza del consenso dell'imputato, preclude al giudice di pronunciare sentenza di non luogo a procedere che non presuppone un accertamento di responsabilità». La decisione, in altri termini, ha escluso che il consenso debba essere richiesto per le sentenze che non dichiarino la colpevolezza e neppure la presuppongano logicamente. In questi casi, infatti, secondo i giudici delle leggi, la clausola appare gravemente illogica nella misura in cui impedisce la rapida definizione del rito – che dovrebbe invece essere facilitata in ossequio al principio di minima offensività e alla potente funzione deflativa assegnata a tale scopo all'udienza preliminare minorile – senza che la prosecuzione in dibattimento sia funzionale all'esercizio del diritto di difesa. In giudizio, infatti, in tali ipotesi, il minore imputato non potrebbe ottenere una formula più vantaggiosa. Di qui, secondo la Corte, il contrasto della disposizione con gli artt. 3 e 31 comma 2 Cost. e la ridefinizione del suo campo operativo. I giudici costituzionali, peraltro, limitano l'esigenza di chiedere il consenso alle decisioni che rechino o implichino un'attribuzione di responsabilità penale, ma non spiegano in dettaglio quali dovrebbero essere quelle per cui l'assenso preventivo non è necessario. È ragionevole pensare che si tratti delle sentenze che definiscono il processo con formula ampiamente liberatoria o meramente processuale (l'azione non doveva essere iniziata o non deve essere proseguita) ovvero che dichiarino l'estinzione del reato per remissione di querela o morte dell'imputato.

Anche dopo questa correzione di rotta da parte della Corte costituzionale, però, l'assetto della disciplina rimaneva incompleto: le sentenze di condanna a pena pecuniaria o sanzione sostitutiva, disciplinate dal comma 2 dell'art. 32, restavano sottratte dal testo normativo alla condizione della prestazione preventiva del consenso dell'imputato. È vero che si tratta di decisioni passibili di opposizione *a posteriori* (e conseguente attivazione del contraddittorio dibattimentale sul merito), ma questo rimedio, in forza di Corte cost. n. 77 del 1993, era già stato esteso a decisioni di proscioglimento che implicassero la colpevolezza del minore e, ciò malgrado, a queste era assicurato il presidio ulteriore del necessario assenso preventivo, benché si tratti di esiti più favorevoli. Insomma, le decisioni di condanna venivano comunque ad essere circondate da un assetto di garanzie irragionevolmente più debole. Ne è scaturito un ulteriore intervento della Corte, che, con l'ordinanza 11 giugno 2003, n. 208, ha dichiarato inammissibile la questione di legittimità posta sul punto, affermando che la correzione del sistema può effettuarsi per via interpretativa. Secondo la Corte il testo e la *ratio* dell'art. 32 comma 1 permettono di ritenere «che il consenso vada riferito in via generale alla possibilità di definire il processo nell'udienza preliminare e non ad uno specifico esito dell'udienza stessa». In altri termini, al minore imputato si deve chiedere genericamente di acconsentire alla definizione anticipata del processo in fase di udienza preliminare, rinunciando al dibattimento, con uno qualsiasi degli sbocchi consentiti dalla legge in tale sede ed implicanti la dichiarazione o l'accertamento della colpevolezza, siano quelli di cui al primo comma, siano quelli di cui al secondo comma, ossia la sentenza di condanna.

Resta da chiedersi quali connotati debba presentare il consenso del minore per offrire valido fondamento a tali decisioni. Coerentemente con le analoghe manifestazioni di volontà contemplate dal sistema per i riti alternativi, dovrebbe trattarsi di una manifestazione espressa (quindi, non desumibile *per facta concludentia*) ed inequivoca. Si tratta di un atto personalissimo dell'imputato, stando al testo normativo, visto che è a lui che il giudice lo «chiede»; dunque, secondo un indirizzo consolidato anche nella giurisprudenza di legittimità, va prestato da questi personalmente, potendo il difensore esprimerlo in sua vece solo se munito di procura speciale recante specifica autorizzazione in tal senso.

Il consenso va acquisito dal giudice procedente al più tardi prima dell'inizio della discussione, salvo che sia stato validamente prestato in precedenza, ossia in corso di indagine, magari ai fini di una delle decisioni di non luogo a procedere che possono pronunciarsi prima dell'udienza preliminare, come il difetto assoluto di imputabilità (art. 26) o l'irrilevanza del fatto (art. 27). Peraltro, si dovrebbe ritenere che il consenso prestato precocemente non autorizzi l'impiego a fini decisori di elementi acquisiti successivamente, non potendo una simile opzione essere effettuata "al buio" rispetto alle conoscenze agli atti e ai possibili sbocchi processuali (e conseguenti strategie difensive attivabili). Semmai, una volta completata l'acquisizione degli elementi di prova sui quali la decisione deve fondarsi, all'imputato si dovrebbe chiedere di confermarlo prima della discussione finale, tenendo conto dei nuovi elementi acquisiti. Inoltre, a fronte di mutamenti dell'assetto cognitivo o dei profili dell'addebito in caso di modifiche all'imputazione, in assenza di indicatori normativi in senso contrario, si può pensare che il consenso sia revocabile. Infine, va precisato che, ove il consenso sia stato prestato in corso di indagine in ordine a specifici esiti (come quelli *ex* artt. 26 e 27), esso può intendersi come validamente prestato solo per quelli e non idoneo a giustificarne di diversi: per ampliarne lo spettro operativo, esso dovrebbe essere chiesto ed espresso nuovamente in udienza preliminare.

## 6. (*Segue*): la condanna a sanzione sostitutiva o pecuniaria.

Tra le decisioni che il giudice per l'udienza preliminare minorile può assumere appare la condanna a sanzione sostitutiva o pecuniaria (art. 32 comma 2). L'anomalia di una fase preliminare che può concludersi con una condanna sembra collegata al fatto che – come a suo tempo illustrato nella Relazione al progetto preliminare del d.p.R. n. 448 del 1988 – l'inapplicabilità in sede minorile del procedimento per decreto avrebbe determinato una situazione di sfavore per gli imputati di minore età, i quali non avrebbero potuto beneficiare delle riduzioni di pena applicabili con il decreto penale *ex* art. 459 comma 2 c.p.p. Di qui, malgrado le peculiarità che ne impediscono la piena assimilabilità, le evidenti affinità dell'istituto in esame con la disciplina del procedimento per decreto penale di condanna nel rito ordinario (v. cap. VI, parte I, § 1).

La sentenza di condanna a pena pecuniaria o sanzione sostitutiva può essere pronunciata in sede di udienza minorile solo su richiesta del pubblico ministero (art. 32 comma 2), sembrando preclusa una determinazione d'ufficio da parte del collegio procedente. È discusso, peraltro, quali siano le conseguenze processuali ove il giudice pronunci comunque la sentenza senza che il magistrato d'accusa abbia assunto l'iniziativa. Stando alla giurisprudenza di legittimità, si tratterebbe di una nullità assoluta, per violazione della competenza funzionale del giudice e per inosservanza delle prerogative del pubblico ministero nell'esercizio dell'azione penale (art. 178 lett. *a* e *b* c.p.p.). Sembra più plausibile, per contro, l'opinione dottrinale secondo cui, non potendosi leggere estensivamente le clausole in tema di invalidità processuali, il deficit di iniziativa del pubblico ministero integrerebbe (essendo stata a suo tempo già esercitata l'azione penale con la richiesta di rinvio a giudizio) un *vulnus* al suo potere di proseguirla partecipando al procedimento, con conseguente nullità a regime intermedio, *ex* artt. 178 lett. *b* e 180 c.p.p.

La pena applicata non può essere quella detentiva (esito grave, da riservarsi alla sede dibattimentale), ma solo quella pecuniaria o una sanzione sostitutiva (tra cui, si ritiene, anche la sanzione pecuniaria *ex* art. 53 l. 24 novembre 1981, n. 689), benché lasci perplessi l'applicabilità di misure di carattere patrimoniale in un sistema che rifugge dalla monetizzazione delle conseguenze del reato al punto da precludere la costituzione di parte civile. Le sanzioni possono essere ridotte fino alla metà del minimo edittale, in consonanza con quanto previsto in tema di decreto penale di condanna e a titolo premiale per la definizione anticipata del rito, che l'imputato deve accettare perché sia praticabile.

Si è già detto di come anche a questo sbocco processuale l'imputato debba preventivamente consentire *ex* art. 32 comma 1, perché possa essere validamente adottato. L'art. 32 comma 3, in ogni caso, prevede il rimedio dell'opposizione, di nuovo in sintonia con l'analogo rimedio postumo previsto dal codice di rito penale avverso il decreto penale di condanna. L'opposizione è un mezzo di gravame che consente all'imputato di accedere direttamente al dibattimento innanzi al tribunale per i minorenni, perché effettui *ex novo* il riesame del merito nella pienezza delle garanzie del giudizio e con le forme più avanzate del contraddittorio per la formazione della prova. Si tratta di una richiesta di giudizio dibattimentale (art. 32-*bis* comma 1), dunque, che non va necessariamente motivata e che, purché ammissibile, ha l'effetto automatico di portare il rito alla fase dibattimentale. Se è presentata un'opposizione ammissibile, infatti, il giudice per l'udienza preliminare deve formare il fascicolo per il dibattimento *ex* art. 431 c.p.p. e trasmetterlo con l'atto di opposizione al tribunale competente per il giudizio (art. 32-*bis* comma 3).

L'opposizione va proposta entro cinque giorni, decorrenti dalla pronuncia o, per l'imputato non comparso, dalla notificazione dell'estratto (art. 32 comma 3), con atto depositato nella cancelleria del giudice che ha emesso la sentenza. Legittimati all'opposizione sono il solo imputato e il suo difensore munito di procura speciale, cui si ritiene debba aggiungersi l'esercente la responsabilità genitoriale *ex* art. 34, benché l'opposizione non sia strettamente definibile come un tipo di impugnazione (v. *infra*, parte II, § 6). I casi di inammissibilità dell'iniziativa sono solo quelli immediatamente riconducibili ai suoi tratti essenziali e di carattere spiccatamente oggettivo, ossia la proposizione fuori termine o da soggetto non legittimato (art. 32-*bis* comma 2); di qui, sembra, anche la singolare attribuzione della delibazione sul punto al giudice *a quo* (art. 32-*bis* comma 2) invece che a quello *ad quem*, come di consueto avviene. L'inammissibilità è dichiarata con ordinanza, suscettibile di ricorso per cassazione da parte dell'opponente (art. 32-*bis* comma 2).

Ove sia decorso inutilmente il termine per proporre opposizione o per impugnare l'ordinanza che la dichiara inammissibile, la sentenza diviene irrevocabile (art. 32 comma 3). Una volta invece che il processo, per effetto dell'opposizione, è approdato al dibattimento, la sentenza di condanna viene revocata (art. 32-*bis* comma 4) e il dibattimento si svolge affrontando la *res iudicanda* senza alcun vincolo derivante dalla precedente pronuncia. Non opera, infatti, in tale sede, il divieto di *reformatio in peius*, sicché il tribunale può applicare in ogni caso una pena anche diversa e più grave di quella stabilita nella sentenza di condanna e revocare i benefici a suo tempo concessi (art. 32-*bis* comma 5).

Una disciplina specifica è prevista per il processo cumulativo, dal combinato disposto degli artt. 32 comma 3-*bis* e 32-*bis* comma 6. Ove più minorenni imputati dello stesso reato siano stati condannati in udienza preliminare e non abbiano tutti proposto opposizione, l'esecuzione della sentenza rimane sospesa nei confronti dei non opponenti fino alla definizione del giudizio conseguente all'opposizione con sentenza irrevocabile (art. 32 comma 3-*bis*). La sospensione è funzionale all'eventuale estensione a beneficio dei non opponenti della sentenza che definisca il giudizio prosciogliendo l'imputato perché il fatto non sussiste, non è previsto dalla legge come reato o è stato commesso in presenza di una causa di giustificazione: in tal caso, infatti, la sentenza di condanna è revocata anche nei loro confronti (art. 32-*bis* comma 6).

## 7. (*Segue*): il panorama dei rimedi.

Lo spettro dei mezzi di doglianza cui si può fare ricorso avverso le decisioni assunte nell'udienza preliminare minorile è divenuto via via più complesso nel corso degli anni, in parte per il sopravvenire di modifiche normative incidenti sul sistema ordinario, riflesse su quello minorile per effetto dell'art. 1 comma 1, in parte per l'intersecarsi non sempre decifrabile di interventi novellistici e decisioni della Corte costituzionale.

Innanzitutto, ai sensi dell'art. 428 c.p.p., applicabile in sede minorile, le sentenze di non luogo a procedere sono appellabili, salvo quando siano relative a contravvenzioni punite con la sola pena dell'ammenda o con pena alternativa (commi 1 e 3-*quater*, che si devono alla l. 23 giugno 2017, n. 103 e al d.lgs. 6 febbraio 2018, n. 11). La norma prevede che la corte d'appello decida in camera di consiglio *ex* art. 127 c.p.p. e che l'eventuale decisione di non luogo a procedere emessa in questa sede sia poi ricorribile per cassazione, limitatamente ai motivi di cui all'art. 606 comma 1 lett. *a*, *b* e *c* c.p.p. Legittimati all'appello sono il procuratore della Repubblica, il procuratore generale (nei casi di cui all'art. 593-*bis* comma 2 c.p.p.) e l'imputato. In ordine al ricorso per cassazione, la legittimazione spetta all'imputato e al procuratore generale. Per quanto riguarda l'imputato, la previsione codicistica va integrata con l'art. 34, che assegna una legittimazione aggiuntiva all'esercente la responsabilità genitoriale (v. *infra*, parte II, § 6); inoltre, anche al ricorso per cassazione previsto dall'art. 428 c.p.p. si applica la modifica apportata dalla l. n. 103 del 2017 all'art. 613 comma 1 c.p.p., sicché esso non può più essere presentato personalmente dall'imputato minorenne, che deve avvalersi del suo difensore patrocinante in cassazione (S.U., 21 dicembre 2017, Aiello; v. anche *infra*, parte II, § 6). Resta invece dubbio se con l'attuale versione dell'art. 428 c.p.p., in cui (a differenza che in passato) non compare alcun riferimento al ricorso *per saltum* in cassazione, questo sia ammissibile oppure no: in teoria, si può ritenere applicabile l'art. 569 c.p.p., che è previsione a carattere generale; la giurisprudenza, però, è orientata in senso contrario.

Resta, naturalmente, anche la possibilità della revoca, ai sensi degli artt. 434 ss. c.p.p., benché con una precisazione. L'istituto, infatti, è calibrato nel rito ordinario come un passaggio tecnico che consente di rivisitare la prognosi del pubblico ministero sulla superfluità del dibattimento – e, quindi, sulla probabilità di condanna in quella sede – in base a nuove fonti di prova, che, considerate da sole o unitamente agli elementi a suo tempo raccolti, appaiano sufficienti a sostenere l'accusa in giudizio. Si tratta di una ricostruzione che stride con le sentenze di non luogo a procedere tipiche del rito minorile che si strutturino come “cripto condanne”, presupponendo la colpevolezza del minore imputato e quindi postulando già risolto in senso positivo il dubbio sulla responsabilità. In altri termini, in casi come la concessione del perdono giudiziale, la declaratoria di irrilevanza del fatto o la messa alla prova sperimentata con successo è pacifico che già al momento della sentenza di non luogo a procedere vi fossero gli elementi per pronunciare un rinvio a giudizio, giacché, altrimenti, il giudice avrebbe dovuto prosciogliere con una formula più favorevole (v. cap. VI, parte II, § 3, 4 e 7). Su questo punto, pertanto, la revoca non dovrebbe essere ammissibile, poiché si aprirebbe la strada ai più incontrollabili ripensamenti su esiti che invece, nell'interesse del minore ad una rapida fuoriuscita dal processo e per consolidare i risultati pedagogici positivi già conseguiti, non andrebbero ridiscussi. In tali casi, piuttosto, la procedura di cui agli artt. 434 ss. c.p.p. dovrebbe potersi applicare quando i nuovi elementi di prova inducano a rivedere proprio i fondamenti specifici della pronuncia raggiunta, dimostrandone *a posteriori* l'ingiustificabilità. Ove, ad esempio, le nuove fonti possano dimostrare che il fatto ritenuto tenue od occasionale in realtà non lo era, la revoca della sentenza di non luogo a procedere per irrilevanza del fatto potrebbe reputarsi ammissibile; non così, viceversa, se le nuove fonti attestassero la responsabilità del minore per il fatto addebitatogli, che la suddetta sentenza dovrebbe aver già accertato e dichiarato.

Un ulteriore fronte problematico, infine, si apre riguardo al rimedio dell'opposizione, che l'art. 32 comma 3 descrive come gravame attivabile «contro la sentenza prevista dal comma 2», ossia contro la sentenza di condanna a pena pecuniaria o sanzione sostitutiva. La norma è stata dichiarata costituzionalmente illegittima da Corte cost. n. 77 del 1993, «nella parte in cui non prevede che possa essere proposta opposizione avverso le sentenze di non luogo a procedere con le quali è stata comunque presupposta la responsabilità dell'imputato». Secondo i giudici delle leggi, infatti, la clausola si poneva in contrasto sia con la legge delega (che non prevedeva limiti di sorta ai provvedimenti opponibili), sia con il diritto di difesa *ex* art. 24 Cost. L'opposizione, infatti, è costruita come rimedio «inteso a consentire l'accertamento dibattimentale nelle ipotesi in cui la pronuncia del giudice dell'udienza preliminare contiene un enunciato in punto di responsabilità che la parte deve avere la facoltà di rimuovere per esercitare appieno il proprio diritto alla prova». Se ne faceva coerentemente derivare che il diritto in questione operasse non solo con riferimento a pronunce sulla responsabilità coessenziali al tipo di decisione, come nel caso della condanna, ma anche quando la responsabilità dell'imputato è «ontologicamente presupposta, come nel perdono giudiziale» ovvero «logicamente postulata», come nel caso di non luogo a procedere per difetto di imputabilità. Lo scenario successivo a tale pronuncia, dunque, comportava che il rimedio dell'opposizione potesse applicarsi sia per le sentenze di condanna pronunciate in udienza preliminare, sia per le decisioni di non luogo a procedere che concedessero il perdono giudiziale, dichiarassero il difetto di imputabilità o comunque comportassero un'ascrizione, anche logicamente presupposta, della responsabilità in capo al minore, come il non luogo a procedere per irrilevanza del fatto o l'estinzione del reato per esito positivo della prova.

A complicare il quadro, però, interveniva il legislatore del 2001, che inseriva la garanzia del consenso preventivo dell'imputato minorenne come condizione necessaria alla pronuncia delle decisioni di non luogo a procedere. La Corte, poi, come già rammentato (v. *supra*, § 5), con l'ordinanza n. 208 del 2003 si incaricava innanzitutto di precisare che il consenso preventivo deve interessare le sentenze di non luogo a procedere che postulano la colpevolezza del minore, ponendosi nello stesso solco del suo precedente del 1993; quindi, estendeva l'esigenza del consenso preventivo, *a fortiori*, alle sentenze di condanna.

Insomma, oggi il panorama che si prospetta all'interprete è il seguente: stando agli interventi del legislatore e a quelli della Corte costituzionale, per le decisioni che dichiarano esplicitamente o presuppongono la colpevolezza del minorenne imputato, operano tanto il consenso preventivo *ex* art. 32 comma 1, quanto il diritto dell'opposizione successiva, *ex* art. 32 comma 3. È evidente come si ponga il dubbio di un eccesso di tutela, dal momento che in ordine a tali decisioni all'imputato vengono garantiti contemporaneamente la facoltà di consentire o meno alla pronuncia prima che venga adottata e poi, una volta che sia stata emessa, anche il diritto di opporvisi. Né sembra che le due facoltà abbiano una portata funzionale o un oggetto ben distinti, posto che il consenso preventivo vale a consentire l'impiego degli atti di indagine come prova della colpevolezza rinunziando alle garanzie del contraddittorio dibattimentale, e l'opposizione serve ad attivare il dibattimento, accedendo a quelle medesime garanzie. Taluno in dottrina riconduce a ragionevolezza la disciplina ritenendo che il *dictum* della sentenza n. 77 del 1993 sia stato superato dall'intervento novellistico del 2001, sicché il diritto a consentire preventivamente alle decisioni che postulano la responsabilità avrebbe fatto venir meno il diritto ad opporvisi, almeno per quanto riguarda le decisioni di "cripto condanna". Ove non si acceda a questa impostazione e tenendo conto dell'attuale aumentata complessità del quadro, peraltro, si può semplicemente ritenere che la disciplina presenti nel vigente assetto profili di irragionevolezza *ex* art. 3 Cost., e strida con il principio di ragionevole durata del procedimento *ex* art. 111 comma 2 Cost.

Va detto, tuttavia, che il problema è superato da buona parte della dottrina e dalla stessa Corte costituzionale (v. l'ordinanza n. 208 del 2003) in base a un sottile *distinguo*, secondo il quale il consenso preventivo di cui all'art. 32 comma 1 e l'opposizione *ex* art. 32 comma 3 avrebbero oggetti e fini differenti e potrebbero dunque coesistere. Stando a questa ricostruzione, l'assenso chiesto in udienza all'imputato attiene genericamente alla possibilità *tout court* di definire anticipatamente il processo in udienza preliminare, indipendentemente dallo specifico esito della medesima e quindi autorizzando il giudicante ad emettere una qualsiasi pronuncia tra quelle che comportano l'addebito di responsabilità al minore. L'opposizione, invece, consente all'imputato di dolersi della specifica pronuncia adottata, attivando il dibattimento al fine di rimuoverla per accedere, se del caso e avvalendosi della pienezza dell'arsenale di garanzie offerto dal giudizio, ad un esito più favorevole. Di conseguenza, mantenere entrambi i poteri in capo all'imputato risulta in questa prospettiva ragionevole, giacché essi, lungi dal tradursi in un'irrazionale duplicazione di garanzie, risulterebbero invece complementari.

Parte II

# IL DIBATTIMENTO E LE IMPUGNAZIONI

di *Marta Bargis*



## 1. L'udienza dibattimentale: lo svolgimento a porte chiuse, tra regola ed eccezione.

Ricorrente è la constatazione che nel processo penale minorile la fase dibattimentale si connota per la sua residualità: in effetti, l'approdarvi implica il mancato impiego delle varie opzioni contemplate dal sistema per una definizione anticipata, durante le indagini preliminari o nell'udienza preliminare, tesa a propiziare la fuoriuscita del minore dal circuito processuale, anche mediante meccanismi di *diversion* (v. cap. VI, parte II), in ossequio al principio di minima offensività.

A parte le situazioni in cui vengono attivati il giudizio direttissimo o il giudizio immediato (v. cap. VI, parte I, § 3 e 4) o al giudizio si giunge in seguito all'opposizione proposta *ex* art. 32-*bis* (v. *supra*, parte I, § 7), la scelta dibattimentale dovrebbe imporsi in evenienze collegate a reati il cui accertamento si rivela complesso o che comunque fanno ipotizzare una condanna a pena detentiva. Come si vedrà (v. *infra*, § 4), peraltro, non è detto che si pervenga effettivamente a una simile pronuncia, plurime risultando le tipologie di decisione adottabili in concreto a conclusione del dibattimento.

Alla disciplina dell'udienza dibattimentale – fissata in seguito all'emanazione del decreto che dispone il giudizio da parte del giudice dell'udienza preliminare, il quale provvederà alla formazione del fascicolo per il dibattimento ai sensi dell'art. 431 c.p.p. – è dedicato il solo art. 33, ma, per gli aspetti non previsti, valgono le disposizioni del codice di procedura penale (art. 1 comma 1). Il primo profilo a venire in gioco concerne la non pubblicità dell'udienza: di regola, infatti, quest'ultima è tenuta a porte chiuse (art. 33 comma 1), salvo che sussistano le particolari condizioni descritte nel comma successivo. Intuibili le ragioni: oltre a favorire un più diretto rapporto fra il minore e il giudice, lo svolgimento a porte chiuse evita in radice le conseguenze negative del c.d. "etichettamento criminalizzante", che potrebbero riconnettersi alla pubblicità; nel contempo, eliminato qualsiasi motivo di ansia dovuto alla presenza del pubblico, il dibattimento può adeguarsi «alla personalità e alle esigenze educative del minorenne» (art. 1 comma 1). La previsione va inserita in un più ampio contesto di protezione del minore, come emerge dall'art. 13 comma 1, secondo il quale «sono vietate la pubblicazione e la divulgazione, con qualsiasi mezzo, di notizie o immagini idonee a consentire l'identificazione del minorenne comunque coinvolto nel procedimento» (v. cap. I, parte II, § 5). A completare il quadro d'insieme, si applica all'udienza dibattimentale davanti al tribunale per i minorenni l'art. 147 comma 4 disp. att. c.p.p., dove si stabilisce che «non possono in ogni caso essere autorizzate le riprese o le trasmissioni dei dibattimenti che si svolgono a porte chiuse». La tutela della vita privata dell'imputato minorenne si armonizza con le prescrizioni sovranazionali (v. cap. I, parte I, § 3) che emergono dalle Regole di Pechino (§ 8) e dalle Linee guida del Comitato dei Ministri del Consiglio di Europa per una giustizia a misura di minore (IV, punti 6-10).

La regola dello svolgimento a porte chiuse è però mitigata nell'art. 33 comma 2, sulla cui base l'imputato ultrasedicenne può chiedere che l'udienza sia pubblica. Fermo restando che tale richiesta non può essere accolta «se vi sono coimputati minori degli anni sedici o se uno o più coimputati non vi consente», il tribunale decide, «valutata la fondatezza delle ragioni addotte e l'opportunità di procedere in udienza pubblica, nell'esclusivo interesse dell'imputato». La disposizione è stata oggetto di valutazioni discordanti: a fronte di chi appare scettico sull'effettivo interesse dell'imputato ultrasedicenne alla pubblicità dell'udienza, rimarcando una contraddizione con la rammentata esigenza di evitare il c.d. "etichettamento criminalizzante", altri inscrivono la previsione nell'ambito del nuovo ruolo attivo riconosciuto all'imputato minorenne, che si vede attribuita la possibilità di esercitare incisive scelte processuali. Quanto ai parametri forniti al giudice per valutare la richiesta, se ne constata il carattere vago, sfociante in una rilevante discrezionalità: entrambi i parametri, tra loro concorrenti, dovranno comunque condurre il tribunale a escludere che il minore, tenuto conto della sua personalità, sia stato in qualche modo strumentalizzato.

I primi due commi dell'art. 33 sono silenti con riguardo al caso in cui il dibattimento si svolga nei confronti di un imputato che ha ormai compiuto gli anni diciotto. Anche a questo proposito non si registra uniformità di vedute: taluno reputa che valga la regola della pubblicità dell'udienza dibattimentale, a norma dell'art. 471 comma 1 c.p.p.; altri, al contrario, proprio per il silenzio della legge e considerando che va esaminata la personalità dell'imputato, ritengono ancora prevalente la tutela della riservatezza e, dunque, subordinano la pubblicità alla specifica richiesta dell'imputato, sottolineando che, visto il raggiungimento della maggiore età, sarà probabile una valutazione favorevole del tribunale.

Quando l'udienza dibattimentale si svolge *coram populo*, si verificano varie conseguenze. Innanzitutto, ai sensi dell'art. 13 comma 2, dopo l'inizio del dibattimento non si applica la disposizione sul divieto di pubblicazione e di divulgazione di notizie e di immagini dettata dall'art. 13 comma 1.

Si applicano, viceversa, le norme del codice di rito penale che preservano dagli effetti negativi della pubblicità i minori coinvolti nel processo: si tratta, in specie, degli artt. 114 comma 6 e 472 commi 3-*bis* e 4 c.p.p. Da un lato, sarà vietata la pubblicazione delle generalità e dell'immagine dei minorenni «testimoni, persone offese o danneggiate dal reato fino a quando non sono divenuti maggiorenni», sebbene il tribunale per i minorenni, nell'esclusivo interesse del minore, o il minore ultrasedicenne possano consentire la pubblicazione (art. 114 comma 6 c.p.p.). Dall'altro, si procederà sempre a porte chiuse quando è minorenne la persona offesa di alcuni delitti in materia sessuale tassativamente indicati (art. 472 comma 3-*bis* c.p.p.) e il giudice potrà disporre che avvenga a porte chiuse l'esame dei minorenni (art. 472 comma 4 c.p.p.).

Infine, in ordine alle riprese audiovisive del dibattimento, varrà la disciplina stabilita dall'art. 147 commi 3 e 4 disp. att. c.p.p.: di conseguenza, «anche quando autorizza la ripresa o la trasmissione del dibattimento», il presidente vieterà «la ripresa delle immagini di parti, testimoni, periti, consulenti tecnici, interpreti e di ogni altro soggetto che deve essere presente, se i medesimi non vi consentono o la legge ne fa divieto»; inoltre, non potranno in ogni caso essere autorizzate le riprese o le trasmissioni dei dibattimenti che si svolgono a porte chiuse in determinate ipotesi, fra le quali rientra quella prevista nell'appena ricordato art. 472 comma 4 c.p.p.

## 2. (*Segue*): l'applicabilità di specifiche disposizioni dettate per l'udienza preliminare.

L'art. 33 comma 4 dispone che nell'udienza dibattimentale si applicano «le disposizioni degli articoli 31 e 32 comma 4», dettate per l'udienza preliminare (v. *supra*, parte I, § 3). Cominciando dall'art. 31 comma 1, vi si stabilisce che, fermo quanto previsto dagli artt. 420-*bis* (nel testo sostituito dall'art. 9 comma 2 l. 28 aprile 2014, n. 67) e 420-*ter* c.p.p., disciplinanti, rispettivamente, il procedimento in assenza dell'imputato e il suo impedimento a comparire, «il giudice può disporre l'accompagnamento coattivo dell'imputato non comparso». Pure in dibattimento, pertanto, il giudice potrà disporre l'accompagnamento coattivo: tale misura, mirante a permettere il contatto con il soggetto da giudicare (ai fini dell'eventuale concretarsi di progetti educativi individualizzati: v. *supra*, parte I, § 3) e, nel contempo, a illustrargli le attività processuali che si svolgono in sua presenza (art. 1 comma 2), è da ritenere applicabile non solo se l'imputato è ancora minorenne ma anche se ha già raggiunto la maggiore età, visto l'impiego della parola «imputato», senza ulteriori aggettivazioni.

Quando ricorrano i presupposti per procedere in assenza dell'imputato ai sensi dell'art. 420-*bis* comma 2 c.p.p., il giudice potrà impiegare, se del caso, l'istituto dell'accompagnamento coattivo. Se quest'ultimo va a buon fine, la comparizione dell'imputato comporta la revoca dell'ordinanza con cui si era disposto di procedere in assenza. L'ordinanza, comunque, è revocata anche di ufficio se, prima della decisione, l'imputato compare spontaneamente: in simile eventualità, qualora egli provi che l'assenza è stata dovuta a una incolpevole mancata conoscenza della celebrazione del processo (o dimostri che versava nell'assoluta impossibilità di comparire per caso fortuito, forza maggiore o altro legittimo impedimento e che la prova dell'impedimento è pervenuta con ritardo senza sua colpa), avrà diritto di formulare richiesta di prove ai sensi dell'art. 493 c.p.p. e, ferma restando in ogni caso la validità degli atti regolarmente compiuti in precedenza, potrà altresì chiedere la rinnovazione di prove già assunte (art. 420-*bis* comma 4 c.p.p.).

Allorché, invece, l'imputato, contro il quale si è proceduto in assenza nel corso dell'udienza preliminare, compaia in dibattimento, si applica l'art. 489 c.p.p., potendo egli chiedere di rendere le dichiarazioni spontanee previste dall'art. 494 c.p.p. (comma 1). Inoltre, se l'imputato fornisce la prova che la sua assenza nell'udienza preliminare è stata incolpevole in quanto riconducibile alle situazioni previste dall'art. 420-*bis* comma 4 c.p.p., sarà rimesso nel termine per chiedere il giudizio abbreviato (comma 2, ove si richiama anche il "patteggiamento", non esperibile però nel rito minorile).

Va aggiunto che, grazie al rinvio operato dall'art. 484 comma 2-*bis* c.p.p., in dibattimento, al di fuori dei casi previsti dagli artt. 420-*bis* e 420-*ter* c.p.p., si potrà pervenire alla sospensione del processo, alle condizioni e secondo la procedura descritta dagli artt. 420-*quater* e 420-*quinquies* c.p.p.: qui sussiste un problema di coordinamento fra la previsione dell'art. 420-*quater* comma

1 c.p.p. (secondo cui il giudice, prima di emettere l'ordinanza di sospensione del processo, dispone che l'avviso per la nuova udienza sia notificato all'imputato personalmente ad opera della polizia giudiziaria) e la già descritta possibilità, per il giudice minorile, di disporre l'accompagnamento coattivo dell'imputato non comparso. Di primo acchito, parrebbe che, avendo due vie davanti a sé, il tribunale per i minorenni possa scegliere quale percorrere nel caso concreto: tuttavia, per le ragioni già chiarite (v. *supra*, parte I, § 3), appare preferibile che il tribunale faccia ricorso all'accompagnamento coattivo solo qualora, effettuata la notifica a mani proprie, l'imputato non sia comparso. Se la notificazione personale all'imputato non riesce e viene dunque disposta la sospensione del processo *ex* art. 420-*quater* comma 2 c.p.p., ci si potrebbe domandare se l'accompagnamento coattivo possa costituire una opzione alternativa alle ricerche periodiche contemplate dall'art. 420-*quinquies* c.p.p.: pure in tale eventualità, sembra preferibile attendere la revoca dell'ordinanza di sospensione e la fissazione della nuova udienza (art. 420-*quinquies* commi 2 lett. *a* e 3 c.p.p.), disponendo poi, se del caso, l'accompagnamento coattivo dell'imputato non comparso.

A livello di Unione europea, il diritto del minore di presenziare al processo, o di rinunciarvi dopo essere stato debitamente informato, era ritenuto indispensabile per l'esercizio del diritto di difesa dalla proposta di direttiva sulle garanzie procedurali per i minori indagati o imputati in procedimenti penali (art. 16 COM[2013] 822 def.). Nella versione finale della direttiva (UE) 2016/800 (v. cap. I, parte I, § 2), la previsione risulta riformulata: in particolare, si pone l'accento sia sul diritto del minore di presenziare al processo sia sulla garanzia della partecipazione effettiva, che include la possibilità di essere ascoltato e di esprimere la propria opinione (v. anche cap. I, parte I, § 3).

Specularmente alla previsione sull'accompagnamento coattivo, allorché l'imputato (ancora) minorenne è presente in udienza, il giudice, sentite le parti, ne può disporre l'allontanamento, «nel suo esclusivo interesse, durante l'assunzione di dichiarazioni e la discussione in ordine a fatti e circostanze inerenti alla sua personalità» (art. 31 comma 2): la previsione, volta a preservare il minorenne dall'impatto emotivo ricollegabile a determinate evenienze processuali, può porsi in frizione con l'esercizio del diritto di difesa personale, apparendo dunque consigliabile un impiego accorto del potere di allontanamento, specie se l'imputato è in procinto di compiere gli anni diciotto. Si è osservato in dottrina che l'allontanamento potrebbe arrecare un pregiudizio irreparabile all'esercizio dell'autodifesa quando l'imputato abbia chiesto l'esame prima che il giudice decida in tal senso: terminato il periodo di allontanamento, l'esame si svolgerebbe infatti senza che l'imputato conosca le dichiarazioni a suo carico rese dai testimoni, non prevedendo gli artt. 208 e 209 c.p.p. la previa contestazione degli elementi raccolti nel corso del dibattimento a favore dell'accusa. Va peraltro tenuto conto che il difensore, presente in udienza mentre l'imputato è allontanato, prima dell'inizio dell'esame renderà quest'ultimo edotto degli sviluppi intercorsi, così attenuando in parte il suddetto pregiudizio.

Pure nell'udienza dibattimentale, dato il richiamo all'art. 31, si avrà la presenza dell'esercente la responsabilità genitoriale (v. cap. III, parte II, § 5), cui il decreto di fissazione dell'udienza dovrà venire notificato, a pena di nullità, ai sensi dell'art. 7 (non operando, dunque, l'art. 31 comma 3 che concerne l'avviso dell'udienza preliminare). In caso di mancata comparizione senza addurre un legittimo impedimento, l'esercente potrà essere condannato al pagamento di una somma a favore della cassa per le ammende; se presente, potrà venire allontanato in qualsiasi momento (art. 31 comma 4) per soddisfare le esigenze descritte nell'art. 12 comma 3 (v. *supra*, parte I, § 3), anche se l'allontanamento dovrebbe avvenire alla luce di criteri restrittivi, perché finisce con il limitare l'importante funzione di assistenza svolta dall'esercente. Parimenti, la persona offesa (v. cap. III, parte II, § 6) potrà partecipare al dibattimento per esercitare i diritti e le facoltà contemplati dall'art. 90 c.p.p. (art. 31 commi 3 e 5); inoltre, dovrà essere sentita ai fini della pronuncia della sentenza di proscioglimento per irrilevanza del fatto (art. 27 comma 2; v. *infra*, § 4; cap. VI, parte II, § 4) e la sua presenza potrà favorire epiloghi dibattimentali di natura riparatoria e conciliativa nell'ambito della messa alla prova (art. 28 comma 2 secondo periodo; v. *infra*, § 4; cap. VI, parte II, § 10). Anche ai servizi minorili (v. cap. III, parte I, § 11) che hanno svolto attività per il minorenne verrà notificata la data di fissazione dell'udienza dibattimentale (art. 31 comma 3): se i servizi si sono occupati dell'accertamento della personalità del minore, ai sensi dell'art. 9, la documentazione, riconducibile all'art. 236 c.p.p., è confluita nel fascicolo per il dibattimento (art. 431 comma 1 lett. *g* c.p.p.). Dato che il difensore non ha assistito all'attività compiuta dai servizi, la dottrina ritiene che, a tutela del contraddittorio, gli operatori minorili dovrebbero venire esaminati come testimoni o consulenti tecnici.

Infine, nell'udienza dibattimentale, grazie al rinvio all'art. 32 comma 4, il giudice, «in caso di urgente necessità», può adottare «provvedimenti civili temporanei a protezione del minorenne», immediatamente esecutivi ma destinati a perdere efficacia entro trenta giorni dalla loro emissione.

### 3. (*Segue*): l'ammissione delle prove e le modalità di conduzione dell'esame dell'imputato. L'esame del testimone minorenne e le modalità protette dell'esame testimoniale.

Una volta dichiarato aperto il dibattimento, anche nel processo minorile trovano applicazione gli artt. 493 e 494 c.p.p., dedicati, rispettivamente, alle richieste di prova e alle dichiarazioni spontanee dell'imputato. Quanto alla prima disposizione, non operando il riferimento alla parte civile, essendo l'esercizio dell'azione civile inammissibile nel procedimento davanti al tribunale per i minorenni (art. 10 comma 1), il pubblico ministero e il difensore dell'imputato indicano i fatti che intendono provare e chiedono l'ammissione delle prove. Terminata l'esposizione introduttiva, il presidente informa l'imputato, ai sensi dell'art. 494 comma 1 c.p.p., che «ha facoltà di rendere in ogni stato del dibattimento le dichiarazioni che ritiene opportune, purché esse si riferiscano all'oggetto dell'imputazione e non intralcino l'istruzione dibattimentale»: le dichiarazioni spontanee, se rese, entreranno a far parte del compendio valutativo a disposizione del giudice minorile per approfondire l'accertamento della personalità dell'imputato.

L'art. 33 comma 3 stabilisce le modalità da seguire per l'esame dell'imputato: la conduzione è affidata al presidente del tribunale, mentre i giudici, il pubblico ministero e il difensore possono proporre al presidente domande o contestazioni da rivolgere all'imputato. A differenza di quanto avviene, nel processo degli adulti, per l'esame del testimone minorenne – laddove la pressoché analoga modalità di conduzione dell'esame può tramutarsi in quella ordinaria se il presidente, sentite le parti, ritiene che l'esame diretto non possa nuocere alla serenità del teste (art. 498 comma 4 c.p.p.), sebbene la decisione sia revocabile nel corso dell'esame – nel processo minorile non può deviarsi dalla disciplina dettata per l'esame dell'imputato. La spiegazione viene rinvenuta nel fine di tutelare l'imputato in via, per così dire, preventiva, dando modo al presidente di riformulare eventualmente le domande sulla scorta delle peculiarità del singolo caso, correlate alle caratteristiche personologiche. In altre parole, si è prudenzialmente reputata non idonea una soluzione che, di fronte all'esame condotto direttamente dalle parti, riconoscesse al presidente il semplice ruolo di garante contemplato dall'art. 499 commi 4 e 6 c.p.p. (l'art. 499 c.p.p. è richiamato dall'art. 503 comma 2 primo periodo c.p.p.).

Dal riferimento all'«esame dell'imputato», contenuto nell'art. 33 comma 3, scaturiscono due rilievi. In primo luogo, discostandosi dalla direttiva della legge delega (art. 3 lett. *m* l. 16 febbraio 1987, n. 81), circoscritta all'«esame dell'imputato minorenne», il disposto rende fruibile la modalità derogatoria di conduzione dell'esame altresì per l'imputato che, minorenne al tempo di commissione del reato, abbia compiuto gli anni diciotto quando ha luogo l'udienza dibattimentale: si riconosce in questo modo efficacia ultrattiva a una previsione la cui più vera *ratio* si fonda sulla minore età dell'imputato.

In secondo luogo, le particolari modalità di conduzione potrebbero ritenersi non applicabili per l'esame del testimone minorenne, ma dovrebbe soccorrere al riguardo l'art. 1 comma 1, con l'operatività del poco sopra richiamato art. 498 comma 4 c.p.p.: la soluzione contraria, del resto, si risolverebbe in una patente contraddizione, conducendo a una tutela più ampia del testimone minorenne nel processo degli adulti.

Sempre a fini di tutela, nell'udienza dibattimentale minorile andranno adottate le modalità protette di esame descritte nei commi 4-*bis*, 4-*ter* (che attiene, fra l'altro, all'esame del minore vittima dei delitti ivi elencati) e 4-*quater* del medesimo art. 498 c.p.p.: il testo di quest'ultimo comma è stato sostituito dall'art. 1 comma 1 lett. *l* d.lgs. 15 dicembre 2015, n. 212 (attuativo della direttiva 2012/29/UE, di cui parleremo subito dopo), e ora prevede che, fermo restando quanto stabilito dai commi precedenti dell'art. 498 c.p.p., «quando occorre procedere all'esame di una persona offesa che versa in condizioni di particolare vulnerabilità, il giudice, se la persona offesa o il suo difensore ne fa richiesta, dispone l'adozione di modalità protette». A sua volta, l'art. 90-*quater* c.p.p. (inserito dall'art. 1 comma 1 lett. *b* d.lgs. n. 212 del 2015) precisa che, agli effetti del codice di rito penale, la condizione di particolare vulnerabilità della persona offesa è desunta da vari indicatori, ivi elencati, tra i quali ovviamente figura l'età, locuzione generica che ricomprende senz'altro l'età minore.

In quest'ottica, è da sottolineare che nel processo minorile di frequente la vittima è anch'essa minorenne: si pensi all'attuale quanto deprecabile fenomeno del bullismo, in specie se realizzato nelle forme particolarmente invasive del cyberbullismo (sull'ultimo aspetto il legislatore è intervenuto con la l. 29 maggio 2017, n. 71, *Disposizioni a tutela dei minori per la prevenzione ed il contrasto del fenomeno del cyberbullismo*: v. soprattutto l'art. 2, dedicato alla tutela della dignità del minore, che delinea le modalità attraverso le quali il minore ultraquattordicenne, vittima di atti di cyberbullismo, può ottenere l'oscuramento, la rimozione o il blocco dei dati personali diffusi nella rete internet, e l'art. 7, ove si disciplina la procedura di ammonimento da parte del questore per il minore ultraquattordicenne che abbia commesso, mediante la rete internet, determinati reati nei confronti di altro minore). Si considerino inoltre il furto con strappo *ex* art. 624-*bis* comma 2 c.p. in danno di un coetaneo e i reati commessi in occasione di scontri fra "bande" rivali nei quartieri degradati. La direttiva 2012/29/UE, che istituisce norme minime in materia di diritti, assistenza e protezione delle vittime di reato, presume che le vittime minorenni abbiano specifiche esigenze di protezione (art. 22 § 4); di conseguenza, possono beneficiare, oltre che delle misure previste per ogni vittima bisognosa di specifica protezione (art. 23), di quelle loro appositamente riservate (art. 24). Ai nostri fini, rilevano l'art. 23 § 3 lett. *a* e *b*, in rapporto alle misure per evitare il contatto visivo fra le vittime e gli autori del reato, anche durante le deposizioni, e per consentire alla vittima di essere sentita in aula senza essere fisicamente presente; nonché l'art. 24 § 1 lett. *a*, secondo cui durante le indagini le audizioni del minore vittima di reato andrebbero registrate con modalità audiovisive, in modo da potere in seguito utilizzare le registrazioni come prova nel procedimento penale. A tale proposito, va posto in luce che l'art. 1 comma 1 lett. *c* d.lgs. n. 212 del 2015 ha interpolato, mediante l'aggiunta di un periodo finale, l'art. 134 comma 4 c.p.p.: attualmente, dunque, la riproduzione audiovisiva delle «dichiarazioni della persona offesa in condizione di particolare vulnerabilità è in ogni caso consentita, anche al di fuori delle ipotesi di assoluta indispensabilità» considerate dal primo periodo di tale comma.

## 4. (*Segue*): le tipologie di decisione.

Ampio è il ventaglio di tipologie alle quali può ricondursi la decisione emessa a chiusura del dibattimento davanti al tribunale per i minorenni. Da un lato, il tribunale potrà prosciogliere l'imputato, a norma degli artt. 529-531 c.p.p., o condannarlo, ai sensi dell'art. 533 c.p.p. (per l'eventuale applicazione di una misura di sicurezza *ex* art. 39 v. cap. VII, parte I, § 5). In quest'ultima eventualità, però, quanto alle spese, non opera l'art. 535 c.p.p., bensì l'art. 29 comma 1 disp. att. min., a mente del quale la sentenza di condanna nei confronti di persona minore degli anni diciotto al momento della commissione del reato non comporta l'obbligo del pagamento delle spese processuali e di quelle per il mantenimento in carcere (sulla nuova disciplina dell'esecuzione delle pene nei confronti dei condannati minorenni introdotta dal d.lgs. 2 ottobre 2018, n. 121, *Disciplina dell'esecuzione delle pene nei confronti dei condannati minorenni, in attuazione della delega di cui all'art. 1 commi 82, 83 e 85 lett.* p *l. 23 giugno 2017, n. 103*, v. cap. VII, parte II, § 4-6).

Dall'altro lato, il tribunale potrà utilizzare la gamma di pronunce caratterizzanti il processo minorile, e dunque dichiarare estinto il reato per esito positivo della prova ai sensi dell'art. 29 (v. cap. VI, parte II, § 9, nonché § 7, per la non applicabilità in sede minorile dell'art. 35 d.lgs. 28 agosto 2000, n. 274 e dell'art. 162-*ter* c.p., riguardanti ipotesi di estinzione del reato per condotte riparatorie), mentre in caso di esito negativo il dibattimento riprenderà il suo corso, come dispone lo stesso art. 29, che richiama l'art. 33 (v. cap. VI, parte II, § 12); o prosciogliere per concessione del perdono giudiziale (art. 169 comma 2 c.p.; v. cap. VI, parte II, § 2). Dal *Documento di studio e di proposta* curato dall'Autorità garante per l'infanzia e l'adolescenza (*La mediazione penale e altri percorsi di giustizia riparativa nel processo penale minorile*, 14 dicembre 2018) emerge che – sia pure in rari casi – viene impiegato l'art. 9 (v. cap. III, parte II, § 2) per innestare nella fase dibattimentale, a prescindere dall'istituto della messa alla prova, la mediazione o altre forme di giustizia riparativa (sulle quali v. cap. VI, parte II, § 13).

Alcune notazioni richiede la sentenza di non luogo a procedere per irrilevanza del fatto: originariamente, l'art. 27 circoscriveva l'ambito applicativo dell'istituto alle indagini preliminari (comma 1), all'udienza preliminare, al giudizio direttissimo e al giudizio immediato (comma 4), ma in seguito all'intervento della Corte costituzionale (Corte cost., 9 maggio 2003, n. 149) la declaratoria in discorso (mediante sentenza di assoluzione *ex* art. 530 c.p.p.) può aversi pure nel dibattimento minorile instaurato nelle forme ordinarie (v. cap. VI, parte II, § 6). L'inserimento dell'art. 131-*bis* c.p. (*Esclusione della punibilità per particolare tenuità del fatto*), ad opera dell'art. 1 comma 2 d.lgs. 16 marzo 2015, n. 28, ha fatto sorgere il quesito sulla persistente operatività dell'art. 27, inteso come previsione di natura speciale. La risposta affermativa può fondarsi, tra l'altro, sulla constatazione che l'art. 27, a differenza dell'art. 131-*bis* c.p., non pone sbarramenti per i reati in ordine ai quali è prevista la pena detentiva superiore nel massimo a cinque anni (v. *amplius* cap. VI, parte II, § 4).

Può accadere che il tribunale per i minorenni, nell'udienza dibattimentale, si trovi a giudicare reati che nel processo degli adulti rientrano nella competenza del giudice di pace (v. cap. III, parte I, § 6). A norma dell'art. 63 comma 1 prima parte d.lgs. n. 274 del 2000, dovranno venire osservate le disposizioni del titolo II del medesimo decreto, che prevedono un apparato sanzionatorio meno afflittivo. Per quanto attiene, più specificamente, all'art. 34 d.lgs. n. 274 del 2000 (che disciplina l'esclusione della procedibilità nei casi di particolare tenuità del fatto), da osservare in quanto applicabile (art. 63 comma 1 seconda parte d.lgs. n. 274 del 2000), lo si reputa non operativo nel processo minorile, appunto per la presenza dell'art. 27, da considerarsi previsione speciale rispondente alle peculiarità del sistema in cui è inserita (v. cap. VI, parte II, § 4).

## 5. Le impugnazioni: premessa.

Le disposizioni del processo penale minorile dedicate alle impugnazioni, oltre a non essere accorpate fra loro (se si eccettuano, quanto alla progressione numerica, gli artt. 34 e 35) ma sparse a macchia di leopardo, sono numericamente assai contenute. Ne deriva che, per delineare la regolamentazione di questo microcosmo, bisogna sovente riferirsi alla disciplina dettata dal codice di rito penale, in armonia con quanto stabilito dall'art. 1 comma 1 primo periodo.

Volendo tracciare un breve *excursus* ricognitivo, per i provvedimenti conclusivi dell'udienza preliminare, come già sappiamo (v. *supra*, parte I, § 7), ha costituito oggetto di dibattito l'ambito delle decisioni suscettibili di opposizione. Secondo una iniziale ipotesi ricostruttiva, nei confronti della sentenza di condanna a una pena pecuniaria o a una sanzione sostitutiva (art. 32 comma 3), nonché (per effetto di Corte cost., 11 marzo 1993, n. 77) delle sentenze di non luogo a procedere con le quali fosse stata comunque presupposta la responsabilità dell'imputato (concessione del perdono giudiziale, difetto di imputabilità, irrilevanza del fatto, estinzione del reato per esito positivo della messa alla prova), il rimedio era appunto costituito dalla opposizione, con la quale è richiesto il giudizio davanti al tribunale per i minorenni (art. 32-*bis* comma 1). Una volta sostituito l'art. 32 comma 1 (ad opera dell'art. 22 l. 1° marzo 2001, n. 63) e subordinata al consenso da parte dell'imputato la pronuncia delle sentenze di non luogo a procedere che hanno comunque presupposto la sua responsabilità, la duplicazione di garanzie che ne derivava ha condotto taluno a ritenere superata la predetta pronuncia costituzionale, con la conseguente non praticabilità della opposizione per questa tipologia di sentenze. Attualmente, però, buona parte della dottrina ravvisa nel consenso preventivo (esteso in via interpretativa dalla Corte costituzionale alla sentenza di condanna a una pena pecuniaria o a una sanzione sostitutiva: v. *supra*, parte I, § 5) e nella opposizione successiva due garanzie complementari, sulla premessa del carattere generico del primo rispetto alla valenza specifica della seconda, rivolta contro la decisione concretamente adottata. La disciplina della opposizione si contraddistingue poi perché l'inammissibilità dell'atto proposto fuori termine o da persona non legittimata è dichiarata dal giudice *a quo*, invece che dal giudice *ad quem*, con ordinanza ricorribile per cassazione dall'opponente (art. 32-*bis* comma 2).

Nei riguardi delle sentenze di non luogo a procedere che non presuppongono un accertamento di responsabilità dell'imputato, e che perciò non necessitano del consenso preventivo (Corte cost., 16 maggio 2002, n. 195: v. *supra*, parte I, § 5), il procuratore della Repubblica, il procuratore generale e l'imputato possono invece proporre appello, su cui la corte di appello decide in camera di consiglio con le forme stabilite dall'art. 127 c.p.p.: il procuratore generale, peraltro, può appellare solo nei casi previsti dall'art. 593-*bis* comma 2 c.p.p., cioè nell'ipotesi di avocazione o qualora il procuratore della Repubblica abbia prestato acquiescenza al provvedimento (art. 428 comma 1 lett. *a* c.p.p., nel testo modificato dall'art. 3 comma 2 d.lgs. 6 febbraio 2018, n. 11, *Disposizioni di modifica della disciplina in materia di giudizi di impugnazione in attuazione della delega di cui all'art. 1 commi 82, 83 e 84 lett.* f, g, h, i, l *e* m *l. 23 giugno 2017, n. 103*). Sono viceversa inappellabili le sentenze di non luogo a procedere relative a contravvenzioni punite con la sola pena dell'ammenda o con pena alternativa (art. 428 comma 3-*quater* c.p.p., aggiunto dall'art. 2 comma 2 d.lgs. n. 11 del 2018).

La sentenza di non luogo a procedere pronunciata in grado di appello (c.d. doppia conforme di non luogo a procedere) è poi ricorribile per cassazione dall'imputato e dal procuratore generale solo per i motivi stabiliti nell'art. 606 comma 1 lett. *a*, *b* e *c* c.p.p., e la corte decide in camera di consiglio con le forme previste dall'art. 611 c.p.p. (art. 428 commi 3-*bis* e 3-*ter* c.p.p., inseriti dall'art. 1 comma 40 l. 23 giugno 2017, n. 103, *Modifiche al codice penale, al codice di procedura penale e all'ordinamento penitenziario*; v. più ampiamente *supra*, parte I, § 7).

Avverso le pronunce dibattimentali emesse dal tribunale per i minorenni (v. *supra*, § 4) i mezzi ordinari di impugnazione sono costituiti dall'appello e dal ricorso per cassazione, ma solo con riguardo al primo una previsione di portata generale è contenuta nell'art. 35 (v. *infra*, § 7). Similmente, tuttavia, andrà regolato il giudizio di secondo grado contro la sentenza di non luogo a procedere per irrilevanza del fatto pronunciata nel corso delle indagini preliminari (art. 27 comma 3), destinato peraltro a concludersi o con la conferma di tale sentenza o con la restituzione degli atti al pubblico ministero (v. cap. VI, parte II, § 6, anche per l'omogeneità della disposizione rispetto all'innovato testo dell'art. 428 c.p.p.). Va inoltre rammentato che l'organo competente a giudicare in appello (cioè la sezione della corte di appello per i minorenni) è, al pari di quello di primo grado, espressione di una giurisdizione specializzata (v. cap. III, parte I, § 3).

Per quanto concerne il ricorso per cassazione (v. *infra*, § 8), al di là della specifica previsione relativa alla ricorribilità dell'ordinanza di sospensione del processo con messa alla prova (art. 28 comma 3: v. cap. VI, parte II, § 9), provvedimento che può intervenire pure nell'udienza dibattimentale, varranno le regole dettate per il processo degli adulti, e dunque sarà possibile sia ricorrere *per saltum* (art. 569 c.p.p.) avverso la decisione appellabile emessa in primo grado dal tribunale per i minorenni sia ricorrere contro la decisione inappellabile del medesimo tribunale e contro la decisione pronunciata in secondo grado dalla sezione della corte di appello per i minorenni. Se il giudice di appello pronuncia sentenza di conferma di quella di proscioglimento (c.d. doppia conforme di proscioglimento), il ricorso per cassazione può essere proposto solo per i motivi previsti dall'art. 606 comma 1 lett. *a*, *b* e *c* c.p.p. (art. 608 comma 1-*bis* c.p.p., inserito dall'art. 1 comma 69 l. n. 103 del 2017).

Non si applica invece il comma 2-*bis* dell'art. 606 c.p.p. (inserito dall'art. 5 d.lgs. n. 11 del 2018), ai sensi del quale contro le sentenze di appello pronunciate per reati di competenza del giudice di pace il ricorso per cassazione può essere proposto soltanto per i motivi contemplati dall'art. 606 comma 1 lett. *a*, *b* e *c* c.p.p.: infatti, al tribunale per i minorenni e, di riflesso, alla sezione della corte di appello per i minorenni è riconosciuta una competenza funzionale originaria per i reati che nel processo degli adulti appartengono alla competenza del giudice di pace (v. cap. III, parte I, § 6).

In ordine al regime di impugnazione della sentenza che definisce la pericolosità sociale, applicando in via definitiva o revocando la misura di sicurezza (art. 38), soccorre l'art. 680 comma 2 c.p.p., mentre la sentenza dibattimentale che applica la misura di sicurezza (art. 39) è impugnabile ai sensi dell'art. 579 commi 1 e 2 c.p.p.; in rapporto al procedimento per l'esecuzione delle misure di sicurezza, l'art. 41 detta alcune disposizioni sull'impugnazione dei provvedimenti del magistrato di sorveglianza per i minorenni (v. *infra*, § 7; cap. VII, parte I, § 5).

Per le impugnazioni *de libertate* (v. cap. IV, parte II, § 7, anche con riguardo alle misure cautelari reali), come emerge indirettamente dall'art. 25 disp. att. min., secondo cui sulla richiesta di riesame o sull'appello proposti a norma degli artt. 309 e 310 c.p.p. decide il tribunale per i minorenni del luogo dove ha sede l'ufficio del giudice che ha emesso l'ordinanza impugnata, sarà d'obbligo il riferimento alle norme del codice di rito penale relative al riesame, all'appello cautelare e al ricorso per cassazione.

Una menzione specifica va riservata, da ultimo, all'art. 1 comma 1015 della legge di bilancio 2021 (l. 30 dicembre 2020, n. 178, *Bilancio di previsione dello Stato per l'anno finanziario 2021 e bilancio pluriennale per il triennio 2021-2023*), dove si stabilisce che nel «processo penale, all'imputato assolto, con sentenza divenuta irrevocabile, perché il fatto non sussiste, perché non ha commesso il fatto o perché il fatto non costituisce reato o non è previsto dalla legge come reato, è riconosciuto il rimborso delle spese legali nel limite massimo di euro 10.500» (per ulteriori dettagli v. i successivi commi 1016-1017 e 1019-1021): la generica locuzione «processo penale» appare senz'altro comprensiva del processo penale minorile. Il rimborso non è riconosciuto nei casi di assoluzione da uno o più capi di imputazione e condanna per altri reati; di estinzione del reato per avvenuta amnistia o prescrizione; di sopravvenuta depenalizzazione dei fatti oggetto di imputazione (art. 1 comma 1018 l. n. 178 del 2020). La nuova normativa si applica alle sentenze di assoluzione divenute irrevocabili dopo l'entrata in vigore della legge (art. 1 comma 1022 l. n. 178 del 2020).

## 6. (*Segue*): la legittimazione a impugnare, con particolare riguardo all'esercente la responsabilità genitoriale.

Alcune peculiarità vanno segnalate sul piano della legittimazione a impugnare. Essendo inammissibile nel procedimento penale davanti al tribunale per i minorenni l'esercizio dell'azione civile (art. 10 comma 1), la parte civile non rientra, ovviamente, nel novero dei soggetti legittimati.

Accanto al pubblico ministero, all'imputato e al suo difensore, compare, viceversa, quale soggetto legittimato a impugnare, l'esercente la responsabilità genitoriale (v. cap. III, parte II, § 5): se ne occupa l'art. 34, che regola altresì i rapporti fra tale impugnazione e quella proposta dall'imputato. La legittimazione a impugnare mira a consentire l'intervento dell'esercente in funzione integrativa dell'autodifesa del minore, ottimizzando così l'attuazione del diritto a impugnare di quest'ultimo.

L'art. 34 comma 1 stabilisce che l'esercente la responsabilità genitoriale «può, anche senza avere diritto alla notificazione del provvedimento, proporre l'impugnazione che spetta all'imputato minorenne». Emerge dunque che l'ambito dell'impugnazione proposta dall'esercente è ritagliato su quello spettante all'imputato minore, il quale conserva impregiudicata la propria capacità di impugnare. In altre parole, viene a configurarsi una legittimazione concorrente, che intende fornire un *surplus* di garanzia al minore; pertanto, l'esercente la responsabilità genitoriale perseguirà, con la sua impugnazione, l'interesse del minorenne.

Per quanto attiene al mancato raccordo fra legittimazione a impugnare dell'esercente e diritto alla notificazione del provvedimento impugnabile, le comprensibili critiche vengono superate dall'impostazione dottrinale che, ravvisando nell'art. 34 comma 1 una norma di chiusura (poiché riconosce la legittimazione anche in mancanza della conoscenza legale del provvedimento), reputa applicabile l'art. 128 c.p.p., laddove annovera, fra i destinatari della notificazione dell'avviso di deposito dei provvedimenti impugnabili, «tutti coloro a cui la legge attribuisce il diritto di impugnazione»: nel procedimento minorile, appunto in virtù dell'art. 34 comma 1, in questa categoria rientra l'esercente la responsabilità genitoriale.

Dall'art. 34 comma 1 si ricava inoltre, da un lato, che la legittimazione a impugnare dell'esercente, proprio perché preordinata a integrare l'autodifesa del minorenne, cessa nel momento in cui quest'ultimo raggiunge la maggiore età; e, dall'altro, che è riconosciuta solo a chi rivesta la qualità di esercente. Va al riguardo sottolineato che tale qualità può coesistere con quella di genitore, ma, verificandosi ipotesi nelle quali la responsabilità genitoriale viene meno per decadenza (art. 330 comma 1 c.c., nel testo modificato dall'art. 50 d.lgs. 28 dicembre 2013, n. 154, secondo cui il giudice «può pronunciare la decadenza dalla responsabilità genitoriale quando il genitore viola o trascura i doveri ad essa inerenti o abusa dei relativi poteri con grave pregiudizio del figlio»; per la reintegrazione nella medesima v. art. 332 c.c., nel testo modificato dall'art. 51 d.lgs. n. 154 del 2013) o per sospensione (artt. 10 comma 3 e 19 comma 1 l. 4 maggio 1983, n. 184, nel testo modificato dall'art. 100 comma 1 lett. *h* e *m* d.lgs. n. 154 del 2013, rispettivamente durante il procedimento relativo allo stato di abbandono del minore e durante lo stato di adottabilità), dovrà provvedersi alla nomina di un tutore (art. 343 c.c.), che eserciterà i poteri collegati all'esercizio della responsabilità genitoriale, compreso, per quanto interessa in questa sede, quello di impugnazione. A sua volta, l'art. 34 c.p. prevede, da un canto, che la legge «determina i casi nei quali la condanna importa la decadenza dalla responsabilità genitoriale» (comma 1; v., ad esempio, l'art. 569 c.p. e le relative declaratorie di illegittimità costituzionale parziale dovute a Corte cost., 23 febbraio 2012, n. 31 e a Corte cost., 23 gennaio 2013, n. 7) e, dall'altro, che la condanna «per delitti commessi con abuso della responsabilità genitoriale importa la sospensione dall'esercizio di essa per un periodo di tempo pari al doppio della pena inflitta» (comma 2). In rapporto alla sospensione, la Corte costituzionale (Corte cost., 29 maggio 2020, n. 102) ha dichiarato illegittimo l'art. 574-*bis* comma 3 c.p. nella parte in cui prevede che la condanna pronunciata contro il genitore per il delitto di sottrazione e mantenimento di minore all'estero ai danni del figlio minore comporta la sospensione dall'esercizio della responsabilità genitoriale, anziché la possibilità per il giudice di disporre la sospensione da tale esercizio, eliminando quindi il pregresso automatismo al fine di consentire al giudice di tenere conto del superiore interesse del minorenne nel caso concreto.

Sebbene normalmente entrambi i genitori siano titolari della responsabilità genitoriale (art. 316 comma 1 c.c., nel testo sostituito dall'art. 39 d.lgs. n. 154 del 2013), talora l'esercizio di quest'ultima è riconosciuto esclusivamente a uno di essi: ad esempio, nel caso di impedimento dell'altro *ex* art. 317 comma 1 c.c. (nel testo modificato dall'art. 41 comma 1 lett. *a* d.lgs. n. 154 del

2013). Nell'ipotesi di riconoscimento del figlio nato fuori del matrimonio, è il genitore che lo ha riconosciuto a esercitare la responsabilità genitoriale, a meno che il riconoscimento sia stato effettuato da entrambi i genitori (art. 316 comma 4 c.c., nel testo sostituito dall'art. 39 d.lgs. n. 154 del 2013). Su diverso piano, la responsabilità genitoriale di entrambi i genitori non cessa a seguito di separazione, scioglimento, cessazione degli effetti civili, annullamento, nullità del matrimonio (art. 317 comma 2 c.c., nel testo sostituito dall'art. 41 comma 1 lett. *b* d.lgs. n. 154 del 2013; v. anche il terzo comma dell'art. 337-*ter* c.c., inserito dall'art. 55 d.lgs. n. 154 del 2013): tuttavia, nel caso di affidamento dei figli a un solo genitore (art. 337-*quater* c.c., inserito dall'art. 55 d.lgs. n. 154 del 2013), salva diversa disposizione del giudice, il genitore in questione ha l'esercizio esclusivo della responsabilità genitoriale.

La l. 20 maggio 2016, n. 76 (*Regolamentazione delle unioni civili tra persone dello stesso sesso e disciplina delle convivenze*) non consente l'adozione del figlio del *partner* (c.d. *stepchild adoption*) in caso di unioni civili tra persone dello stesso sesso. Infatti, l'art. 1 comma 20 della legge enuncia, al «solo fine di assicurare l'effettività della tutela dei diritti e il pieno adempimento degli obblighi» derivanti dall'unione, una regola generale di equiparazione fra i coniugi e le parti delle suddette unioni civili, stabilendo peraltro che tale regola non si applica alle disposizioni della l. n. 184 del 1983 (*Diritto del minore ad una famiglia*), cioè la legge sulle adozioni. Tuttavia, la parte finale del medesimo comma precisa che resta «fermo quanto previsto e consentito in materia di adozione dalle norme vigenti». La giurisprudenza civile (di merito e di legittimità), riproponendo orientamenti formatisi anteriormente alla l. n. 76 del 2016, ricomprende la *stepchild adoption* nell'ambito dell'adozione in casi particolari contemplata dall'art. 44 comma 1 lett. *d* l. n. 184 del 1983, mediante un'interpretazione flessibile del presupposto della «impossibilità di affidamento preadottivo»: la normativa viene così estesa ai casi nei quali l'affidamento non è possibile perché il minore non versa in stato di abbandono, ma sussiste il suo interesse a vedere riconosciuta e disciplinata una relazione affettiva già presente. In altri termini, si ammette l'adozione c.d. non legittimante a favore del *partner* dello stesso sesso del genitore biologico, escludendo che la valutazione negativa dell'interesse del minore possa basarsi unicamente sull'orientamento sessuale della coppia perché quest'ultimo non incide sull'idoneità del richiedente l'adozione e del suo *partner* ad assumere la responsabilità genitoriale. Va però aggiunto che l'art. 44 comma 1 lett. *d* l. n. 184 del 1983 non è in grado di risolvere particolari situazioni che si creano sia nel caso di bambini nati in Italia a seguito di fecondazione eterologa effettuata all'estero, con riguardo a una coppia di due donne (una delle quali madre biologica, l'altra madre intenzionale), sia nella ipotesi di bambini nati all'estero mediante la c.d. maternità surrogata, in rapporto a una coppia di due uomini (uno dei quali genitore biologico, avendo fornito i gameti, l'altro genitore intenzionale): di qui l'invito della Corte costituzionale al legislatore a provvedere con urgenza (v., rispettivamente, Corte cost., 9 marzo 2021, n. 32 e Corte cost., 9 marzo 2021, n. 33), in modo da riconoscere i legami affettivi stabili del minore anche nei confronti del genitore intenzionale.

L'art. 34 comma 1 non affronta la situazione di conflitto di interessi tra l'esercente la responsabilità genitoriale e il minore: scartata l'idea di utilizzare la disciplina civilistica relativa al conflitto di interessi patrimoniali, è da condividere il suggerimento di applicare per analogia l'art. 155 comma 4 c.p., in tema di remissione della querela, che prevede la nomina allo scopo di un curatore speciale.

Anche se la norma in esame parla in generale di «impugnazione» dell'esercente la responsabilità genitoriale, rapportandola a quella che spetta all'imputato minorenne, in giurisprudenza si erano registrate, nei primi anni di vigenza della nuova normativa minorile, posizioni restrittive, che escludevano la legittimazione dell'esercente al ricorso per cassazione, richiamando l'art. 1 comma 1 laddove rinvia alla disciplina del codice di rito penale, posto che quest'ultimo non contempla, tra i soggetti che possono proporre l'impugnazione spettante all'imputato, l'esercente la responsabilità genitoriale, bensì solo il tutore per l'imputato soggetto a tutela e il curatore speciale per l'imputato incapace di intendere o di volere, che non ha tutore (art. 571 comma 2 c.p.p.). L'interpretazione andava respinta in quanto fondata su una scorretta ricostruzione dei rapporti fra la normativa codicistica e quella minorile, valendo la prima solo qualora non sussistano specifiche previsioni che, nella seconda, regolamentino la materia; inoltre, si era osservato in dottrina, la tesi giurisprudenziale finiva con offrire al minorenne una tutela contratta, e dunque deteriore, rispetto a quella riconosciuta all'adulto. Oggi, però, dopo la soppressione della frase iniziale nell'art. 613 comma 1 c.p.p. (operata dall'art. 1 comma 63 l. n. 103 del 2017), con correlata modifica dell'art. 571 comma 1 c.p.p. (dovuta all'art. 1 comma 54 della medesima legge), il ricorso per cassazione non può più essere proposto personalmente dall'imputato. La modifica, volta a evitare ricorsi redatti in realtà da avvocati non abilitati al patrocinio davanti alla corte di cassazione, dunque non rispondenti all'elevato tecnicismo tipico del mezzo d'impugnazione e perciò destinati all'inammissibilità, con inutile aggravio di lavoro per la Suprema Corte, opera altresì per l'imputato minorenne, al quale è comunque consentito di incaricare allo scopo il proprio difensore patrocinante in cassazione: le Sezioni Unite (S.U., 21 dicembre 2017, Aiello) – a parere delle quali la suddetta modifica vale per il ricorso avverso qualsiasi tipo di provvedimento, compresi quelli in materia cautelare – si sono focalizzate sulla distinzione «fra la legittimazione a proporre il ricorso e le sue effettive modalità di proposizione, attenendo il primo concetto alla titolarità sostanziale del diritto all'impugnazione, il secondo al profilo dinamico del suo esercizio», con la conseguenza che l'imputato mantiene la titolarità del diritto di ricorrere per cassazione in via autonoma rispetto al proprio difensore, sebbene solo quest'ultimo, ai sensi dell'art. 613 comma 1 c.p.p., possa proporre il ricorso, purché iscritto nell'albo speciale. Quanto ai riflessi sui poteri impugnativi dell'esercente la responsabilità genitoriale, pare che – inibita anche a lui, come all'imputato, la soppressa modalità di proposizione del ricorso e non potendo d'altro canto nominare un proprio difensore di fiducia – non gli rimanga altra via se non quella di rivolgersi al difensore cassazionista dell'imputato, ponendo in essere una sorta di attività di impulso mirata soprattutto a sopperire all'eventuale inerzia del minore.

Il generale riferimento alla «impugnazione» consente pure di concludere che l'esercente la responsabilità genitoriale sia legittimato a proporre tanto le impugnazioni *de libertate* (v. cap. IV, parte II, § 7) quanto l'opposizione ai sensi dell'art. 32 comma 3, sulla premessa della riconducibilità del rimedio al catalogo dei mezzi impugnatori intesi in senso lato (v. *supra*, parte I, § 6). Poco importa che la norma appena rammentata indichi come soggetti legittimati all'opposizione soltanto l'imputato e il difensore munito di procura speciale: va ribadito che la funzione dell'art. 34 è quella di dettare, una volta per tutte, una norma di carattere generale, evitando così al legislatore la diseconomica tecnica delle previsioni caso per caso. A dire il vero, l'espressa menzione dell'esercente tra i soggetti legittimati a impugnare compare nell'art. 41 comma 1 (v. cap. VII, parte I, § 5), con riguardo all'impugnazione dei provvedimenti del magistrato di sorveglianza in materia di misure di sicurezza (appello proposto dinanzi al tribunale per i minorenni), ma la specifica previsione concernente il momento esecutivo, a prima vista ridondante, si spiega considerando l'art. 34 dettato con riguardo alla sola fase di cognizione.

L'art. 34 comma 2 primo periodo regola i rapporti fra le impugnazioni proposte dall'imputato minore e dall'esercente la responsabilità genitoriale, enucleando il caso in cui tra i due atti esista contraddizione, eventualità nella quale si tiene conto, a ogni effetto, solo dell'impugnazione proposta dall'imputato, a conferma che l'effettivo titolare del diritto di impugnazione rimane il minorenne. Più problematico sostenere che l'imputato possa togliere effetto all'impugnazione dell'esercente ai sensi dell'art. 589 comma 2 c.p.p., dato che quest'ultima norma, certamente applicabile nel procedimento minorile, concerne la rinuncia della parte privata alla propria impugnazione, non a quella da altri presentata. Tant'è vero che il codice di rito penale, quando ha ritenuto di consentire all'imputato l'esercizio di un potere di tal fatta, ha coniato una previsione espressa: l'art. 571 comma 4 c.p.p. stabilisce infatti che l'imputato, nei modi previsti per la rinuncia, può togliere effetto all'impugnazione proposta dal suo difensore (previo consenso, nei casi *ad hoc*, del tutore o del curatore speciale): in proposito, le Sezioni Unite (S.U., 24 novembre 2015, Celso) hanno deciso che il difensore, di fiducia o di ufficio, dell'imputato, se non munito di procura speciale, non può effettuare rinuncia, totale o parziale, all'impugnazione, anche se da lui proposta, a meno che il rappresentato sia presente alla dichiarazione di rinuncia fatta in udienza e non vi si opponga. E, per concludere, in materia di impugnazioni il rapporto fra imputato minore ed esercente la responsabilità genitoriale non pare sovrapponibile – nonostante alcune assonanze – a quello che il primo intrattiene con il proprio difensore.

Quanto all'individuazione delle ipotesi di contraddizione tra i due atti, se ne afferma l'insussistenza qualora l'impugnazione dell'esercente abbia ad oggetto capi della sentenza non impugnati dal minore; e, *a fortiori*, quando l'unico a impugnare sia stato l'esercente, perché tale impugnazione si caratterizza come concorrente, producendo effetti senza che la sua esistenza sia subordinata all'esercizio del diritto di impugnazione da parte del minore.

Quando, invece, tra le due impugnazioni non sussista contraddizione (art. 34 comma 2 secondo periodo), la disciplina è ispirata al principio di conservazione dei mezzi impugnativi, con la conseguenza che la regolarità dell'una sana l'irregolarità dell'altra, anche in relazione ai motivi.

## 7. L'appello.

L'art. 35, dedicato al giudizio di appello, prevede che in tale procedimento «si osservano in quanto applicabili le disposizioni riguardanti il procedimento davanti al tribunale per i minorenni». Considerata, a un primo sguardo, come norma doppiamente ripetitiva, che duplica tanto l'art. 1 (riferito ai principi generali del processo minorile e dunque non limitato al primo grado) quanto l'art. 598 c.p.p. (che, nel processo degli adulti, contiene analoga estensione), la previsione, dettata *ad abundantiam*, vale comunque a rimarcare l'esigenza di omogeneità tra i giudizi di prime e seconde cure, nel tentativo di superare le lacune che nella prassi si riscontravano in appello (collegandosi, perciò, all'art. 4 disp. att. min., su cui v. cap. III, parte I, § 3). In ogni caso, l'art. 35 chiarisce che, dove non risultino applicabili le disposizioni concernenti il giudizio minorile di primo grado, verranno in soccorso quelle dettate per il giudizio di appello dal codice di rito penale: tutte queste disposizioni, sia "interne" sia "importate", andranno applicate «in modo adeguato alla personalità e alle esigenze educative del minorenne» (art. 1 comma 1 secondo periodo), cioè adattate alla specifica situazione individuale.

Anche nel processo minorile l'appello svolge una funzione di controllo della decisione emessa in primo grado e la cognizione del giudice di appello è informata al principio del *tantum devolutum quantum appellatum* (art. 597 comma 1 c.p.p.); sul piano decisorio, se appellante è il solo imputato vige il divieto della *reformatio in peius* (art. 597 comma 3 c.p.p.). Sono «in ogni caso» (locuzione da riferire all'ipotesi di giudizio abbreviato) inappellabili le sentenze di condanna per le quali è stata applicata la sola pena dell'ammenda e le sentenze di proscioglimento relative a contravvenzioni punite con la sola pena dell'ammenda o con pena alternativa (art. 593 comma 3 c.p.p., nel testo modificato dall'art. 2 comma 1 lett. *b* d.lgs. n. 11 del 2018).

A parte le già illustrate caratteristiche della legittimazione a impugnare (v. *supra*, § 6), vanno ricordati i recenti limiti introdotti per il pubblico ministero e per il procuratore generale presso la corte di appello: il primo può appellare contro le sentenze di condanna «solo quando modificano il titolo del reato o escludono la sussistenza di una circostanza aggravante ad effetto speciale o stabiliscono una pena di specie diversa da quella ordinaria del reato» (art. 593 comma 1 c.p.p., nel testo sostituito dall'art. 2 comma 1 lett. *a* d.lgs. n. 11 del 2018), mentre il secondo può appellare «solo nei casi di avocazione o qualora il procuratore della Repubblica abbia prestato acquiescenza al provvedimento» (art. 593-*bis* comma 2 c.p.p., inserito dall'art. 3 comma 1 d.lgs. n. 11 del 2018; v. anche, a fini di raccordo, l'art. 570 comma 1 secondo periodo c.p.p., nel testo modificato dall'art. 1 comma 2 d.lgs. n. 11 del 2018). Infine, l'organo dell'accusa non può proporre appello *pro reo*, dato che l'art. 568 comma 4-*bis* c.p.p. (inserito dall'art. 1 comma 1 d.lgs. n. 11 del 2018) stabilisce che «il pubblico ministero propone impugnazione diretta a conseguire effetti favorevoli all'imputato solo con ricorso per cassazione»: ma una tale accentuazione del ruolo di "avversario" dell'imputato nell'impugnazione di merito del pubblico ministero sembra collidere con i paradigmi che informano l'attività dell'organo di accusa nel processo minorile (v. cap. III, parte I, § 8), facendo sorgere dubbi sull'applicabilità di tale disposto.

Per l'appello valgono poi le disposizioni generali sulle impugnazioni concernenti forme, modalità di presentazione e spedizione, termini per impugnare e rinuncia (artt. 581, nel testo sostituito dall'art. 1 comma 55 l. n. 103 del 2017, 582, 583, 585 e 589 c.p.p.), così come quelle sull'impugnazione delle ordinanze dibattimentali (art. 586 c.p.p.), sull'effetto estensivo (art. 587 c.p.p.) e sospensivo (art. 588 c.p.p.), sull'appello incidentale (art. 595 c.p.p., nel testo modificato dall'art. 4 d.lgs. n. 11 del 2018, che ora lo riconosce soltanto all'imputato «che non ha proposto impugnazione» e non più al pubblico ministero e alle altre parti private). L'appello proposto dinanzi al tribunale per i minorenni contro i provvedimenti del magistrato di sorveglianza in materia di misure di sicurezza non ha però effetto sospensivo, salvo che il tribunale per i minorenni disponga altrimenti (art. 41 comma 2: v. cap. VII, parte I, § 5), osservandosi per il resto le disposizioni generali sulle impugnazioni: qui è stata riprodotta la dizione dell'art. 680 comma 3 c.p.p. e la regola del mancato effetto sospensivo si spiega in rapporto alla tipologia di procedimento, focalizzato sulla pericolosità del soggetto.

Il giudizio di appello minorile può svolgersi in udienza pubblica o in camera di consiglio (art. 599 comma 1 c.p.p.; v. altresì l'art. 27 comma 3, che richiama le forme dell'art. 127 c.p.p.). L'abrogazione del c.d. concordato sui motivi di appello nel processo degli adulti (artt. 599 commi 4 e 5 e 602 comma 2 c.p.p.) aveva tolto linfa alla discussione circa la sua operatività nel processo minorile, sostenuta in modo quasi unanime dalla dottrina a fronte di disorientamenti giurisprudenziali. La reintroduzione dell'istituto nel codice di rito penale (artt. 599-*bis* e 602 comma 1-*bis* c.p.p., inseriti rispettivamente dall'art. 1 commi 56 e 57 l. n. 103 del 2017) risolleva la questione. In alcune delle linee guida predisposte dai procuratori generali presso le corti di appello, *ex* art. 599-*bis* comma 4 c.p.p., compaiono riferimenti al processo minorile: talora è dettato il criterio di consultare obbligatoriamente il procuratore generale sulle richieste di concordato pervenute o che si ritenesse di formulare allorché si tratti, fra l'altro, di processi nei confronti di minorenni (procura generale di Trento); altre volte si precisa che, «per non pregiudicare la funzione rieducativa propria del procedimento minorile, è opportuno verificare l'andamento del programma rieducativo prima di determinarsi al concordato» (procura generale di Roma) o che «ai fini della disamina delle richieste di concordato sarà normalmente necessario concentrare l'attenzione sulla personalità dell'imputato, sulle modalità della condotta e sulla gravità della tipologia del reato commesso, tenendo anche conto della sofferenza della vittima (specie se si tratta di persona anziana o minorenne anch'essa)» (procura generale di Caltanissetta).

Passiamo ora a una disamina delle disposizioni generali dettate per il procedimento davanti al tribunale per i minorenni da ritenere sicuramente applicabili in appello: innanzitutto, viene in rilievo l'art. 1 comma 2, incombendo pure al giudice di appello il compito di illustrare all'imputato «il significato delle attività processuali che si svolgono in sua presenza nonché il contenuto e le ragioni anche etico-sociali delle decisioni»; vanno poi reputati operanti l'art. 6, secondo cui «in ogni stato e grado» l'autorità giudiziaria si avvale dei servizi minorili e dei servizi di assistenza istituiti dagli enti locali; l'art. 12, a mente del quale «in ogni stato e grado» è assicurata l'assistenza affettiva e psicologica all'imputato minorenne; l'art. 13 comma 1, sul divieto di pubblicazione e divulgazione di notizie o immagini idonee a consentire l'identificazione del minorenne comunque coinvolto nel procedimento (previsione inoperante, ai sensi del comma 2, se nel giudizio di primo grado il tribunale ha proceduto in udienza pubblica o se il giudizio di appello si svolga con simile modalità). Va altresì applicato l'art. 7, nella parte in cui prevede che all'esercente la responsabilità genitoriale deve essere notificato, a pena di nullità, il decreto di fissazione di udienza (obbligo che per la giurisprudenza non sussiste se nel frattempo l'imputato abbia raggiunto la maggiore età).

Più delicata appare l'estensione al giudizio di appello degli accertamenti sull'età del minorenne (art. 8) e sulla sua personalità (art. 9), per gli ampi poteri istruttori che verrebbero così affidati al giudice minorile di seconde cure e che si porrebbero in contrasto con il carattere eccezionale che la rinnovazione dell'istruttoria dibattimentale in appello riveste nel codice di rito penale. Va peraltro constatato che, già prima dell'ultimo intervento normativo sull'art. 603 c.p.p. (ad opera della l. n. 103 del 2017, pubblicata nella Gazzetta ufficiale n. 154 del 4 luglio 2017), numerose pronunce della Corte europea dei diritti dell'uomo avevano condotto ad allargare le maglie della rinnovazione nel giudizio di appello degli adulti, perlomeno nel caso di *overturning*, cioè quando il giudice di seconda istanza ritenga di condannare l'imputato assolto in primo grado (v., *ex multis*, Corte eur., 5 luglio 2011, Dan c. Moldavia; Corte eur., 24 luglio 2012, D.M.T. e D.K.I. c. Bulgaria; Corte eur., 5 marzo 2013, Manolachi c. Romania; Corte eur., 9 aprile 2013, Flueraş c. Romania; Corte eur., 4 giugno 2013, Hanu c. Romania; Corte eur., 4 giugno 2013, Kostecki c. Polonia; Corte eur., 29 ottobre 2013, Hogea c. Romania; Corte eur., 15 settembre 2015, Moinescu c. Romania; Corte eur., 5 luglio 2016, Lazu c. Moldavia; Corte eur., 28 febbraio 2017, Manoli c. Moldavia; Corte eur., 29 giugno 2017, Lorefice c. Italia; e, successivamente all'entrata in vigore della suddetta legge, Corte eur., 9 gennaio 2018, Ghincea c. Romania; Corte eur., 22 ottobre 2020, Tondo c. Italia; Corte eur., 10 novembre 2020, Dan c. Moldavia [n. 2]). A loro volta, le Sezioni Unite avevano adottato un'interpretazione convenzionalmente orientata, *ex* art. 6 § 3 lett. *d* c.e.d.u., dell'art. 603 c.p.p., in rapporto a prove dichiarative ritenute decisive in primo grado a fini assolutori, nell'ipotesi di appello del pubblico ministero o della parte civile, dovendo il giudice procedere, anche di ufficio, a rinnovare tali prove (S.U., 28 aprile 2016, Dasgupta, in ordine all'appello avverso sentenza dibattimentale; S.U., 19 gennaio 2017, Patalano, con riguardo all'appello successivo a giudizio abbreviato, anche non condizionato alla integrazione probatoria. In proposito Corte eur., 25 marzo 2021, Di Martino e Molinari c. Italia, ha osservato che, sebbene l'interpretazione estensiva dell'art. 603 c.p.p., offerta dalle Sezioni Unite quanto al giudizio abbreviato, non sia ostacolata dalla Convenzione, quest'ultima consacra un nucleo minimo di garanzie; pertanto, non si configura una violazione dell'art. 6 § 1 c.e.d.u. in caso di mancata rinnovazione, nel giudizio abbreviato di appello conclusosi con sentenza di condanna, di testimonianze assunte nel giudizio abbreviato di primo grado terminato con sentenza di assoluzione).

L'inserimento del nuovo comma 3-*bis* nell'art. 603 c.p.p. (ad opera dell'art. 1 comma 58 l. n. 103 del 2017) sembra a prima vista rispondere a una logica ancora più ampia, prevedendosi che, nel caso di «appello del pubblico ministero contro una sentenza di proscioglimento per motivi attinenti alla valutazione della prova dichiarativa, il giudice dispone la rinnovazione dell'istruzione dibattimentale»: le Sezioni Unite (S.U., 21 dicembre 2017, Troise) hanno tuttavia chiarito che il giudice di appello non deve disporre la «generale e incondizionata» rinnovazione dell'istruzione dibattimentale, ben potendosi limitare alla rinnovazione dell'esame della fonte dichiarativa la cui valutazione operata dal giudice di prime cure è censurata dal pubblico ministero; mentre ulteriori rinnovazioni, successive al riesame di tale fonte, sono governate dal parametro dell'assoluta necessità previsto dall'art. 603 comma 3 c.p.p. per la rinnovazione officiosa. Nella nozione di «prova dichiarativa» rientrano poi, sempre secondo le Sezioni Unite (S.U., 28 gennaio 2019, Pavan), anche le dichiarazioni rese oralmente dal perito e dal consulente tecnico nel dibattimento di primo grado. Al di là dei profili ora illustrati, concernenti comunque casi di ridotta consistenza numerica, vanno senz'altro ritenuti prevalenti – per quanto ci interessa – i caratteri di specificità del procedimento minorile, che non possono venire limitati al primo grado.

Oltre alle suddette disposizioni generali, il richiamo operato dall'art. 35 alle disposizioni riguardanti il procedimento di primo grado fa reputare applicabile in appello l'art. 33, per quanto attiene al rapporto fra svolgimento a porte chiuse e pubblicità dell'udienza (art. 33 commi 1 e 2) e alle modalità di conduzione dell'esame dell'imputato da parte del presidente del collegio (art. 33 comma 3): valgono in proposito i rilievi già prospettati con riguardo al dibattimento minorile di primo grado (v. *supra*, § 1 e 3). Parimenti, le disposizioni dettate per l'udienza preliminare negli artt. 31 e 32 comma 4, applicabili nell'udienza dibattimentale di prime cure in virtù dell'art. 33 comma 4 (v. *supra*, § 2), varranno, *mutatis mutandis*, anche nel giudizio minorile di appello: in particolare, fermi restando i nessi legati all'accompagnamento coattivo dell'imputato non comparso nel giudizio di appello, qualora in primo grado si sia proceduto in assenza dell'imputato e vi è la prova che si sarebbe dovuto provvedere ai sensi dell'art. 420-*ter* c.p.p. o dell'art. 420-*quater* c.p.p., il giudice di appello dovrà dichiarare la nullità della sentenza e disporre il rinvio degli atti al giudice di primo grado, provvedendo analogamente se l'imputato provi che l'assenza è stata dovuta alla sua incolpevole mancata conoscenza del processo di primo grado (art. 604 comma 5-*bis* c.p.p., inserito dall'art. 11 comma 3 l. n. 67 del 2014).

Con riguardo poi all'esercente la responsabilità genitoriale, non c'è ragione di applicare la disposizione dell'art. 31 comma 3, nella parte in cui prevede l'avviso dell'udienza preliminare a tale soggetto, operando, come già visto per il dibattimento di primo grado, la disposizione generale dell'art. 7, che impone la notifica, a pena di nullità, del decreto di fissazione di udienza, locuzione in cui rientra pacificamente pure l'udienza del giudizio di appello.

Problematiche di maggiore interesse sorgono in relazione alla tipologia di provvedimenti decisori adottabili in appello. Ci si è domandati se il giudice di seconde cure possa, una volta accertato che l'imputato è minore degli anni quattordici, pronunciare di ufficio sentenza di non luogo a procedere per non imputabilità, sebbene la questione non sia stata prospettata nei motivi di appello. La risposta al quesito suona positiva, dato il carattere di specialità dell'art. 26 (v. cap. VI, parte II, § 3), che impone al giudice l'obbligo di tale declaratoria «in ogni stato e grado del procedimento», presentandosi come deroga all'operare del principio del *tantum devolutum quantum appellatum*, che informa altresì il giudizio di appello minorile. Tale conclusione rafforza l'idea che il giudice di appello – quantomeno a questi fini – disponga gli accertamenti sull'età del minorenne, ai sensi dell'art. 8 (v., in specie, art. 8 comma 3).

Altre questioni si sono profilate circa la pronuncia della sentenza di non luogo a procedere per irrilevanza del fatto *ex* art. 27: una volta riconosciuto dalla Corte costituzionale che tale declaratoria può venire pronunciata nel dibattimento minorile di primo grado (v. *supra*, § 4), ne deriva che anche il giudizio di appello potrà concludersi con una simile decisione, trattandosi di una formula proscioglitiva basata su una causa di non punibilità, che viene ad aggiungersi a quelle già contemplate dal codice di procedura penale. La dottrina appare però divisa tra chi ritiene che il giudice di appello possa provvedere in tal senso solo se investito di apposito motivo, e chi distingue a seconda che la tematica sia stata oppure no affrontata in primo grado, concludendo che il giudice di appello possa provvedere di ufficio alla declaratoria in discorso solo nella seconda eventualità.

Qualche considerazione residua in ordine alla possibilità, per il giudice di seconde cure, di applicare gli artt. 28 e 29, cioè di disporre con ordinanza la sospensione del processo con messa alla prova e di dichiarare con sentenza estinto il reato per esito positivo della prova (v. *amplius* cap. VI, parte II, § 9). La giurisprudenza si è pronunciata affermativamente, limitando tuttavia, di solito, l'applicabilità dell'istituto all'ipotesi di controllo della decisione negativa del giudice di prime cure, "attaccata" con l'atto di appello. Più articolate le posizioni della dottrina, che spaziano dalla soluzione negativa (non riconoscendo al giudice di appello un potere *ex officio* in materia) a quella positiva (sull'assunto che il carattere distintivo del *probation* consiste nel trasformare il processo in una *chance* di risocializzazione, che dunque può intervenire pure in secondo grado), passando per opzioni intermedie. Così, nell'eventualità in cui il tribunale per i minorenni avesse rigettato la richiesta di sospensione con messa alla prova o revocato la precedente ordinanza di sospensione (art. 28 comma 5), solo uno specifico motivo di appello avverso l'ordinanza, impugnata congiuntamente alla sentenza di condanna dibattimentale (art. 586 c.p.p.), consentirebbe al giudice minorile di secondo grado di occuparsi del tema; qualora, invece, il tribunale per i minorenni non avesse affrontato tale aspetto, il giudice di appello potrebbe considerarlo per la prima volta anche di ufficio.

## 8. Il ricorso per cassazione.

Oltre ai profili già presi in esame (v. *supra*, § 5 e 6), va ripetuto che, quanto al giudizio davanti alla corte di cassazione, la mancanza di previsioni specifiche nella normativa minorile rende indispensabile applicare quelle che lo regolano nel codice di rito penale.

Qualche parola va spesa sul rapporto fra alcune disposizioni generali del processo minorile e la particolare natura del giudizio di cassazione. Vengono in risalto, da questo angolo visuale, gli artt. 8 e 9 che prevedono l'obbligo per il giudice di disporre accertamenti sulla minore età e sulla personalità del minorenne: essendo di regola negato alla corte di cassazione il compimento di attività istruttorie, si propende per la non operatività delle previsioni appena ricordate.

Quanto all'adottabilità da parte della corte di cassazione della pronuncia di proscioglimento per irrilevanza del fatto *ex* art. 27, il principale ostacolo viene individuato nel presupposto, che la connota, delle valutazioni di merito, precluse alla corte di cassazione. Inoltre, il proscioglimento *de quo* non può venire ricompreso tra le questioni rilevabili *ex officio* (art. 609 comma 2 c.p.p.), dato che, concretandosi in una causa di non punibilità, non è riconducibile all'art. 129 c.p.p., dove non si elencano tali cause fra quelle che danno luogo al proscioglimento immediato (v. cap. VI, parte II, § 6).

Infine, in ordine alla sospensione del processo con messa alla prova (artt. 28 e 29), si esclude che la corte di cassazione possa provvedervi direttamente con ordinanza, sempre facendo leva sulle valutazioni di merito che stanno alla base di una simile decisione. Potrebbe invece procedervi il giudice di rinvio, in esito all'annullamento di una precedente sentenza da parte della corte di cassazione. Con riguardo poi all'ambito operativo del ricorso contro l'ordinanza di sospensione (art. 28 comma 3), esso concerne senz'altro l'ordinanza che ha disposto la messa alla prova, mentre si discute se si possa ricorrere avverso l'ordinanza reiettiva: v. cap. VI, parte II, § 9).

Un'ultima considerazione va dedicata all'inapplicabilità dell'art. 616 c.p.p. (modificato e interpolato dall'art. 1 commi 64 e 65 l. n. 103 del 2017), che nel processo degli adulti disciplina la condanna della parte privata – e, quindi, dell'imputato – al pagamento delle spese del procedimento e di una somma a favore della cassa per le ammende, in caso di inammissibilità o di rigetto del ricorso. A partire da una ormai risalente pronuncia delle Sezioni Unite (S.U., 31 maggio 2000, Radulovic), la giurisprudenza è compattamente orientata nel ritenere che il minorenne, il cui ricorso sia stato rigettato o dichiarato inammissibile, non può essere condannato al pagamento delle spese né al versamento di una somma a favore della cassa per le ammende, neppure se nel frattempo sia divenuto maggiorenne (la soluzione vale anche nel caso di ricorso proposto da maggiorenne con riferimento all'esecuzione della pena per reati commessi da minorenne). Alla conclusione si è giunti ricavando dall'art. 29 disp. att. min., dettato per le spese processuali nello specifico caso di sentenza di condanna pronunciata nei confronti di un minorenne (v. *supra*, § 4), un principio ispiratore di valenza generale.

# Capitolo VI
# LE ALTERNATIVE

## Parte I
## I RITI SPECIALI

di *Franco Della Casa*

SOMMARIO: 1. Profili generali. – 2. Il giudizio abbreviato. – 3. Il giudizio direttissimo. – 4. Il giudizio immediato.

### 1. Profili generali.

Occorre affrontare il tema dell'operatività, nell'ambito del processo minorile, dei riti speciali disciplinati nel libro VI del codice di procedura penale, ferma restando l'opportunità di precisare sin d'ora che sono previste altre forme di definizione "alternativa" del processo, specificamente progettate per la giurisdizione penale minorile (v. *infra*, parte II). In via preliminare vale la pena di chiarire che la finalità dei riti speciali qui esaminati è diversa da quella a cui essi obbediscono nel processo per adulti, dove la loro ragion d'essere va individuata nell'esigenza di accelerare la decisione della regiudicanda e di assicurare, conseguentemente, anche in termini generali una più ragionevole durata dei processi. Infatti, nell'ambito della giustizia minorile, i riti speciali hanno come scopo assolutamente prevalente quello di consentire una rapida fuoriuscita dell'imputato dall'ingranaggio processuale, riducendo i tempi di esposizione ad un'esperienza sicuramente traumatizzante.

Non tutti i procedimenti speciali di cui al libro VI del codice di procedura penale operano nell'ambito minorile: infatti, l'art. 25 comma 1 bandisce espressamente sia l'applicazione della pena su richiesta delle parti, sia il procedimento per decreto. Ne consegue che gli altri procedimenti speciali sono ammessi, anche se per taluni – ci si riferisce al giudizio direttissimo e al giudizio immediato (v. *infra*, § 3 e 4) – i commi 2 e 2-*ter* dell'art. 25 stabiliscono delle condizioni ulteriori, alla cui presenza è subordinata l'adozione del rito speciale. Considerata la formulazione dell'art. 25 comma 1, il quale ammette *per implicitum* tutti i procedimenti speciali fatta eccezione per i due già menzionati, potrebbe sorgere il dubbio che, in seguito alla l. 24 aprile 2014, n. 67, grazie alla quale è stata coniata per gli adulti – e disciplinata nel titolo VI-*bis* del libro VI – la sospensione del procedimento con messa alla prova, questo rito speciale sia applicabile anche in sede di processo minorile. Si tratta peraltro di un dubbio facilmente risolubile, dal momento che la stessa misura è stata disciplinata *ab origine* dall'art. 28, il quale configura un modello di *probation* processuale non solo più ampio di quello introdotto dal legislatore del 2014, ma – soprattutto – più adeguato, nei suoi contenuti, alle specifiche esigenze dell'imputato minorenne (v. *infra*, parte II, § 7-12). Si deve pertanto ritenere che, in ossequio al principio di specialità, l'unico tipo di *probation* processuale operante in ambito minorile, sia quello disciplinato dal succitato art. 28.

Prima di esaminare nello specifico la fisionomia dei riti speciali che hanno diritto di cittadinanza nel processo penale minorile, può essere opportuno soffermarsi sulle ragioni che hanno indotto il legislatore ad escludere sia l'applicazione della pena su richiesta delle parti, sia il procedimento per decreto. Per quanto concerne il primo dei procedimenti esclusi, tali ragioni vengono esposte nella Relazione al progetto preliminare delle disposizioni sul processo penale minorile, dove si legge che, in generale, per un adeguato esercizio dell'opzione relativa al c.d. patteggiamento deve sussistere in capo all'imputato «una capacità di valutazione e di decisione che richiedono piena maturità e consapevolezza di scelte». Capacità che difetterebbe al minore.

Questa motivazione non è stata peraltro ritenuta soddisfacente. In particolare, si è dubitato della sua adeguatezza in considerazione del fatto che il legislatore ha invece riconosciuto all'imputato del processo minorile la possibilità di chiedere la celebrazione del giudizio abbreviato, il quale presuppone l'effettuazione di una scelta altrettanto impegnativa sul versante dei costi e dei benefici. Muovendo da tale premessa, si è quindi dedotta l'irragionevolezza dell'orientamento assunto dal legislatore delegato e si è denunciata, con riferimento all'art. 3 Cost., l'illegittimità costituzionale dell'art. 25 comma 1, nella parte in cui esclude l'applicabilità della normativa sul patteggiamento in sede di processo penale minorile. Tuttavia il giudice delle leggi ha dichiarato infondata la questione, sottolineando che – diversamente da quanto accade allorché viene richiesto il rito abbreviato – nell'ipotesi del patteggiamento l'esito è predeterminato, con conseguente impossibilità per il giudice di ricorrere ai provvedimenti specificamente finalizzati al recupero del minore, quali, ad esempio, la sospensione del processo con messa alla prova e la sentenza di non luogo a procedere per irrilevanza del fatto (Corte cost., 27 aprile 1995, n. 135). Questo orientamento è stato ribadito in una successiva pronuncia, nella quale si è precisato che l'esclusione del patteggiamento dal processo minorile è riconducibile non tanto alla delicatezza della scelta che l'imputato sarebbe tenuto ad operare, quanto all'inconciliabilità di tale scelta con la «specificità del processo penale minorile, caratterizzato dall'esigenza primaria del recupero del minore» (Corte cost., 12 luglio 2000, n. 272).

Anche per quanto riguarda la seconda esclusione sancita dal legislatore delegato – quella concernente il procedimento per decreto – sono state messe in discussione, almeno in parte, le ragioni comunemente individuate per giustificare la mancata "importazione" di tale rito speciale nel processo minorile. *Nulla quaestio* relativamente alla sottolineatura che si tratta di un procedimento il quale, per i suoi connotati strutturali (v. artt. 459 e 460 c.p.p.), preclude gli accertamenti sulla personalità del minore, considerati invece imprescindibili dall'art. 9. Non altrettanto incontrovertibile è stata, per contro, ritenuta l'ulteriore giustificazione, incentrata sull'ordinaria mancanza di autonomia patrimoniale in capo al minore. Infatti si è giustamente rilevato che la consapevolezza di avere a che fare con un soggetto con scarse risorse economiche non ha impedito al legislatore di stabilire che, in sede di udienza preliminare, il giudice possa pronunciare una sentenza di condanna che infligga all'imputato una pena pecuniaria (art. 32 comma 2). Ciò premesso, bisogna aggiungere che, in perfetta sintonia con quanto dispone l'art. 459 comma 2 c.p.p. relativamente al decreto penale di condanna, l'art. 32 comma 2 consente al giudice minorile di ridurre l'entità della pena pecuniaria fino alla metà del minimo edittale. Escluso che si tratti di una semplice coincidenza, non si può non condividere l'opinione che ravvisa in questa scelta del legislatore la volontà di far sì che l'ostracismo nei confronti del procedimento per decreto non si traduca in un pregiudizio per il minore.

## 2. Il giudizio abbreviato.

È un rito speciale cui si applica la disciplina prevista negli artt. 438 ss. del codice di rito penale. Occorre tuttavia verificare l'esattezza di tale affermazione alla luce della l. 12 aprile 2019, n. 33, mediante la quale il legislatore, inserendo nell'art. 438 c.p.p. il comma 1-*bis*, ha stabilito che non è ammesso il giudizio abbreviato per i delitti puniti con la pena dell'ergastolo: in altre parole si tratta di appurare se tale legge abbia ricadute sul processo penale minorile. La risposta sembra dover essere negativa. In primo luogo va rilevato che l'art. 1 comma 1 lett. *a* della legge in questione esclude l'accesso al rito abbreviato con riferimento ai «delitti *puniti* con la pena dell'ergastolo». Senonché, dopo la sentenza costituzionale 28 aprile 1994, n. 168, con la quale è stata dichiarata l'illegittimità degli artt. 17 e 22 c.p. nella parte in cui non escludono l'applicazione della pena dell'ergastolo al minore imputabile, è da ritenere che non esista più per i minori la categoria dei delitti puniti con l'ergastolo, e che pertanto la sentenza pronunciata a suo tempo dalla Corte costituzionale trovi applicazione non solo per ciò che concerne l'irrogazione della sanzione, ma anche in ogni altra ipotesi nella quale il legislatore si riferisca alla pena c.d. perpetua. Si può aggiungere che quando – antecedentemente alla l. n. 33 del 2019 – il rito abbreviato poteva essere adottato pure per i delitti puniti con la pena più grave del nostro ordinamento, era da escludere che, in caso di condanna del minore per uno di tali delitti, la pena concretamente inflitta fosse di trent'anni in base a quanto stabilito dall'allora vigente art. 442 comma 2 secondo periodo c.p.p. Ed infine, anche a volere ammettere che la disposizione legislativa recentemente introdotta sia di incerta interpretazione, dovrebbe giocare un ruolo decisivo il principio del *favor minoris*.

Per completezza è opportuno tenere conto di un dato che, a prima vista, potrebbe essere interpretato come una chiara smentita dell'opinione poco sopra espressa. Si vuole alludere al fatto che, di recente, il giudice delle leggi si è pronunciato negativamente in merito all'eccezione di incostituzionalità concernente l'art. 438 comma 1-*bis* c.p.p., in cui è stabilito il divieto di adottare il giudizio abbreviato allorché l'imputazione ha per oggetto un delitto punito con l'ergastolo (Corte cost., 3 dicembre 2020, n. 260). Vale però la pena di osservare che questa pronuncia non può venire considerata un fattore risolutivo riguardo alla questione di cui ci si sta occupando, non essendo azzardato ipotizzare che la risposta della Corte costituzionale potrebbe essere di segno opposto qualora fosse chiamata a valutare lo stesso divieto con riferimento all'imputato minorenne. Un esempio può essere di supporto a questa convinzione. Premesso che se viene esclusa l'adozione del giudizio abbreviato deve essere celebrato il dibattimento, e che questa conseguenza – come ha stabilito la Corte nella sentenza n. 260 del 2020 – non può essere ritenuta contrastante con alcun articolo della legge fondamentale, bisogna aggiungere che si tratta di un'affermazione senz'altro condivisibile solo se viene riferita all'imputato adulto. Al contrario, forti perplessità emergono se si intende fare ricorso alla medesima argomentazione quando l'addebito del delitto punito con l'ergastolo riguardi un soggetto processato col rito minorile, dal cui impianto emerge con chiarezza che vanno privilegiati tutti i percorsi che permettano una rapida uscita del medesimo dall'ingranaggio processuale (v. *supra*, § 1).

Per quanto concerne gli altri profili di carattere processuale, ferma restando la fondamentale distinzione, scaturita dalla l. 16 dicembre 1999, n. 479, tra richiesta "semplice" e richiesta "complessa", è bene precisare che, se si prescinde dal diretto interessato, sia il difensore, sia l'esercente la responsabilità genitoriale possono attivarsi per l'instaurazione del giudizio *de quo* solo se muniti di procura speciale. La sede dell'udienza preliminare costituisce la naturale collocazione del procedimento in esame che, in conformità a quanto dispone l'art. 438 comma 2 c.p.p., può essere richiesto «fino a che non siano formulate le conclusioni a norma degli articoli 421 e 422». Al di là delle apparenze che potrebbero far concludere per una perfetta sovrapposizione con l'omonimo rito speciale previsto per gli adulti, va dato atto di una significativa differenza riguardante la figura del giudice: infatti, la celebrazione dell'udienza preliminare che si incardina nel processo minorile non è affidata ad un giudice monocratico, ma – come si è visto in precedenza (v. *supra*, cap. III, parte I, § 2) – ad un giudice collegiale specializzato, costituito *ex* art. 50-*bis* comma 2 ord. giud. da tre membri: due esperti e un "togato".

Passando a parlare delle ipotesi in cui il giudizio abbreviato non ha come sede l'udienza preliminare perché si innesta su un altro giudizio speciale, non emergono particolari questioni quando la piattaforma di partenza è costituita dal giudizio direttissimo. In questo caso ci si deve uniformare al disposto dell'art. 452 comma 2 c.p.p., con la conseguenza che il tribunale per i minorenni – nella sua composizione ordinaria, dato che ci si trova nella fase dibattimentale – qualora reputi la richiesta ammissibile, è tenuto a disporre con ordinanza la prosecuzione del giudizio con il rito abbreviato.

Maggiori difficoltà sono invece emerse con riferimento all'ipotesi di cui all'art. 458 comma 1 c.p.p., concernente la richiesta di giudizio abbreviato formulata dall'imputato nel corso di un giudizio immediato: è risultato di non facile soluzione l'interrogativo sull'individuazione del giudice competente per la celebrazione del giudizio abbreviato. Infatti, secondo una prima interpretazione basata sul criterio letterale, dal coordinamento dell'art. 1 con l'art. 458 comma 1 c.p.p., che prevede il deposito della richiesta di giudizio abbreviato nella cancelleria del giudice per le indagini preliminari, si dovrebbe dedurre la competenza di quest'ultimo. Al contrario, in base ad una seconda interpretazione, propensa a superare il dato letterale e a privilegiare il criterio logico-sistematico, trattandosi di processo minorile, bisognerebbe investire il giudice dell'udienza preliminare, composto, come si è detto, da un magistrato "togato" e da due giudici onorari: solo aderendo a questa impostazione, infatti, si rispetterebbe la logica della specializzazione che permea l'intero processo penale minorile.

La questione è stata affrontata da due pronunce che si sono schierate a favore di quest'ultima interpretazione: ci si riferisce ad una sentenza delle Sezioni Unite della Corte di cassazione (S.U., 27 febbraio 2014, B.H.), con la quale si è rovesciato un consolidato indirizzo giurisprudenziale di segno opposto, e ad un risolutivo intervento della Corte costituzionale, che ha dichiarato illegittimi l'art. 458 c.p.p. e l'art. 1 comma 1, nella parte in cui prevedono che, nell'ipotesi del giudizio abbreviato richiesto dall'imputato nei cui confronti è stato emesso il decreto di giudizio immediato, la composizione dell'organo giudicante sia quella monocratica del giudice per le indagini preliminari e non quella collegiale prevista dall'art. 50-*bis* comma 2 ord. giud. per il giudice dell'udienza preliminare (Corte cost., 22 gennaio 2015, n. 1). Secondo il giudice delle leggi, anche in considerazione del fatto che gli esiti del giudizio abbreviato possono essere svariati (si pensi ad un'eventuale sospensione del processo con messa alla prova), dev'essere rispettato il criterio della specializzazione del giudice, che garantisce «un'adeguata considerazione della personalità e delle esigenze educative del minore». Senza contare – ha aggiunto la Corte costituzionale – che, aderendo alla tesi opposta, l'intervento del giudice specializzato dipenderebbe da una scelta assolutamente discrezionale del pubblico ministero: sarebbe infatti ammesso nell'ipotesi di una richiesta di rinvio a giudizio *ex* art. 416 c.p.p., mentre risulterebbe escluso qualora l'organo dell'accusa optasse per la richiesta di giudizio immediato.

## 3. Il giudizio direttissimo.

Restano da esaminare il giudizio direttissimo e il giudizio immediato, i due riti speciali ammessi nel processo penale minorile subordinatamente alla presenza di ulteriori condizioni – previste nell'art. 25 commi 2 e 2-*ter* – rispetto a quelle stabilite dal codice di procedura penale.

Per quanto concerne il giudizio direttissimo, che prescinde dall'udienza preliminare ed implica una fase investigativa fortemente compressa, la sua celebrazione presuppone l'esistenza di elementi di prova molto eloquenti circa la responsabilità dell'imputato. Tenendo presente il disposto dell'art. 1 comma 1, bisogna anzitutto menzionare sia l'art. 449 comma 1 c.p.p., che fa riferimento alla situazione di arresto in flagranza, sia il comma 5 dello stesso articolo, che prende in considerazione l'ipotesi di confessione da parte dell'imputato. A sua volta, l'art. 25 comma 2-*bis* ammette la celebrazione del giudizio direttissimo anche quando il minore, colto in flagranza, sia sottoposto all'accompagnamento di cui all'art. 18-*bis*.

Specificati i casi di giudizio direttissimo, occorre esaminare le condizioni stabilite dalla legge per evitare che i ritmi accelerati imposti da questo rito speciale vanifichino le peculiarità del processo minorile. Di questo pericolo si è dimostrato consapevole già il legislatore delegato, il quale ha ammesso la celebrazione del giudizio *de quo* solo qualora sia possibile compiere gli accertamenti sulla personalità previsti dall'art. 9, nonché assicurare al minore l'assistenza dei genitori e dei servizi minorili, alla quale fa riferimento l'art. 12 (art. 25 comma 2). In un secondo tempo, grazie al d.l. 23 maggio 2008, n. 92, convertito dalla l. 24 luglio 2008, n. 125, è stato aggiunto all'art. 25 il comma 2-*ter*, il quale preclude al pubblico ministero di optare per il giudizio direttissimo – nonché, come si preciserà (v. *infra*, § 4), per il giudizio immediato – nei casi in cui tale scelta «pregiudichi gravemente le esigenze educative del minore». Quest'ultima è una clausola di non facile interpretazione, anche in considerazione del fatto che l'art. 25 comma 2 enuncia già, come si è visto, una regola finalizzata a mettere in primo piano l'esigenza di tutela del minore.

Sembrerebbe allora condivisibile l'opinione dottrinale che ricollega la *ratio* dell'art. 25 comma 2-*ter* alla scelta – operata con lo stesso provvedimento legislativo che ha introdotto tale comma – di modificare l'art. 449 c.p.p., nel senso di *imporre* al pubblico ministero di procedere mediante l'adozione del giudizio direttissimo, fatta salva l'ipotesi in cui ne derivi un grave pregiudizio per le indagini. Nell'ambito del processo minorile un'identica imposizione avrebbe potuto determinare delle criticità, scongiurate dal legislatore attribuendo al pubblico ministero una scelta discrezionale, che finisce per risultare in chiara antitesi rispetto all'obbligatorietà del rito predicata dall'art. 449 c.p.p.

## 4. Il giudizio immediato.

La fondamentale distinzione in tema di giudizio immediato, la cui specialità va ravvisata nell'assenza dell'udienza preliminare, è quella basata sulla parte processuale – pubblico ministero o imputato – che formula la relativa richiesta. Cominciando dalle ipotesi in cui è il pubblico ministero ad attivarsi, va detto che, nel processo penale minorile, hanno diritto di cittadinanza sia il rito immediato "tradizionale" di cui si occupa l'art. 453 comma 1 c.p.p., sia il giudizio immediato c.d. custodiale, introdotto dal d.l. n. 92 del 2008 (convertito dalla l. n. 125 del 2008) e disciplinato dall'art. 453 comma 1-*bis* c.p.p. Bisogna aggiungere che, avendo come obbiettivo quello di accelerare la celebrazione dei processi penali, il provvedimento appena menzionato ha stabilito altresì che, qualora sussistano i presupposti previsti dalla normativa codicistica, il pubblico ministero è obbligato ad optare per il rito immediato: fatta eccezione per il caso in cui la sua adozione provocherebbe un grave pregiudizio per le indagini.

Come si è anticipato (v. *supra*, § 3), l'art. 25 comma 2-*ter* stabilisce anche per il giudizio immediato che si debba prescindere dalla sua adozione nelle ipotesi in cui verrebbero gravemente pregiudicate «le esigenze educative del minore». È da ritenere che la ragion d'essere della preclusione sia quella già individuata con riferimento al giudizio direttissimo, vale a dire l'opportunità di controbilanciare la scelta effettuata dal legislatore del 2008 che pure in questo caso – a livello di normativa generale – ha inteso imporre al pubblico ministero un determinato *modus procedendi*. Non solo: è lecito sostenere che, vista l'ampia portata della formula di cui all'art. 25 comma 2-*ter*, si possa fare ad essa riferimento per considerare precluso il giudizio immediato quando non è possibile compiere gli accertamenti previsti dall'art. 9 e assicurare al minorenne l'assistenza richiesta dall'art. 12. Con la conseguenza che, grazie a questa interpretazione, viene ad essere colmata l'omissione emergente dall'art. 25 comma 2, il quale menziona esclusivamente il giudizio direttissimo.

Ovviamente, una volta emesso dal giudice per le indagini preliminari il decreto di giudizio immediato, resta salva, *ex* art. 458 c.p.p., la facoltà dell'imputato di chiedere il giudizio abbreviato che, in seguito alla sentenza della Corte cost. n. 1 del 2015 (v. *supra*, § 2), deve essere celebrato davanti al giudice dell'udienza preliminare, nella composizione prescritta dall'art. 50-*bis* comma 2 ord. giud.

Resta da considerare l'ipotesi del giudizio immediato che scaturisce dalla scelta dell'imputato di rinunciare alla celebrazione dell'udienza preliminare (art. 419 comma 5 c.p.p.). Una parte della dottrina si è interrogata sulla compatibilità di questa sottocategoria, che comporta la rinuncia a tutta una serie di vantaggi, con i canoni fondamentali del processo minorile e, più precisamente, con quello diretto ad evitare l'eccessiva responsabilizzazione di un soggetto che non ha ancora raggiunto il traguardo della piena maturità. Si tratta di perplessità non ingiustificate, ma superabili, tenuto conto delle garanzie offerte dalla fase dibattimentale, che consegue alla scelta dell'imputato: a maggior ragione se si tiene presente la sentenza della Corte cost., 14 aprile 1995, n. 125, con la quale è stata dichiarata l'illegittimità dell'art. 28 comma 4, nella parte in cui prevedeva che la sospensione del processo con messa alla prova non potesse essere disposta qualora l'imputato avesse chiesto il giudizio immediato.

# Parte II

# LE STRATEGIE DI *DIVERSION*

di *Claudia Cesari*



## 1. Profili generali.

Il sistema delle alternative al percorso procedimentale ordinario presenta, nel rito minorile, tratti di spiccata originalità ed autonomia rispetto a quello per adulti. Non solo, infatti, il procedimento penale a carico di minorenni ospita alcuni tra i riti alternativi disciplinati dal codice di procedura penale (v. *supra*, parte I), ma ne ha di propri, congegnati per questo particolare settore della giustizia penale e rispondenti alle sue specifiche esigenze. Se l'obiettivo dei riti speciali è tipicamente il risparmio di tempo e risorse, di regola mediante l'elisione di un segmento della sequenza tipica (udienza preliminare o dibattimento) con i conseguenti effetti acceleratori e deflativi, quelli dell'area minorile si fondano su ragioni più ricche e complesse della semplice economia processuale.

La contrazione dei tempi del rito e l'alleggerimento della sua struttura in ambito minorile non hanno solo a che vedere con la razionalizzazione della spesa e il potenziamento della ragionevole durata del procedimento, ma si colorano dell'esigenza di proteggere per tale via il minore imputato dall'impatto negativo che la vicenda giudiziaria potrebbe arrecare al suo equilibrio psicofisico ed esistenziale, compromettendone la fisiologica maturazione. Si tratta, insomma, di attuare il principio di minima offensività, creando delle dinamiche di "autoriduzione" del processo, che a volte è meglio si chiuda anticipatamente o si faccia temporaneamente da parte, per lasciare spazio, ogni qual volta ve ne siano le condizioni, a soluzioni di riassorbimento spontaneo dell'episodio deviante o a strategie di risocializzazione immediatamente attivabili ad opera di personale specializzato e nell'ambiente di vita del minore. In altri termini, limitare il processo, sia abbreviandolo che ridefinendone la fisionomia e le cadenze, è opzione legata nel sistema minorile alla consapevolezza che talora, per il deviante di minore età, la risposta istituzionale all'illecito che produce i risultati migliori non è quella processuale e (infine) punitiva, ma quella del recupero, dell'attivazione di interventi di risocializzazione e di supporto che possono produrre di fatto, pur entro la cornice del processo, quella tensione rieducativa che normalmente si affida alla pena e che, ove attuata precocemente, può consentire di prescinderne. In quest'ottica, i percorsi processuali alternativi si candidano ad essere strumenti elettivi della c.d. *restorative justice* o "giustizia riparativa", ossia di un modello di giustizia penale orientato non all'applicazione della sanzione criminale classica, con la relativa componente retributiva, ma fondato su strategie alternative di recupero e risocializzazione. In esso è centrale l'esigenza, più che di punire, di individuare percorsi di superamento dell'episodio deviante e di ritessitura delle relazioni sociali da esso lacerate, a partire da quella con la vittima sino al legame con la collettività.

Questo tipo di impostazione va di pari passo con le ragioni dell'economia processuale, visto che gli interventi risocializzanti sono di regola tanto più efficaci quanto prima vengono posti in essere. Essi vanno quindi naturalmente a collocarsi nel quadro di riti alternativi alla sequenza procedimentale che ne comportano la conclusione precoce o la contrazione strutturale e temporale. Semmai, c'è da dire che i due profili non si implicano necessariamente, dal momento che il processo – ove preveda l'accantonamento delle proprie logiche per lasciare spazio a un progetto di risocializzazione – potrebbe anche dover aspettare che questo si concluda e quindi, di fatto, durare di più. In tal caso, le ragioni dell'economia potrebbero cedere il passo a quelle dell'intervento rieducativo, che ha invece cadenze più lunghe.

Dunque, nel rito minorile le strategie alternative di gestione del procedimento penale sono legate a numerosi obiettivi, in un'articolazione complessa in cui compare sì la ragionevole durata del processo penale, ma nella quale sono in realtà dominanti il principio di minima offensività e persino una certa tensione rieducativa, che vuole che nel procedimento penale si possano sfruttare al meglio e quanto prima possibile le risorse personali, familiari, sociali del minore imputato per attivare precocemente occasioni di recupero che potrebbero altrimenti andare perdute. Di qui, l'impiego massiccio di tecniche di "*diversion*", termine di matrice anglosassone che identifica gli istituti che consentono il dirottamento del "caso criminale" fuori dal binario della trattazione giudiziaria per gestirlo con uno strumentario differente da quello processuale e punitivo. In questa prospettiva, gli istituti di *diversion* si distinguono tradizionalmente in *diversion* "incondizionata" e "con intervento". Nel primo caso, il processo si ferma per lasciare che la condotta deviante sia riassorbita spontaneamente dal contesto sociale. Nel secondo, il superamento dell'episodio criminoso è supportato dall'intervento di agenzie del *welfare* (normalmente, servizi sociali degli enti pubblici) che elaborano, pongono in essere e supervisionano un apposito programma di reinserimento alternativo alla trattazione giudiziaria. Entrambi i modelli sono stati realizzati nel sistema italiano, con la declaratoria di irrilevanza del fatto e con la sospensione del processo con messa alla prova, riconducibili, la prima, alla fisionomia del *diversion* senza intervento, e la seconda, a quella con intervento (o *probation*). Ma, va detto sin d'ora, l'operazione non è priva di difficoltà. Il trapianto di simili strumenti dalle esperienze d'oltreconfine a quella del processo penale italiano, infatti, deve tener conto della cornice dei principi fondamentali che, nel dettato costituzionale, presiedono al suo funzionamento e che non sempre sono agevolmente armonizzabili con strategie di risposta istituzionale al reato così poco tradizionali.

Innanzitutto, soluzioni strategiche tanto articolate comportano un'applicazione fortemente individualizzata e contenuti variabili. In altri termini, sono strumenti flessibili, che operano al meglio solo se accuratamente tarati sul caso di specie. Implicando un intervento di natura rieducativa, tengono conto – sia nell'*an*, che nel *quomodo* – dei connotati della condotta su cui verte l'accertamento ma anche, in notevole misura, delle caratteristiche del minore imputato, della sua personalità, della fisionomia del suo ambiente familiare e sociale di riferimento. Da questi tratti non si può prescindere, del resto, se si mira a costruire una soluzione adeguata all'obiettivo di evitare la recidiva. Si tratta di misure, peraltro, che debbono ubbidire al principio di individualizzazione, che impone proprio la calibratura degli interventi penali sui connotati personali e ambientali del minorenne (v. cap. II, § 8). Il principio stesso porta con sé un certo grado di discrezionalità del giudicante, giacché la decisione sulle misure da adottare deve essere costruita caso per caso, in ragione delle caratteristiche e nell'interesse del minore. Tuttavia, se questo può ritenersi accettabile quanto, ad esempio, ai contenuti rieducativi dei programmi di recupero (che tengono conto della personalità del minore e di risorse attivabili del tutto tipiche del suo caso), non si può dire lo stesso delle condizioni che presiedono all'accesso alle misure. Queste implicano la concessione di un beneficio penale all'esito e, quindi, il proscioglimento, sicché l'accesso ad esse deve essere aperto a chi ne abbia i requisiti, in condizioni paritetiche: ogni minore, a parità di gravità del fatto, dovrebbe avere le medesime *chances* di accedere a uno di questi percorsi alternativi; le decisioni che il giudicante può assumere in proposito dovrebbero essere prevedibili *ex ante* e controllabili *ex post*, insuscettibili di gestione arbitraria. Sotto questo aspetto, invece, le discipline in esame rischiano di cozzare con il principio di legalità penale (art. 25 Cost.) e con quello di uguaglianza (art. 3 Cost.), poiché il potere discrezionale che tali strumenti assegnano al giudice procedente può tracimare in una libertà decisionale senza regole, ove non adeguatamente presidiato da parametri normativi definiti e razionali. Per evitare questo rischio, gli istituti di *diversion* vanno costruiti su basi normativamente solide, in cui i presupposti applicativi siano descritti chiaramente e tassativamente, così da assicurare al tempo stesso flessibilità operativa e parità di trattamento, scongiurando soluzioni discriminatorie, specialmente a danno dei minorenni appartenenti alle fasce socialmente più deboli.

Gli istituti di *diversion*, inoltre, presuppongono la responsabilità penale dell'imputato per il reato ascrittogli, che ne costituisce sempre, quanto meno, il presupposto logico. Ove si tratti di *diversion* senza intervento, i presupposti che l'autorizzano, integrandosi in caratteri di levità del fatto e di non abitualità della condotta illecita da parte del minore imputato, danno per assodati sia l'esistenza del reato, sia che il minore lo abbia commesso. Parimenti, nel caso di *diversion* con intervento, è chiaro che il postulato del programma di risocializzazione che si mette in atto è che il minorenne ne abbia bisogno, essendo colpevole del reato per cui si procede: verrebbe meno, altrimenti, il senso stesso di un intervento rieducativo nei suoi confronti. Da ciò deriva che tali istituti, benché si concludano, a titolo di favore per il minore, con decisioni di proscioglimento, presuppongono però la colpevolezza dell'imputato, venendo per questo definiti "cripto condanne", ossia decisioni formalmente proscioglitive, ma sostanzialmente contenenti un'ascrizione di responsabilità penale. Questo pone un problema di compatibilità di tali istituti con l'art. 111 comma 4 Cost., nella misura in cui decisioni di questo tipo possono intervenire in una fase precoce del rito e quindi basarsi su elementi di prova non formati in contraddittorio e dunque strutturalmente inidonei a fondare una condanna (o una "cripto condanna"). Di qui l'esigenza di rendere tali dinamiche compatibili con il principio dialettico che informa il processo penale, riconducendole almeno sotto l'egida delle possibili eccezioni, di cui all'art. 111 comma 5 Cost., attraverso la prestazione del consenso dell'imputato all'applicazione della misura in fase preliminare. Un'operazione questa che, come si vedrà, non è stata condotta in modo nitido dal legislatore, dovendo talora recuperarsi per via interpretativa.

Infine, un problema specifico si pone con riferimento alla *diversion* con intervento (o *probation*), giacché in seno ad essa si attiva un percorso di rieducazione prima della conclusione definitiva del processo mediante sentenza di condanna. Poiché la misura postula comunque logicamente che il minore che vi è sottoposto sia colpevole, il problema di fondo è che il trattarlo di conseguenza, prima che la sua responsabilità sia stata acclarata con un processo conclusosi in via definitiva, entra potenzialmente in conflitto con la presunzione di non colpevolezza *ex* art. 27 comma 2 Cost. e, come si vedrà, suscita critiche e si apre a diverse soluzioni per via interpretativa.

## 2. Il perdono giudiziale.

Il perdono giudiziale rappresenta un'opzione tipica del rito minorile, costituendo un caso speciale di estinzione del reato a beneficio dei minorenni, contemplato dagli artt. 169 c.p. e 19 r.d.l. 20 luglio 1934, n. 1404 (come modificato dalla l. 24 novembre 1981, n. 689). In forza di tale disciplina, quando il reato sia stato commesso da un minore di diciotto anni e il giudice reputi che si possa applicare una pena restrittiva della libertà personale non superiore a due anni, ovvero una pena pecuniaria non superiore a euro 1.549, anche se congiunta a detta pena, può essere valutata la concessione del perdono giudiziale. Condizione ostativa alla fruizione del beneficio è l'aver riportato una precedente condanna a pena detentiva per delitto, o l'essere il minore delinquente o contravventore abituale o professionale.

Nel merito, il presupposto per la concessione del perdono è che il giudice, tenendo conto delle circostanze indicate nell'art. 133 c.p., presuma che «il colpevole si asterrà dal commettere ulteriori reati» (art. 169 comma 1 c.p.). Si tratta di un vaglio connotato da una forte componente discrezionale, come tutti quelli a base prognostica, e si basa su molteplici fattori, che la giurisprudenza riconduce, ad esempio, all'incensuratezza, alle circostanze e modalità dell'azione, all'intensità del dolo, ma anche alle condizioni e all'ambiente di vita del minore, in quanto significativi per valutarne la personalità. È presumibile, ad ogni modo, che le basi conoscitive per adottare una decisione sul punto siano offerte innanzitutto dalla relazione psico-sociale di cui all'art. 9. La normativa postula, comunque, chiaramente che il perdono possa concedersi solo quando la responsabilità penale dell'imputato per il fatto ascrittogli sia stata accertata, dal momento che lo indica testualmente come «colpevole» ed afferma che il beneficio possa concedersi solo ove si pensi che il minore non commetterà reati «ulteriori». La stessa logica fondante della misura conferma questo assunto, giacché si può "perdonare" qualcuno solo per un fatto che abbia effettivamente commesso.

L'istituto fu concepito dal legislatore già nel 1930, con il varo del codice penale, allo scopo di «salvare dalla perdizione le giovani esistenze e di favorire in tal modo il progresso civile» (così si esprimeva la Relazione del Guardasigilli al codice penale del 1930). Esso reca quindi dall'origine un'impronta fortemente specialpreventiva, essendo funzionale ad evitare che la condanna e l'applicazione di una pena, a carico di minori senza precedenti significativi, possano essere di ostacolo alla risocializzazione e al pieno ravvedimento. Come quelle più moderne, tipiche del rito riformato nel 1988, la disciplina è ispirata all'idea che l'esercizio del potere punitivo possa produrre effetti stigmatizzanti e costituire un impedimento, invece che un incentivo, alla rieducazione del minorenne deviante.

Ove i presupposti previsti dalla legge siano integrati, il giudice può "perdonare" il minorenne, astenendosi dal pronunciare il rinvio a giudizio (se ci si trovi in udienza preliminare) o, qualora si sia proceduto al giudizio, astenendosi dal pronunciare condanna (art. 169 commi 1 e 2 c.p.). Ne consegue che il perdono giudiziale non possa concedersi prima del passaggio alla fase processuale e dunque prima dell'udienza preliminare, nella quale, peraltro, richiede che il minorenne imputato abbia prestato preliminarmente il consenso alla definizione anticipata del rito, trattandosi di misura che postula l'accertamento di responsabilità penale (v. cap. V, parte I, § 5).

La concessione del beneficio produce un immediato ed irrevocabile effetto estintivo, che implica l'inapplicabilità al minore delle pene principali, di quelle accessorie e delle misure di sicurezza. Si tratta di effetti assai favorevoli, che rendono la misura appetibile anche rispetto ad altre che pure sottraggono il reo all'applicazione della sanzione, come la messa alla prova o la stessa sospensione condizionale. Il perdono, tuttavia, offre al minore un'occasione tendenzialmente unica di ravvedimento, giacché non può essere concesso più di una volta (v. art. 169 comma 4 c.p., peraltro attenuato in alcune specifiche circostanze da Corte cost., 5 luglio 1973, n. 108 e da Corte cost., 7 luglio 1976, n. 154). Ove disposto, infine, comporta l'iscrizione della sentenza nel certificato del casellario giudiziale, dal quale viene cancellata solo al compimento del ventunesimo anno di età del reo (art. 5 comma 4 d.p.R. 14 novembre 2002, n. 313).

Il perdono giudiziale è stato per lungo tempo l'unica misura di *diversion* a disposizione dei giudici minorili, che ne hanno sempre fatto, proprio per questo, larghissimo uso. Il fenomeno è stato favorito dalla circostanza che la soglia dei due anni di pena applicabile in concreto comporta che, in pratica, esso si possa impiegare, volendo, anche per reati non propriamente bagatellari, e, inoltre, dall'ampia discrezionalità data al giudicante in sede di valutazione del rischio che il minore commetta reati ulteriori. Di qui, la tendenza – oggetto di critica in dottrina – ad impiegare il perdono in maniera routinaria, come misura sterilmente clemenziale e senza spiegarne il significato al minorenne, con l'effetto di svalutarla e mandare sovente al reo un messaggio deresponsabilizzante. Nel contesto processuale varato nel 1988, comunque, è auspicato dai più che il beneficio recuperi senso come particolare *chance* di risocializzazione e ravvedimento spontaneo, offerta al minore che mostri di non aver bisogno a tal fine di un intervento rieducativo specifico.

## 3. Il proscioglimento anticipato per difetto di imputabilità.

Secondo l'art. 26, il giudice, in ogni stato e grado del procedimento, «quando accerta che l'imputato è minore degli anni quattordici, pronuncia, anche di ufficio, sentenza di non luogo a procedere trattandosi di persona non imputabile». La norma costituisce la ricaduta processuale del disposto di cui all'art. 97 c.p., che sancisce la presunzione assoluta di non imputabilità di chi abbia commesso il fatto prima di compiere quattordici anni. È coerente con il principio di minima offensività che, non appena si verifichi che l'imputato è infraquattordicenne, andandosi comunque incontro a una declaratoria di difetto assoluto di imputabilità, il procedimento si chiuda immediatamente. Sarebbe, infatti, antieconomico e inutilmente dannoso prolungare la permanenza del minore nel circuito giudiziario, visto che esso è destinato inesorabilmente a concludersi con un proscioglimento. Di qui la scelta del legislatore di permettere che a tale esito si possa giungere «in ogni stato e grado del procedimento», ossia non appena il giudice verifichi che il minore ha meno di quattordici anni (o che non li aveva compiuti quando il fatto è stato commesso) e anche prima della fase processuale, quindi prima dell'esercizio dell'azione penale. Del resto, la norma evoca una pronuncia emessa in uno stadio precoce del rito, visto il richiamo testuale alla «sentenza di non luogo a procedere». A tale scopo, l'accertamento sull'età va svolto ai sensi dell'art. 8 (v. cap. III, parte II, § 1); ove permanga il dubbio sull'età del minore, dunque, si presume che sia infraquattordicenne, *ex* art. 8 comma 3.

È una scelta singolare, quella di prevedere che si possa pronunciare un proscioglimento mediante sentenza durante le indagini preliminari, ma si tratta di un'opzione legata alla peculiarità del sistema minorile e ad esso non estranea. Ai fini della declaratoria di irrilevanza del fatto, *ex* art. 27, ad esempio, nel rito minorile si può pronunciare una sentenza di non luogo a procedere in corso di indagine, sul presupposto che la prosecuzione del procedimento sia solo di danno al minore imputato. Anche nel caso dell'infraquattordicenne, la logica ispiratrice della disciplina è l'esigenza di chiudere il rito nel più breve tempo possibile, a fronte del fatto che pervenire ad una fase più avanzata non sarebbe di alcuna utilità. Né allo scopo potrebbe soccorrere l'istituto dell'archiviazione, giacché il difetto di imputabilità costituisce una causa di esenzione dalla pena, non riconducibile ad alcuna delle formule che permettono l'archiviazione: non all'art. 411 c.p.p., dal momento che non si tratta di un'improcedibilità; e solo con fatica all'art. 408 c.p.p., poiché si dovrebbe accogliere un'esegesi lata della nozione di infondatezza della notizia di reato, per potervi ricorrere. Del resto, il dato testuale è insormontabile nell'affermare che il proscioglimento *ex* art. 26 va pronunciato mediante sentenza, benché nel procedimento, e quindi si deve ipotizzare, in analogia con quanto previsto per l'irrilevanza del fatto in corso di indagine dall'art. 27, una declaratoria di non imputabilità pronunciata con sentenza dal giudice per le indagini preliminari. Naturalmente, si deve ritenere, di conseguenza, che l'iniziativa avanzata in tal senso dal pubblico ministero a chiusura delle indagini costituisca una forma speciale di esercizio dell'azione penale e postuli perciò la formulazione dell'imputazione e l'immediato innesco del processo.

La pronuncia può essere adottata dal giudice anche d'ufficio, ma si tratta di clausola che può trovare attuazione solo in udienza preliminare o in dibattimento, dove il giudice è *dominus* della fase. In corso di indagine, in virtù del principio della domanda non è concepibile un'iniziativa del giudice per le indagini preliminari e quindi sarà il pubblico ministero a doversi attivare, chiedendo il proscioglimento immediato.

La decisione presuppone l'accertamento della responsabilità penale del minore imputato (come riconosciuto dalla giurisprudenza dominante della corte di cassazione), giacché al minore potrebbero derivare pesanti esiti negativi da una sentenza di questo genere ed ha quindi interesse, ove possibile, ad un provvedimento con formula più favorevole. Il proscioglimento per difetto di imputabilità, innanzitutto, postula logicamente risolto il quesito in ordine alla colpevolezza dell'imputato, trattandosi di una causa personale di esenzione dalla pena operante a favore di chi, altrimenti, dovrebbe essere punito perché colpevole. Inoltre, in concreto dal proscioglimento per difetto di imputabilità possono derivare gravi conseguenze: esso può comportare l'applicazione anche provvisoria di una misura di sicurezza (art. 224 c.p.) e viene iscritto nel casellario giudiziale, potendo assumere rilievo ai fini di un successivo giudizio di pericolosità sociale. È necessario, perciò, che al minore imputato sia garantito che a tale sbocco si pervenga solo quando risulti positivamente acclarata la sua responsabilità penale per l'addebito mosso nel processo, riconoscendogli il diritto di ottenere il proscioglimento con formula più favorevole, quando ve ne siano i presupposti.

Il fatto che la decisione sul difetto di imputabilità presuppone la verifica della colpevolezza assume particolare rilievo nel caso in cui la sentenza venga adottata prima del dibattimento e facendo uso di atti di indagine, per natura inidonei a fungere da base probatoria per l'ascrizione di responsabilità penale, non essendo formati di regola in contraddittorio. Ove la decisione sia adottata in udienza preliminare (v. cap. V, parte I, § 4), il problema parrebbe risolto dal tenore dell'art. 32, che impone al giudice di raccogliere il consenso preventivo dell'imputato alla definizione del processo in quella fase, almeno per le sentenze di non luogo a procedere che presuppongano l'attribuzione di responsabilità penale al minorenne, come appunto quella in esame (v. cap. V, parte I, § 5). Qualora, invece, la decisione si collochi in corso di indagine, non vi è traccia nel testo legislativo della necessità di richiedere al minore di consentire alla definizione immediata del processo *ex* art. 26. In assenza di una norma espressa in tal senso, si deve ritenere che la disciplina sia incostituzionale *in parte qua*, vuoi per la violazione dell'art. 111 comma 4 Cost., prevedendo una dichiarazione di colpevolezza in base ad atti non formati in contraddittorio ed in assenza di una delle deroghe ammesse dall'art. 111 comma 5 Cost., vuoi perché implica una irragionevole disparità di trattamento rispetto alla disciplina dell'udienza preliminare, in cui il consenso è invece un requisito indispensabile. Vi è, peraltro, chi ritiene che, proprio in forza di tali argomenti, si potrebbe già pervenire ad una interpretazione costituzionalmente orientata della disciplina sicché, anche se non previsto, il consenso dovrebbe ritenersi indispensabile pure per la declaratoria di non imputabilità *ex* art. 26 in corso di indagine ed il giudice dovrebbe farsi carico di richiederlo al minore prima della decisione.

La norma tace sul procedimento con il quale si dovrebbe applicare il proscioglimento anticipato *ex* art. 26. È pacifico che operino le norme in tema di udienza preliminare e dibattimento, ove la clausola trovi applicazione in quelle sedi, ma resta il dubbio su come ci si debba regolare durante le indagini preliminari, non essendovi previsioni nell'articolo su un procedimento speciale in tale fase del rito. Trattandosi di decisione che postula l'accertamento di responsabilità, i principi costituzionali del sistema processuale (dal diritto di difesa alle regole del giusto processo) esigono l'attivazione di un contraddittorio, sicché dovrà celebrarsi un'udienza, a seguito dell'iniziativa del pubblico ministero. Si pensa, con conclusione ragionevole, che possa trovare applicazione analogica, *in parte qua*, la disciplina dell'art. 27 e che quindi il giudice per le indagini preliminari debba fissare un'udienza in camera di consiglio (di cui dare preventiva comunicazione anche all'esercente la responsabilità genitoriale) ed ivi, sentite le parti, pronunciare sentenza di non luogo a procedere, in caso di accoglimento, e provvedimento di restituzione degli atti al pubblico ministero, in caso di rigetto. Naturalmente, ove si ritenga che già oggi, per via interpretativa, si possa considerare necessario il consenso dell'imputato per adottare la decisione in fase di indagine e sulla base delle relative risultanze, sarà questa udienza camerale la sede per chiederlo al minore imputato.

## 4. L'irrilevanza del fatto.

L'istituto dell'irrilevanza del fatto è disciplinato dall'art. 27 e costituisce, come la sospensione del processo con messa alla prova, una disciplina del tutto originale del rito minorile, nel quale ha trovato una sede di sperimentazione dal 1988, prima di essere esportato nell'ordinamento processuale penale per adulti, inizialmente nella forma dell'improcedibilità per particolare tenuità del fatto nel rito penale di pace (art. 34 d.lgs. 28 agosto 2000, n. 274) ed infine con l'esclusione della punibilità per particolare tenuità del fatto (art. 131-*bis* c.p.), introdotta dal d.lgs. 16 marzo 2015, n. 28, come ulteriore ipotesi di archiviazione nel procedimento ordinario (art. 411 comma 1 c.p.p.).

Il proscioglimento per irrilevanza del fatto nel rito minorile integra un'ipotesi di *diversion* "incondizionata" (o "senza prescrizioni"), giacché comporta che, pur a fronte della responsabilità del minore imputato per il reato ascrittogli, lo Stato rinunzi a pronunciare la condanna e ad applicare la pena, in considerazione della scarsa consistenza della condotta criminosa e delle sue conseguenze. L'istituto prende le mosse dalla considerazione che alcuni comportamenti, pur essendo formalmente riconducibili a fattispecie incriminatrici anche gravi, corrispondono di fatto a condotte di ridottissima lesività che, nel caso degli adolescenti, sono spesso legate a occasionali e transitorie situazioni di disagio o disordine comportamentale, destinate allo spontaneo riassorbimento con il maturare del minore e il consolidarsi fisiologico della sua personalità. In simili evenienze, l'ordinamento ammette che la rinuncia all'intervento punitivo e la chiusura anticipata dello stesso percorso processuale siano la risposta più giusta, giacché il trattamento giudiziario della vicenda potrebbe amplificarne il significato e favorire lo strutturarsi del minore su valori negativi e su una distorta (e svalutante) percezione di sé. Per fatti di questo tipo, il non intervento costituisce dunque un'opzione da preferire, giacché non solo consente all'ordinamento di risparmiare risorse e tempo, destinandoli a casi più gravi, ma riduce anche l'impatto sfavorevole del processo sulla vita del minore, facilitando lo spontaneo superamento dell'episodio deviante.

Sullo sfondo dell'istituto stanno, quindi, il principio di proporzionalità tra l'entità della condotta criminosa e la reazione istituzionale che ne segue, il principio di minima offensività e, conseguentemente, quello di destigmatizzazione. Dal punto di vista della trama costituzionale, la disciplina va collegata all'art. 31 comma 2 Cost., trattandosi di istituto che promuove la corretta crescita e la risocializzazione del minore. I riferimenti sovranazionali che la ispirano sono rintracciabili, innanzitutto, nei § 1.3, 5, 11 e 20 delle Regole di Pechino (v. cap. I, parte I, § 2), che richiamano l'esigenza di individuare strategie che promuovano la tutela del minore riducendo la necessità di un «intervento della legge», di dare applicazione al principio di proporzionalità tra misura adottata e condotta tenuta dal minore, di evitare per quanto possibile il ricorso al processo formale e di trattare comunque il caso in maniera rapida. Vanno altresì rammentati i n. 2 e 4 R (87) 20, che prescrivono il ricorso nei limiti del possibile a misure di *diversion* (che evitino del tutto l'ingresso del minore nel sistema della giustizia penale) e la gestione del caso in tempi celeri.

L'irrilevanza del fatto *ex* art. 27, nella sua struttura-base, comporta che, a fronte di una condotta penalmente illecita che abbia connotati di scarsa consistenza per essere tenue ed occasionale, ritenendosi che la prosecuzione del procedimento sarebbe pregiudizievole per le esigenze educative del minorenne, il giudice possa prosciogliere quest'ultimo, già a partire dalla fase delle indagini preliminari su richiesta del pubblico ministero e, in fase processuale, anche d'ufficio. La norma, dunque, prevede che, pur a fronte di una condotta integrante un illecito penale, la sanzione non venga applicata in considerazione di alcuni specifici connotati del fatto e del suo autore. La configurazione tecnica che se ne desume è quella di una causa personale di esenzione dalla pena ovvero di una causa di esclusione della punibilità, giacché l'istituto postula un fatto di reato commesso dal minore e per il quale questi sarebbe altrimenti punibile: è sul momento dell'applicazione della pena che l'istituto interviene, sancendo che l'ordinamento, in base ai criteri stabiliti dall'art. 27, vi rinuncia.

Si tratta di impostazione condivisa dalla stessa Corte costituzionale, che per questo aveva dichiarato incostituzionale per eccesso di delega il testo originario dell'art. 27. Per i giudici delle leggi, infatti, considerando che la delega per la riforma del processo minorile era contenuta nella legge riferita alla revisione del codice di rito penale, avente quindi un oggetto spiccatamente processuale, «la norma, ponendo in essere una nuova causa di non punibilità», non poteva trovarvi collocazione «in ragione della sua preminente natura sostanziale» (Corte cost., 6 giugno 1991, n. 250). L'istituto è stato successivamente reintrodotto dalla l. 5 febbraio 1992, n. 123 (provvedimento normativo oramai indipendente dalla legge delega) ed ha comunque mantenuto la sua fisionomia originaria, con la natura giuridica a suo tempo riconosciuta dalla Corte costituzionale. Va detto, peraltro, che, se dal punto di vista sostanzialistico l'irrilevanza del fatto è una causa di non punibilità, l'art. 27 disciplina per la sua applicazione in sede di indagine un vero e proprio rito speciale, funzionale alla minimizzazione del contatto tra il minore e il contesto processuale.

In ogni caso, la natura di causa di esenzione dalla pena rileva al fine di individuare la collocazione del proscioglimento per irrilevanza del fatto entro la gerarchia delle formule. Trattandosi, infatti, di un'ipotesi di non punibilità, essa si colloca alla base della gerarchia idealmente desumibile dagli artt. 529 ss. c.p.p., dal momento che presuppone logicamente che tutte le formule alternative (e più favorevoli) siano state escluse: essa implica che potrebbe pervenirsi all'applicazione della pena, consentendo di soprassedere solo a quest'ultimo passaggio. In considerazione del principio del *favor rei*, peraltro, si ritiene che l'irrilevanza debba prevalere sul perdono giudiziale, che viene considerato meno favorevole per l'imputato perché può essere concesso una sola volta e la relativa decisione è soggetta ad iscrizione nel casellario giudiziale (così anche Corte cost., 9 maggio 2003, n. 149, ma sul discutibile presupposto che il perdono presuppone un accertamento di colpevolezza che nell'irrilevanza invece mancherebbe). Quanto all'eventualità che l'irrilevanza concorra con l'immaturità, prevale la declaratoria di incapacità di intendere e di volere, giacché l'irrilevanza del fatto presuppone un vaglio della condotta criminosa e del suo significato nel contesto esistenziale dell'autore, che implica che questi sia in grado di assumersi psicologicamente la responsabilità delle proprie azioni. Ove non fosse così, dovrebbe essere prosciolto per questo motivo.

A seconda del punto di vista privilegiato assunto – penalistico o processualistico – entrano in gioco differenti parametri costituzionali con i quali l'istituto in esame viene necessariamente in rapporto e talora in tensione. Il problema di fondo, peraltro, è sempre lo stesso, ossia la genericità dei presupposti dell'istituto, che il legislatore ha definito in termini ampi, senza precisarne puntualmente i confini o i criteri di verifica. Si è posto, quindi, subito il problema della compatibilità della disciplina con gli artt. 3 e 25 Cost. Il primo, già denunciato innanzi alla Corte costituzionale, è stato da questa ignorato, perché assorbito nella declaratoria di illegittimità dell'istituto per eccesso di delega (Corte cost. n. 250 del 1991). Successivamente, peraltro, è stato ripreso insieme al profilo concernente il principio di legalità penale *ex* art. 25 Cost. e valutato dalla Corte di cassazione, secondo cui «è manifestamente infondata la questione di legittimità costituzionale dell'art. 27, in riferimento agli artt. 25 e 3 Cost., sollevata sotto il profilo che, rimettendosi al giudice la decisione sull'irrilevanza del fatto, si verrebbe a creare disparità di trattamento, dato che vi sarebbero valutazioni diverse da giudice a giudice che inciderebbero sulla sostanza del fatto-reato». Per il Supremo Collegio, infatti, i presupposti dell'irrilevanza sarebbero sufficientemente determinati e l'accertamento del giudice, consentendo «parità di trattamento in identità di situazioni» (anche «considerando che la decisione va adottata previa audizione del minore, dell'esercente la potestà dei genitori e della persona offesa»), sarebbe immune da ogni possibile effetto discriminatorio. La conclusione è opinabile, considerando l'ampiezza di esegesi cui i parametri orientativi dell'irrilevanza sono visibilmente aperti e l'evidente amplissima discrezionalità valutativa che l'istituto lascia al giudice, ma non è stata più messa in discussione in giurisprudenza dopo le rammentate decisioni.

Analoghi dubbi si potrebbero nutrire quanto al profilo processualistico dell'istituto, dal momento che sembra contravvenire al postulato dell'obbligatorietà dell'azione penale *ex* art. 112 Cost. Sul punto, la dottrina è abbastanza uniforme nell'asserire che il problema non si pone perché, nella fattispecie, c'è un'iniziativa del pubblico ministero, la decisione è affidata ad un organo giurisdizionale e il provvedimento è adottato mediante sentenza previo contraddittorio. Vi sarebbe dunque piena coerenza dell'istituto con il principio di obbligatorietà dell'azione penale, non essendoci spazio per ritenere che il pubblico ministero con la richiesta di irrilevanza declini discrezionalmente il proprio obbligo di esercitarla. In realtà, un dubbio resta, in relazione ai principi di legalità ed eguaglianza: se, infatti, i presupposti dell'irrilevanza sono lasciati a una descrizione non sufficientemente puntuale, rimane il rischio che il magistrato d'accusa possa determinarsi discrezionalmente su tale opzione, che comunque conduce all'applicazione di una causa di non punibilità, e che il controllo giudiziale successivo aggiunga alla sua un'ulteriore libertà di manovra, più che svolgere un effettivo vaglio di legalità. In questi termini, se è vero che ai fini della declaratoria di irrilevanza ci si trova di fronte a un'azione penale comunque esercitata (sebbene in forma speciale in fase preliminare) e ciò può essere tranquillizzante rispetto alla compatibilità dell'istituto con l'art. 112 Cost., della sua compatibilità con la trama costituzionale si può comunque dubitare: il rispetto del canone di obbligatorietà non fa venire meno il possibile *vulnus* a quello di legalità.

Si è già detto di come l'irrilevanza del fatto sia stata introdotta dal legislatore del 1988 come primo caso di istituto a vocazione deflativa per i reati c.d. "bagatellari". Da tempo, infatti, si pensava che fosse necessario congegnare meccanismi selettivi in grado di evitare che le risorse del sistema andassero impiegate su fatti di scarsissima entità per investirle in modo più oculato su casi davvero gravi. Di qui, dopo un periodo di sperimentazione, l'estensione di questo congegno oltre i confini del rito a carico di minorenni, con istituti che sono chiaramente tributari della propria struttura all'antesignano minorile. In ordine a questi, si pone oggi il problema di verificare se a loro volta interferiscano sul sistema per i minori o se ne restino esclusi. Il dubbio investe innanzitutto l'«esclusione della procedibilità nei casi di particolare tenuità del fatto», *ex* art. 34 d.lgs. n. 274 del 2000, nel rito penale di pace. L'affinità con l'art. 27 è evidente, vista la corrispondenza tra i presupposti dei due istituti; tuttavia, quello previsto per il rito di pace è connotato dalla natura giuridica di improcedibilità, che può quindi giustificare (a differenza di quanto accade in sede minorile) un provvedimento di archiviazione. Ci si può domandare, pertanto, se il tribunale per i minorenni possa applicare l'art. 34 d.lgs. n. 274 del 2000, quando giudichi di uno dei reati assegnati ordinariamente al giudice di pace (art. 4 d.lgs. n. 274 del 2000). In tal modo, secondo alcuni, il minorenne – che non potrebbe vedersi archiviare il caso *ex* art. 27 – potrebbe invece ottenere un'archiviazione *ex* art. 34 d.lgs. n. 274 del 2000. Va detto però, per un verso, che l'art. 63 d.lgs. n. 274 del 2000 stabilisce che debbono essere osservate, in simili evenienze, le disposizioni dell'art. 34 d.lgs. n. 274 del 2000 solo «in quanto applicabili», ossia compatibili con le peculiarità del diverso sistema processuale in cui la disciplina di pace potrebbe innestarsi; per altro verso, che il rito minorile contiene già un istituto che è perfettamente coerente con tali peculiarità e che, in ragione del rispetto di queste, presenta profili speciali rispetto al suo omologo nel rito di pace. In forza del principio di specialità e sussidiarietà, dunque, non pare che il rito minorile offra spazi applicativi per la «particolare tenuità del fatto» del rito di pace.

Le stesse conclusioni sembra si debbano trarre per il più recente epigono dell'irrilevanza del fatto, ossia l'archiviazione per particolare tenuità del fatto nel rito ordinario, ammessa dal combinato disposto degli artt. 131-*bis* c.p. e 411 comma 1 c.p.p., novellati dal d.lgs. n. 28 del 2015. La relativa ipotesi – disciplinata come una causa di esclusione della punibilità – è mutuata dal precedente minorile quanto all'impianto di base (ad esempio, per i presupposti generali della tenuità del fatto e della non abitualità della condotta), ma se ne discosta per alcuni aspetti qualificanti (la declaratoria mediante archiviazione, i limiti edittali sanciti per i reati per cui è consentita, l'identificazione puntuale dei criteri di valutazione della tenuità, l'efficacia extrapenale delle sentenze che la dichiarano, l'iscrivibilità nel casellario giudiziale). Anche in questo caso, dunque, si deve ritenere che le peculiarità dell'istituto minorile vadano preservate e che, in forza del principio di sussidiarietà *ex* art. 1 comma 1, la disciplina dell'irrilevanza minorile vada considerata in tutto e per tutto prevalente sul suo omologo codicistico. Secondo la giurisprudenza della Suprema Corte, pronunciatasi sul punto, le differenze tra l'istituto minorile e quello per adulti (peraltro palesemente votato solo ad assicurare una maggiore economia processuale) sono tanto marcate, da rendere la particolare tenuità del fatto radicalmente incompatibile con i canoni di fondo del sistema minorile. La Corte ne desume che la disciplina per i minorenni deve considerarsi "legge penale speciale" *ex* art. 16 c.p., giacché regola in maniera del tutto autonoma la materia della tenuità del fatto e quindi preclude in radice ogni confronto fra norme che regolamentano lo stesso ambito.

## 5. (*Segue*): i presupposti.

I presupposti dell'irrilevanza del fatto sono tre, i primi due oggettivi (la tenuità del fatto e l'occasionalità del comportamento) e il terzo soggettivo o "teleologico" (il pregiudizio che l'ulteriore corso del procedimento potrebbe arrecare alle esigenze educative del minore). Essi debbono ricorrere congiuntamente, stando al tenore testuale dell'art. 27 comma 1, benché, come si vedrà, non sia pacifico che abbiano tutti il medesimo "peso" nel vaglio dell'irrilevanza. Anzi, si può ritenere che l'ordine in cui vengono indicati dal legislatore corrisponda a un preciso "ordine di importanza", che obbliga il giudice ad assegnare priorità, logica e cronologica, ai vari fattori nella sequenza indicata.

Perché la declaratoria di irrilevanza possa essere pronunciata, innanzitutto, il fatto deve essere "tenue". Va precisato che si tratta di un vaglio da effettuare in concreto, poiché non sono esclusi dalla verifica in termini di irrilevanza neppure i reati più gravi: non esiste infatti alcuna esclusione dall'operatività della clausola di irrilevanza in forza della pena edittale, e quindi della gravità astratta, del reato per cui si procede. In teoria, qualunque reato può essere considerato "irrilevante" *ex* art. 27, benché di fatto la natura del reato, la sua gravità astratta e il tipo di bene giuridico aggredito siano considerati tra gli indicatori rilevanti in un giudizio complessivo sulla tenuità. La tenuità, inoltre, non va confusa con l'inoffensività, giacché se il fatto è completamente inoffensivo, semplicemente non raggiunge la soglia della tipicità. Il fatto tenue, invece, è un fatto tipico, antigiuridico e colpevole, benché con un grado di lesività estremamente basso. Il giudizio di tenuità va compiuto sul fatto nel suo complesso, considerando sia l'elemento oggettivo, che quello soggettivo del reato. Benché in linea di principio non sia escluso che possa esservi un reato grave con un danno lieve, comunque il primo indicatore di tenuità è dato dalle conseguenze del reato, prendendo in esame l'evento e l'entità del danno o del pericolo cagionato. Assumono poi rilievo anche fattori soggettivi, come l'intensità del dolo, il grado della colpa e lo stesso movente del reato.

In assenza di precisazioni normative sui parametri che dovrebbero orientare il giudice in questo tipo di vaglio, dottrina e giurisprudenza sono in massima parte concordi nel richiamare il catalogo di indici di cui all'art. 133 c.p., che assicura una migliore identificabilità dei criteri applicabili. In ogni caso, si ritiene che anche questo richiamo abbia valore indicativo, non essendo il giudice obbligato a prendere in esame tutti gli indici contemplati dalla norma: nell'ambito di un giudizio globale sulla condotta, ad esempio, si potrebbe assegnare ad alcuni valore preminente rispetto ad altri. Non sembra, invece, opportuno (benché talora sia in dottrina che in giurisprudenza vi si faccia riferimento) utilizzare criteri di valutazione legati all'allarme sociale, sicché sarebbe tenue un fatto che determini modeste reazioni e preoccupazioni nella comunità; si tratta di vaghi giudizi di carattere sociologico, che si prestano facilmente a conclusioni arbitrarie e che non trovano agganci nel dettato legislativo, in cui è la condotta di per sé (e non per la percezione che di essa hanno i consociati) ad essere affidata al vaglio giudiziale di tenuità.

Il secondo presupposto della declaratoria di irrilevanza è l'occasionalità del comportamento. Essa si riferisce innanzitutto a un criterio di seriazione temporale, sicché non può essere considerato occasionale un comportamento illecito che si sia ripetuto nel tempo uguale a se stesso. La legge, peraltro, non precisa quale sia il grado di reiterazione tale da escludere l'occasionalità, né il lasso di tempo che dovrebbe essere oggetto di valutazione per verificare le condotte ripetute rilevanti. Del resto, non può bastare ad escludere l'occasionalità qualunque recidiva, posto che questa – se il legislatore avesse inteso considerarla come fattore ostativo all'irrilevanza del fatto – sarebbe stata menzionata espressamente. Il parametro dell'occasionalità, dunque, è più elastico e non sembra contraddetto dal mero fatto che il minore abbia uno o persino più precedenti. La componente cronologica comunque è rilevante, e comporta che il fatto non possa ritenersi occasionale quando è abituale o sistematico: la *ratio* del parametro si evidenzia così nella circostanza che il fatto, di per sé lievissimo, cessa di esserlo se posto in essere più volte (o se vengono commessi più volte reati analoghi), imponendo a quel punto una reazione istituzionale punitiva. Si può inoltre ritenere che l'occasionalità non sussista in presenza di recidiva specifica o di concorso materiale, mentre il semplice concorso formale non basterebbe ad escluderla.

Taluno ha sostenuto la possibilità di dare all'occasionalità un'accezione non cronologica ma psicologica, sicché sarebbe occasionale il fatto non voluto, cercato o premeditato o comunque non frutto di una precisa scelta deviante. Si tratta di un'impostazione che sposta la valutazione del giudice su un piano di marcata discrezionalità e non sembra di per sé autorizzata dalla legge, tanto più che è ampia, escludendo dal novero dei fatti occasionali anche i reati di minori incensurati, solo che siano premeditati o addirittura semplicemente dolosi, ovvero in ragione di considerazioni psicologiche o personologiche difficilmente controllabili. Tuttavia, una componente psicologica può saldarsi con la lettura cronologica del criterio in esame, ammettendosi che occasionale è il fatto "occasionato", ossia legato a circostanze particolari, che abbiano determinato il minore ad agire guidato dall'emotività adolescenziale, sicché si possa fondatamente escludere che sia destinato a ripetersi.

Il terzo presupposto della declaratoria di irrilevanza del fatto, definito "soggettivo" o "teleologico", è costituito dal pregiudizio che la prosecuzione del rito potrebbe arrecare alle esigenze educative dell'imputato. Chiaramente connesso al principio di minima offensività, il rischio di pregiudicare i percorsi educativi in atto portando avanti un procedimento penale dedicato a un fatto bagatellare è null'altro che la spiegazione delle ragioni fondanti dell'istituto, l'esplicitazione della sua stessa *ratio*. Allo stesso tempo, si tratta di un parametro sfuggente, che lascia al giudizio dell'organo procedente un margine di manovra sostanzialmente incontrollabile. Si spiega dunque perché su questo parametro sia tuttora aperto un serrato dibattito tra chi ritiene che vada svuotato in pratica e chi, all'opposto, crede che debba avere maggiore autonomia. Secondo i primi, si tratta di un presupposto superfluo, avente solo una funzione esplicativa delle altre condizioni e sussistente *in re ipsa* una volta che queste siano integrate: se un fatto è tenue e occasionale, è pacifico che la prosecuzione del rito rechi un inutile danno al minorenne e al suo fisiologico percorso di maturazione. I secondi, al contrario, ritengono che questa sia un'interpretazione sostanzialmente abrogativa del parametro, cui invece dovrebbe riconoscersi un autonomo peso specifico. In particolare, si pensa che, pur quando il fatto sia tenue ed occasionale, il procedimento andrebbe non chiuso, ma proseguito, ogni qual volta il minore possa ricevere dalla declaratoria di irrilevanza un messaggio di impunità, mentre la prosecuzione del procedimento potrebbe costituire un'occasione rieducativa. Benché questa esegesi sia più rispettosa del dato testuale, la prima è però da preferirsi. La valorizzazione del presupposto in esame, infatti, accentua la tensione dell'istituto con l'art. 3 Cost., trattandosi di condizione dai contorni evanescenti e quindi esposta al rischio di applicazioni irrazionalmente diseguali. Inoltre, lo stesso istituto appare privo di coerenza, a fronte della possibilità che per un fatto oggettivamente tenue si reputi il rito utile, a dispetto del principio di minima offensività. Infine, la seconda impostazione pare fondarsi sull'opinabile presupposto logico di una funzione educativa che possa ascriversi, nel sistema minorile, allo stesso procedimento penale, al quale invece tale funzione non può essere assegnata (v. cap. II, § 5).

Il rischio di pregiudizio alle esigenze educative del minore parrebbe escludere l'applicabilità della declaratoria di irrilevanza all'imputato che, minorenne al momento del fatto, sia divenuto maggiorenne nelle more del procedimento. Per questi, infatti, non si potrebbe parlare in teoria di un pregiudizio alle esigenze educative, essendo già perfezionato il maturarsi della sua personalità. Si ritiene, tuttavia, che l'art. 27 possa applicarsi anche all'imputato maggiorenne. Innanzitutto, esigenze educative possono configurarsi pure per il giovane adulto, giacché il percorso di crescita e maturazione non può dirsi nettamente concluso allo scoccare del diciottesimo anno di età. Il sistema minorile, poi, si basa comunque sul criterio della minore età al momento del fatto, che di regola fa scattare il sistema di protezione del rito speciale per i minorenni anche a beneficio di coloro che non lo siano più (v. cap. III, parte I, § 6). Del resto, nel caso di specie l'irrilevanza del fatto è legata a connotati del comportamento criminoso cristallizzati al momento del fatto e il beneficio che ad essi è collegato non potrebbe – senza entrare in collisione con le garanzie fondamentali del sistema – essere negato all'imputato per il fatto, accidentale e a lui non ascrivibile, della celebrazione del processo a distanza dal fatto o con tempi tanto lunghi da comportare che nel frattempo raggiunga l'età maggiore.

Oltre a quelli esplicitati nell'art. 27 comma 1, si deve ritenere che vi siano anche dei presupposti impliciti per la pronuncia di irrilevanza, presupposti sui quali è peraltro aperta la discussione.

Il primo profilo oggetto di dibattito è se vi debba essere o meno, a monte della declaratoria di irrilevanza, un accertamento di colpevolezza del minorenne imputato. La questione è aperta perché, malgrado la dottrina compatta in senso positivo e la tendenza della giurisprudenza di merito ad allinearsi su questo orientamento, la Corte costituzionale (Corte cost., 22 ottobre 1997, n. 311) ha affermato invece che il giudice investito della decisione sull'irrilevanza del fatto in corso di indagine sarebbe «chiamato a pronunciarsi sulla richiesta del p.m. in astratto e assumendo l'ipotesi accusatoria, per l'appunto, come mera ipotesi, e non dopo aver accertato in concreto che il fatto è stato effettivamente commesso e che l'imputato ne porta la responsabilità. Una tale valutazione non sarebbe del resto nemmeno possibile, data la fase processuale in cui si versa, anteriore tanto al dibattimento quanto all'udienza preliminare». La teoria del vaglio meramente ipotetico sull'accusa, tuttavia, non convince. Innanzitutto, i presupposti dell'irrilevanza – tenuità e occasionalità – postulano logicamente che il giudice abbia effettivamente verificato che il fatto sussiste e che l'imputato lo ha commesso, visto che i connotati di entrambe sono concreti (si devono verificare il contesto, il danno cagionato, i caratteri dell'evento, l'atteggiamento soggettivo dell'autore e i nessi tra il fatto commesso e il suo stile di vita). La stessa struttura del procedimento finalizzato a dichiarare l'irrilevanza, con la celebrazione di un'udienza camerale, la garanzia del contraddittorio e la legittimazione ad appellare del minore imputato, si spiegano solo come corollari del giudizio di merito che la decisione postula. Infine, è oramai pacifico (per la stessa Corte costituzionale) che la decisione che dichiara il non luogo a procedere per irrilevanza del fatto in udienza preliminare figuri tra quelle che, per il loro essere "cripto condanne", presupponendo logicamente la colpevolezza, esigono la prestazione del consenso preventivo del minorenne alla definizione del processo in tale fase *ex* art. 32: in tal modo, il consenso dell'imputato colma il deficit di contraddittorio che affligge normalmente gli atti delle indagini preliminari rendendoli idonei, *ex* art. 111 comma 5 Cost., a fondare una statuizione di colpevolezza (v. cap. V, parte I, § 5). Si deve quindi ritenere che l'accertamento della responsabilità penale del minore per il reato ascrittogli sia un presupposto necessario della declaratoria di irrilevanza.

Su queste basi, ci si deve altresì domandare se per la decisione *ex* art. 27 prima del giudizio dibattimentale sia necessario il consenso del minorenne. Ammettendo, infatti, che la sentenza presupponga la colpevolezza, si devono poter impiegare a tal fine gli atti della fase preliminare, inclusi quelli che, per il loro non essere formati in contraddittorio, sarebbero inidonei allo scopo *ex* art. 111 comma 4 Cost. Il problema può essere risolto solo richiedendo l'assenso del minore a tale uso e così integrando l'eccezione al contraddittorio basata sulla volontà dell'imputato e prevista dall'art. 111 comma 5 Cost. come legittima deroga al metodo dialettico. Quanto alla fase dell'udienza preliminare, non pare ci siano dubbi di sorta: il consenso è necessario per la pronuncia di sentenza di non luogo a procedere per irrilevanza del fatto, ai sensi dell'art. 32 comma 1. La Corte costituzionale ha infatti ribadito che per la declaratoria di irrilevanza debba richiedersi il consenso preventivo dell'imputato in udienza preliminare (Corte cost., 2 aprile 2004, n. 110), precisando anzi che, in caso di contumacia dell'imputato (oggi assenza), non potendosi raccoglierne l'adesione all'esito anticipato, si impone, anche se il fatto è irrilevante, il rinvio a giudizio (Corte cost. n. 110 del 2004; Corte cost., 14 febbraio 2013, n. 24). In questa prospettiva, la giurisprudenza di legittimità ha ulteriormente sottolineato che il consenso alla definizione anticipata con declaratoria di irrilevanza in udienza preliminare è oggetto di un diritto personalissimo dell'imputato, sicché, ove questi sia assente, esso non può essere prestato in sua vece dal difensore d'ufficio, se non munito di procura speciale.

Il punto appare invece più delicato quanto alla declaratoria di irrilevanza che intervenga durante le indagini preliminari, giacché l'art. 27 comma 2, relativo al procedimento speciale che presiede a tale pronuncia, non ne fa alcuna menzione. Stando dunque alla lettera della norma, per la declaratoria di irrilevanza del fatto emessa in corso di indagine il consenso preventivo del minorenne non è richiesto. Vi è chi propone un'esegesi correttiva, secondo cui l'art. 32 comma 1 andrebbe applicato per via analogica anche alla fattispecie in esame. A tale scopo, si potrebbe impiegare l'audizione del minore nell'udienza camerale prevista dall'art. 27 comma 2 come occasione per raccoglierne la manifestazione di volontà alla sentenza di irrilevanza. Si tratta di un'impostazione che comporta qualche forzatura, ma va detto che l'unica alternativa praticabile (e forse auspicabile) è quella della declaratoria di illegittimità dell'art. 27 nella parte in cui non prevede il consenso dell'imputato come presupposto necessario della sentenza. Il testo normativo, infatti, si presenta in contrasto, sotto questo profilo, con gli artt. 111 comma 4 e 3 Cost. Quanto al primo, la legge ordinaria ammette che si pronunci una decisione che postula la colpevolezza in base ad atti che non sono stati formati in contraddittorio e senza che ricorra alcuna delle deroghe consentite *ex* art. 111 comma 5 Cost.; quanto al secondo, essa comporta una disparità di trattamento irragionevole tra il minorenne prosciolto per irrilevanza in udienza preliminare, cui si richiede il consenso preventivo alla pronuncia, e quello prosciolto allo stesso modo in corso di indagine, il cui assenso alla decisione invece non è richiesto.

## 6. (*Segue*): il procedimento.

La declaratoria di irrilevanza del fatto può essere pronunciata sin dalle indagini preliminari, *ex* art. 27 comma 1, su richiesta del pubblico ministero. Le indagini, peraltro, non sono l'unica sede in cui il processo può chiudersi con la sentenza di irrilevanza.

Il quarto comma della stessa norma, innanzitutto, precisa che la pronuncia può essere emessa, anche *ex officio*, in udienza preliminare, com'è testualmente confermato dall'art. 32 comma 1, che annovera l'irrilevanza tra le possibili formule terminative della sentenza di non luogo a procedere. Si dubitava, invece, della possibilità di applicare l'art. 27 in dibattimento, giacché il medesimo comma prevede che ciò sia possibile nel giudizio direttissimo e in quello immediato: la precisazione, riferibile al dibattimento innescato nei riti speciali su impulso del pubblico ministero, sembrava lasciar desumere *a contrario* che nel giudizio dibattimentale del rito ordinario l'irrilevanza non potesse trovare applicazione. La *ratio* dell'istituto pareva confliggere con una sua applicazione in fase avanzata del rito, si sosteneva, mentre soltanto nei casi in cui si accedesse al dibattimento omettendo l'udienza preliminare su richiesta dell'accusa, il minorenne imputato poteva vedersi concedere la *chance* dell'irrilevanza, che altrimenti avrebbe perso solo in forza dell'iniziativa dell'avversario. Il consolidarsi della giurisprudenza di legittimità su questo orientamento ha condotto, comunque, a una presa di posizione in senso opposto della Corte costituzionale, che ha dichiarato illegittimo *in parte qua* l'art. 27 comma 4 per contrasto con gli artt. 3 e 31 comma 2 Cost. Secondo i giudici di Palazzo della Consulta, infatti, l'istituto dell'irrilevanza del fatto svolge una funzione di favore per il minorenne che rende priva di ragionevole giustificazione una disciplina che ne limiti l'operatività alle fasi iniziali del procedimento. Se, infatti, i presupposti per la pronuncia emergano solo in dibattimento oppure comunque il minore non abbia potuto beneficiare del proscioglimento in udienza preliminare, non si vede perché questo sbocco – a lui favorevole – dovrebbe essergli negato (Corte cost. n. 149 del 2003). Del resto, il limite non avrebbe avuto senso, giacché avrebbe comportato l'assegnazione al giudice della fase preliminare (caratterizzato anche da una composizione ridotta) di un potere più ampio di quello dell'organo decidente in dibattimento, senza verosimile giustificazione; né la natura del dibattimento innescato nei riti speciali su richiesta del pubblico ministero è diversa rispetto a quella di un giudizio dibattimentale ordinario, al punto da giustificare la discrepanza. Oggi, dunque, l'irrilevanza del fatto è pacificamente passibile di applicazione anche in dibattimento (v. cap. V, parte II, § 4).

La stessa conclusione può trarsi per i riti speciali. Nel giudizio abbreviato, l'applicazione delle formule decisorie *ex* artt. 529 ss. c.p.p. implica che il giudice dell'abbreviato minorile abbia a sua disposizione l'intero ventaglio decisorio contemplato dal sistema per il giudice dibattimentale, quindi anche la declaratoria di irrilevanza. Nei giudizi immediato e direttissimo, è lo stesso art. 27 comma 4 ad ammettere che l'irrilevanza possa dichiararsi, anche d'ufficio. Quanto alle fasi successive al dibattimento (v. cap. V, parte II, § 7 e 8), si deve ritenere che l'irrilevanza possa essere dichiarata in appello, nei limiti di cui all'art. 597 c.p.p., ma non in cassazione, considerando la sua natura di giudizio di merito. Va rammentato, in proposito, che trattandosi di una causa di non punibilità, la relativa formula non trova posto tra quelle per cui l'art. 129 comma 1 c.p.p. ammette l'immediata decisione del giudice procedente, anche d'ufficio, in ogni stato e grado del processo.

In ogni caso, la sede fisiologica in cui l'irrilevanza dovrebbe trovare posto è quella precoce, ovvero quella delle indagini preliminari. Trattandosi di istituto vocato alla chiusura in tempi rapidi di un rito centrato su un fatto che non meriterebbe alcuna trattazione processuale, esso dovrebbe operare nella prospettiva dell'espulsione più rapida possibile del minorenne dal circuito giudiziario, dunque già in corso di indagine. A tal fine, l'art. 27 contempla un vero e proprio rito speciale, che si attiva su richiesta del pubblico ministero e si svolge in contraddittorio al cospetto del giudice per le indagini preliminari.

L'iniziativa è assunta dal pubblico ministero, con la richiesta di sentenza di non luogo a procedere per irrilevanza del fatto. Si tratta di una forma speciale di esercizio dell'azione penale, che comporta la formulazione dell'imputazione e traghetta il rito alla fase processuale, chiudendo le indagini. Ne deriva che non debbano esservi i presupposti di una richiesta di archiviazione, nel momento in cui viene formulata, avendo il pubblico ministero escluso il ricorrere dei casi di cui agli artt. 408 e 411 c.p.p. (in questo caso, con l'eccezione della particolare tenuità del fatto prevista per gli indagati adulti). Non è quindi necessario che l'istanza si collochi in una fase avanzata delle investigazioni, purché queste possano essere chiuse con un'iniziativa che presuppone l'esistenza di sufficienti elementi per sostenere l'accusa in giudizio, dovendosi altrimenti chiedere l'archiviazione. Benché la richiesta di sentenza di non luogo a procedere per irrilevanza del fatto costituisca una forma di esercizio dell'azione penale, la legge non prevede che ad essa debba corrispondere il preventivo adempimento di cui all'art. 415-*bis* c.p.p., sicché in tale evenienza l'avviso di conclusione delle indagini non deve essere mandato al minorenne imputato. Si tratta di conclusione inevitabile, allo stato della normativa, e coerente con le esigenze di speditezza tipiche dell'istituto in esame, ma che sottrae al minore imputato un'importante *chance* difensiva, non consentendogli di evitare l'esercizio dell'azione penale, che comunque la richiesta comporta.

La richiesta è presentata al giudice per le indagini preliminari, funzionalmente competente a gestire il contraddittorio che ne segue e ad adottare la decisione. Testualmente, al giudice per le indagini preliminari faceva riferimento il testo originario dell'art. 26 disp. att. min., abrogato a suo tempo per eccesso di delega e poi non reintrodotto. Comunque, la celebrazione di un procedimento incidentale in corso di indagine comporta pacificamente che, in assenza di dati normativi di segno contrario, sia l'organo giurisdizionale della fase, avente funzioni di organo di garanzia ed in posizione di terzietà, a farsi carico della decisione. Si tratta di certo di una soluzione singolare, a fronte del fatto che è organo togato senza alcuna componente laica e la decisione può comportare invece profili di vaglio personologico, ma la celerità del rito e la rapidità di decisione così assicurate sono coerenti con la *ratio* dell'istituto e compensano il deficit di specializzazione.

Una volta che la richiesta di irrilevanza sia stata depositata, il giudice deve fissare un'udienza «in camera di consiglio» (art. 27 comma 2), cui si applicano, per quanto non previsto dalla norma in esame, le clausole generali dei procedimenti camerali ai sensi dell'art. 127 c.p.p. Ne deriva che deve essere dato avviso dell'udienza almeno dieci giorni prima alle parti, alla difesa e agli altri soggetti interessati, nella fattispecie quelli che la norma prevede che siano sentiti. L'avviso, dunque, va inviato tempestivamente al pubblico ministero, all'imputato, al suo difensore, all'esercente la responsabilità genitoriale e alla persona offesa dal reato. L'omissione o tardività dell'avviso comporta una nullità (art. 127 comma 5 c.p.p.), relativa per quanto riguarda l'offeso, e a regime intermedio per quanto concerne il minorenne, il suo difensore e il pubblico ministero, essendo riconducibile alle ipotesi di cui all'art. 178 lett. *b* e *c* c.p.p. Lo stesso è a dirsi quanto all'esercente la responsabilità genitoriale, visto che l'omessa notifica del provvedimento di fissazione di udienza comporta nullità *ex* art. 7, anch'essa riferibile a un *vulnus* del diritto di difesa dell'imputato, presidiato dall'art. 178 lett. *c* c.p.p. (v. cap. III, parte II, § 5). Va detto, peraltro, che vi è chi assimila l'omesso avviso di udienza, per quanto riguarda l'imputato, ad un caso di omessa citazione per il giudizio, che comporterebbe quindi una nullità a regime assoluto: una prospettiva esegetica plausibile, visto che l'irrilevanza postula comunque la delibazione del merito per l'accertamento della colpevolezza. I soggetti e le parti convocati, regolarmente avvisati, non hanno per questo l'obbligo di comparire. Tuttavia, una volta comparsi, alcuni di essi debbono obbligatoriamente essere sentiti dal giudice: l'art. 27 comma 2 impone infatti l'audizione del minorenne, dell'esercente la responsabilità genitoriale e della persona offesa, di nuovo, si dovrebbe ritenere, a pena di nullità (arg. *ex* art. 127 commi 3 e 5, 178 lett. *c* c.p.p. e 7), relativa per la vittima e a regime intermedio negli altri casi.

Il giudice decide sulla richiesta utilizzando gli elementi messi a sua disposizione dal pubblico ministero e quelli raccolti in udienza tramite le audizioni. Va precisato, in proposito, che, benché la legge taccia sul punto, il pubblico ministero deve aver depositato il fascicolo di indagine insieme alla richiesta di irrilevanza. L'art. 27 comma 2 ultimo periodo, infatti, precisa che, in caso di non accoglimento dell'istanza, il giudice dispone «la restituzione degli atti al pubblico ministero», presupponendo quindi che gli siano stati consegnati in precedenza. Del resto, non sarebbe altrimenti possibile per il giudice valutare né la responsabilità del minorenne, né i presupposti dell'irrilevanza del fatto, né i contorni dell'esame personologico e sociologico contenuto nella relazione *ex* art. 9. Il giudice potrà anche utilizzare per la decisione le dichiarazioni assunte in udienza dalla vittima, dall'esercente la responsabilità genitoriale e dallo stesso minorenne, che può essere sentito – si deve ritenere – non informalmente (venendo meno in tal caso garanzie fondamentali che nel rito minorile non vanno disattese), ma attraverso dichiarazioni spontanee ovvero, se gli vengono rivolte domande, nelle forme dell'interrogatorio.

A seguito del contraddittorio camerale, il giudice può respingere la richiesta con ordinanza (art. 27 comma 2) ovvero accoglierla e pronunciare sentenza di non luogo a procedere per irrilevanza del fatto. In caso di rigetto, il pubblico ministero, essendo l'azione penale irretrattabile, non potrà chiedere l'archiviazione, ma dovrà comunque esercitare l'azione penale in altra forma, verosimilmente, nella maggior parte dei casi, con la richiesta di rinvio a giudizio. Si deve altresì ritenere che il giudice possa applicare l'art. 129 c.p.p., trattandosi di norma che opera in ogni stato e grado della fase processuale (innescata nel caso di specie dalla richiesta del pubblico ministero), potendo prosciogliere immediatamente l'imputato ove ne sussistano i presupposti e dunque, in particolare, quando il proscioglimento possa essere pronunciato con una formula più favorevole, anche garantendo così appieno l'economia processuale.

Avverso la sentenza che dichiara l'irrilevanza del fatto l'art. 27 comma 3 prevede che possa proporsi appello, indicando come legittimati il minorenne e il procuratore generale presso la corte d'appello. Vanno aggiunti il difensore del minore e l'esercente la responsabilità genitoriale *ex* art. 34. La clausola appariva singolare, dal momento che con la l. 20 febbraio 2006, n. 46 le ipotesi di appello contro le sentenze di non luogo a procedere erano state eliminate dal sistema, a favore della sola impugnativa con ricorso per cassazione (art. 428 c.p.p.). Il problema è ora superato dalla reintroduzione dell'appello avverso la sentenza di non luogo a procedere dovuto alla l. 23 giugno 2017, n. 103, che ha rivisitato sul punto l'art. 428 c.p.p. (v. cap. V, parte I, § 7 e parte II, § 5), sicché la disposizione minorile è di nuovo omogenea rispetto alle scelte di fondo del sistema. Ciò non toglie che l'appello contro la sentenza di irrilevanza sia strumento assai limitato, visto che la corte d'appello decide (in camera di consiglio *ex* art. 127 c.p.p.) avendo a propria disposizione un'alternativa secca: confermare la sentenza ovvero disporre la restituzione degli atti al pubblico ministero. Non sembra ci siano altre possibilità, sicché la giurisprudenza di legittimità ha ad esempio negato che possa concedere il perdono giudiziale o semplicemente disporre il rinvio a giudizio. Si deve ritenere comunque che anche al giudice d'appello si apra la possibilità di prosciogliere immediatamente il minore con formula più favorevole, applicando l'art. 129 c.p.p.

## 7. La sospensione del processo con messa alla prova.

La sospensione del processo con messa alla prova è una forma di *diversion* speciale, tipica sino a tempi recenti del solo rito penale minorile e per tale sede disciplinata dagli artt. 28 e 29 e 27 disp. att. min. Essa offre una modalità di gestione della reazione istituzionale all'illecito penale alternativa a quella tradizionale, basata sulla sequenza reato-processo-pena, per innescare precocemente, già durante il rito penale, un programma di risocializzazione a beneficio del minorenne imputato, in modo che, al termine di questo percorso, si possa chiudere anticipatamente il processo e rinunziare alla pena. L'istituto, di norma definito "*probation* processuale", si fonda su uno schema operativo sostanzialmente semplice: ove il giudice reputi che il minore possa seguire con profitto un percorso rieducativo attivabile immediatamente, il processo viene sospeso e il minorenne viene affidato ai servizi sociali per lo svolgimento di un programma predisposto e concordato; alla scadenza stabilita, si verifica se l'*iter* risocializzante abbia avuto successo o meno e, nel primo caso, il processo si chiude con una declaratoria di estinzione del reato, riprendendo il suo corso ordinario nel caso opposto. Si tratta, dunque, di un'ipotesi di "*diversion* condizionata" o "con prescrizioni", che comporta il dirottamento della vicenda penale dal binario giudiziario a quello amministrativo, dalle logiche del sistema punitivo a quelle dell'assistenza sociale, per favorire l'immediata attivazione di misure di sostegno, responsabilizzazione e risocializzazione a favore del minorenne imputato.

I principi ispiratori della disciplina sono innanzitutto i principi di minima offensività e destigmatizzazione, che giustificano una soluzione che riduce i tempi e le modalità di impatto del processo (prima ancora che della pena) sul contesto esistenziale del minorenne, aprendo una corsia preferenziale all'intervento precoce dei servizi sociali. Sotto questo profilo, anzi, il fondamento costituzionale dell'istituto viene solitamente rintracciato nell'art. 31 comma 2 Cost. e talora nello stesso art. 27 comma 3 Cost., evidenziando una finalità rieducativa nitidamente riconducibile agli scopi di protezione e promozione dei minorenni di cui la Repubblica deve farsi carico. Inoltre, le sue radici affondano nelle clausole delle Regole di Pechino, che ispirarono all'epoca le scelte del legislatore delegato a ridisegnare il rito a carico di minorenni. I § 11, 17.4 e 18.1 di tali Regole, infatti, indicano le strategie di *diversion* e di *probation* come strumenti elettivi della giustizia penale a carico di minorenni.

L'unico precedente del sistema assimilabile al *probation* è l'affidamento in prova al servizio sociale, regolato dall'art. 47 ord. penit. come misura alternativa alla detenzione. Esso comporta, appunto, la sospensione dell'esecuzione carceraria della pena per lo svolgimento in stato di libertà di un programma rieducativo sotto la supervisione dei servizi sociali, al termine del quale, in caso di valutazione positiva, si estinguono la pena e tutti gli effetti penali del reato. La messa alla prova minorile, però, si differenzia da questo modello perché non si colloca in fase esecutiva, ma fa retrocedere l'attuazione del programma di recupero alla sede processuale, implicando la sospensione dello stesso *iter* giudiziario di accertamento della responsabilità e, se del caso, la sua chiusura anticipata. L'introduzione della messa alla prova nel sistema penale minorile si configurava perciò, all'epoca, come una scelta a fortissima carica innovativa, addirittura di tipo dichiaratamente sperimentale, poiché il legislatore mirava a verificare la praticabilità e l'utilità nel sistema di opzioni alternative che, da tempo impiegate in altri ordinamenti, in quello nazionale non avevano mai avuto spazio. Una prima sperimentazione in un settore circoscritto e ad intensa vocazione risocializzante, infatti, poteva consentire di valutare l'opportunità di una successiva espansione al sistema ordinario. Questa, in effetti, è avvenuta con la l. 28 aprile 2014, n. 67, che ha introdotto nel codice di rito penale il titolo V-*bis* del libro VI, dedicato alla «Sospensione del procedimento con messa alla prova», nuovo rito alternativo del procedimento penale a carico di adulti dalla fisionomia mutuata, benché non in termini identici, dal suo antesignano minorile. Le differenze tra le due discipline sono numerose e significative e sono state più volte sottolineate anche dalla Corte costituzionale. Secondo quest'ultima, la messa alla prova per adulti avrebbe addirittura prevalenti funzioni sanzionatorie, delle quali la messa alla prova minorile sarebbe invece del tutto priva, mirando soltanto a stimolare nel giovane imputato un itinerario di «revisione critica del proprio passato e un correlativo processo di cambiamento» (Corte cost., 29 marzo 2019, n. 68; nonché Corte cost., 6 luglio 2020, n. 139). Tali sono le diversità tra i due istituti, comunque, che, in forza del principio di sussidiarietà di cui all'art. 1 comma 1, si deve ritenere che la disciplina minorile non possa essere integrata o modificata con le clausole previste per il suo omologo nel rito per adulti, giacché il modello minorile prevede già l'istituto, puntualmente costruito sui bisogni e le peculiarità della figura speciale di imputato cui è applicabile.

Lo stesso è a dirsi quanto all'istituto affine, benché non identico, di cui all'art. 35 del rito penale di pace (d.lgs. n. 274 del 2000), nel quale è disciplinata l'«estinzione del reato conseguente a condotte riparatorie». L'istituto prevede che il giudice dichiari l'estinzione del reato quando l'imputato dimostri di aver proceduto, prima dell'udienza di comparizione, alla riparazione del danno da reato, mediante restituzione o risarcimento, nonché all'eliminazione delle conseguenze dannose o pericolose dell'illecito, qualora si reputi che le attività tenute siano idonee a soddisfare le esigenze di riprovazione del reato e quelle di prevenzione. La norma prevede altresì (in questo risultando simile alla messa alla prova minorile) che, quando l'imputato dimostri di non aver potuto provvedere in tal senso prima dell'udienza di comparizione, il giudice possa sospendere il processo per non più di tre mesi, se del caso imponendo specifiche prescrizioni ed affidando la supervisione dell'adempimento a un ufficiale di polizia o a un operatore dei servizi sociali (art. 35 commi 3 e 4 d.lgs. n. 274 del 2000). Considerando che questo istituto opera in procedimenti affidati a giudici diversi da quello di pace solo in quanto applicabile (art. 63 comma 1 d.lgs. n. 274 del 2000), ci si deve domandare se possa trovare spazio in quello minorile. Taluno in dottrina pensa di sì, giacché si offrirebbe al tribunale per i minorenni uno sbocco alternativo in più a favore del minore imputato. In contrario, tuttavia, militano alcune peculiarità della disciplina richiamata, a partire dal fatto che è incentrata sulla riparazione e sul risarcimento materiali del danno da reato, dai quali il sistema minorile rifugge, visto che le relative pretese sono del tutto bandite dal processo. Inoltre, la sospensione è una mera eventualità e non corrisponde necessariamente a un vero sforzo progettuale e rieducativo, tanto che la relativa supervisione potrebbe affidarsi a un ufficiale di polizia, di certo non qualificato – neppure ove specializzato – a svolgere funzioni che non siano di mero controllo. In altri termini, l'istituto appare in forte distonia con i canoni fondanti del sistema minorile, mentre, ove se ne volessero valorizzare gli aspetti più consoni ad esso (ad esempio, caricando di valenze rieducative le prescrizioni imposte dal giudice e facendone seguire l'esecuzione dai soli servizi sociali), sarebbe di fatto una messa alla prova, sicché, in virtù del principio di sussidiarietà, l'istituto minorile dovrebbe semplicemente prevalere.

Sembra si debba giungere alle stesse conclusioni con riferimento all'istituto di nuovo conio *ex* art. 162-*ter* c.p., introdotto dalla l. n. 103 del 2017 e dedicato alla «estinzione del reato per condotte riparatorie». Si tratta di una causa di estinzione del reato, applicabile a tutti i reati procedibili a querela soggetta a remissione, che viene concessa quando l'imputato ha riparato interamente il danno da reato (mediante restituzioni o risarcimento) e ha eliminato, ove possibile, le conseguenze dannose o pericolose prodotte dall'illecito. Anche in questo caso, l'imputato può chiedere una sospensione del processo, qualora dimostri di non aver potuto effettuare il risarcimento entro la dichiarazione di apertura del dibattimento, per fatto a lui non addebitabile e, in tale evenienza, il giudice che conceda la sospensione può anche imporre specifiche prescrizioni riservandosi di decidere sull'estinzione del reato verificando l'esito positivo delle prestazioni alla scadenza fissata, comunque non superiore a sei mesi. L'istituto è affine – soprattutto nell'evenienza della sospensione – alle altre ipotesi di *probation* processuale del sistema, ma solo per alcuni tratti minimali, essendo essenzialmente basato sul ristoro monetario del danno da reato e non su contenuti prescrittivi articolati e a valenza risocializzante. Questo induce ad escludere che esso possa trovare applicazione nel rito minorile, nel quale le logiche della messa alla prova sono costruite in funzione rieducativa. La disciplina minorile della messa alla prova, anche in questo caso, non può coesistere con l'istituto appena varato dal legislatore (peraltro con scopi eminentemente deflativi) e va considerata prevalente in base al canone di sussidiarietà.

La messa alla prova offre molteplici vantaggi, ma presenta altresì profili di complessità che rischiano di renderla disarmonica con più di un principio cardine del sistema.

L'attivazione tempestiva di un percorso risocializzante a beneficio del minorenne ha non solo un effetto deflativo sulle risorse del sistema giudiziario (anche se di fatto può allungare i tempi del processo), giacché il reale investimento di mezzi e personale viene "scaricato" sul sistema del supporto sociale, ma è anche più efficace, visto che tali interventi hanno tante più probabilità di successo quanto prima vengono posti in essere. Tuttavia, il fatto di innescare un percorso rieducativo prima di aver accertato con sentenza definitiva la responsabilità penale dell'imputato mette l'istituto in tensione con la presunzione di non colpevolezza *ex* art. 27 comma 2 Cost., giacché comporta il trattare l'imputato come se fosse colpevole prima ancora di averlo verificato in modo conclusivo. Vi è in dottrina chi ritiene che l'istituto sia perciò radicalmente inconciliabile con la Carta costituzionale. Vi è, per contro, chi crede risolvibile il problema tenendo conto del fatto che la messa alla prova è espressione del principio di cui all'art. 31 comma 2 Cost. e che gli scopi di protezione e risocializzazione del minore assumano, in virtù di questo, valore preminente anche rispetto alla presunzione di non colpevolezza. Appare peraltro praticabile una diversa ricostruzione, fondata sull'idea che la presunzione di non colpevolezza sia un principio parzialmente disponibile. In quest'ottica, si può riconoscere all'imputato la possibilità di derogarvi, manifestando allo scopo la propria volontà; la presunzione di innocenza non ne sarebbe vulnerata, ma solo affievolita. Allo scopo di ottenere l'estinzione del reato, infatti, il minorenne imputato si sottopone volontariamente al programma di prova e così accetta – non di essere rieducato senza alcun accertamento di colpevolezza, ma – che la sua responsabilità sia verificata solo provvisoriamente (non in via definitiva), allo stato degli atti (anche non formati ancora in contraddittorio) e sulla base di una regola di giudizio di minor caratura (senza accertamento della colpevolezza oltre ogni ragionevole dubbio). In altri termini, è il volontario e consapevole assoggettamento dell'imputato alla misura, mirato ad ottenere il beneficio dell'estinzione del reato dimostrando di meritarla, a poter affievolire, senza escluderlo del tutto, il canone di cui all'art. 27 comma 2 Cost. Va detto, poi, che la Corte costituzionale ha ritenuto conforme a Costituzione l'istituto della messa alla prova per adulti, che – a differenza di quello minorile – era stato censurato subito dopo la sua entrata in vigore per il contrasto con la presunzione di non colpevolezza. La Corte ha sottolineato che nel *probation* non si irroga una sanzione, ma un trattamento risocializzante, applicazione e svolgimento del quale si basano sulla volontà dell'imputato che così esercita una facoltà attinente al suo diritto di difesa (chiedendo una decisione favorevole in cambio del suo impegno nel programma rieducativo); inoltre, ha ricordato che nella messa alla prova comunque si ha una considerazione della responsabilità penale, che non viene del tutto pretermessa. In ragione di questi profili, ha ritenuto che l'istituto non cozzi con l'art. 27 comma 2 Cost. (Corte cost., 27 aprile 2018, n. 91). Si tratta di argomenti che possono essere spesi anche a sostegno dell'istituto minorile, nel quale peraltro, se il fondamento negoziale è ambiguo, la funzione rieducativa (e non sanzionatoria) è invece particolarmente vistosa.

La messa alla prova è una misura a forte caratura rieducativa e, quindi, risponde al principio di individualizzazione. Essa è tanto più efficace, anzi, quanto più è ritagliata sui bisogni, sulle caratteristiche, sulle risorse personali e ambientali del minore che ne è destinatario. La stessa esigenza di farvi ricorso va considerata in ragione delle peculiari condizioni del minorenne imputato e dell'opportunità, nel caso di specie, di affrontare l'episodio deviante con questo tipo di risposta. Ne consegue che essa si connota come misura flessibile, fondata su ampi margini di discrezionalità lasciati al giudicante sia quanto all'ammissione della prova, sia quanto ai suoi contenuti ed esiti. Tuttavia, tale assetto rischia di creare tensione con il principio di uguaglianza *ex* art. 3 Cost. e con quello di legalità sul quale si basa il sistema penale: solo un'adeguata definizione normativa dei presupposti di ammissione della prova e dei criteri per valutarne gli esiti può sottrarre l'istituto al conflitto con la Carta fondamentale. Comunque, anche se tali criteri sono e restano pericolosamente indefiniti, sino ad ora l'istituto non ha subito censure su questo piano.

La natura giuridica della sospensione del processo con messa alla prova è oggetto da tempo di serrato dibattito, risultando ora considerata misura di carattere sostanziale, ora invece di carattere prevalentemente processuale. È plausibile, però, che ad essa vada riconosciuta una natura composita (Corte cost. n. 91 del 2018, che però considera prevalente il profilo sostanziale), visto che di fatto si colloca su entrambi i piani. Integrando il suo esito positivo una causa di estinzione del reato, assume natura sostanziale, ma se si guarda al fatto che si struttura come rito speciale, viene ad avere natura processuale. In altri termini è istituto di diritto sostanziale, se si considerano gli effetti sul reato e sulla pena, ma processuale quanto alla speciale dinamica che a tale risultato conduce.

## 8. (*Segue*): i presupposti.

I presupposti che presiedono all'applicazione della sospensione del processo con messa alla prova possono suddividersi innanzitutto in espliciti e impliciti, in ragione del fatto che siano espressamente previsti dalla legge o vadano invece desunti per via esegetica dalla trama normativa. Possono altresì distinguersi in oggettivi e soggettivi, a seconda che si riferiscano al fatto o al processo ovvero all'imputato minorenne e alle sue caratteristiche.

L'unico criterio normativamente espresso per la concessione del *probation* è quello previsto dall'art. 28 comma 1, secondo cui il giudice può disporre la sospensione del processo «quando ritiene di dover valutare la personalità del minorenne all'esito della prova disposta a norma del comma 2». Si tratta palesemente di un parametro vago, che lascia al giudicante ampi margini di discrezionalità, risolvendosi – a parere di alcuni – nella mera ammissibilità della prova ogni qual volta il giudice reputi opportuno farvi ricorso. A voler intendere la formula con maggior precisione, si può pensare che, in pratica, essa imponga un giudizio prognostico positivo, sicché il giudice possa disporre la prova quando vi sia la probabilità che il minore imputato la svolga con successo, ossia quando creda che questi, impegnandosi in un progetto idoneo, possa maturare ed evolversi verso un modello di vita rispettoso delle regole e dei diritti altrui. Di fatto, la Corte di cassazione identifica gli indicatori che il giudice deve tenere presenti per tale valutazione nel tipo di reato commesso, nelle modalità esecutive, nei motivi a delinquere, nei precedenti penali, nonché nella personalità e nel carattere dell'imputato. Ne risulta che la prova non verrà ammessa solo nei rari casi in cui la vita del minore, la sua personalità e il contesto (anche familiare) di appartenenza mostrino i segni di una scelta deviante oramai radicata e l'avvenuto consolidamento della personalità su valori negativi.

Oltre a quello enunciato dalla legge, vi sono altri possibili presupposti soggettivi identificabili nel sistema, benché implicitamente. La minore età non figura tra i presupposti per la concessione della messa alla prova, sicché può esservi assoggettato, in assenza di preclusioni espresse, anche chi abbia commesso il reato da minorenne e abbia raggiunto la maggiore età nelle more del giudizio. Solo in concreto, se coincidente con il consolidarsi della personalità che renda poco plausibile il successo di un percorso di risocializzazione, il fatto che l'imputato sia divenuto un giovane adulto può indurre a rifiutare il *probation*. Per contro, l'elevata pericolosità del minore e l'avvenuta opzione di questi per un sistema di vita improntato alla devianza dovrebbero considerarsi ragionevolmente di ostacolo alla concessione della misura del *probation*, peraltro da praticarsi in stato di libertà, visto che difficilmente la messa alla prova può coesistere con una misura cautelare in corso (non foss'altro perché logicamente incompatibile con i *pericula libertatis*). Entro questi limiti, possono assumere rilievo anche i precedenti penali del minore, che di per sé non precludono la prova, fintantoché non siano indicativi di un'alta probabilità di recidiva.

Si deve ritenere che la prova postuli inoltre accertata la capacità di intendere e di volere del minore al momento del fatto, giacché altrimenti egli avrebbe diritto al relativo proscioglimento, trattandosi di esito più favorevole rispetto alla prova. In verità, si pensa che la prova esiga anche un'adeguata maturità al momento in cui la misura viene concessa, giacché solo un soggetto consapevole degli impegni di cui si fa carico e pronto ad assumersene la responsabilità, conscio delle conseguenze, può ritenersi idoneo ad affrontare costruttivamente il relativo percorso.

Anzi, ci si deve domandare se la messa alla prova presupponga la prestazione del consenso del minore imputato o se possa prescinderne, potendo essergli imposta per decisione del giudicante. È orientata in questo secondo senso, per la verità, un'ormai risalente decisione della Corte costituzionale (Corte cost., 14 aprile 1995, n. 125), in cui si affermava incidentalmente che la volontà del minore non è presupposto indefettibile della messa alla prova, essendo consentito al giudice imporgliela. A questa impostazione, però, si possono muovere molte obiezioni. Innanzitutto, è in senso contrario il dato testuale, giacché l'art. 27 comma 2 lett. *b* disp. att. min., descrivendo i contenuti del progetto di prova, vi colloca gli impegni specifici «che il minorenne assume», presupponendo dunque che alla base del progetto vi sia una precisa e consapevole manifestazione di volontà. Inoltre, considerare il consenso dell'imputato un presupposto della prova vale ad armonizzare l'istituto con il dettato costituzionale, perché l'esito del *probation* presuppone la colpevolezza, pur trattandosi formalmente di un proscioglimento. L'imputato, dunque, deve potervi consentire preventivamente, sia perché avrebbe il diritto di ottenere un proscioglimento con formula più favorevole (art. 24 comma 2 Cost.); sia perché è presunto non colpevole e, se considerato tale precocemente e sulla base di un accertamento non pieno, può esserlo solo per averlo accettato al fine di ottenere un adeguato beneficio (art. 27 comma 2 Cost.); infine perché, ove la messa alla prova sia disposta in udienza preliminare, l'esito finale postula una decisione che attesta la colpevolezza sulla base di atti di regola non formati in contraddittorio e il cui uso per la decisione, dunque, richiede almeno il consenso dell'imputato (art. 111 comma 5 Cost.). Inoltre, va detto che il consenso del minore alla prova è ritenuto condivisibilmente dai più una condizione pratica indispensabile per la riuscita del programma: nessuna strategia risocializzante ha molte speranze di successo a fronte di un minore che non intenda esserne partecipe, limitandosi a subirla. Il consenso del minorenne imputato, dunque, dovrebbe ritenersi un presupposto necessario della messa alla prova e, anzi, dovrebbe essere esplicito, inequivoco e consapevole. Dovrebbe, altresì, mantenersi costante nel tempo e concernere non genericamente la messa alla prova, ma i suoi contenuti specifici, come richiesto dalle disposizioni attuative.

Dal punto di vista oggettivo, la legge sembra non porre alcuna condizione per la concessione della messa alla prova. Non risultano limiti concernenti la tipologia di reato per cui si procede, sicché in teoria la prova può essere disposta anche per reati gravissimi, come confermato testualmente dalla clausola che ammette una durata della prova di massimo tre anni per reati punibili in astratto con la pena dell'ergastolo (benché di fatto non applicabile ai minori) (art. 28 comma 1).

Si considera comunque ineludibile, sia in dottrina che in giurisprudenza, che prima della sospensione del processo con messa alla prova si faccia luogo all'accertamento della responsabilità penale dell'imputato per il reato ascrittogli. Si tratta di un'esigenza logica, innanzitutto, dal momento che sarebbe ingiustificato sottoporre ad un percorso di risocializzazione chi, non avendo commesso il reato, non ne abbia alcun bisogno. Inoltre, la stessa presunzione di non colpevolezza *ex* art. 27 comma 2 Cost. non potrebbe tollerare una totale elusione, ossia una misura applicata sul postulato logico della colpevolezza, ma sulla sola base della volontà del minore imputato: varrebbe quanto dire che questi può disporre totalmente del principio costituzionale richiamato. Può, invece, solo disporne parzialmente, ossia attenuarlo, consentendo che l'accertamento sia provvisorio e allo stato degli atti, nonché fondato su una regola di giudizio non rigorosa come quella dibattimentale e che quindi non impone di verificare la colpevolezza oltre ogni ragionevole dubbio. Ma oltre non sarebbe consentito andare, sicché una verifica di responsabilità, sia pure di segno minore, va considerata condizione indispensabile perché il *probation* sia disposto.

Ne deriva che si applica in tali ipotesi l'art. 129 c.p.p., ossia che la colpevolezza va verificata sulla base degli atti disponibili, almeno nella misura in cui non risulti, allo stato dei medesimi e senza ulteriori approfondimenti, la sussistenza di una causa di proscioglimento immediatamente dichiarabile. In tal caso, infatti, il giudice dovrebbe pronunciare, a seconda della sede processuale, sentenza di non luogo a procedere o di proscioglimento. Anzi, a rigore si dovrebbe ritenere che, per il principio del *favor rei*, l'imputato dovrebbe aver diritto ad ottenere un esito più favorevole, quando ve ne siano le condizioni, in ossequio alla gerarchia delle formule. Di conseguenza, non solo dovrebbe essere prosciolto nel merito, se ve ne sia ragione anche prima del completamento dell'attività probatoria, ma dovrebbe altresì essere prosciolto per altri motivi che risultino di minore impatto e siano immediatamente dichiarabili, rispetto all'estinzione del reato da dichiarare all'esito della prova, dopo la sospensione. È così, ad esempio, quando il fatto risulti irrilevante, potendo darsi applicazione all'art. 27, ovvero quando si possa concedere il perdono giudiziale, che postulano entrambi la responsabilità, ma chiudono il processo immediatamente e sono quindi più favorevoli nell'ottica del principio di minima offensività.

Resta da domandarsi se costituisca un presupposto del *probation* processuale la confessione. Il problema si pone perché, di fatto, la giurisprudenza, pur ammettendo che la legge non richiede la confessione come condizione per l'ammissione alla prova, la considera un elemento sintomatico da cui desumere il ravvedimento, a sua volta ritenuto necessario per formulare un giudizio prognostico positivo sull'evoluzione della personalità del minore: solo la sua disponibilità alla rivisitazione critica del proprio passato potrebbe giustificare una prognosi di successo della prova e costituire quindi una ragione per concederla. In realtà, l'ammissione degli addebiti (anche sotto forma di non contestazione) non è indicata dalla legge come presupposto per la prova, né è desumibile dal sistema per via esegetica. Anzi, ammetterla come condizione inespressa di ammissibilità si traduce in una lettura contraria al dettato costituzionale, dal momento che si pone in contrasto sia con il diritto al silenzio (ricaduta del diritto di difesa *ex* art. 24 Cost.), sia con la presunzione di non colpevolezza, che pone l'onere della prova a carico in capo al pubblico ministero. In questo caso, al contrario, considerare la confessione come presupposto per ottenere il *probation* processuale metterebbe il minore imputato nella condizione di dover collaborare a proprio svantaggio per poter accedere ad un beneficio, così ledendo entrambi i canoni fondamentali appena richiamati.

## 9. (*Segue*): la decisione sulla messa alla prova.

L'applicazione della messa alla prova può avvenire soltanto in fase processuale, a partire dall'udienza preliminare. In tal senso depone innanzitutto il dato testuale, giacché l'art. 28 fa riferimento alla sospensione del «processo» e all'«imputato» messo alla prova, evocando in tal modo la fase successiva all'esercizio dell'azione penale. Inoltre, in caso di esito negativo della prova, l'art. 29 prevede che il processo riprenda il suo corso e il giudice provveda ai sensi degli artt. 32 e 33, norme che regolano l'udienza preliminare e il dibattimento. Infine, l'art. 27 disp. att. min. affida i poteri di controllo e supervisione dell'andamento della prova al «presidente del collegio», presupponendo che l'organo che governa la fase in cui la prova è disposta sia necessariamente collegiale e non monocratico. Se ne desume che la sospensione del processo con messa alla prova possa essere disposta solo a partire dall'udienza preliminare, con esclusione della fase di indagine. Anzi, l'udienza preliminare viene di norma considerata (anche nella prassi) la sede elettiva per l'attivazione del *probation*, dal momento che è il segmento processuale a vocazione più marcatamente deflativa e che il principio di minima offensività impone di innescare i percorsi di *diversion* dal primo momento utile, senza proseguire inutilmente l'*iter* processuale. Su questo punto, l'istituto minorile è assai diverso dal suo omologo per adulti, giacché la messa alla prova contemplata dal codice di rito può innestarsi anche in corso di indagine. La Corte costituzionale ha di recente confermato, però, la piena ragionevolezza di questo impianto, respingendo le censure mosse alla disciplina dell'art. 28 proprio per l'asserita disparità di trattamento irragionevole dei minorenni, che, a differenza degli adulti, non possono accedere alla messa in prova durante le indagini. Secondo i giudici delle leggi, infatti, si tratta di una differenza giustificata dalle peculiarità del sistema minorile. Qui la messa alla prova si configura come istituto prevalentemente rieducativo, fondato quindi su un vaglio della personalità dell'imputato che solo la componente non togata del giudice collegiale in udienza preliminare può assicurare. La Corte aggiunge che la messa alla prova postula per i minorenni una delibazione abbastanza approfondita dei fatti e che questa non può che richiedere la collocazione del possibile accesso alla misura in uno stadio sufficientemente avanzato del rito, dunque ragionevolmente non prima dell'udienza preliminare (Corte cost. n. 139 del 2020).

In ogni caso, anche le fasi successive del processo consentano al giudice procedente di sospendere il percorso e mettere in prova il minorenne. La messa alla prova è pacificamente ammissibile in dibattimento, sia ordinario che attivato a seguito di giudizio immediato o direttissimo, come evidenziato dal già richiamato riferimento dell'art. 29 all'art. 33. È consentita altresì nel giudizio abbreviato e in quello immediato a richiesta dell'imputato, dopo che Corte cost. n. 125 del 1995 ha dichiarato illegittimo l'art. 28 comma 4, che la vietava proprio nei casi in cui l'imputato avesse scelto uno di questi riti alternativi.

Si discute se e in quali limiti si possa ammettere la sospensione con messa alla prova in appello, visto che, in tale evenienza, l'effetto deflativo è minimo e può apparire discutibile il richiamo al principio di minima offensività, avendo il procedimento già fatto gran parte del suo corso: se l'intento del *probation* è quello di ridurre l'impatto traumatico del processo sul minore, una volta pervenuti alla fase d'appello si può pensare che sia tardi per porvi rimedio, avendo spesso l'imputato raggiunto la maggiore età nelle more. Si deve ritenere, tuttavia, che in appello la messa alla prova sia ammissibile. Non ci sono dati testuali a vietarlo, infatti, e la circostanza che si tratterebbe di una messa alla prova tardiva non appare convincente, visto che comunque il procedimento può ancora avere corso, in secondo grado, e prolungare o aggravare i suoi effetti negativi sulla vita del minore. La messa alla prova, inoltre, offre un'occasione di risocializzazione che, ove disponibile, anche se non in una fase precoce del processo, non va sprecata. Del resto, si tratta di un beneficio, con effetti premiali che solo un divieto normativo esplicito sarebbe idoneo a precludere oltre il primo grado di merito. Semmai, il punto delicato è a quali condizioni il giudice di seconde cure possa ammettere la prova (v. cap. V, parte II, § 7). Si ritiene, infatti, da alcuni che in appello il giudice possa disporre la sospensione *ex officio*, in analogia con altre decisioni, come la concessione della sospensione condizionale o il proscioglimento immediato, che di certo anche senza doglianze di parte il giudice d'appello può adottare (cfr. artt. 597 comma 5 e 129 c.p.p.). Tuttavia, a questa ricostruzione si può fondatamente obiettare che i poteri d'ufficio del giudice d'appello sono previsti espressamente ed in via eccezionale, non risultando quindi estensibili per analogia; del resto, le fattispecie richiamate sono solo in parte affini a quella della messa alla prova e anche l'*eadem ratio* di tale estensione potrebbe risultare sfuggente. Si deve dunque ritenere (come fa la dominante giurisprudenza di legittimità) che la corte d'appello possa applicare la messa alla prova compatibilmente con il principio devolutivo, ossia solo in sede di controllo della decisione di primo grado. Ciò potrebbe avvenire, ad esempio, quando il giudice di primo grado abbia negato ingiustificatamente la messa alla prova legittimamente richiesta, erroneamente omettendo l'indagine sulla personalità del minore ai sensi dell'art. 9 oppure per un'altra ragione. L'appellante, invece, non potrebbe richiedere la messa alla prova per la prima volta in appello, senza averla mai sollecitata prima, né la corte potrebbe ammetterla d'ufficio. È comunque escluso, dato il necessario vaglio di merito che presuppone, che la messa alla prova possa essere disposta in sede di giudizio di cassazione (v. cap. V, parte II, § 8).

Le modalità di ammissione della messa alla prova sono scolpite nell'art. 28 comma 1, che prevede una decisione del giudice, senza indicare come obbligatoria un'istanza di parte. Se ne deve desumere che la prova possa essere disposta anche d'ufficio, benché nulla vieti che una sollecitazione in tal senso provenga dalle parti o che a suggerirla possano essere persino altri soggetti, come l'esercente la responsabilità genitoriale, i genitori o i servizi sociali che abbiano seguito il minore nel corso del procedimento. In ogni caso, la norma richiede che il giudice proceda in tal senso «sentite le parti», ossia previa attivazione di un contraddittorio specifico sul punto. La dialettica dovrebbe svolgersi sia sull'ammissibilità della prova, che sui punti del progetto da attivare, sui quali peraltro in tale sede dovrebbe verificarsi il consenso consapevole del minorenne: questi, anzi, secondo la Corte di cassazione, dovrebbe interloquire specificamente sull'ammissione alla prova e sul programma che ne è oggetto al cospetto del giudice chiamato a decidere. L'omissione del contraddittorio prescritto comporta una nullità a regime intermedio, *ex* art. 178 lett. *b* e *c* c.p.p., ledendo il potere del pubblico ministero di partecipare al procedimento e il diritto di difesa dell'imputato.

Quanto alle verifiche che il giudice deve compiere, esse si collocano su più piani. Al giudice spetta innanzitutto l'accertamento sulla responsabilità allo stato degli atti, almeno riguardo alla verifica che non sussistano cause di proscioglimento da dichiarare in via immediata. Se, inoltre, emergono le condizioni perché il minore ottenga in seguito un esito più favorevole, come un proscioglimento per immaturità o una declaratoria di irrilevanza del fatto, si deve soprassedere sulla sospensione con messa alla prova per accedere poi, all'esito dell'udienza, alle opzioni migliori. In ordine, più specificamente, all'opportunità della messa alla prova, il giudice dovrà valutarne i presupposti, non solo in base agli elementi di prova o alle prove raccolti sino a quel momento (a seconda che ci si trovi in udienza preliminare o in giudizio), ma anche (e soprattutto, per certi versi) all'inchiesta psico-sociale svolta dai servizi ai sensi dell'art. 9. Inoltre, dovrà prendere in considerazione il progetto di prova elaborato dai servizi sociali per verificarne l'adeguatezza e idoneità.

Il provvedimento che dispone la prova assume la forma di un'ordinanza motivata. Si tratta di un atto multifunzionale, dal momento che con esso il giudice: dà conto dell'accertamento di responsabilità; ordina la sospensione del processo, motivando in ordine alla sussistenza dei relativi presupposti; affida l'imputato ai servizi sociali, provvedendo in ordine all'esecuzione del progetto approntato a tal fine, che riporta con i relativi contenuti, riproducendolo testualmente o facendo ad esso riferimento *per relationem*; fissa il termine per lo svolgimento della prova. È discusso se la colpevolezza del minorenne imputato debba essere oggetto di esplicita dichiarazione, poiché c'è chi ritiene che un atto avente la forma dell'ordinanza sia di per sé inadatto a tale scopo e comunque avrebbe nello specifico effetti stigmatizzanti contrari alla *ratio* dell'istituto. In contrario però si osserva, condivisibilmente, che il diritto di difesa e la stessa legittimazione ad impugnare riconosciuta al minore imputato impongono che gli si debba dare conto specificamente delle ragioni della decisione, incluso l'ineludibile passaggio sull'accertamento di responsabilità per il reato ascrittogli.

È oggetto di discussione entro quali limiti l'ordinanza che decide in ordine alla messa alla prova sia suscettibile di impugnazione. L'art. 28 comma 3 prevede, infatti, che «contro l'ordinanza possono ricorrere per cassazione il pubblico ministero, l'imputato e il suo difensore», cui deve aggiungersi, *ex* art. 34, l'esercente la responsabilità genitoriale. Quel che la previsione non chiarisce è a quale tipo di ordinanza, di sospensione o di rigetto di un'eventuale richiesta, si faccia riferimento. Appare pacifico che si possa ricorrere per cassazione avverso il provvedimento che dispone la prova, ad esempio per dolersi del difetto di motivazione in punto di responsabilità o del deficit di contraddittorio in ordine all'ammissibilità o ai contenuti del progetto. Si può invece dubitare che la norma ammetta il ricorso per cassazione avverso l'ordinanza reiettiva. Secondo alcuni non vi sarebbe ragione di negarlo, in quanto la norma non autorizza distinzioni, facendo testualmente riferimento a qualunque ordinanza in tema di messa alla prova e perché il fondamento di questa possibilità risiederebbe nell'esigenza che ogni questione sull'ammissibilità del *probation* sia risolta tempestivamente, per tutelare il diritto dell'imputato ad ottenere l'attivazione dell'alternativa al processo quanto prima possibile. In senso contrario, si osserva che il ricorso non avrebbe comunque efficacia sospensiva, sicché il procedimento dovrebbe riprendere il suo *iter* e le ragioni di chiusura precoce del percorso giudiziario, a quel punto, sarebbero già venute meno in ogni caso; inoltre, si nota che il rigetto del giudice dell'udienza preliminare non impedisce di chiedere l'attivazione del *probation* in dibattimento ed eventualmente, in fase di controllo della decisione di primo grado, anche in appello.

## 10. (*Segue*): il progetto.

L'esistenza del progetto di prova è condizione imprescindibile per la sospensione, sicché esso deve preesistere all'ordinanza che dispone la messa alla prova. A confermare questa lettura vi è un dato testuale: l'art. 27 comma 1 disp. att. min. prevede che il giudice disponga la sospensione con messa alla prova «sulla base» di un progetto elaborato dai servizi sociali, evidentemente presupponendo che esso sia già definito al momento della decisione. Inoltre, se un progetto non vi fosse, sarebbe privo di oggetto il consenso che il minore deve prestare agli impegni assunti (che risulterebbero indefiniti). Anzi, come affermato anche dalla Suprema Corte, lo stesso contraddittorio tra le parti sulla messa in prova non avrebbe il tema di fondo sul quale svolgersi, né potrebbe essere adeguatamente predisposto, senza che queste avessero conoscenza delle condizioni del programma in cui la prova dovrebbe articolarsi. Lo stesso giudice non sarebbe in grado di effettuare quella prognosi di successo che l'art. 28 comma 1 gli richiede, se non avesse chiaro davanti a sé il percorso rieducativo sul quale deve svolgersi la prova.

Nulla vieta che, in concreto, il giudice possa dare ai servizi l'*input* sull'opportunità della messa alla prova e rinviare l'udienza perché questi definiscano un progetto oppure che siano i servizi a sollecitare il giudice in tal senso predisponendo una bozza di programma, da affinare per una successiva udienza. Ciò che conta è che, al momento della decisione sul *probation*, le condizioni su cui eventualmente svolgerlo siano già definite e note alle parti, come al giudice. In mancanza di un progetto e di uno specifico contraddittorio sul punto, del resto, secondo la giurisprudenza di legittimità, l'ordinanza sospensiva deve ritenersi nulla.

La redazione del progetto spetta ai servizi minorili dell'amministrazione della giustizia, in collaborazione con i servizi socio-assistenziali degli enti locali, come precisato testualmente dall'art. 27 comma 1 disp. att. min. Stando a un orientamento della Corte di cassazione, anzi, la redazione del progetto di prova sarebbe una prerogativa tipica dei servizi sociali, che il giudice non potrebbe mai legittimamente espropriare redigendo di proprio pugno il programma di prova. Al giudice spetta solo il vaglio finale sull'adeguatezza del progetto ed, eventualmente, l'indicazione delle modifiche necessarie a renderlo idoneo all'approvazione, senza però che sia autorizzato ad intervenire direttamente su di esso per apportare aggiustamenti contro il parere dei servizi redigenti. Questa conclusione sembra confermata dal tenore dell'art. 28 comma 2, dove si prevede invece specificamente che il giudice possa «impartire prescrizioni dirette a riparare le conseguenze del reato e a promuovere la conciliazione del minorenne con la persona offesa dal reato». Il fatto che vi sia una norma speciale a sancire il potere di intervento diretto del giudice di inserire una specifica tipologia di prescrizioni nel programma di prova fa pensare che, quanto ad altri tipi di prescrizioni e di certo quanto al progetto nella sua interezza, tale potere vada escluso. Va detto però che, più di recente, la giurisprudenza di legittimità ha riconosciuto al giudice il potere di inserire nel programma anche prescrizioni di diverso tipo, purché attivi su di esse preventivamente il contraddittorio tra le parti e la consultazione con i servizi sociali.

Perché possa giudicarsi adeguato allo scopo, si ritiene che il progetto debba presentare alcune precise caratteristiche. Trattandosi di misura informata al principio di individualizzazione, innanzitutto, la prova dovrebbe vertere su un progetto adeguato alle risorse personali ed ambientali del minore, oltre che al tipo di reato commesso. Dovrebbe altresì essere realistico e praticabile (perché abbia concrete probabilità di successo), chiaro (sicché l'adesione del minore sia consapevole ed il suo impegno rapportabile ad adempimenti comprensibili) e flessibile (in modo da poter essere modificato *in itinere* in ragione del mutare delle circostanze, sempre possibile nel lasso di tempo non breve che il programma di prova occupa). Deve infine essere verificabile, così da assicurare un vaglio obiettivo sul suo successo o fallimento.

Quanto ai contenuti, il progetto di prova può averne dei più vari, visto che l'art. 27 disp. att. min. ne indica i contenuti minimi precisando che «tra l'altro» esso dovrebbe includere quelli ivi descritti ed ammettendo quindi espressamente che possa averne di ulteriori, oltre la tipologia normativamente elencata. Peraltro, questa si connota per l'estensione delle singole categorie, cui può ricondursi, in pratica, un'amplissima varietà di prescrizioni. I contenuti minimi che inderogabilmente il programma deve avere sono comunque indicati alle lett. *a-d* dell'art. 27 comma 2 disp. att. min.

La lett. *a* impone di descrivere nel progetto di prova «le modalità di coinvolgimento del minorenne, del suo nucleo familiare e del suo ambiente di vita». Le prime vanno riferite ai termini dell'impegno del minore nelle attività previste e nei rapporti con il servizio sociale (ad esempio, mediante incontri periodici); le altre al possibile apporto che possono dare i membri della famiglia o altre persone di riferimento del minorenne. Quest'ultimo profilo, peraltro, è ritenuto dai più come derogabile, imponendo semplicemente al giudice di spiegare, semmai, le ragioni per cui si preferisce fare a meno del contributo di familiari o altri soggetti (perché inadeguati, assenti o magari perché, come può accadere, essi stessi parte di un ambiente di per sé criminogeno).

La lett. *b* impone di inserire dettagliatamente nel programma «gli impegni specifici che il minorenne assume», ossia le attività che deve svolgere o i divieti che deve rispettare. Si tratta di prescrizioni della più varia natura, che possono essere di segno positivo o negativo, e che spaziano in pratica dal volontariato alla frequenza di corsi di avviamento professionale, dalla mediazione con la vittima al divieto di frequentare determinati luoghi o persone, dipendendo in sostanza dal minorenne, dalla sua età, dal contesto ambientale e familiare di riferimento, dalle risorse attivabili per sostenerlo, nonché dal tipo di reato commesso e dal tipo di "messaggio" di cui quindi l'imputato mostra di avere bisogno a fini di recupero.

La lett. *c* impone di indicare «le modalità di partecipazione al progetto degli operatori della giustizia e dell'ente locale», ossia i termini del loro impegno sia a supporto del minore (attraverso contatti regolari), sia come cinghia di trasmissione dell'andamento della prova rispetto al giudice (con il deposito di periodiche relazioni informative).

Da ultimo, la lett. *d* menziona «le modalità di attuazione eventualmente dirette a riparare le conseguenze del reato e a promuovere la conciliazione del minorenne con la persona offesa». Si è già detto di come si tratti di prescrizioni che possono essere impartite direttamente anche dal giudice, ma in questo caso la norma precisa che le modalità esecutive devono comunque essere specificamente indicate nel progetto di prova. Le prescrizioni riparativo-conciliative possono avere i più vari contenuti, ad esclusione del risarcimento del danno da reato, che non pare ammissibile nella sede penale minorile, vista l'inammissibilità della costituzione di parte civile. Il concetto di riparazione, piuttosto, va inteso in senso ampio, con riferimento a qualsiasi condotta o adempimento che valga a garantire alla vittima una forma di restituzione o soddisfazione per il dolore e le conseguenze patiti a causa del reato e, al contempo, a responsabilizzare il minore per averli cagionati. In questa stessa prospettiva, il concetto di tentativo di conciliazione va inteso non come comportamento volto ad ottenere il perdono, ma come condotta diretta a indurre il minorenne a farsi carico del confronto con la vittima e con la sofferenza da questa provata a causa del reato. Si tratta dunque di un'allusione al concetto e al percorso di mediazione, che può trovare congrua collocazione come punto del progetto di prova.

## 11. (*Segue*): esecuzione e vicende del progetto di prova.

La prova inizia di fatto nel momento in cui, con l'ordinanza sospensiva, il giudice affida l'imputato minorenne ai servizi sociali per lo svolgimento delle «opportune attività di osservazione, trattamento e sostegno» (art. 28 comma 2). La durata della prova è fissata nell'ordinanza e stabilita dalla legge solo nel massimo, senza perciò che vi sia un limite minimo da rispettare. La soglia insuperabile di durata è di tre anni, quando il reato per cui si procede è astrattamente punibile con l'ergastolo o con la reclusione non inferiore nel massimo a dodici anni, mentre è di un anno in tutti gli altri casi (art. 28 comma 1).

Per la durata della prova il processo è sospeso, vale a dire che le relative attività sono congelate. Si ritiene debba farsi eccezione, in ossequio ad un principio generale comune a tutte le ipotesi sospensive, per gli atti urgenti, improcrastinabili per definizione, come le misure cautelari (peraltro difficilmente conciliabili con la prova) o le prove non rinviabili ai sensi dell'art. 392 comma 1 c.p.p. Per analogia e nel rispetto del principio del *favor rei* (oltre che di un elementare canone di economia processuale), dovrebbero aggiungersi le ipotesi di cui agli artt. 70 comma 2 e 71 comma 4 c.p.p., ossia le prove, anche rinviabili, che possano condurre al proscioglimento immediato dell'imputato. Durante il periodo di prova è altresì sospeso il corso della prescrizione (art. 28 comma 1 ultimo periodo).

La prova si svolge in un ambito collocato al di fuori dell'area del processo e sotto l'immediato controllo dei servizi sociali, che assumono in questa fase un ruolo dominante. Le attività di «osservazione, trattamento e sostegno» loro demandate sono null'altro che la traduzione italiana dei compiti tipici dei *probation officers* di matrice anglosassone, definiti come *to advice, to assist* e *to be friend*. In concreto, i termini identificano compiti di costante e continuativa verifica sull'andamento della prova (osservazione), il contributo alla concreta attuazione del progetto educativo per assicurare il raggiungimento dei suoi scopi risocializzativi e responsabilizzanti (trattamento) e la collaborazione fattiva con il minore al fine di garantire il successo della prova (sostegno).

Lo svolgimento della prova è seguito innanzitutto dai servizi sociali, che ne supervisionano l'andamento e fungono da canale di informazione privilegiato per il giudice nel corso del *probation*. È previsto, infatti, dall'art. 27 comma 3 disp. att. min. che essi «inform(i)no periodicamente il giudice dell'attività svolta e dell'evoluzione del caso». Dal comma 4 si evince che redigono a tale scopo specifiche relazioni, che sono ricevute dal presidente del collegio che ha disposto la sospensione, e possono anzi essere direttamente sentiti da questi o da altro componente del collegio appositamente delegato. A tali relazioni periodiche si aggiungono le cosiddette "relazioni finali", che i servizi scrivono ai sensi dell'art. 27 comma 5 disp. att. min., con riferimento alle evenienze di cui agli artt. 28 comma 5 e 29, ossia all'eventuale revoca della prova ovvero all'udienza finale di verifica. In tali occasioni, infatti, debbono riferire «sul comportamento del minorenne e sull'evoluzione della sua personalità», che costituiscono appunto oggetto del vaglio finale del giudice sugli esiti della prova. In entrambi i casi, inoltre, le relazioni vanno trasmesse, oltre che al presidente del collegio, anche al pubblico ministero, perché chieda la fissazione dell'udienza conclusiva. I servizi sociali hanno poteri di impulso in ordine all'andamento del progetto, visto che sono legittimati a proporre modifiche *in itinere*, *ex* art. 27 comma 3 disp. att. min., sia quanto ai contenuti prescrittivi del progetto, sia quanto alla sua durata (in specie, proponendone l'abbreviazione quando il successo della prova possa dirsi raggiunto o raggiungibile prima della scadenza fisiologica della sospensione). Possono altresì proporre la revoca della prova, ogni qual volta ne rilevino i presupposti (art. 27 comma 3 disp. att. min).

Il giudice che ha disposto la prova ne segue comunque l'andamento, tramite il presidente del collegio. Le informazioni sul percorso di *probation* sono raccolte innanzitutto tramite le relazioni periodiche dei servizi sociali, ma anche in via diretta. In particolare, l'art. 27 comma 4 disp. att. min. precisa che il presidente del collegio ha il potere, delegabile ad altro componente, di sentire gli operatori del servizio sociale e il minorenne «senza formalità di procedura». Il passaggio sembra doversi intendere come possibilità di avere contatti del tutto informali con il minore o con chi lo segue, quindi anche senza la presenza del difensore, senza la partecipazione delle parti e persino senza obblighi di verbalizzazione. Una scelta, questa, che di certo rende più agile e spontaneo il contatto tra il giudice e i protagonisti della prova, ma che implica che le informazioni raccolte in tal modo, prescindendo da ogni forma e garanzia processuale, non possano poi essere utilizzate nel processo in alcuna maniera. Il potere di delega, previsto testualmente dalla norma solo con riferimento al profilo delle audizioni dei protagonisti, viene nella prassi esteso, *a fortiori*, ai profili di minore impatto, come la ricezione delle relazioni; anzi, si reputa ammissibile una delega globale ad un membro del collegio (di solito, onorario) con il compito di seguire *in toto* il percorso di prova, includendovi tutte le attività a ciò funzionali.

Nel corso del programma di prova, il progetto può essere modificato. Lo stesso art. 27 comma 3 disp. att. min. prevede che durante il *probation* i servizi sociali possano proporre al giudice le modifiche che reputino necessarie. In ogni caso, si può pensare che lo stesso giudice si faccia carico delle modifiche, segnalandone la necessità ai servizi sociali o adottandole d'ufficio se concernano ad esempio le prescrizioni riparativo-conciliative. Comunque, la ridefinizione degli impegni del minore dovrebbe poter essere decisa solo previo contraddittorio tra le parti e con il consenso dell'imputato alla nuova configurazione dei contenuti progettuali. È possibile anche, sempre in forza dell'art. 27 comma 3 disp. att. min., l'abbreviazione del periodo di prova, che comporta, di fatto, una dichiarazione di successo anticipato della misura. Sembra da escludersi, al contrario, la possibilità di proroga della misura, benché più d'uno in dottrina ne sostenga l'ammissibilità. Il testo normativo, infatti, depone in senso contrario: dal momento che l'abbreviazione è esplicitamente ammessa, l'assenza di una clausola espressa che autorizzi l'opposta ipotesi della proroga pare comportare che non si intendesse consentirla.

Un'evenienza di segno negativo che può concernere la prova ed è specificamente prevista dalla normativa è la revoca, disciplinata all'art. 28 comma 5. Il presupposto della revoca è che vi siano state «ripetute e gravi trasgressioni alle prescrizioni imposte». I caratteri che le violazioni degli impegni presi devono avere ai fini della revoca sono cumulativi e debbono quindi sostanziarsi in inadempimenti connotati contemporaneamente dai tratti della serietà e della reiterazione nel tempo. Non bastano, insomma, a fini di revoca, inosservanze lievi o sporadiche, ma necessitano infrazioni (da intendersi come volontarie) che, per rilievo e sistematicità, comportino un atteggiamento di sostanziale rifiuto del minore per la prova, rendendo di fatto sterile la sua prosecuzione. È ragionevole pensare che la reiterazione debba essersi verificata in un lasso di tempo significativo e che le violazioni gravi vadano riferite non solo all'entità dell'inosservanza, ma anche al fatto che si tratti di punti qualificanti del programma, restando invece irrilevanti violazioni marginali o isolate, che possono reputarsi fisiologiche nel processo di adattamento di un adolescente ad una griglia complessa e predefinita di impegni di varia natura. Lascia pertanto perplessi il recente orientamento giurisprudenziale secondo cui a giustificare la revoca basterebbe anche un'unica trasgressione isolata, se di tale qualità e gravità da escludere di per sé una prognosi positiva sull'evoluzione del minorenne: si tratta, infatti, di una lettura della locuzione «ripetute e gravi trasgressioni» che vi riconosce un unico presupposto "sostanziale" della revoca, lettura che però cozza vistosamente con il dato normativo, testuale e sistematico.

È discusso, infine, se sia rilevante la commissione di un nuovo reato, giacché il testo normativo non vi fa espresso riferimento. Da parte di alcuni si ritiene che il silenzio della legge sul punto vada inteso come significativo dell'intento di lasciare anche questa ipotesi al vaglio discrezionale del giudice, chiamato a verificare, caso per caso, se il tipo di illecito e il suo contesto inducano a considerarlo un'occasionale ricaduta o il segnale del fallimento precoce della prova. Secondo altri, la prescrizione di non violare ulteriormente la legge penale dovrebbe ritenersi implicita nel progetto di prova, sicché la commissione di un nuovo illecito penale comporterebbe *ex se* comunque la revoca.

La revoca sembra essere considerata doverosa dal testo normativo, secondo il quale, in presenza degli indicati presupposti, la sospensione con messa alla prova semplicemente «è revocata»: l'impiego dell'indicativo pare infatti non ammettere margini di discrezionalità del giudice per la decisione, benché vi sia una notevole elasticità valutativa legata ai presupposti. Il tenore della norma induce anche a ritenere che la revoca possa essere disposta d'ufficio, ma la disciplina appare sul punto più articolata. Viene infatti riconosciuto un potere sollecitatorio dei servizi sociali (art. 27 comma 3 disp. att. min.), che possono "proporre" la revoca quando ne verifichino i presupposti. Inoltre, il quinto comma dello stesso art. 27 disp. att. min. prevede che il pubblico ministero – destinatario della relazione finale dei servizi sociali, insieme al presidente del collegio, ai fini della revoca – possa chiedere la fissazione dell'udienza conclusiva sull'esito della prova. Il richiamo può leggersi estensivamente, in modo da ricomprendervi anche l'udienza finale "anticipata" per la revoca e se ne desume che il pubblico ministero possa attivarsi a tale scopo.

Da tale ultima clausola si evince anche l'esigenza che sulla revoca venga svolto uno specifico contraddittorio, se un'apposita udienza deve essere celebrata sul punto. Del resto, si tratta di un'esegesi costituzionalmente orientata, dal momento che il principio generale del contraddittorio, che informa di sé il processo *ex* art. 111 comma 2 Cost., e il diritto di difesa, *ex* art. 24 Cost., impongono di dare al minore imputato la possibilità di interloquire sull'opportunità di ottenere o meno l'estinzione del reato mediante la prosecuzione del *probation*. Infine, il contraddittorio è condizione indefettibile in sede di concessione della prova, *ex* art. 28 comma 1, sicché non sarebbe ragionevole eluderlo quando si debba decidere se essa vada interrotta. Secondo la giurisprudenza di legittimità, l'udienza di revoca dovrebbe essere un'udienza camerale *ex* art. 127 c.p.p.; l'ordinanza conclusiva di revoca comporterebbe l'immediata ripresa del processo e non sarebbe passibile di ricorso per cassazione, essendo impugnabile soltanto con la sentenza che conclude il giudizio.

## 12. (*Segue*): gli esiti.

Una volta che il periodo di prova sia giunto fisiologicamente al termine, il giudice procedente deve valutare se abbia avuto esito positivo o meno, in base a due parametri, uno oggettivo (il «comportamento del minorenne») e l'altro soggettivo (l'«evoluzione della sua personalità») (art. 29).

Sotto il primo profilo, il giudice dovrà verificare l'avvenuto adempimento delle prescrizioni imposte dal progetto di prova. Non è necessario, per il successo di questa, che ogni singolo punto del programma sia stato soddisfatto, ma che, stando ad un giudizio complessivo, il progetto possa dirsi compiuto nella sua parte qualificante, indispensabile perché si possa parlare di un percorso di risocializzazione adeguatamente e costruttivamente seguito. Non si deve verificare che il minore abbia raggiunto la completa emenda, ma solo che se ne possa attestare l'impegno fattivo riferibile a prescrizioni di carattere centrale nell'economia complessiva del disegno di rieducazione progettato. È plausibile, ad esempio, che (come accaduto in pratica) sia sancito il successo di una prova che sia stata rispettata quanto al percorso di disintossicazione da stupefacenti, ma sia stata disattesa per tutto il resto, vista la centralità dell'avvenuto venire meno di una dipendenza in correlazione alla quale fosse stato commesso il fatto di reato. Lo stesso è a dirsi delle prescrizioni riparativo-conciliative, per il successo delle quali non ci si attende necessariamente che il minore imputato sia stato perdonato dalla vittima, ma solo che si sia impegnato seriamente per assumersi nei suoi confronti la responsabilità del dolore cagionatole e ripararlo. Va da sé che il successo o l'insuccesso della prova vanno misurati in base alla serietà e continuità dell'impegno del minore, mentre non possono risentire di risultati mancati a causa della condotta di terze persone, da quella della vittima indisponibile al confronto a quella di una famiglia non collaborativa, sino a quella di servizi sociali non sufficientemente presenti o adeguati.

Il secondo profilo oggetto di verifica giudiziale è costituito dall'evoluzione della personalità dell'imputato a seguito del periodo di prova e delle relative esperienze. La locuzione evoca l'esigenza di valutare se il minorenne abbia colto il significato dell'impegno tenuto, sia maturato e si sia evoluto verso un modello di vita rispettoso della collettività e delle sue regole, nonché dei diritti degli altri. È discusso se il fatto che il minore non sia incorso nella revoca della misura sia fattore sufficiente a giustificare l'esito positivo che potrebbe legittimamente attendersi. Secondo parte della dottrina sì, giacché ogni segmento del periodo di prova in cui non siano state rilevate gravi e ripetute trasgressioni alle prescrizioni imposte giustificherebbe il consolidarsi progressivo di un giudizio favorevole che, al termine dalla prova, potrebbe ritenersi completato. Secondo altra parte della dottrina, ragionevolmente, sarebbe proprio il parametro soggettivo a fondare una risposta negativa: la valutazione finale sull'evoluzione della personalità, infatti, anche a fronte del rispetto formale delle prescrizioni, avrebbe natura autonoma e potrebbe giustificare un esito negativo, qualora il minore imputato, pur rispettando formalmente le prescrizioni, non abbia effettivamente avviato un percorso di cambiamento personale.

In ogni caso, l'esito della prova deve essere oggetto di adeguata e specifica motivazione, che indichi puntualmente le ragioni della valutazione e gli elementi utilizzati per sostenerla e che (come puntualizzato dalla Suprema Corte) non dovrebbe risolversi nel mero rinvio alle relazioni dei servizi sociali, specie se contestate da una parte. Del resto, il vaglio finale va effettuato in apposita udienza, che il giudice deve fissare *ex* art. 29, e, dunque, in contraddittorio tra le parti, poiché l'udienza stessa sarà un'udienza preliminare o dibattimentale a seconda della fase in cui il processo è stato sospeso. Le parti in tale sede avranno di nuovo la possibilità di precisare le proprie conclusioni, anche con riferimento agli esiti della prova. A tale scopo, si deve ritenere che la relazione finale dei servizi sociali, chc viene inviata al presidente del collegio e al pubblico ministero ai fini di cui all'art. 29, vada preliminarmente depositata pure a disposizione della difesa perché possa prenderne visione ed estrarne copia. L'imputato potrà essere altresì sentito, mediante interrogatorio o esame (a seconda che ci si trovi in fase preliminare o in giudizio) e comunque a dichiarazioni spontanee se lo ritiene.

In caso di successo del *probation*, il giudice pronuncia sentenza di non luogo a procedere o di non doversi procedere (di nuovo, a seconda che ci si trovi in udienza preliminare o in dibattimento), con cui dichiara il reato estinto per esito positivo della prova. Si può ritenere che, sul punto, la regola di giudizio applicabile sia quella che deve fondare una qualunque declaratoria di estinzione del reato nelle sedi in cui la pronuncia può essere emessa. Dunque, in caso di dubbio sul successo della prova, comunque si dovrebbe pronunciare sentenza di non doversi procedere in dibattimento, ai sensi dell'art. 531 comma 2 c.p.p. Lo stesso è a dirsi in udienza preliminare, *ex* art. 425 comma 3 c.p.p., in presenza di un dubbio sull'esistenza della causa di estinzione, ove si pensi che la successiva fase dibattimentale non sia in grado di dissiparlo.

L'esito negativo della prova, *ex* art. 29, impone al giudice di provvedere «a norma degli articoli 32 e 33», ossia di proseguire il processo nella sede in cui è stato sospeso a suo tempo, in udienza preliminare o in dibattimento. Questo, ovviamente, implica la ripresa fisiologica, oltre che del corso della prescrizione a suo tempo sospeso, delle attività processuali che erano state temporaneamente "congelate" e quindi anche dell'istruttoria non svolta o non conclusa, ovvero delle attività di integrazione degli elementi di prova in udienza preliminare *ex* artt. 421-*bis* e 422 c.p.p. Il fatto che l'attività di accertamento possa riprendere implica, fisiologicamente, che a seguito della riattivazione del processo qualunque esito sia teoricamente possibile. Se, infatti, è vero che la sospensione finalizzata al *probation* comportava a suo tempo un accertamento di colpevolezza, è anche vero che si trattava di un approdo precario, passibile di smentita sia a seguito dell'eventuale acquisizione di prove urgenti o decisive a discarico, sia in forza di un completamento degli elementi a disposizione che può sovvertire le conclusioni provvisorie inizialmente raggiunte.

Dopo l'insuccesso della prova, quindi, si deve ritenere che lo sbocco più probabile del processo sia, in udienza preliminare, il rinvio a giudizio, e in dibattimento la condanna, poiché all'epoca della sospensione gli esiti alternativi più favorevoli avrebbero dovuto essere già stati scartati. In caso di condanna, la Corte costituzionale ha escluso che si possa applicare al rito minorile l'art. 657-*bis* c.p.p., che prevede lo scomputo del periodo di prova svolta dalla pena che deve essere eseguita. Benché, infatti, la norma sia formulata in termini generali, viene reputata applicabile solo alla messa alla prova del rito per adulti e non in sede minorile. Ne deriva che all'imputato adulto sottoposto a una prova fallimentare vengono detratti i giorni della prova eseguita dal periodo di pena da scontare, mentre lo stesso non varrà per il minorenne che si trovi nella medesima condizione. La disparità di trattamento, tuttavia, non cozzerebbe – a parere della Corte – con la Costituzione (in specie con gli artt. 3, 27 e 31 Cost.), perché la messa alla prova minorile, a differenza di quella per adulti, ha una connotazione esclusivamente rieducativa e le relative prescrizioni, di conseguenza, anche quando caratterizzate da limitazioni di libertà (persino consistenti, come nel caso di collocamento in casa-famiglia), non potrebbero essere mai considerate misure sanzionatorie. Solo queste giustificano lo scomputo di cui alla clausola codicistica, e dunque nel caso del minorenne se ne desume che essa non sia applicabile; se lo fosse, anzi – secondo la Corte – ci sarebbe il rischio di incentivare condotte opportunistiche da parte dell'imputato, che potrebbe rispettare le prescrizioni al solo fine di lucrare una successiva riduzione della pena, senza realmente impegnarsi in un percorso di cambiamento (Corte cost. n. 68 del 2019).

In ogni caso, la condanna o il rinvio a giudizio non sono esiti obbligati e, allo sbocco negativo della prova, non si può escludere nessuna delle altre decisioni possibili. Dunque, si potrebbe infine giungere a un proscioglimento con una diversa formula, inclusa un'assoluzione nel merito. Sarebbe possibile anche un proscioglimento per ragioni a suo tempo incompatibili con la messa alla prova, come un proscioglimento per immaturità o una declaratoria di irrilevanza del fatto. Si discute della possibilità di concedere il perdono giudiziale: alcuni, infatti, ritengono che la prognosi di non recidiva che giustifica il perdono sarebbe di per sé esclusa dal fallimento della prova, che implica che il minore non abbia raggiunto un grado di risocializzazione tranquillizzante; altri invece ritengono che il perdono possa essere concesso quando comunque il comportamento del minore, a prescindere dall'insuccesso del percorso di *probation*, induca il giudice a pensare che egli non commetterà ulteriori reati. In teoria, va ribadito che il perdono, come gli altri esiti, non è precluso dalla legge; di fatto, però, si deve ammettere che a fronte dell'insuccesso della prova e considerati i parametri con cui questo si valuta, una motivazione logicamente inattaccabile sulle ragioni per cui un minore che non si reputi "rieducato" per effetto della prova possa invece essere "perdonato", è ardua da concepire. Per le medesime ragioni, deve reputarsi in pratica difficile, benché non impossibile, la concessione della sospensione condizionale (art. 163 comma 2 c.p.) in caso di condanna del minore dopo l'esito negativo della prova: il giudice dovrà motivare sugli elementi specifici che inducano a ritenere – malgrado l'insuccesso – che il minore comunque rispetterà per il periodo prescritto la legge penale.

## 13. La mediazione penale.

Per mediazione penale si intende solitamente il percorso di ricomposizione della lacerazione personale e sociale che la commissione del reato comporta, attraverso il confronto tra chi lo ha commesso e chi lo ha subito, con l'intervento di un soggetto imparziale che ne favorisca il dialogo. Essa può assumere diverse forme, la più rilevante delle quali è la cosiddetta "VOM" ossia la *Victim-Offender Mediation*, che coinvolge direttamente reo e vittima, affidando all'attivazione di una comunicazione costruttiva tra loro la ritessitura del rapporto personale e sociale compromesso dalla commissione dell'illecito. Si tratta di uno strumento fondamentale nei modelli di giustizia riparativa (o *restorative justice*), nei quali alla reazione istituzionale all'illecito nelle forme tradizionali dell'attivazione della pretesa punitiva si affianca e talora si sostituisce una risposta diversa, basata sulla riparazione delle conseguenze prodotte dal reato a beneficio della vittima e sull'applicazione di misure risocializzanti, che puntino subito ed in via esclusiva alla ricomposizione del conflitto sociale derivante dal reato e al reinserimento del reo. In altre parole, la mediazione penale è legata a un orizzonte di valori sul quale l'applicazione della pena, nella sua componente punitiva e come prodotto di una giustizia penale gestita in via esclusiva dall'autorità statuale, rimane sullo sfondo a beneficio di misure di natura satisfattiva, riparativa e risocializzante e di strategie di superamento del reato affidate alla gestione personale dei singoli direttamente coinvolti.

In pratica, essa viene svolta sulla base di protocolli operativi abbastanza consolidati, che, di regola, contemplano colloqui preliminari separati del mediatore con il reo e la vittima, per spiegare la natura, il funzionamento e gli scopi della mediazione e verificare la loro disponibilità a seguire tale percorso. Quindi, in una o più sedute – a seconda delle necessità – reo e vittima si incontrano alla presenza del mediatore per dialogare sull'accaduto; in tale fase, si collocano con varie modalità anche eventuali iniziative del reo tese a garantire la riparazione alla vittima, che possono essere più d'una ed assumere diverse configurazioni, dalle scuse sino al ristoro dei danni cagionati con la condotta criminosa. Infine, il mediatore redige una breve relazione scritta in cui riepiloga succintamente il percorso di mediazione e ne valuta l'esito, sancendone il successo o il fallimento, a seconda che reputi proficui e complessivamente satisfattivi a beneficio della persona offesa il dialogo attivato e la riparazione compiuta.

La mediazione penale, per questi suoi caratteri peculiari, è particolarmente utile nella prospettiva della giustizia minorile e viene considerata un prezioso strumento di intervento sul minore coinvolto come indagato o imputato nel processo. Per un verso, la sua attitudine a sostituirsi alle dinamiche della giustizia formale è coerente con le logiche del principio di minima offensività e di destigmatizzazione, giacché è idonea a spostare il "caso criminale" che coinvolge il minore dal binario processuale a quello parallelo della mediazione gestita da un professionista dell'assistenza ed esterno all'ambito giudiziario. Per altro verso, il confronto del minore con chi del reato ha subito gli effetti e i danni è considerato una componente cruciale del percorso di maturazione e responsabilizzazione che il sistema mira per molti versi ad attivare precocemente (essendo per questo più proficuo) nei confronti del minore imputato. Ciò malgrado, si tratta di uno strumento che non riceve specifica ed autonoma disciplina, essendo piuttosto riconoscibile nelle pieghe del sistema, sul piano normativo e nella prassi. Anzi, il fatto che esso trovi applicazione nelle pratiche dei fori minorili, senza una cornice legislativa che ne tracci la fisionomia, le procedure e le garanzie, pone non pochi problemi di tutela dei diritti, di legalità e di omogeneità delle procedure. Non è un caso che la stessa Autorità garante per l'infanzia e l'adolescenza, in un recente *Documento di studio e di proposta* (14 dicembre 2018), abbia elaborato delle specifiche «raccomandazioni» sulla «mediazione penale e altri percorsi di giustizia riparativa nel procedimento penale minorile», che esordiscono appunto con l'invito al legislatore a introdurre una disciplina specifica dedicata a questi strumenti (v. anche *infra*, parte II, § 4). Oggi, comunque, costituiscono importante punto di riferimento i principi fondamentali della materia che si ritrovano nella Raccomandazione del Comitato dei ministri del Consiglio d'Europa sulla giustizia riparativa in materia penale (Raccomandazione CM/Rec [2018] 8, alle cui clausole fanno riferimento anche le sopracitate indicazioni dell'Autorità garante). Fra questi, vanno almeno menzionati: il principio di volontarietà delle pratiche mediative e riparative, in base al quale esse sono messe in atto solo quando i protagonisti vi prestino il proprio consenso; il fatto che tale consenso sia libero, informato e sempre revocabile; il principio di riservatezza della mediazione, per cui le dichiarazioni rese nel corso di quest'ultima debbano essere sempre confidenziali e non si possano usare in sede giudiziaria, se non con il consenso delle parti.

Attualmente, la mediazione trova un suo spazio normativo solo nell'istituto della sospensione del processo con messa alla prova, ed in particolare nel disposto dell'art. 28 comma 2, in cui si afferma che, con l'ordinanza sospensiva, «il giudice può impartire prescrizioni dirette a riparare le conseguenze del reato e a promuovere la conciliazione del minorenne con la persona offesa dal reato». La clausola autorizza ad inserire la mediazione penale come punto del progetto di prova, che il giudice potrebbe anche (ma non necessariamente) considerare unico o assorbente. Tuttavia, la scelta in tal senso del legislatore è giudicata dai più insufficiente a considerare la mediazione penale un'opzione di forte impatto nel sistema minorile. Innanzitutto, non assume autonoma configurazione, risultando al più innestata in un istituto diverso e con dinamiche del tutto proprie. Inoltre, in esso assume una rilevanza limitata, dal momento che costituisce un'opzione affidata alla totale discrezionalità del giudice (che non è tenuto neanche a verificarne preliminarmente la praticabilità) e non necessariamente centrale nel progetto di prova. È infatti pacifico che, anche ove fosse adottata come punto del programma di *probation*, il suo eventuale fallimento non comprometterebbe di per sé l'esito della prova, che potrebbe benissimo avere successo sulla base degli altri adempimenti previsti, se regolarmente portati a termine. Infine, è una dinamica che, secondo gli esperti, produce i migliori frutti se attivata a ridosso del fatto, mentre la messa alla prova può essere innescata solo a partire dall'udienza preliminare, escludendo quindi che la mediazione possa svolgersi in fase di indagine. È un fatto, del resto, che la mediazione come punto dei progetti di prova è statisticamente marginale.

Sul piano pratico, per contro, la mediazione penale sta trovando una sua autonoma dimensione, mediante il collegamento con un altro istituto di *diversion*: la declaratoria d'irrilevanza del fatto. La prassi si è da tempo orientata ad attivare la mediazione penale già in fase di indagine, facendo leva sull'art. 9: in base ad esso, l'ufficio del pubblico ministero chiede preliminarmente ai servizi sociali, in sede di attivazione per l'inchiesta personologica e sociale, di verificare la disponibilità delle persone coinvolte a seguire un itinerario di mediazione. Se la risposta è positiva, gli uffici attivano la mediazione penale e il pubblico ministero ne attende l'esito: in caso di successo attestato dalla relazione scritta del mediatore, il pubblico ministero chiede la sentenza di non luogo procedere per irrilevanza del fatto già in fase di indagine *ex* art. 27. Il vantaggio di questo percorso consiste nell'attivazione precoce della mediazione penale e, quindi, nelle conseguenti maggiori possibilità di successo, oltre che nell'efficacia deflativa assai più marcata. Il lato negativo risiede però nel fatto che si tratta di un'evidente forzatura della disciplina normativa, giacché la sentenza di non luogo a procedere presuppone un fatto per sua natura tenue e occasionale, non una condotta che tale diventi a seguito di un particolare impegno o comportamento tenuti dal minorenne imputato (logica che, invece, è tipica della messa alla prova). In altri termini, o il reato è già tenue ed occasionale, ed allora il minore ha diritto al proscioglimento precoce ai sensi dell'art. 27 senza dover porre in essere alcuna attività ulteriore; oppure non lo è, ed allora sfugge comunque ai presupposti di cui all'art. 27 comma 1, non potendo rientrarvi per effetto di circostanze successive cui la legge non assegni espressamente rilievo. Comunque, gli sforzi della prassi per collocare in tale sede la mediazione attestano l'esigenza che a questa si assegni un posto specifico ed autonomo all'interno del sistema mediante uno specifico intervento legislativo.

La prassi registra anche l'impiego della mediazione penale come strategia di intervento rispetto a minori non imputabili, talora persino infraquattordicenni. Si tratta, però, di una soluzione non condivisibile. Nel caso di infraquattordicenni, l'art. 26 impone il proscioglimento immediato, sicché qualunque opzione che prolunghi la permanenza dell'imputato *sub iudice* appare contraria alla legge, al principio di minima offensività e all'economia processuale. Ove si tratti di infradiciottenni, comunque il rilevato difetto di imputabilità dovrebbe condurre al proscioglimento non appena possibile, risultando un fuor d'opera bloccare o dilazionare i tempi del rito per seguire l'*iter* della mediazione; peraltro, anche la giustificazione di questa sarebbe lacunosa, giacché la responsabilizzazione del reo in un confronto con la vittima del reato postula tanto che l'illecito sia stato commesso da un soggetto con piena consapevolezza di sé, quanto che tale consapevolezza sia presente in una fase successiva, non potendosi mandare in mediazione chi non sia pienamente cosciente e responsabile di sé e delle proprie scelte.

Infine, assai di recente, la mediazione penale e gli altri percorsi di giustizia riparativa sono entrati a far parte delle finalità assegnate all'esecuzione penale minorile. L'art. 1 comma 2 d.lgs. 2 ottobre 2018, n. 121, infatti, afferma che devono essere "favoriti" nell'esecuzione tanto della pena detentiva, quanto delle misure penali di comunità (v. cap. VII, parte II, § 4). Va detto, peraltro, che il testo legislativo non disciplina gli spazi entro i quali tali tecniche dovrebbero attuarsi, né le caratteristiche, le cadenze e le garanzie del relativo procedimento, lasciando una lacuna grave, che andrà colmata da interpreti ed operatori.

# Capitolo VII
# MISURE DI SICUREZZA E SISTEMA PENITENZIARIO

## Parte I
## LE MISURE DI SICUREZZA

di *Silvia Buzzelli*



### 1. Il contesto: quadro normativo e interventi della Corte costituzionale.

Solo all'apparenza la disciplina in tema di misure di sicurezza nei confronti dei minorenni sembra concentrarsi nel capo IV con il quale si chiude il d.p.R. 22 settembre 1988, n. 448.

In realtà, leggendo gli artt. 36-38 si scopre subito un complesso gioco di rinvii interni, in particolare alle disposizioni che, nel capo II, si occupano delle misure cautelari: prescrizioni (art. 20), provvedimenti che dispongono la permanenza in casa (art. 21) e il collocamento in comunità (art. 22), limite edittale di applicabilità della custodia cautelare (art. 23 comma 1); il tutto merita un'analisi attenta in quanto torna utile per impostare lo studio.

I parametri, inoltre, si ricavano dalla consultazione del codice penale avviando un raffronto tra gli artt. 203 e 224; del medesimo codice risulta indispensabile la conoscenza degli artt. 97 e 98 allo scopo di individuare immediatamente i destinatari delle misure (minori non imputabili vuoi perché non ancora quattordicenni, vuoi perché, pur avendo superato la soglia dei quattordici anni, sono stati riconosciuti incapaci di intendere e volere). Per l'*iter* procedimentale, invece, bisogna fare affidamento sulle forme regolate dall'art. 678 (*Procedimento di sorveglianza*) del codice di rito (v. *infra*, parte II, § 2).

Infine, debbono essere richiamate pure le norme di attuazione e, fra queste, l'art. 24 disp. att. min. espressamente riservato all'esecuzione dei provvedimenti limitativi della libertà personale. Il d.l. 26 giugno 2014, n. 92, convertito dalla l. 11 agosto 2014, n. 117 – nell'introdurre rimedi risarcitori urgenti in favore dei detenuti e degli internati che hanno subìto un trattamento in violazione dell'art. 3 c.e.d.u., nonché modifiche al codice di procedura penale, all'ordinamento del Corpo di polizia penitenziaria e all'ordinamento penitenziario, anche minorile – aveva finito per ampliare la competenza del personale dei servizi minorili fino al compimento dei venticinque anni. Così aumentava l'utenza, inglobando i c.d. giovani adulti, ragazzi che hanno commesso il reato da minorenni e che, stando alle disposizioni attuative citate, rimangono in carico ai servizi della giustizia minorile fino al raggiungimento del venticinquesimo anno di età, «sempre che, per quanti abbiano già compiuto il ventunesimo anno, non ricorrano particolari ragioni di sicurezza valutate dal giudice competente, tenuto conto altresì delle finalità rieducative» (art. 24 comma 1 disp. att. min.). L'ultima modifica operata dall'art. 9 d.lgs. 2 ottobre 2018, n. 121 (v. *infra*, parte II, § 1; nonché cap. III, parte II, § 1) riduce ora il raggio d'azione, da un lato eliminando l'inciso «per quanti abbiano già compiuto il ventunesimo anno», e, dall'altro, aggiungendo (dopo le parole «finalità rieducative») la frase «ovvero quando le predette finalità non risultano in alcun modo perseguibili a causa della mancata adesione al trattamento in atto».

Implicitamente affiora l'essenzialità del ruolo – di informazione, controllo, sostegno – svolto da tali servizi che, sulla base dell'art. 6, affiancano, insieme ai «servizi di assistenza istituiti dagli enti locali» (cfr. ancora l'art. 6, e, *amplius*, cap. III, parte I, § 11), l'autorità giudiziaria in ogni stato e grado del procedimento, e dovranno essere sentiti qualora il tribunale per i minorenni proceda al giudizio sulla pericolosità sociale (art. 38 comma 1) nei casi di provvisoria applicazione della misura di sicurezza ai sensi dell'art. 37 (v. *infra*, § 5).

Questa breve premessa lascia intuire la necessità di disegnare una sorta di mappa normativa per orientarsi in maniera corretta; una mappa che andrà di sicuro arricchita (con una serie di notizie e ragguagli ulteriori, differenti tra loro per provenienza) e avrebbe dovuto essere aggiornata sulla base della delega conferita al Governo dall'art. 1 comma 16 lett. *c* l. 23 giugno 2017, n. 103 (*Modifiche al codice penale, al codice di procedura penale e all'ordinamento penitenziario*). Ma le misure di sicurezza non sono state oggetto di revisione entro il termine previsto (3 agosto 2018) e nemmeno il Tavolo 5 (minorenni autori di reato) degli Stati generali sull'esecuzione penale convocati, tra il 2015 e il 2016, dall'allora Ministro della giustizia Orlando, ha inserito le misure in questione nel perimetro tematico caratterizzante il Tavolo stesso.

Resta da aggiungere che, in questi anni, nessuna censura di ordine costituzionale ha colpito in modo diretto gli articoli dedicati al procedimento per l'applicazione delle misure di sicurezza. Semmai gli interventi principali della Corte costituzionale, e lo stesso dicasi per quelli del legislatore, si sono indirizzati sui contorni dell'intelaiatura normativa.

Tra le pronunce della Corte costituzionale è possibile citarne tre a mero titolo esemplificativo.

Nel 1991, i giudici delle leggi hanno promosso «il sistema» minorile, reputandolo del tutto «informato ai principi della delega» (art. 3 l. 16 febbraio 1987, n. 81): il «momento processuale nel quale, necessariamente, si realizza l'applicazione della misura di sicurezza è adeguato alle esigenze educative ed alle finalità di recupero sociale che connotano la specificità minorile. L'istituto della misura di sicurezza» – proseguiva allora la Corte nella sentenza 29 aprile 1991, n. 182 – «viene rapportato a tali istanze fondamentali attraverso un'accentuazione del carattere giurisdizionale del procedimento, in tutti i passaggi descritti dall'art. 37 e, per di più, con il richiamo espresso al procedimento di sorveglianza. Ma tale funzionalizzazione dei meccanismi processuali alla personalità del minore si coglie ancor meglio nella valutazione della pericolosità».

In tempi più recenti, i giudici costituzionali, nel respingere le censure del rimettente, ne hanno stigmatizzato l'inerzia: prima di dubitare della legittimità degli artt. 206 e 224 c.p. e degli artt. 37 e 38 (nei limiti in cui consentirebbero l'applicazione, specie provvisoria, di una misura «anche nei confronti di minori infraquattordicenni e persino di fanciulli molto giovani senza previsione di alcun limite minimo di età»), il giudice *a quo* – si osserva nell'ordinanza – avrebbe dovuto «sperimentare preventivamente la praticabilità di una interpretazione diversa e conforme a Costituzione» (Corte cost., 24 aprile 2009, n. 117). La Corte si sofferma sulla «sentenza di non luogo a procedere per difetto di imputabilità» idonea «a produrre effetti pregiudizievoli per il minore», dal momento che comporta l'accertamento del fatto e della sua commissione; quindi, rimarca l'interesse morale e giuridico del minorenne «a non vedersi prosciolto da un reato inesistente o che non ha commesso solo in ragione della sua giovanissima età». In questa prospettiva, i giudici costituzionali enfatizzano l'elemento consensuale indispensabile – nella fase delle indagini (e in presenza di una richiesta di applicazione provvisoria della misura di sicurezza) – alla pronuncia *ex* art. 26 e ciò in analogia a quanto viene stabilito con riguardo alla possibile definizione del processo nell'udienza preliminare (v. cap. VI, parte II, § 3).

Ecco poi un'altra sentenza costituzionale degna di nota (Corte cost., 24 luglio 1998, n. 324), nella quale emerge grande sensibilità per lo stato in cui versano delle «persone, giudicate pericolose, che abbiano commesso fatti di reato ma siano affette da infermità psichica che le rende non imputabili». Infatti, con la declaratoria di illegittimità costituzionale degli artt. 206 comma 1 e 222 commi 1, 2 e 4 c.p., la Corte ha, se così si può dire, sbarrato le porte degli ospedali psichiatrici giudiziari, anticipando di parecchi anni per i minori la scelta che, per gli adulti, a livello legislativo è stata faticosamente raggiunta solo da poco (con il d.l. 31 marzo 2014, n. 52, convertito dalla l. 30 maggio 2014, n. 81) e dopo le proroghe dei termini fissati all'inizio dal d.l. 22 dicembre 2011, n. 111, convertito dalla l. 17 febbraio 2012, n. 9.

L'invito a «colmare con previsioni adeguate, anche in ordine all'apprestamento delle conseguenti misure organizzative e strutturali, il vuoto normativo» non è però stato raccolto, costringendo la giurisprudenza, in qualche occasione, a soluzioni azzardate che non sempre hanno ottenuto il consenso della dottrina, propensa a ipotizzare una misura di sicurezza *ad hoc*, adatta al minorenne con disabilità psichica. In campo europeo, proprio i punti 57 e 117-119 della Raccomandazione R(2008) 11 sulle Regole europee per gli autori di reato minorenni sottoposti a sanzioni o misure penali suggeriscono il soggiorno in appositi istituti per quei minori affetti da malattie che incidono sulle facoltà mentali, in piena armonia, del resto, con l'art. 12 delle Regole penitenziarie europee varate dal Comitato dei Ministri del Consiglio d'Europa nel 2006 e rivisitate a luglio 2020 (v. cap. I, parte I, § 4; *infra*, parte II, § 3).

## 2. Il sorprendente panorama offerto dai dati statistici.

Oltre a impostare, grazie alle varie coordinate, il quadro generale, appare indispensabile – prima di approfondire i presupposti, le tipologie e le relative vicende procedimentali – anteporre un'avvertenza piuttosto importante che si ricava dai dati statistici forniti in modo continuativo dal Ministero della giustizia (Dipartimento per la giustizia minorile e di comunità dopo la riorganizzazione del luglio 2015).

Le tabelle, anche quelle più vicine in termini cronologici, elaborate per intenderci negli ultimi mesi, tracciano uno scenario inconfondibile: le misure di sicurezza rappresentano, specie nell'ambito dei servizi minorili residenziali (centri di prima accoglienza, comunità, istituti per minorenni: v. cap. III, parte I, § 11), un settore marginale, monopolizzato per giunta da individui di sesso maschile.

I numeri sull'intero territorio nazionale (suddiviso, come di consueto, in Nord, Centro, Sud, Isole) sono davvero modesti, soprattutto se raffrontati con le statistiche riguardanti le misure alternative e sostitutive.

Nel 1998 si contavano 36 minorenni (maschi e di nazionalità italiana), di cui 12 sottoposti a libertà vigilata e 24 ristretti in riformatorio; è evidente un netto calo nella rilevazione di fine 2015: su 1.668 minorenni collocati in comunità, il SISM (Sistema Informativo dei Servizi Minorili) inserisce nell'apposita casella delle misure di sicurezza solo 14 maschi italiani e uno straniero. Mentre salgono a 47 i destinatari di misura alternativa (equamente ripartiti tra italiani e stranieri). Nel 2016 l'impennata di collocamenti in comunità (1.823) non corrisponde a un aumento delle misure di sicurezza: i dati elaborati nell'estate del 2017 si fermano al di sotto della decina (9 individui in tutto, di cui 7 italiani e 2 stranieri); e la stessa tendenza sembra investire la misura alternativa (da 47 si passa a 27 soggetti). Non si registrano cambiamenti degni di nota fino al 2020; nel periodo più recente (ultimo monitoraggio 15 aprile 2021) si assiste a una forte riduzione dei soggetti collocati in comunità (2 soli italiani maschi).

Non facendo ricorso alle misure di sicurezza, la magistratura minorile ne ha forse determinato in concreto quell'abolizione proposta da buona parte della dottrina, che si è espressa con toni assai critici. E ciò nonostante le modalità esecutive consentano – secondo chi non condivide una simile posizione, reputandola veramente estrema – di modulare i contenuti calibrandoli all'età e alle esigenze del singolo soggetto interessato; i sostenitori della rivalutazione globale insistono sulla validità che le misure di sicurezza possono rivestire nei confronti dei minori non imputabili.

Dal canto suo, la magistratura pare che abbia mostrato di prediligere l'impiego di altre misure protettive (ad esempio, l'allontanamento del figlio dalla casa familiare per sottrarlo a condizioni di pericolo e pregiudizio) previste in area civile dall'art. 330 c.c. (*Decadenza dalla responsabilità genitoriale sui figli*) – e pure dalla l. 4 maggio 1983, n. 184 (in tema di adozioni e affidamento), come modificata dalla l. 18 marzo 2001, n. 149 – la cui applicazione confermerebbe una preferenza manifestatasi non appena le misure di sicurezza furono introdotte nel sistema penale, e proseguita nel progetto preliminare anteriore al d.p.R. n. 448 del 1988 (quando venne ipotizzata l'adozione, prima della misura di sicurezza, di provvedimenti di stampo civilistico per saggiare le condizioni della famiglia d'origine del minore). L'orientamento mette in luce, a parità di presupposti, il *favor* degli organi giudiziari minorili per strumenti estranei alla sfera penale e la costante ricerca di meccanismi efficaci indipendentemente dalla loro collocazione normativa.

## 3. Il presupposto applicativo: la pericolosità sociale.

L'esiguità dei numeri, l'opinione negativa di alcuni settori della dottrina, la diffidenza dell'autorità giudiziaria, non debbono sfociare, a questo punto, nel disinteresse verso la disciplina che, anzi, va indagata proprio per meglio comprendere le ragioni dello "stato di profondo malessere". La situazione incide così tanto sulle misure di sicurezza da renderle un congegno abbandonato, quasi caduto in disuso.

Probabilmente, l'origine di una simile sostanziale crisi va ricercata nel presupposto soggettivo che risulta il medesimo sia in caso di applicazione provvisoria nel corso del procedimento (oggetto di apposito giudizio davanti al tribunale per i minori nelle forme stabilite dall'art. 678 c.p.p.), sia al termine del dibattimento (art. 39): si vuole alludere alla pericolosità sociale. Una categoria, quest'ultima, contestata e contestabile, che travolge, nel complesso, la gamma delle misure di sicurezza, presentandosi stigmatizzante e troppo legata, nel suo nascere, alle dottrine ottocentesche fonte di non poca ispirazione per le ideologie intolleranti e razziste del "secolo breve", cioè del Novecento. Non si contano i pareri degli studiosi che, in prospettiva giuridica e criminologica, hanno vivacemente disapprovato i vari profili del presupposto di cui si sta discutendo.

È vero che, con la riforma del 1988, la pericolosità sociale ha ricevuto un riordino assai drastico che ne ha ridotto la portata. Oramai è lontano l'impianto costruito nel 1930 (v. cap. II, § 3) nel quale il trattamento minorile non si discostava troppo da quello degli adulti; di qui, un serio dissenso e tante perplessità manifestate in alcuni ambienti della dottrina: resta celebre, ad esempio, uno scritto di Giuliano Vassalli, datato 1971, dal titolo emblematico "La pericolosità presunta del minorenne non imputabile".

La presa di distanza dal codice Rocco avviene principalmente per il tramite dell'art. 37 che delimita (al comma 2) il novero di reati, esigendo la sussistenza del concreto pericolo di commissione di delitti con «uso di armi o di altri mezzi di violenza personale o diretti contro la sicurezza collettiva o l'ordine costituzionale ovvero gravi delitti di criminalità organizzata».

La disposizione minorile, inoltre, non effettua un rinvio generico alla tradizionale pericolosità sociale: «è socialmente pericolosa» – si legge nell'art. 203 c.p. – «la persona, anche se non imputabile o non punibile la quale» abbia commesso un fatto preveduto dalla legge come reato, «quando è probabile che commetta nuovi fatti» integranti reato.

Il rimando esplicito è piuttosto all'art. 224 c.p., laddove al comma 1 introduce una nozione definita – di volta in volta – "qualificata", "aggravata", o "ristretta", poiché terrebbe «specialmente conto della gravità del fatto e delle condizioni morali della famiglia in cui il minore è vissuto».

Tuttavia, l'operazione portata a termine nel 1988 crea un sistema, per certi versi, paradossale, non a caso etichettato di frequente come disorganico, in quanto stravolge gli assetti precedenti (ritenuti di sicuro discutibili, ma armonici), senza giungere ad allestirne altri dotati di un soddisfacente tasso di coerenza.

Sussistono, pertanto, incertezze e ambiguità connesse alla scelta dei possibili modelli di accertamento da adottare nel giudizio prognostico: prevedere il comportamento di un minorenne si rivela un'autentica scommessa sul futuro, da vincere grazie all'osservazione, ai fattori di predittività, al metodo c.d. intuitivo.

Rimangono intatte, nel contempo, le contraddizioni di fondo legate alla sopravvivenza di un regime che continua a correre su un doppio binario (responsabilità individuale-pena, pericolosità sociale-misura di sicurezza) difficilmente accettabile alla luce dei valori costituzionali di protezione, tutela e rispetto dei soggetti in età evolutiva (v. cap. I, parte II, § 4 e 5).

Gli stessi principi che improntano la nostra Carta fondamentale si ritrovano, d'altronde, nelle fonti internazionali (v., *amplius*, cap. I, parte I); in proposito, sembra inequivocabile il tenore dell'art. 40 § 1 CRC, la cui la versione integrale pretende che gli Stati parti riconoscano in capo «ad ogni fanciullo sospettato, accusato o riconosciuto colpevole di reato» il diritto «ad un trattamento tale da favorire il suo senso della dignità e del valore personale, che rafforzi il suo rispetto per i diritti dell'uomo e delle libertà fondamentali e che tenga conto della sua età nonché della necessità di facilitare il suo reinserimento nella società e di fargli svolgere un ruolo costruttivo in seno a quest'ultima».

## 4. Le tipologie: libertà vigilata e riformatorio giudiziario.

L'art. 36 elenca un catalogo limitato a due misure di sicurezza personali.

La prima è la libertà vigilata: non ha natura detentiva, dura, ai sensi dell'art. 228 comma 5 c.p., almeno un anno e viene eseguita nelle forme che gli artt. 20 (*Prescrizioni*) e 21 (*Permanenza in casa*) descrivono, con abbondanza di dettagli, in rapporto alle misure cautelari personali (v. cap. IV, parte II, § 2 e 3).

Il giudice, per sciogliere l'alternativa tra queste due modalità esecutive, potrebbe farsi guidare dai canoni che dominano l'intero processo penale minorile – e impartire, quindi, sulla scorta delle esigenze educative, le prescrizioni più consone alla personalità del minore – ma anche trarre spunto dai parametri meno astratti dell'art. 37 comma 2 (v. *supra*, § 3), specie quelli inerenti le specifiche circostanze del fatto e la persona destinataria della misura.

Disorienta, e non convince a pieno, l'espressione coniata dal legislatore nel tentativo di circoscrivere l'oggetto delle prescrizioni comunque imposte con la libertà vigilata relative alle «attività di studio o di lavoro ovvero ad altre attività utili per la [...] educazione» del minore (artt. 20 comma 1 e 21 comma 2). Il senso delle parole, vagliato con scrupolo, porta a una, non appagante, conclusione. Da un lato, le attività di studio sono messe a repentaglio dall'inserimento del minorenne nel circuito penale, dall'altro, l'offerta lavorativa garantisce il "reinserimento" sociale dell'individuo (art. 40 § 1 CRC; v. *supra*, § 3) solamente se è in grado di consolidare una «formazione professionale»: così il punto 28 della Raccomandazione R(2008) 11 sulle Regole europee per gli autori di reato minorenni sottoposti a sanzioni o misure penali.

Inoltre, non è detto che l'interessato tragga giovamento dall'obbligo di permanenza forzata in casa. Basti pensare che alla base del disagio spesso c'è proprio un conflitto con i genitori; non di rado, poi, il minorenne assorbe i modelli negativi del contesto familiare destrutturato (v. cap. I, parte I, § 4), ed emula i peggiori comportamenti devianti: continuando a vivere "in e con" la famiglia, non percepisce il significato della misura. Ciò potrebbe indurre il soggetto a violare, quasi inconsapevolmente, le prescrizioni.

Per quanto concerne la seconda misura di sicurezza – il riformatorio giudiziario – l'art. 36 comma 2 segue, ancora una volta, la tecnica del rinvio per stabilire sia il limite edittale (che corrisponde a quello riferito ai delitti contemplati dall'art. 23 comma 1 per la custodia cautelare: v. cap. IV, parte II, § 5), sia i delitti nominativamente indicati al di fuori di quel limite dal medesimo art. 23 comma 1, sia l'esecuzione nelle forme dell'art. 22 comma 1 («collocamento in una comunità pubblica o autorizzata»).

Negli ultimi anni si è assistito a un'espansione, ben oltre l'area cautelare, del collocamento in comunità; il Dipartimento per la giustizia minorile e di comunità del Ministero della giustizia, nella sua premessa alle analisi statistiche dei dati (v. *supra*, § 2), apprezza un fenomeno del genere, giustificando l'impiego «nell'ambito di altri provvedimenti giudiziari» con la «capacità di contemperare le esigenze educative con quelle contenitive e di controllo». Di segno opposto sono le riflessioni di chi rimarca l'autentica "incapacità" della struttura comunitaria a contenere/gestire individui destinatari di misure che perseguono scopi differenti.

Merita almeno un cenno un problema controverso – quale risposta dare in caso di inosservanza delle prescrizioni – che registra l'ennesimo divario tra dottrina e giurisprudenza (la prassi è giunta a sostituire la misura di sicurezza della permanenza in comunità con la custodia cautelare, cioè con la privazione della libertà personale che deve colpire l'indagato minorenne in ipotesi eccezionali e di ultima istanza: v. cap. I, parte I, § 4; cap. IV, parte II, § 1).

Qualora il comportamento del minorenne si traduca in «gravi e ripetute» trasgressioni, gli artt. 20 comma 3, 21 comma 5 e 22 comma 4 autorizzano il giudice a disporre la misura che, nella scala di afflittività (prescrizioni, permanenza in casa, collocamento in comunità, custodia cautelare), si trova un gradino sopra rispetto a quella già applicata. Esportare questa regola non è conseguenza automatica: la sovrapposizione tra provvedimenti *de libertate* e provvedimenti sulle misure di sicurezza (già di per sé opinabile) dovrebbe coinvolgere in fondo le sole forme esecutive.

Probabilmente, la soluzione più rispettosa del dato normativo va reperita tra le righe dell'art. 40 comma 2: la descrizione abbastanza minuziosa dei compiti affidati al magistrato di sorveglianza (v. cap. III, parte I, § 4; *infra*, parte II, § 2) sembra dotare quest'ultimo di ampie prerogative per vigilare sull'andamento esecutivo in maniera informale e con costanza, migliorando quindi le modalità (fino a giungere alla revoca), oppure rimodulando la misura *in peius*. Poteri pressoché analoghi sono assegnati al tribunale per i minorenni impegnato nel giudizio sulla pericolosità sociale (art. 37); il tenore dell'art. 38 comma 1 ultimo periodo è eloquente: nel «corso del procedimento [il tribunale] può modificare o revocare la misura applicata a norma dell'articolo 37 comma 1 o applicarla in via provvisoria».

Un aiuto, in questa direzione, arriva dalla più volte citata Raccomandazione R(2008) 11: la mancata osservanza delle prescrizioni non può costituire immediatamente reato (punto 30.2), e condurre a privare il minore della libertà personale; nei limiti del possibile è auspicabile che si "rimpiazzi" la misura violata con una nuova (punto 30.1).

## 5. Il procedimento applicativo: sviluppi e vicende.

L'*iter* procedimentale, con tutti i suoi risvolti, riceve una complessa regolamentazione negli artt. 37-41.

Di nuovo ci si trova di fronte a una suddivisione binaria: infatti, come ricordato (v. *supra*, § 3), sono due i percorsi applicativi, uno provvisorio e l'altro in esito al dibattimento, accomunati dal medesimo presupposto, ovvero la sussistenza delle condizioni elencate dall'art. 224 c.p. (gravità del fatto e particolari condizioni familiari) cui si aggiungono quelle specifiche stabilite dall'art. 37 comma 2.

Il primo modulo è caratterizzato dall'impulso dell'accusa e da una molteplice collocazione, potendosi innestare: nell'udienza preliminare (v. cap. V, parte I, § 4), quando il tribunale per i minorenni in composizione ridotta (v. cap. III, parte I, § 2) pronuncia una sentenza di non luogo a procedere *ex* artt. 97 e 98 c.p.; durante lo svolgimento del rito abbreviato (v. cap. VI, parte I, § 2) che l'ultimo comma dell'art. 37 menziona, conferendo al giudice poteri officiosi; nel giudizio di secondo grado dinanzi alla sezione della corte d'appello (v. cap. III, parte I, § 3) per il principio generale enunciato dall'art. 312 c.p.p., che detta le condizioni di applicabilità provvisoria della misura. Pur in assenza di qualsiasi riferimento alla fase investigativa, alcuni – combinando insieme il disposto dell'art. 26 (*Obbligo della immediata declaratoria della non imputabilità*) e dell'art. 37 di cui si sta discorrendo – ritengono che il giudice monocratico fruisca delle medesime possibilità (v. cap. VI, parte II, § 3).

All'accoglimento, come al rigetto della richiesta del pubblico ministero, fa seguito la trasmissione degli atti al tribunale per i minorenni, competente per l'adozione definitiva, sempre che il procedimento abbia inizio entro trenta giorni dalla pronuncia, altrimenti la misura provvisoriamente applicata cesserà di avere efficacia: è quanto si ricava dall'art. 37 comma 3. Una formulazione di questo tipo induce a ritenere che vi sia coincidenza (a livello cronologico) tra il momento applicativo e gli adempimenti correlati all'invio della documentazione.

La prima sequenza procedimentale si perfeziona con il giudizio sull'effettiva pericolosità sociale del minore (art. 38 comma 1) che si svolgerà – giova ripeterlo – in ossequio alle forme contemplate dall'art. 678 c.p.p. e tenendo conto di tutte le garanzie processuali; verranno sentiti, pertanto, il minore stesso, l'esercente la responsabilità genitoriale, l'eventuale affidatario e i servizi minorili dell'amministrazione della giustizia (v. *supra*, § 1).

Un deficit pressoché totale contrassegna il regime delle impugnazioni: non soccorrono gli articoli, finora richiamati, del d.p.R. n. 448 del 1988, in cui nulla si dice in ordine all'appellabilità della sentenza che applica, o revoca, la misura di sicurezza; andando a sfogliare il codice di rito, e soffermandosi soprattutto sull'art. 680 comma 2, si scopre che il tribunale per i minorenni (cioè l'organo che si è pronunciato in primo grado) è investito delle funzioni proprie del tribunale di sorveglianza, anche se – per non violare il dettato dell'art. 34 comma 1 c.p.p. (incompatibilità del giudice che ha pronunciato o ha concorso a pronunciare sentenza in un grado del procedimento ad esercitare le sue funzioni negli altri gradi) – sarà chiamato a decidere in diversa composizione.

L'art. 39 traccia un secondo itinerario, per applicare – in questa evenienza – definitivamente la misura nel dibattimento; la norma è scarna, e ciò non semplifica la sua interpretazione. Non sussistono automatismi di alcun genere, ma come sempre è chiesto un esame puntuale della concreta pericolosità sociale, associata a una sentenza di condanna o a formule di proscioglimento tassativamente indicate. Mancando una disciplina esplicita sui mezzi di gravame, le regole vanno desunte dall'art. 579 c.p.p. rubricato come «impugnazione di sentenze che dispongono misure di sicurezza».

Per completare questa veloce carrellata, nel tentativo di fornire un minimo inquadramento sistematico del capo IV, adesso è doveroso segnalare l'art. 40 comma 1 (v. pure *supra*, § 4) che attribuisce – senza distinguere tra un'applicazione provvisoria e una definitiva – la competenza per l'esecuzione delle misure di sicurezza «al magistrato di sorveglianza per i minorenni del luogo dove la misura stessa deve essere eseguita»: appare chiara la deroga ai criteri statuiti dall'art. 677 c.p.p., per l'appunto, in tema di competenza territoriale del magistrato di sorveglianza (v. *infra*, parte II, § 2), e altrettanto palese dovrebbe essere il motivo, che ha indotto il legislatore ad effettuare questa opzione, ravvisabile nel mantenimento di contatti, assidui e regolari, con il sottoposto alla misura.

A chiusura, l'art. 41 comma 1 individua i soggetti titolari del diritto di impugnare i provvedimenti del magistrato di sorveglianza per i minorenni dinanzi al corrispondente tribunale (l'interessato, l'esercente la responsabilità genitoriale, il difensore e il pubblico ministero). Il comma 2 – data la natura, l'oggetto, e gli elementi caratterizzanti il procedimento applicativo delle misure in esame – riproduce testualmente l'art. 680 comma 3 c.p.p.: l'appello (v. cap. V, parte II, § 7), quindi, non produrrà effetti sospensivi, salva diversa disposizione del tribunale.

Parte II

# ESECUZIONE E PECULIARITÀ DELLA DISCIPLINA PENITENZIARIA

di *Franco Della Casa*



## 1. La giurisdizione esecutiva.

Anche riguardo alla fase esecutiva del processo minorile, analogamente a quanto è desumibile dal libro decimo del codice di procedura penale, rileva la distinzione tra esecuzione in senso stretto ed esecuzione penitenziaria, nonché la conseguente differenziazione dei giudici che intervengono nel primo o nel secondo settore.

Se ci si riferisce alla fase esecutiva in senso stretto, per l'individuazione del giudice funzionalmente competente occorre rifarsi alle regole stabilite nell'art. 665 c.p.p., dal quale si ricava anzitutto il criterio generale secondo cui la competenza «a conoscere dell'esecuzione di un provvedimento» è riservata al giudice che lo ha deliberato (art. 665 comma 1 c.p.p.). Qualche difficoltà interpretativa può sorgere allorché si tratti di eseguire due o più provvedimenti, taluno dei quali non sia stato emesso dalla magistratura minorile. In tal caso, fermo restando il principio di elaborazione giurisprudenziale della *unitarietà dell'esecuzione*, deve ritenersi competente il giudice minorile o, alternativamente, il giudice non specializzato in base all'individuazione del provvedimento divenuto irrevocabile per ultimo (art. 665 comma 4 c.p.p.).

Sono invece da considerare non applicabili sia il criterio stabilito nella seconda parte dell'art. 665 comma 4 c.p.p., sia quello enunciato nel comma 4-*bis* del medesimo articolo: con riferimento alla prima situazione, è appena il caso di ricordare che i giudici minorili sono giudici specializzati e non speciali; per quanto concerne la seconda, va sottolineato, in conformità alla giurisprudenza assolutamente prevalente, che, laddove si parla di «composizione monocratica e collegiale», si vuole alludere esclusivamente agli organi giudicanti enucleabili all'interno del medesimo tribunale. Resta da precisare che il giudice minorile, quando opera come giudice dell'esecuzione, decide, a seconda dei casi, avvalendosi del procedimento giurisdizionale regolato dall'art. 666 c.p.p., oppure *de plano*, cioè «senza formalità, con ordinanza comunicata al pubblico ministero e notificata all'interessato» (art. 667 comma 4 c.p.p.; v. anche art. 676 comma 1 c.p.p.).

Se si passa a considerare l'esecuzione penitenziaria (e, quindi, la magistratura di sorveglianza) minorile, il discorso diventa necessariamente più articolato. Relativamente a questo argomento, c'è un dato che merita di essere subito posto in evidenza, vale a dire l'emanazione del d.lgs. 2 ottobre 2018, n. 121, mediante il quale, in attuazione di un ventaglio di criteri direttivi contenuti nell'art. 1 comma 85 lett. *p* l. 23 giugno 2017, n. 103 (*Modifiche al codice penale, al codice di procedura penale e all'ordinamento penitenziario*), è stata disciplinata «l'esecuzione delle pene nei confronti dei condannati minorenni». Si tratta di un evento atteso da oltre quarant'anni, da quando cioè il legislatore penitenziario del 1975 si era limitato a stabilire nell'art. 79 comma 1 ord. penit. che, relativamente ai minori, avrebbero dovuto applicarsi, in attesa di una «apposita legge», le norme contestualmente dettate per gli adulti.

Questa stridente anomalia è venuta meno grazie, come si è detto, al d.lgs. n. 121 del 2018, sul cui inquadramento ci si soffermerà più dettagliatamente in seguito (v. *infra*, § 4). Appare infatti opportuno sottolineare anzi tutto che, se il primo comma dell'art. 79 ord. penit. risulta ormai privo di contenuto, sono tuttora vigenti e meritevoli di attenzione i commi secondo e terzo di tale articolo, i quali forniscono importanti indicazioni sulla magistratura di sorveglianza minorile. Da essi si ricava che nei confronti dei soggetti infradiciottenni e di coloro «che commisero il reato quando erano minori degli anni diciotto», le funzioni del tribunale di sorveglianza sono esercitate dal tribunale per i minorenni e quelle del magistrato di sorveglianza da un magistrato di quest'ultimo tribunale: con la conseguenza che il magistrato in questione non esercita esclusivamente funzioni di sorveglianza, come invece esige, riguardo agli adulti, l'art. 68 comma 4 ord. penit. Va però precisato che la deroga non ha carattere discriminatorio, ma è dettata soltanto da condivisibili esigenze di razionalizzazione delle risorse, essendo molto ridotto il numero dei minori – e, in particolare, dei minori condannati – ristretti in strutture detentive. Basti ricordare che, nel periodo 2006-2020, la presenza media giornaliera nei 17 istituti penali minorili ha superato solo in un caso (e di pochissimo) la soglia delle cinquecento unità.

Se è pienamente condivisibile che la competenza della magistratura di sorveglianza minorile prosegua, *ex* art. 79 comma 2 ord. penit., anche dopo che il condannato ha superato la soglia del diciottesimo anno di età, essendo innegabile l'esistenza di una zona grigia tra l'età adolescenziale e quella adulta – tant'è vero che è stata enucleata la categoria dei «giovani adulti» – risulterebbe ingiustificato, e persino paradossale, un eccessivo prolungarsi della proroga. L'art. 3 comma 2 consente di scongiurare tale anomalia, stabilendo che la competenza della magistratura di sorveglianza minorile cessa nel momento in cui chi ha commesso il reato da infradiciottenne compie il venticinquesimo anno di età. Sino a non molto tempo fa questa previsione non risultava ben coordinata con l'art. 24 comma 1 disp. att. min., il quale disponeva che i provvedimenti limitativi della libertà personale si eseguissero «secondo le norme e con le modalità previste per i minorenni» fino al compimento del ventunesimo anno di età. Con la singolare conseguenza che la competenza della magistratura di sorveglianza minorile si protraeva nei confronti di soggetti che risultavano oramai ristretti nelle strutture detentive per adulti. Salvo quanto si preciserà tra poco, questa sfasatura risulta tuttavia sanata grazie all'art. 5 comma 1 d.l. 26 giugno 2014, n. 92, convertito dalla l. 11 agosto 2014, n. 117, il quale ha modificato l'art. 24 comma 1 disp. att. min., disponendo che l'esecuzione dei provvedimenti limitativi della libertà personale si attui secondo le norme e le modalità previste per i minorenni – ivi compresa, quindi, la permanenza negli istituti penali minorili – fino a che il detenuto non abbia raggiunto il *venticinquesimo anno* di età.

Per completezza va dato atto, però, di un'eccezione alla regola, già prevista dal legislatore del 2014, il quale aveva stabilito che nei confronti di quanti avessero già compiuto il ventunesimo anno di età la disposizione di favore non avrebbe operato qualora ricorressero «particolari ragioni di sicurezza valutate dal giudice competente, tenuto conto altresì delle finalità rieducative». Premesso che per «giudice competente» si deve intendere, a seconda dei casi, il magistrato di sorveglianza o il giudice procedente, bisogna aggiungere che l'art. 24 comma 1 disp. att. min. è stato nuovamente modificato in senso restrittivo dall'art. 9 d.lgs. n. 121 del 2018 sotto due diversi profili: da un lato, è stato rimosso il limite dei ventuno anni che circoscriveva l'ambito di operatività della deroga; dall'altro, si è stabilito che la deroga possa operare anche quando, con riferimento al singolo condannato, le finalità rieducative «non risultano in alcun modo perseguibili a causa della mancata adesione al trattamento in atto» (v. anche cap. III, parte II, § 1).

## 2. (*Segue*): la competenza per territorio e il *modus procedendi* della magistratura di sorveglianza.

Il d.lgs. n. 121 del 2018 sull'esecuzione delle pene nei confronti dei condannati minorenni non stabilisce alcuna regola in merito alla competenza territoriale della magistratura di sorveglianza minorile, per cui, in forza del principio di sussidiarietà enunciato nell'art. 1 comma 1 di tale d.lgs., che prevede il ricorso ad altre fonti (ivi compreso il codice di rito del 1988) relativamente ai profili da esso non disciplinati, continuano ad applicarsi le disposizioni contenute nei commi primo e secondo dell'art. 677 c.p.p. Due sono i criteri di carattere generale che emergono da tale articolo: quello del *locus custodiae*, da applicare quando si tratta di condannati in stato di detenzione (art. 677 comma 1 c.p.p.), e quello del *locus domicilii*, riguardante condannati non ristretti in carcere (art. 677 comma 2 c.p.p.).

Non bisogna tuttavia dimenticare che il secondo comma dell'art. 677 c.p.p. fa salve le ipotesi in cui la legge «dispone diversamente», introducendo una clausola di salvezza la cui più importante concretizzazione si verifica con riferimento alla richiesta di una misura di comunità formulata da un condannato con pena detentiva, anche residua, non superiore a quattro anni – salvo il maggior limite di sei anni stabilito dall'art. 656 comma 5 c.p.p. per la richiesta di affidamento "terapeutico" di cui all'art. 94 d.p.R. 9 ottobre 1990, n. 309 – nei cui confronti è stato sospeso, ad opera del pubblico ministero, l'ordine di esecuzione (art. 11 comma 1 d.lgs. 121 del 2018). In tale situazione si deve infatti applicare il disposto dell'art. 656 comma 6 c.p.p., dal quale discende l'investitura del tribunale di sorveglianza competente in relazione al luogo in cui ha sede l'ufficio del pubblico ministero che ha emesso l'ordine di esecuzione contestualmente sospeso (sul punto, v. anche *infra*, § 5).

Oltre a questi criteri stabiliti dal codice di procedura penale, va tenuta presente la regola, ispirata al *favor minoris*, prevista dall'art. 40 comma 1, in base alla quale, con riferimento all'esecuzione delle misure di sicurezza applicate – tanto in via provvisoria, quanto in via definitiva – nei confronti di minorenni (v. *supra*, parte I, § 5), è competente il magistrato di sorveglianza per i minorenni del luogo dove la misura deve essere eseguita. Questa deroga al criterio generale previsto dall'art. 677 comma 2 c.p.p. è stata introdotta per garantire nel maggior numero possibile di ipotesi uno stretto collegamento – collegamento che potrebbe talora non essere garantito se si adottasse il criterio del *locus domicilii* – tra il magistrato di sorveglianza e il soggetto sottoposto all'esecuzione della misura di sicurezza.

Neppure il *modus procedendi* della magistratura di sorveglianza minorile è disciplinato dal d.lgs. n. 121 del 2018, che si limita a qualche sporadico rinvio a disposizioni contenute nel codice di procedura penale o nella legge penitenziaria, così che per un censimento delle procedure a sua disposizione bisogna fare riferimento a tali fonti normative, dalle quali emerge una certa varietà di schemi. Seguendo un ordine discendente, bisogna menzionare anzitutto il procedimento di sorveglianza, la cui disciplina è contenuta nell'art. 678 c.p.p. che rinvia, a sua volta, all'art. 666 c.p.p.: si tratta di un rito che ha sicuramente carattere giurisdizionale e che viene adottato, *in primis*, per la concessione e la revoca delle misure di comunità. In un paio di circostanze – v. artt. 10 comma 2 e 13 comma 2 – il d.lgs. n. 121 del 2018 opera un rinvio all'art. 69-*bis* ord. penit., ma bisogna tenere presente che il quarto comma di tale articolo prevede, a sua volta, l'adozione del procedimento di sorveglianza.

In taluni casi, come nell'ipotesi del reclamo al tribunale di sorveglianza per contestare le limitazioni e i controlli sulla corrispondenza disposti dal magistrato di sorveglianza ai sensi dell'art. 18-*ter* ord. penit., si segue invece la procedura contemplata dall'art. 14-*ter* ord. penit., la quale pur costituendo una *editio minor* del procedimento di sorveglianza – ad esempio, non è mai consentita la partecipazione dell'interessato all'udienza – ha, a sua volta, carattere giurisdizionale. È opportuno chiarire che le funzioni del pubblico ministero sono svolte, anche quando procede il tribunale di sorveglianza minorile, dal procuratore della Repubblica presso il tribunale per i minorenni.

Infine va tenuto presente che in non poche situazioni la decisione della magistratura di sorveglianza minorile viene assunta *de plano*, ferma restando l'opportunità, a questo proposito, di una distinzione: talora il provvedimento *de plano* preclude ogni ulteriore iniziativa del detenuto, come, per esempio, nell'ipotesi di modifica delle prescrizioni dell'affidamento in prova al servizio sociale da parte del magistrato di sorveglianza minorile (art. 4 comma 5 d.lgs. n. 121 del 2018). In altre situazioni è prevista, invece, la possibilità di un reclamo o di un'opposizione che, se ritenuti ammissibili, consentono la trattazione del *thema decidendum* nel contradditorio delle parti, solitamente davanti al giudice collegiale: a questo proposito, si consideri quanto dispone l'art. 10 comma 2 d.lgs. n. 121 del 2018 che ammette, per l'appunto, un reclamo al tribunale di sorveglianza minorile da parte del condannato quando – essendo in esecuzione una condanna per reati commessi da minorenne ed essendo intervenuto un titolo di esecuzione di altra pena detentiva per reati commessi da maggiorenne – il magistrato di sorveglianza, con provvedimento *de plano*, abbia ritenuto insussistenti «le condizioni per la prosecuzione dell'esecuzione secondo le norme e con le modalità previste per i minorenni».

## 3. Gli interventi della Corte costituzionale determinati dall'estensione ai minori della l. 26 luglio 1975, n. 354 (ord. penit.).

Come si è avuto modo di anticipare (v. *supra*, § 1), il d.lgs. n. 121 del 2018 è intervenuto dopo che per oltre un quarantennio è stata incongruamente applicata la normativa penitenziaria predisposta dal legislatore del 1975 per gli adulti. Una normativa al cui interno comparivano – anche a volere considerare il regolamento di esecuzione (approvato con d.p.R. 30 giugno 2000, n. 230) – solo sporadiche disposizioni specificamente dedicate ai minori (artt. 19 comma 2, 30-*ter* comma 2, 42-*bis* commi 3 e 7 ord. penit.; e, quanto alla fonte regolamentare, artt. 9 comma 6, 11 comma 3, 31 comma 2, 58 comma 4, 59 comma 2, 62 comma 2, 133).

L'avere equiparato i minori agli adulti – sia pure sulla supposizione, peraltro gratuita, che si trattasse di una soluzione circoscritta nel tempo – è stata una scelta fortemente penalizzante per la categoria più debole di tale abbinamento. Sono state infatti completamente ignorate, da un lato, la ridotta – almeno di regola – caratura criminale del minore e, di riflesso, l'opportunità di intervenire con un trattamento appropriato per incidere sull'attenuata probabilità di recidiva, dall'altro, la maggiore fragilità psichica ed emotiva di un individuo con uno sviluppo ancora incompiuto, la più acuta sofferenza provocatagli dallo stato detentivo, la vulnerabilità della sua autostima, la peculiarità dei suoi bisogni.

L'inerzia del legislatore si è protratta nel tempo ed è diventata ancor più incomprensibile dopo che nel 1988 si è riformato il codice di procedura penale per gli imputati adulti e in contemporanea (ma separatamente) è stato varato un processo penale per coloro che fossero accusati di avere commesso il reato prima di avere compiuto diciotto anni. Nessun dubbio sul fatto che sia stato opportuno forgiare un rito in cui i minori conservassero la loro soggettività e quindi non subissero il disorientamento determinato da meccanismi processuali astraenti dal loro *status*: senonché lo stesso ragionamento, pur tenendo conto della diversità dei contesti, non può non valere con riferimento all'esecuzione penitenziaria minorile.

In controtendenza rispetto alla passività del legislatore è risultata la posizione della Corte costituzionale, che, con le sue pronunce, ha dimostrato di avere chiaramente percepito l'importanza del problema e ha sottolineato il contrasto dell'art. 79 comma 1 ord. penit. con i principi desumibili dal combinato disposto degli artt. 3, 27 comma 3 e 31 Cost. Una pietra miliare della giurisprudenza costituzionale in questo settore è senza dubbio una sentenza del 1992, nella quale la Corte ha aderito nella sostanza all'impostazione del giudice *a quo* che aveva denunciato il contrasto dell'art. 79 comma 1 ord. penit. con l'art. 3 Cost. Il giudice delle leggi si è espresso nel senso dell'inadeguatezza della disposizione sottoposta al suo esame, rivendicando per l'esecuzione penitenziaria minorile «quella esigenza di specifica individualizzazione e flessibilità del trattamento che l'evolutività della personalità del minore e la preminenza della funzione rieducativa richiedono» (Corte cost., 25 marzo 1992, n. 125).

Non solo: nella stessa pronuncia si è affermato che, con riferimento ai condannati minorenni, una forte accentuazione della funzione rieducativa della pena e del criterio di individualizzazione del trattamento deve ritenersi imposta anche dalle Convenzioni internazionali. Ciò non ostante, la Corte non è pervenuta ad una declaratoria di illegittimità, avendo ritenuto che una pronuncia additiva avrebbe comportato scelte di carattere discrezionale riservate al legislatore, al quale, tuttavia, è stato contestualmente rivolto un fermo invito a colmare la lacuna.

Il riferimento della Corte alle Convenzioni internazionali offre lo spunto per osservare, sia pure incidentalmente, che in effetti non sono poche le Carte da cui emerge l'attenzione per la fragile personalità del minore e per la conseguente esigenza di non equipararlo, neppure nella fase di esecuzione della pena, all'adulto (v., tra le altre, la Risoluzione ONU 45/113 assunta il 14 dicembre 1990, recante «Regole sulla protezione dei minori privati della libertà»). Un esempio particolarmente significativo si può cogliere a livello europeo considerando due Raccomandazioni adottate dal Comitato dei ministri del Consiglio d'Europa: questo organismo dopo avere enunciato nella Raccomandazione (2006) 2 (aggiornata a luglio 2020) le direttive da seguire per l'esecuzione delle pene detentive riguardanti gli adulti, ha avvertito l'esigenza di formulare, a breve distanza di tempo, relativamente ai «minorenni soggetti a sanzioni o misure» ben 141 regole – v. Raccomandazione (2008) 11 – dettate evidentemente dalla consapevolezza della nocività di una regolamentazione che non distinguesse tra le due categorie. Vale la pena di citare infine un'ulteriore Raccomandazione che, pur essendo eterogenea rispetto alle precedenti, è dettata, a sua volta, dalla consapevolezza dei danni indiretti che può provocare al minore la pena detentiva: non solo quando l'esecuzione della stessa lo riguardi in prima persona, ma anche là dove ad essere detenuto sia un suo genitore. Muovendo da questa premessa, la Raccomandazione (2018) 5 contiene 56 direttive finalizzate a tutelare lo sviluppo del minore che si trovi in una così difficile situazione e a favorire il ricongiungimento familiare: sempre che, ovviamente, quest'ultimo sia opportuno.

Riprendendo il discorso sulla giurisprudenza della Corte costituzionale in questo settore, va precisato che, non ostante il suo invito a predisporre una legge penitenziaria per i minori, la lacuna non è stata colmata. Con la conseguenza che la Corte, preso atto della situazione di stallo, ha adottato un criterio selettivo, andando a colpire singole disposizioni inerenti all'esecuzione penitenziaria minorile: in particolare, quelle basate su rigidi automatismi preclusivi (cfr., ad esempio, Corte cost., 17 dicembre 1997, n. 403 e Corte cost., 30 dicembre 1998, n. 450, in tema di permessi premio; nonché Corte cost., 28 aprile 2017, n. 90, relativa all'art. 656 comma 9 c.p.p., concernente la sospensione dell'ordine di esecuzione, finalizzata ad evitare l'ingresso in carcere di un condannato in possesso dei requisiti necessari per espiare la pena detentiva nella c.d. area penale esterna).

Pur essendo l'azione di supplenza svolta dalla Corte costituzionale meritevole di apprezzamento, ci si è sempre resi conto del fatto che per una vera soluzione del problema era imprescindibile un organico intervento del legislatore. In questa direzione un passo decisivo è stato compiuto con l'approvazione, nella XVII legislatura, della l. n. 103 del 2017 la quale, tra l'altro, ha conferito al Governo una delega riguardante l'ordinamento penitenziario, enunciando direttive da attuare sia nel settore degli adulti che in quello minorile.

Relativamente a questa seconda area le linee guida stabilite dal legislatore delegante nell'art. 1 comma 85 lett. *p* sono state le seguenti: 1) giurisdizione specializzata e affidata al tribunale per i minorenni, fatte salve le disposizioni riguardanti l'incompatibilità del giudice di sorveglianza che abbia svolto funzioni giudicanti nella fase di cognizione; 2) previsione di disposizioni riguardanti l'organizzazione penitenziaria degli istituti penali per minorenni nell'ottica della socializzazione, della responsabilizzazione e della promozione della persona; 3) previsione dell'applicabilità della disciplina prevista per i minorenni quantomeno ai detenuti giovani adulti, nel rispetto dei processi educativi in atto; 4) previsione di misure alternative alla detenzione conformi alle istanze educative del condannato minorenne; 5) ampliamento dei criteri per l'accesso alle misure alternative alla detenzione, con particolare riferimento ai requisiti per l'ammissione dei minori all'affidamento in prova ai servizi sociali e alla semilibertà, di cui rispettivamente agli artt. 47 e 50 della legge 26 luglio 1975, n. 354, e successive modificazioni; 6) eliminazione di ogni automatismo e preclusione per la revoca o per la concessione dei benefici penitenziari, in contrasto con la funzione rieducativa della pena e con il principio dell'individuazione del trattamento; 7) rafforzamento dell'istruzione e della formazione professionale quali elementi centrali del trattamento dei detenuti minorenni; 8) rafforzamento dei contatti con il mondo esterno quale criterio guida nell'attività trattamentale in funzione del reinserimento sociale.

## 4. La riforma dell'esecuzione penitenziaria minorile (d.lgs. 2 ottobre 2018, n. 121).

Come si è appena appurato, il legislatore delegante, che inizialmente non aveva dedicato la dovuta attenzione all'esecuzione penitenziaria minorile, ha dettato una serie di direttive riguardanti sia il settore della vita detentiva all'interno degli istituti, sia la c.d. area penale esterna. La pecca più importante della legge delega è stata quella di avere stabilito che in nessun caso – e, quindi, neppure relativamente ai minori – potesse essere eliminato, o, quanto meno, ridimensionato, il regime del "carcere duro" previsto dall'art. 41-*bis* ord. penit., la cui conflittualità con i principi cardine di una legge penitenziaria minorile è intuitiva (v. l'*incipit* dell'art. 1 comma 85 l. n. 103 del 2017).

Sulla scorta delle direttive previste dal legislatore del 2017 è stato elaborato uno schema di decreto legislativo da una commissione ministeriale nominata nella XVII legislatura, ma successivamente tale schema è stato rimaneggiato e sono state apportate modifiche mediante le quali si è attuata un'inversione di tendenza rispetto a talune delle disposizioni più innovative del testo originario. Preceduto da un itinerario abbastanza tortuoso, il d.lgs. n. 121 del 2018 è venuto alla luce all'inizio della XVIII legislatura, dopo che, in seguito alle elezioni politiche, si sono formati una maggioranza parlamentare e un Governo diversi da quelli che erano stati protagonisti della prima fase del processo di riforma.

Visto che si è accennato alle modifiche peggiorative apportate *in itinere*, si possono citare senza alcuna pretesa di completezza: la ricomparsa degli automatismi preclusivi di cui all'art. 4-*bis* ord. penit., che, a prescindere dal percorso di reinserimento sociale intrapreso dal singolo condannato, limitano l'accesso alle misure extramurarie (v., però, *infra*, § 5); l'espansione dei confini del regime di sorveglianza particolare, una sorta di super-sanzione disciplinare che si può protrarre nel tempo e che comporta una marcata differenziazione in *peius* dell'ordinario regime detentivo (art. 14-*bis* ss. ord. penit.); la cancellazione della "vigilanza dinamica", implicante una maggiore libertà di movimento all'interno dell'istituto minorile e, di riflesso, una migliore conoscenza del singolo detenuto da parte del personale addetto alla custodia, nonché da parte dei tecnici del trattamento.

Per quanto concerne la struttura e i contenuti, il d.lgs. n. 121 del 2018 è articolato in quattro capi e consta di ventisei articoli, un numero senz'altro insufficiente per disciplinare i vari profili dell'esecuzione penitenziaria. Proprio per questo l'art. 1 comma 1 stabilisce che, laddove manchi un'apposita previsione, si osservano le norme contenute nel codice di procedura penale, nella legge penitenziaria del 1975 (e nel relativo regolamento di esecuzione), nella legge sul processo minorile, comprese le norme di attuazione, di coordinamento e transitorie ad essa inerenti. Se, da un lato, questo rinvio è comprensibile, anche alla luce dei brevi tempi di cui si è potuto avvalere il legislatore delegato, dall'altro suscita giustificate riserve, fondate sulla considerazione che il rinvio ad una normativa in larga misura non dedicata ai minori impedisca quella differenziazione *ab imis* attesa per più di quarant'anni.

Ciò non ostante, il d.lgs. n. 121 del 2018 segna un evento importante. Dal punto di vista formale, l'essere finalmente intervenuti con una fonte di primo livello può consentire interventi "diretti" da parte della Corte costituzionale e, soprattutto, dovrebbe impedire che, come nel passato, siano le circolari dei vertici dell'apparato amministrativo a dettare le regole da applicare in questo delicato settore.

Se si procede ad un esame, sia pure sommario, dei contenuti non può non essere giudicata positivamente l'individuazione, dettagliata e calibrata sul minore, degli obiettivi a cui deve tendere l'esecuzione della pena detentiva. Come emerge dall'art. 1 comma 2 del testo in oggetto, che adotta una gerarchia non casuale, essa deve favorire anzitutto «percorsi di giustizia riparativa e di mediazione con le vittime del reato» (sulla mediazione v. cap. VI, parte II, § 13); nonché «la responsabilizzazione, l'educazione e il pieno sviluppo psico-fisico (...), la preparazione alla vita libera, l'inclusione sociale». È ovvio – anche se tale obiettivo si potrebbe ritenere già assicurato da un'effettiva osservanza delle precedenti indicazioni – che ci si debba adoperare, tramite adeguati supporti trattamentali, per «prevenire la commissione di ulteriori reati».

Altrettanto significativa è la scelta di dedicare il primo Capo del d.lgs. cit. alle misure di comunità, disciplinate nei loro risvolti applicativi anche nei due Capi successivi, e di collocare nell'ultimo Capo le disposizioni relative all'organizzazione degli istituti penali per i minorenni. Tale impostazione si colloca, a ben vedere, in linea di continuità con la scelta effettuata dal legislatore minorile del 1988: come in quel caso, ci si è sforzati, infatti, di restringere solo in minima misura gli spazi di libertà del minore e di ridurre – nei limiti del possibile – le conseguenze negative di quell'etichettamento già prodottosi in seguito alla celebrazione del processo e alla pronuncia della condanna. Insomma il significato è inequivocabile, nel senso di fare emergere chiaramente che l'esecuzione della pena detentiva all'interno di una struttura carceraria deve essere una soluzione non solo residuale, ma anche tendenzialmente transitoria. Non senza vantaggi – deve aggiungersi – anche sul piano dei risultati, come è dimostrato dal fatto che, se si esaminano le statistiche inerenti al tasso di recidiva degli adulti condannati a una pena detentiva, sono riscontrabili valori meno alti per coloro che hanno espiato, in tutto o in parte, la pena *extra moenia* anziché in carcere.

Per quanto concerne il versante processuale, le innovazioni sono state senz'altro meno significative. Si consideri, in particolare, il tema della competenza della magistratura di sorveglianza: si è già visto che, per individuare il giudice territorialmente competente, bisogna applicare le regole generali stabilite nei primi due commi dell'art. 677 c.p.p. (v. *supra*, § 2). Analogamente, nel settore della competenza per materia viene ricalcata la ripartizione tra giudice monocratico e giudice collegiale tracciata nella legge penitenziaria del 1975, alla quale del resto, tramite la clausola di sussidiarietà, l'art. 1 comma 1 d.lgs. n. 121 del 2018 rinvia.

La normativa in esame non si discosta da quel modello, come emerge da questi pochi esempi: in sintonia con quanto dispone l'art. 70 comma 1 ord. penit. in tema di misure alternative, al tribunale di sorveglianza minorile è attribuita la competenza sia per la concessione delle misure di comunità, sia per la loro sostituzione e revoca (artt. 8 e 11 comma 2 d.lgs. cit.); è riscontrabile una perfetta corrispondenza tra quanto prevede l'art. 51-*bis* ord. penit. e quanto stabilisce l'art. 13 d.lgs. cit. relativamente all'ipotesi in cui, durante l'esecuzione di una misura extramuraria ("alternativa" o, a seconda dei casi, "di comunità"), sopraggiunga un nuovo titolo esecutivo. In entrambe le circostanze a giudicare sulla prosecuzione o sulla cessazione della misura è il giudice monocratico, fermo restando il diritto dell'interessato di proporre reclamo al giudice collegiale.

Naturalmente nel d.lgs. n. 121 del 2018 sono regolate situazioni configurabili esclusivamente nell'esecuzione penitenziaria minorile: si consideri l'art. 12 comma 5 d.lgs. cit., dove viene disciplinata l'ipotesi in cui il condannato che sta fruendo di una misura di comunità raggiunga il venticinquesimo anno di età, e si dispone che il magistrato di sorveglianza minorile trasmetta gli atti al «magistrato di sorveglianza ordinario». È chiaro che nell'ordinamento penitenziario non compare – *recte*, non può comparire – una disposizione del genere. Ciò non ostante la scelta di affidare tale intervento al magistrato di sorveglianza minorile è perfettamente in linea con le coordinate della legge penitenziaria per gli adulti, che ripartiscono la competenza per materia della magistratura di sorveglianza tra giudice monocratico e giudice collegiale.

## 5. (*Segue*): inquadramento delle misure di comunità.

Allorché il d.lgs. n. 121 del 2018 si riferisce a quegli strumenti che consentono al minore di espiare la pena detentiva in forma extracarceraria, li definisce «misure penali di comunità». Si tratta di una categoria assimilabile, con le dovute cautele, a quella delle «misure alternative alla detenzione», la cui disciplina è raggruppata nel titolo I, capo VI ord. penit. La diversa denominazione ha una sua ragion d'essere, perché in tal modo si vuole, da un lato, sottolineare che la "comunità" deve recitare un ruolo attivo nel processo di inserimento sociale del minore, dall'altro, mettere in rilievo che le misure in esame hanno una loro autonoma fisionomia e non devono essere viste semplicemente come un qualcosa di diverso dalla "detenzione" che, se si ricorre alla formula tradizionale, continua a figurare come il vero perno del sistema.

Una panoramica sulle misure di comunità è giustificata non solo dalla loro *leadership* nell'ambito dell'esecuzione penitenziaria minorile, ma anche perché si tratta di un settore nel quale la magistratura di sorveglianza svolge un ruolo particolarmente importante. Basti pensare al fatto che il tribunale di sorveglianza minorile è, come si è visto, l'organo che concede, sostituisce e revoca tali misure (artt. 8 e 11 comma 2 d.lgs. cit.), mentre l'omonimo giudice monocratico minorile è a sua volta preposto, in base ad una formula di carattere riassuntivo specificata poi nei singoli articoli, alla «esecuzione delle misure penali di comunità» (art. 12 comma 1 d.lgs. cit.).

Tralasciando per il momento le differenze di tipo contenutistico, va evidenziato che il catalogo delle misure di comunità è leggermente più ampio di quello ricomprendente le misure alternative alla detenzione. Una loro elencazione compare nell'art. 2 comma 1 d.lgs. cit., nel quale si menzionano sia misure già da tempo applicate ai condannati adulti, vale a dire l'affidamento in prova al servizio sociale (art. 47 ord. penit.), l'affidamento in prova in casi particolari (art. 94 d.p.R. n. 309 del 1990), la detenzione domiciliare (art. 47-*ter* ord. penit.), la semilibertà (art. 48 ss. ord. penit.), sia una misura di nuova creazione denominata «affidamento in prova con detenzione domiciliare» (art. 5 d.lgs. cit.). Bisogna però precisare che, anche là dove il nome rimane invariato, le misure di comunità hanno dei contenuti ben diversi dalle omonime misure alternative, nel senso che, nel tracciare la loro fisionomia, si è cercato di ridurre al minimo la gamma delle prescrizioni di "*non facere*", e di privilegiare, invece, un ruolo attivo del minore nel suo percorso di inserimento sociale. Percorso da svolgere non in solitudine, ma con l'aiuto di una rete di organismi, interessati per statuto alla neutralizzazione dei fattori di disagio giovanile sfociati nella commissione del reato.

Questa valutazione positiva era tuttavia offuscata non poco dal disposto dell'art. 2 comma 3 d.lgs. cit., nel quale si stabiliva che se la condanna ha per oggetto uno dei delitti previsti nell'art. 4-*bis* comma 1 ord. penit. – nel cui ambito spiccano quelli riconducibili alla criminalità organizzata – «ai fini della concessione delle misure penali di comunità e dei permessi premio e per l'assegnazione al lavoro esterno» si applicano i commi 1 e 1-*bis* dell'art.

4-*bis* ord. penit. Premesso che queste preclusioni vengono neutralizzate se il condannato collabora con la giustizia (o se ricorrono le circostanze "esimenti" stabilite nel comma 1-*bis* di tale articolo), si deve sottolineare che si è trattato di una scelta palesemente inopportuna. E anche in contrasto sia con una precisa direttiva della legge delega (art. 1 comma 85 lett. *p* n. 5 e 6, nella quale si è dettato il criterio della «eliminazione di ogni automatismo e preclusione (...) per la concessione dei benefici penitenziari»), sia con la giurisprudenza costituzionale, orientata a rimuovere quelle barriere che bloccano *a priori* il percorso trattamentale del condannato. Una recente sentenza del giudice delle leggi (Corte cost., 6 dicembre 2019, n. 263) si è rifatta proprio a queste argomentazioni per dichiarare la illegittimità dell'art. 2 comma 3 d.lgs. cit.: per un verso, con riferimento all'art. 76 Cost., in quanto il legislatore delegato ha disatteso la direttiva della l. n. 103 del 2017, in cui si indicava come obiettivo quello di facilitare l'accesso alle misure alternative; per un altro verso, con riferimento agli artt. 27 comma 3 e 31 comma 2 Cost., perché le preclusioni di cui all'art. 4-*bis* ord. penit. non solo impediscono al giudice di sorveglianza, dato il loro connotato di assolutezza, di valutare in concreto il percorso rieducativo del condannato, ma stanno anche a testimoniare una asistematica prevalenza delle finalità di prevenzione generale e di difesa sociale su quelle di educazione e risocializzazione.

Prima di procedere alla descrizione delle singole misure di comunità è opportuno un ultimo chiarimento di carattere generale. Al pari di ciò che dispone l'art. 656 c.p.p. relativamente alle misure alternative alla detenzione, anche quelle di comunità possono essere richieste non solo dal condannato che sta già espiando la pena nell'istituto minorile, ma anche da quello che si trova in libertà, in quanto non gli è stato ancora notificato l'ordine di esecuzione emesso dal pubblico ministero. Nel compilare questo atto il pubblico ministero dispone la sospensione del titolo esecutivo se ricorrono le condizioni stabilite dall'art. 11 comma 1 d.lgs. cit., in cui si individua, come requisito fondamentale, l'entità della pena da espiare, stabilendosi che essa non deve essere superiore a quattro anni, salvi i maggiori limiti "edittali" previsti, come si chiarirà in seguito (v. *infra*, § 6 lett. *b*), dall'art. 94 d.p.R. n. 309 del 1990 per l'affidamento in prova del condannato tossicodipendente o alcoldipendente.

I commi 2-6 dell'art. 11 d.lgs. cit. disciplinano le cadenze procedurali dettate per chi aspira alla concessione di una misura di comunità *ab initio*, intendendosi significare con tale locuzione che il condannato può espiare l'intera pena nell'area esterna, evitando l'ingresso in carcere. A tal fine deve presentare la richiesta della misura di comunità al pubblico ministero che la trasmette al tribunale di sorveglianza minorile, il quale – uniformandosi, per quanto concerne il *modus procedendi* alle regole dettate dal combinato disposto degli artt. 666 e 678 c.p.p. – si pronuncia in merito alla concessione della misura di comunità richiesta dal condannato (o dagli altri soggetti legittimati *ex* art. 8 comma 1 d.lgs. cit.). In realtà costui, stando alla prassi affermatasi in tema di misure alternative, può anche affiancare richieste subordinate rispetto a quella formulata in via principale.

Qualora la richiesta non venga presentata nel termine perentorio di trenta giorni dalla notificazione dell'ordine di esecuzione sospeso o sia rigettata dal tribunale di sorveglianza minorile, il pubblico ministero revoca il provvedimento con cui ha disposto la sospensione dell'ordine di esecuzione, provocando l'ingresso nell'istituto penale minorile del condannato, il quale potrà ripresentare dallo stato di detenzione una nuova richiesta di misura di comunità: fermo restando che, per sfuggire ad una declaratoria di inammissibilità, tale richiesta non può costituire «mera riproposizione [della] richiesta già rigettata, basata sui medesimi elementi» (art. 666 comma 2 c.p.p.).

## 6. (*Segue*): fisionomia delle singole misure.

A questo punto non resta che procedere ad una breve illustrazione delle singole misure di comunità:

*a*) *affidamento in prova al servizio sociale* (art. 4 d.lgs. cit.): in perfetta aderenza a quanto previsto nell'art. 47 ord. penit., a questo a tipo di *probation* (c.d. esecutivo) si può ricorrere quando «la pena detentiva da eseguire» – quindi anche se la pena inflitta era di maggiore entità – non è superiore a quattro anni. La misura in esame è finalizzata al corretto svolgimento del «programma di intervento educativo» redatto dall'ufficio di servizio sociale per i minorenni, un documento che, insieme ai risultati dell'osservazione e ad altri dati di carattere psico-sociale, costituisce la piattaforma della decisione giudiziale (art. 2 commi 2 e 4 d.lgs. cit.).

Se il tribunale di sorveglianza minorile accoglie la richiesta, determina contestualmente gli «impegni» da rispettare (particolarmente significativo quello inerente «alle attività di istruzione, di formazione professionale, di lavoro o comunque utili per l'educazione e l'inclusione sociale»), e *può* disporre – quindi si tratta di una semplice opzione – «prescrizioni», tra le quali compare nel gradino più alto il «collocamento in comunità» del fruitore della misura. In questo stesso contesto, oltre all'indicazione di una prescrizione specifica («adempimento degli obblighi di assistenza familiare»), si ricorre ad una formula riassuntiva tramite la quale viene consentito al giudice di disporre «ogni altra prescrizione utile per l'educazione e il positivo inserimento sociale del minorenne» (art. 2 comma 3 d.lgs. cit.). Questa formula è tale da suscitare perplessità: infatti, premesso che la misura in esame è la filiazione di una pena, sembrerebbe dover valere, relativamente ai suoi contenuti, il principio di tassatività desumibile dall'art. 25 Cost.

Come si è anticipato (v. *supra*, § 5), al condannato che si sottopone alla «prova» sono garantiti interventi di sostegno, tant'è che la stessa ordinanza con cui viene concessa la misura indica, tra l'altro, «il ruolo del servizio sociale per i minorenni e dei servizi-socio sanitari territoriali nell'esecuzione del programma» (art. 2 comma 4 d.lgs. cit.).

Infine, in seguito al disposto dell'art. 8 comma 5 d.lgs. n. 121 del 2018, che ricalca quanto stabilito dall'art. 47 comma 11 ord. penit. (alla stregua dei criteri indicati dalla sentenza della Corte costituzionale 29 ottobre 1987, n. 343), si prevede che, in caso di revoca dell'affidamento, sia il tribunale di sorveglianza minorile a determinare la rimanente pena da espiare «tenuto conto della durata della misura concessa, delle limitazioni imposte al condannato e del suo comportamento durante il periodo» di prova;

*b*) *affidamento in prova in casi particolari*: questa misura, già disciplinata nell'art. 47-*bis* ord. penit. e, attualmente, nell'art. 94 d.p.R. n. 309 del 1990, ha come obiettivo quello di indurre il condannato tossicodipendente/alcoldipendente, che ha da espiare una pena anche residua non superiore a sei anni (quattro anni se si tratta di condanna per un reato di cui all'art. 4-*bis* ord. penit.), a proseguire un programma terapeutico già in corso o a intraprenderne uno per lui appositamente predisposto. Il perno di questa misura consiste nella prospettazione dei vantaggi che può conseguire il condannato, al quale, in caso di concessione, viene consentito di espiare la pena detentiva fuori dal carcere: fermo restando che si tratta in realtà di vantaggi bilaterali, perché i consociati possono essere messi al riparo dalla recidiva dei tossico/alcoldipendenti solo se si neutralizza il loro più importante fattore criminogenetico.

Il d.lgs. n. 121 del 2018, pur inserendo il c.d. affidamento terapeutico tra le misure di comunità (v. art. 2 comma 1, ma anche art. 11 comma 1), non detta per esso una specifica disciplina, limitandosi a stabilire che si applicano, in quanto compatibili, le disposizioni di cui al d.p.R. n. 309 del 1990 (art. 2 comma 12). Senza scendere in eccessivi particolari, può essere sufficiente evidenziare che, dal punto di vista dei contenuti, tra questo tipo di affidamento e quello ordinario la principale differenza è costituita dal tenore delle prescrizioni, necessariamente (anche se non esclusivamente) orientate, visto che si tratta di superare una condizione di dipendenza, verso gli interventi di carattere terapeutico;

*c*) *affidamento in prova con detenzione domiciliare* (art. 5 d.lgs. cit.): si tratta di un ibrido tra due diverse misure di comunità. È ovvio quindi che per la sua regolamentazione venga fatto rinvio in parte alla normativa sull'affidamento in prova al servizio sociale (art. 5 comma 1), in parte a quella sulla detenzione domiciliare (art. 5 comma 2). Le condizioni di accesso sono quelle stabilite per l'affidamento e lo stesso vale per le modalità di esecuzione della misura, con la particolarità che «in giorni determinati della settimana» – un numero che non può non essere sensibilmente inferiore a quelli in cui la libertà di locomozione è meno compressa – il condannato è obbligato a rimanere nella sua abitazione, in altro luogo pubblico o privato di cura, assistenza, accoglienza o anche in una comunità. Con la conseguenza che, qualora si allontani, senza la prescritta autorizzazione del magistrato di sorveglianza, dal luogo in cui egli deve permanere è punito ai sensi dell'art. 385 c.p. (art. 6 comma 4 d.lgs. cit.).

Va segnalato infine che la disciplina prevista per la revoca della misura è la stessa di quella prevista per la revoca dell'affidamento (art. 8 comma 5 secondo periodo d.lgs. cit.): da essa non emerge che, come vuole la regola (art. 8 comma 5 primo periodo), i giorni trascorsi in detenzione domiciliare siano detratti interamente dalla pena da espiare, ma a questo risultato si può pervenire facilmente in via interpretativa, considerando che il tribunale di sorveglianza minorile, nel ricalcolare la pena residua, deve tenere conto, tra l'altro, delle «limitazioni imposte al condannato»;

*d*) *detenzione domiciliare* (art. 6 d.lgs. cit.): in via preliminare va dato atto della disposizione – collocata nel primo comma – con cui si stabilisce che questa misura è concedibile solo quando non vi sono le condizioni per accedere all'affidamento in prova, neppure nella variante in cui esso si coniuga con la detenzione domiciliare. Il medesimo primo comma stabilisce inoltre, con la tecnica del rinvio, che anche nell'esecuzione penitenziaria minorile si può fare ricorso sia alla detenzione domiciliare c.d. umanitaria (quella di cui all'art. 47-*ter* comma 1 ord. penit., il quale, purché la pena espianda non sia superiore a quattro anni, considera prioritarie rispetto all'esecuzione della pena in carcere le condizioni di fragilità fisica o psichica – si consideri ad esempio la donna incinta – del condannato), sia alla detenzione domiciliare introdotta per i soggetti affetti da AIDS conclamata o da grave deficienza immunitaria (art. 47-*quater* ord. penit.), sia alla detenzione domiciliare speciale (art. 47-*quinquies* ord. penit.), finalizzata a scongiurare – quale che sia la durata della pena da scontare – la permanenza in carcere della madre con prole di età inferiore a dieci anni. Il rinvio non è invece esteso alla detenzione domiciliare c.d. surrogatoria, quella disciplinata dall'art. 47-*ter* comma 1-*ter* ord. penit., il quale consente di ripiegare sulla detenzione domiciliare nelle ipotesi in cui sussistano le condizioni per disporre il rinvio obbligatorio o facoltativo dell'esecuzione della pena ai sensi degli artt. 146 e 147 c.p.

Fermo restando il triplice rinvio appena esaminato, e ribadito quanto si è già precisato circa i luoghi in cui può essere eseguita la detenzione domiciliare (abitazione oppure luogo pubblico o privato di cura, assistenza, accoglienza, comunità), nonché circa le conseguenze di carattere penale (art. 385 c.p.) derivanti dall'indebito allontanamento da tali luoghi (v. *supra*, lett. *c*), bisogna considerare i commi secondo e terzo dell'art. 6 d.lgs. cit. Essi sono dedicati ad un tipo di detenzione domiciliare *lato sensu* corrispondente a quella disciplinata nell'art. 47-*ter* comma 1-*bis* ord. penit., che è comunemente denominata "generica" in quanto la sua regolamentazione prescinde da una particolare condizione soggettiva del condannato.

Affinché la richiesta di detenzione domiciliare di cui all'art. 6 d.lgs. cit. sia ammissibile, occorre che la pena, anche residua, da espiare non sia superiore a tre anni, limite di un anno più ampio rispetto a quello stabilito per i condannati adulti (art. 47-*ter* comma 1-*bis* ord. penit.).

Il più importante elemento di differenziazione rispetto a tale modello è però ravvisabile sul piano dei contenuti: mentre nel testo dell'art. 47-*ter* ord. penit. è assente qualsiasi previsione finalizzata all'obiettivo del reinserimento sociale, nel terzo comma dell'art. 6 d.lgs. cit. si dispone che le prescrizioni stabilite dal tribunale di sorveglianza minorile devono favorire «lo svolgimento di attività esterne, in particolare di istruzione e di formazione professionale, ovvero di lavoro, o culturali, o sportive, comunque utili al processo formativo e all'inclusione sociale». Bisogna precisare che il riferimento a questi due obiettivi diventa più comprensibile, se si tiene presente che il condannato non trascorre l'intera giornata nella sua abitazione (o negli altri luoghi già menzionati), in quanto il tribunale di sorveglianza minorile, all'atto della concessione della misura, stabilisce normalmente delle parentesi temporali in cui il condannato può assentarsi dal *locus custodiae* (art. 6 comma 2 d.lgs. cit.).

Questo ampliamento dei fisiologici confini della detenzione domiciliare nella sua più rigida configurazione è consentito dal rinvio all'art. 284 c.p.p. relativo alla misura cautelare degli arresti domiciliari: un rinvio che peraltro non risulta felice ed è anzi tale da suscitare forti perplessità. Infatti, anche a prescindere da altri profili, la norma codicistica stabilisce condizioni assai restrittive per la concessione di "finestre" extramurarie. Così che, in definitiva, non si può fare a meno di rilevare una scarsa sintonia tra i traguardi a cui dovrebbe tendere la detenzione domiciliare minorile e gli scarsi spazi di permanenza all'esterno consentiti dalla legge – fatta salva l'ipotesi di prassi giurisprudenziali di carattere estensivo – per l'esecuzione di questa misura di comunità.

*e*) *semilibertà* (art. 7 d.lgs. cit.): si tratta di una misura, corrispondente a quella disciplinata negli artt. 48-51 ord. penit., che consente al condannato di «trascorrere parte del giorno fuori dall'istituto per partecipare ad attività di istruzione e di formazione professionale, di lavoro, di utilità sociale o comunque funzionali all'inclusione sociale». Se a questo proposito la differenza rispetto a quanto stabilito dall'art. 48 comma 1 ord. penit. relativamente alla semilibertà per gli adulti non è particolarmente marcata, una divergenza degna di nota è invece quella concernente i tempi di accesso alla misura alternativa, da un lato, e alla misura di comunità, dall'altro. Infatti nel primo caso è prevista come regola base l'avvenuta espiazione di almeno metà della pena (art. 50 comma 2 ord. penit.), nel secondo, la "*condicio sine qua non*" si ridimensiona: ai sensi dell'art. 7 comma 1 d.lgs. cit., qualora si tratti di condannati minorenni è infatti sufficiente avere scontato almeno un terzo della medesima, fermo restando che, se si è in presenza di un condannato *ex* art. 4-*bis* comma 1 ord. penit. (v. *supra*, § 5), «si tiene conto, altresì, del significativo rapporto tra la pena espiata e la pena residua».

Il minore ammesso al regime di semilibertà «è assegnato» – indicativo deontico indebolito non poco dall'avverbio «preferibilmente», il cui inserimento è con ogni probabilità dovuto alla scarsa capillarità degli istituti penali per minorenni – ad appositi istituti o sezioni scelti dall'amministrazione in base a due criteri, tendenti rispettivamente ad agevolare la «organizzazione e lo svolgimento delle attività esterne, nonché il consolidamento delle relazioni socio-familiari utili per il suo inserimento sociale». Mentre durante la quotidiana parentesi detentiva il semilibero è tenuto a rispettare le regole vigenti all'interno dell'istituto, durante la permanenza all'esterno deve osservare le prescrizioni contenute nel programma educativo, in cui sono precisati gli orari di rientro in istituto (da rispettare se non si vuole incorrere nelle sanzioni disciplinari o penali – art. 385 c.p. – previste per l'ingiustificato ritardo, inferiore o superiore alle dodici ore) e i contatti da mantenere con la famiglia e con l'ufficio di servizio sociale per i minorenni.

Completata la panoramica sulle misure di comunità, è opportuno segnalare un difetto di coordinamento che, già evidenziato precedentemente dalla dottrina, persiste anche dopo la recente riforma dell'esecuzione penitenziaria minorile. Non va dimenticato infatti che, in base all'art. 21 comma 1 r.d.l. 20 luglio 1934, n. 1404, convertito dalla l. 27 maggio 1935, n. 835 (recante la normativa in tema di «Istituzione e funzionamento del tribunale per i minorenni»), la liberazione condizionale di chi ha commesso il reato quando era infradiciottenne «può essere ordinata (...) in qualunque momento dell'esecuzione e qualunque sia la durata della pena detentiva inflitta». Premesso che nella logica del trattamento progressivo la liberazione condizionale costituisce la tappa finale, rispetto alla quale sono propedeutiche misure di più ridotta portata come i permessi premio di cui all'art. 30-*ter* ord. penit. e la semilibertà (art. 7 d.lgs. cit.), è incoerente che la concessione di questi benefici sia subordinata al rispetto di precisi requisiti temporali che, come si è appena detto, non sono invece richiesti per ottenere la liberazione condizionale: nonostante che quest'ultima costituisca senza ombra di dubbio un *quid maioris*, consentendo essa sola al condannato – a differenza delle misure appena menzionate – di essere dimesso dalla struttura detentiva.

Finito di stampare nel mese di giugno 2021
nella Stampatre s.r.l. di Torino
Via Bologna, 220

# PROCEDURA PENALE "SPECIALE"
## MANUALI

*Collana diretta da* Marta Bargis

---

**Volumi pubblicati**

1. Massimo Ceresa-Gastaldo, *Procedura penale delle società*, 2015, pp. VIII-224.
   *Seconda edizione*, 2017, pp. VIII-256.
   *Terza edizione*, 2019, pp. VIII-272.
2. Marta Bargis - Silvia Buzzelli - Claudia Cesari - Franco Della Casa - Adonella Presutti, *Procedura penale minorile*, a cura di Marta Bargis, 2016, pp. XIV-250.
   *Seconda edizione*, 2017, pp. XVIII-262.
   *Terza edizione*, 2019, pp. XXII-282.
   *Quarta edizione*, 2021, pp. XXX-290.
3. Hervé Belluta - Massimo Ceresa-Gastaldo - Carlo Fiorio - Rossella Fonti - Daniele Vicoli - Daniela Vigoni, *Procedura penale esecutiva*, a cura di Massimo Ceresa-Gastaldo, 2020, pp. XII-244.